중세 국어 문법의 이해

- 서답형 문제편 -

나찬연

교학연구사

머리말

이 책은 <고등학교 문법>의 '국어의 옛 모습' 단원에 실려 있는 15세기 국어의 문법을 자세하게 해설하고 보충하려는 목적으로 쓴 책이다. 따라서 <고등학교 문법>에서 기술된 내용을 기반으로 하여 15세기 국어의 문법 이론을 소개하고, <고등학교 문법>에서 미처 다루지 못한 15세기 국어의 문법 이론을 기워서 기술하였다.

현행 <고등학교 문법> 교과서의 '국어의 옛 모습'에 실려 있는 15세기 국어 문법에 대한 내용은 분량이 너무 적을 뿐만 아니라, 그 내용도 특정한 학자의 주장이 오롯이 기술되어 있다. 특히 고등학교 학생을 대상으로 하는 학교 문법의 내용으로 보기에는 지나치다 할 정도로 전문적인 내용이 실려 있어서, 문법 교과서를 통하여 15세기 국어의 문법을 이해하는 데는 무리가 있다. 그리고 학교 문법의 차원에서 15세기 국어의 문법을 객관적이고도 충실하게 기술한 책이 드물어서, 국어과 교사나 국어국문학을 전공하는 대학생들이 15세기 국어의 문법을 익히기 어려워한다. 따라서 이 책에서는 15세기 국어 문법의 내용 중에서 지나치게 전문적인 이론을 배제하고 기본적인 이론을 중심으로 내용을 기술하려고 노력하였다. 그리고 특정한 학자의 문법 이론에 치우치지 않고 15세기 국어의 문법 이론을 객관적으로 다루려는 태도를 견지하였다.

이와 같은 집필 의도에 충실하자면 이 책의 이름을 '15세기 국어 문법의 이해'로 정해야 할 것이다. 그러나 이 책은 전문적인 학술 연구서라기보다는 15세기 국어의 문법을 이해를 위한 입문서로서의 성격이 강하고 15세기 국어의 문법을 다룬 기존의 저서들이 대체로 '중세 국어 문법'이라는 제목을 쓰고 있다는 점을 감안하여, 이 책에 '중세 국어 문법의 이해'라고 하는 포괄적인 이름을 붙이게 되었다.

허웅 선생님의 <우리 옛말본>과 고영근 교수의 <표준 중세 국어 문법론>은 15세기 국어의 문법을 다룬 대표적인 이론서로 자리매김하고 있다. 이 책도 두 분 저서의 내용에 직접적으로 영향을 받았다. 특히 <고등학교 문법>의 '국어의 옛 모습' 단원이 <표준 중세 국어 문법론>의 내용을 대부분 수용하고 있기에, 이 책의 체계와 내용 역시 <표준 중세 국어 문법론>의 것을 따르게 되었다. 하지만 특정한 이론에 대하여 <우리 옛말본>의 내용과 <표준 중세 국어 문법론> 내용이 다를 때에는, <우리 옛말본>의 내용도 글상자를 이용하거나 각주의 형식으로 소개하였다.

이 책에 실린 예문들은 대부분 허웅 선생님의 <우리 옛말본>과 한글학회에서 편찬한 <우리말 큰사전, 권 4, 옛말과 이두>에 실려 있는 예문들을 옮겨 실었음을 밝혀 둔다. 예문의 인용에 대하여 허웅 선생님께 허락을 얻는 것이 도리이나, 선생님께서 고인(故人)이 되신 지금, 이 책의 머리말을 빌려 감사의 뜻을 표할 수밖에 없는 것이 안타까울 따름이다.

지은이는 '중세 국어 문법의 이해'라는 이름 아래 '이론편'과 '주해편', '강독편', '서답형 문제편'을 따로 발간하였다. 먼저 이론편에서는 15세기 국어의 문법을 기술하였고, 주해편에서는 이론편에 제시된 옛글 예문에 대한 주해를 붙였다. 특히 주해편에서는 예문에 쓰인 어휘, 한자, 문법 형태소를 각주 형식으로 분석하고, 본문에서는 옛글의 예문을 직역하여 제시하였다. 나아가서 예문에 나타난 일부 전문 용어나 관용어도 대하여도 자세히 풀이하여 학습자들이 옛말의 문법을 익히는 데 도움이 되도록 하였다. 값비싼 옛말 사전을 별도로 구입하지 않고서도 주해편을 활용하여 이론편의 내용을 이해하는 데에 어려움이 없도록 책을 구성하였다. 강독편은 15세기와 16세기 국어의 실제 문헌 자료를 선정하여 주해를 붙였는데, 독자들은 이 책으로 이론편에서 익힌 문법 지식을 적용할 수 있다. 그리고 '이론편, 주해편, 강독편'에서 익힌 중세 국어 문법의 지식을 <서답형 문제편>를 통해서 확인하여 다질 수 있을 것이다.

이 책을 만드는 데에는 여러 사람의 도움이 있었다. '학교 문법 연구회'의 회원인 권영환, 김문기, 박성호, 오효순 선생은 '이론편'의 원고에 나타난 이론적인 오류를 바로잡아 주었으며, '주해편'을 짓는 데에도 직접 참여하였다. 그리고 경성대학교 교육대학원의 졸업생인 손경혜, 강지향, 김지회, 김혜경 양은 이 책을 교정해 주었다. 끝으로 이 책의 출판을 허락해 주신 교학연구사의 양진숙 사장님과 편집을 맡아주신 김윤경 팀장님께 감사의 뜻을 전한다.

지은이에게 평생의 스승으로 남아서 큰 가르침을 주신 고(故) 나진석 선생님께 이 책을 바친다.

2014년 12월

나찬연 씀

일러두기

<중세 국어 문법의 이해>의 '서답형 문제편'은 국어국문학과와 국어교육과의 전공 학생을 대상으로, '중세 국어의 문법 이론'에 대한 이해도를 평가할 수 있도록 개발한 문제집이다. 이 책에서는 <고등학교 문법, 2010>의 '국어의 옛 모습' 단원에 기술된 내용을 선정하여, '국어과 중등학교 교사 임용 시험'의 제1차 시험의 수준과 형식에 맞추어서 서답형의 문항를 개발하여 수록하였다.

이 책은 크게 제1부인 '문제'와 제2부인 '풀이'로 구성되어 있다. 제1부 '문제'는 제1장 훈민정음의 글자와 소리, 제2장 단어, 제3장 문장, 제4장 종합 문제로 구성되었다. 제1장인 '훈민정음의 글자와 소리'에서는 훈민정음의 문자 체계와 음가를 다루었다. 제2장인 '단어'에서는 형태론으로서 '품사'와 '단어 형성법'을 다루었다. 제3장인 '문장'에서는 통사론으로서 '문장 성분', '문장의 짜임', '문법 요소' 등의 내용을 다루었다. 끝으로 제4장인 '종합 문제'에서는 15세기에 간행된 주요 문헌인 <용비어천가>, <훈민정음 언해본>, <석보상절>, <월인천강지곡>, <월인석보>, <두시언해> 등의 텍스트를 대상으로 여러 가지 유형의 문법적인 문제를 다루었다. 그리고 제2부인 '풀이'에서는 제1부의 문제에서 제시한 각 문항에 대한 모범 답안을 제시하고, 그에 대한 근거를 설명하였다.

지은이는 이 책의 문항을 다음과 같은 원칙을 정하여 개발하였다. 첫째로 지은이는 이 책에 가능한 현행의 '국어과 중등 교사 임용 시험'의 경향을 충실하게 반영하려고 노력하였다. 둘째로 중세 국어의 문법 이론을 직접적으로 묻는 문제를 지양하고, 중세 국어의 텍스트를 제시하고 이를 분석하고 해석함으로써 문법 이론을 탐구할 수 있도록 문제를 구성하였다. 셋째로 현행의 출제 경향에 맞추어서 문항의 형태를 '기입형'과 '서술형'으로 제작하였으며, 가급적 다양한 유형으로 문항을 제작하였다. 넷째로 독자들은 <중세 국어 문법의 이해>의 이론편 · 주해편 · 강독편의 내용을 학습하는 과정에서 서답형 문제편'의 문제을 풀어 봄으로써, 앞의 책에서 학습한 내용을 다시 확인할 수 있도록 하였다. 다섯째로 제2부의 '풀이'에서는 제1부의 문장에 대한 모범 답안을 제시하고, 이에 대한 상세한 보충 해설을 【참고】를 통해서 제시하였다. 중세 국어를 학습하는 이들은 <중세 국어 문법의 이해>의 '서답형 문제편'에 수록된 문항을 해결하는 과정에서, 중세 국어의 문법 이론과 텍스트에 관한 내용을 이해의 정도를 넓힐 수 있을 것이다.

이 책에 수록된 문항은 허웅 선생님의 <우리 옛말본, 1975>과 <고등학교 문법, 2010>, 그리고 이 책의 저자가 편찬한 <중세 국어 문법의 이해> 시리즈의 '이론편'과 '강독편'의 내용을 바탕으로 개발하였다. 그리고 이 책에 실린 예문들은 대부분 <우리 옛말본>과, 한글학회에서 편찬한 <우리말 큰사전, 권 4, 옛말과 이두>에 실려 있는 예문을 옮겨 실었다. 그리고 현대어 어휘에 대한 풀이는 '국립국어원'에서 구축한 <표준 국어 대사전>의 인터넷 판을 참조하였다.

2014년 12월

지은이 씀

[차 례]

[이 책에서 인용한 15세기 국어 문헌]

약어	문헌 이름		발간 연대	
	한자 이름	한글 이름		
용가	龍飛御天歌	용비어천가	1445년	세종
훈해	訓民正音解例	훈민정음 해례본	1446년	세종
석상	釋譜詳節	석보상절	1447년	세종
월천	月印千江之曲	월인천강지곡	1448년	세종
훈언	訓民正音諺解	훈민정음 언해본(세종 어제 훈민정음)	1450년경	세종
월석	月印釋譜	월인석보	1459년	세조
능언	愣嚴經諺解	능엄경 언해	1462년	세조
법언	妙法蓮華經諺解(法華經諺解)	묘법연화경 언해(법화경 언해)	1463년	세조
몽언	蒙山和尙法語略錄諺解	몽산화상법어 약록 언해	세조 때	세조
금언	金剛經諺解	금강경 언해	1464년	세조
선언	禪宗永嘉集諺解	선종영가집 언해	1464년	세조
원언	圓覺經諺解	원각경 언해	1465년	세조
구언	救急方諺解	구급방 언해	1466년	세조
내훈	內訓(일본 蓬左文庫 판)	내훈(일본 봉좌문고 판)	1475년	성종
삼행	三綱行實圖	삼강행실도	1481년	성종
두언	分類杜工部詩諺解 初刊	분류두공부시 언해 초간	1481년	성종
금삼	金剛經三家解	금강경 삼가해	1482년	성종
영남	永嘉大師證道歌 南明泉禪師繼訟	영가대사증도가 남명천선사계송	1482년	성종
육언	六祖法寶壇經諺解	육조법보단경 언해	?	?
악궤	樂學軌範	악학궤범	1493년	성종
박언	朴通事諺解 初刊	박통사 언해 초간	16세기 초	중종
소언	小學諺解	소학 언해	1587년	선조
악가	樂章歌詞	악장가사	?	?

제Ⅰ부 문 제

제1장 훈민정음의 글자와 소리

1.1. <훈민정음 해례본>의 체제

1. <훈민정음 해례본>의 체제는 크게 '본문(어제 훈민정음)', '해례', '정인지 서'의 세 부분으로 나누어 진다. 이들 중 첫 번째 부분인 '본문(어제 훈민정음)'은 '어제 서'와 '예의' 부분으로 나눌 수 있다. 이와 관련하여, ㉠과 ㉡의 빈칸에 들어갈 말을 각각 쓰시오.

[보기 1]

'본문(어제 훈민정음, 御製 訓民正音)'은 세종대왕의 '어제 서'와 '예의'로 구성되어 있다. 먼저 '어제 서(御製 序)'에서는 세종대왕이 훈민정음을 창제한 동기와 목적을 밝혔고, 다음으로 '예의(例義)'에서는 훈민정음의 글자 형태와 음가에 대한 예시와 '㉠(   ), 연서법, 병서법, ㉡(   ), 성음법, 사성법' 등 글자의 운용법을 소개했다.

2. 다음은 <훈민정음 해례본>의 체제에 대한 설명이다. 이와 관련하여, ㉠~㉢의 빈칸에 들어갈 말을 쓰시오.

[보기 2]

<훈민정음 해례본>의 '해례(解例)'는 세 부분으로 구분된다. 첫째는 글자를 만든 기본 원리를 음운학과 역학에 바탕을 두고 설명한 ㉠(   )이/가 있다. 둘째는 초성·중성·종성과 관련한 풀이를 보충하여 제시한 '초성해(初聲解)·중성해(中聲解)·종성해(終聲解)'와, 초성·중성·종성을 합하여 음절 단위의 글자로 합치는 원리를 설명한 ㉡(   )이/가 있다. 셋째는 훈민정음의 각 글자를 사용하여 순우리말의 단어(총 94개)를 예로 들고 그 뜻을 한자로 풀이한 ㉢(   )이/가 있다.

3. <훈민정음 언해본>의 판본과 관련하여, ㉠의 빈칸에 들어갈 말을 쓰시오.

[보기 3]

<훈민정음 언해본>은 '서강대 소장본', '희방사 소장본', '박승빈 소장본', '궁내성 소장본', '가나자와 소장본' 등이 있다. 이 중에서, 서강대에 소장된 <훈민정음 언해본>은 1459년(세조 4)에 간행된 ㉠(   )의 첫째 권의 책 머리에 수록되어 있는데, 이 책이 <훈민정음 언해본>의 원간본으로 추정된다.

4. <훈민정음>의 해례본과 언해본에서 한자음을 표기한 방법과 관련하여, (가)~(다)의 물음에 답하시오.

[보기 4]

(A) ㄱ. 快, 虯, 彆

ㄴ. [쾌, 쾌ᇰ, 뀨ᇹ, 뀨, 벼ᇙ, 볃]

(가) <해례본>의 음자음 표기를 쓰시오. ㉠ 快(   ) ㉡ 虯(   ) ㉢ 彆(   )

(나) <언해본>의 한자음 표기를 쓰시오. ㉠ 快(   ) ㉡ 虯(   ) ㉢ 彆(   )

(다) <혜례본>과 <언해본>의 한자음 표기가 다른 이유를 간략히 설명하시오.

....

....

....

5. <훈민정음 언해본>과 <훈민정음 해례본>을 비교해 보면, <해례본>에는 없는 규정이 <언해본>에 추가되어 있다. 이 추가된 규정과 관련하여, ㉠과 ㉡의 빈칸에 들어갈 말을 각각 쓰시오.

[보기 5]

중국어에서 '치음(齒音)'은 ㉠(   )와/과 ㉡(   )의 구분이 있으나, 15세기의 국어에서는 이러한 구분이 없었다. 그러나 굳이 훈민정음으로써 구분해서 적으려면, ㉠(   )은/는 'ᅎ ᅔ ᅏ ᄼ ᄽ'의 글자로 표기하고, ㉡(   )은/는 'ᅐ ᅕ ᅑ ᄾ ᄿ'의 글자로 표기한다고 규정했다.

1.2. <훈민정음 해례본>의 내용

1.2.1. <훈민정음>의 '예의'

1. [보기 1]에서 ㉠~㉢의 빈칸에 들어갈 말을 각각 쓰시오. (단, ㉠에는 초성 글자를, ㉡에는 청탁(淸濁)에 관련된 명칭을, ㉢에는 글자의 운용법에 관한 명칭을 쓸 것.)

[보기 1]

<훈민정음 해례본>의 '예의'에서 제시한 초성 23글자 중에서, 기본 글자 17자에 속하지 않은 것은 ㉠(　　　)의 글자이다. 이들 초성 글자는 소리의 특성으로 볼 때는 ㉡(　　　)의 글자이며, 글자의 운용 방법으로 볼 때는 ㉢(　　　)의 글자이다.

2. <훈민정음 해례본>의 '예의'에서 초성 글자를 배열한 원리를 [보기 2]와 같이 정리하였다. ㉠~㉣의 빈칸에 들어갈 훈민정음의 초성 글자를 각각 쓰시오. (단, 글자의 배열 순서를 지켜서 쓸 것.)

[보기 2]

초성이 발음이 되는 위치에 따라서 '(ㄱ, ㄲ, ㅋ, ㆁ)－(ㄷ, ㄸ, ㅌ, ㄴ)－(ㅂ, ㅃ, ㅍ, ㅁ)－(ㅈ, ㅉ, ㅊ, ㅅ, ㅆ)－㉠(　　　)－㉡(　　　)－㉢(　　　)'의 순서로 배열하였다.

3. <훈민정음 해례본>의 '예의'에서 중성 글자를 배열한 원리를 [보기 3]과 같이 정리하였다. ㉠과 ㉡의 빈칸에 들어갈 훈민정음의 중성 글자를 각각 쓰시오. (<훈민정음 해례본>에서 제시한 글자의 배열 순서를 지켜서 각각 4글자씩 쓸 것.)

[보기 3]

중성 글자는 다음과 같은 원리로 배열하였다. 먼저, 삼재(三才)를 본떠서 만든 'ㆍ, ㅡ, ㅣ'를 먼저 소개하되, 양성, 음성, 중성의 순서로 배열하였다. 둘째, 'ㅡ, ㅣ'에 한 점을 더하여 만든 ㉠'(　　　　　)'의 네 글자를 소개하였다. 셋째, 상형자에 두 점을 더하여 만든 ㉡'(　　　　　)'의 네 글자도 ㉠과 같은 방법으로 배열하였다.

4. <훈민정음 해례본>의 '예의'에서 초출자와 재출자의 중성 글자를 배열한 원리를 [보기 4]와 같이 정리하였다. [보기 4]의 밑줄 친 말에 해당하는 용어를 쓰시오. (단, <훈민정음>의 해례본에서 사용된 용어를 쓸 것.)

[보기 4]

초출자와 재출자인 'ㅗ, ㅏ, ㅜ, ㅓ, ㅛ, ㅑ, ㅠ, ㅕ'의 글자 중에서 'ㅗ'와 'ㅏ', 그리고 'ㅜ'와 'ㅓ', 그리고 'ㅛ'와 'ㅑ', 그리고 'ㅠ'와 'ㅕ'를 각각 배열한 순서는 다음과 같다. 곧, 'ㅗ, ㅜ, ㅛ, ㅠ'처럼 ⓐ <u>입이 오므라지는</u> 소리의 글자를 먼저 배치하고, 'ㅏ, ㅓ, ㅑ, ㅕ'처럼 ⓑ <u>입이 펴지는</u> 소리의 글자를 나중에 배치한 것이다.

ⓐ (   ) ⓑ (   )

5. <훈민정음 해례본>의 '예의(例義)'에서는 초성과 중성 글자를 [보기 5]와 같이 배열하였는데, 이처럼 글자를 배열한 기준을 설명하시오.

[보기 5]

(가) 초성 글자: ㄱ, ㄲ, ㅋ, ㆁ, ㄷ, ㄸ, ㅌ, ㄴ, ㅂ, ㅃ, ㅍ, ㅁ, ㅈ, ㅉ, ㅊ, ㅅ, ㅆ, ㆆ, ㆅ, ㅎ, ㅇ, ㄹ, ㅿ

(나) 중성 글자: ·, ㅡ, ㅣ, ㅗ, ㅏ, ㅜ, ㅓ, ㅛ, ㅑ, ㅠ, ㅕ

(가) 초성 글자를 배열한 기준:

(설명) :

(나) 중성 글자를 배열한 기준:

(설명)

6. 다음은 <훈민정음 해례본>의 ‘예의’에 나오는 글자의 운용 방법에 관한 설명이다. ㉠~㉤에 들어갈 글자의 운용 방법으로 적절한 것은?

[보기 6]

> 두 글자를 위아래로 이어서 새로운 글자를 만드는 방법을 ㉠‘(   )’ 이라고 한다. 초성과 종성의 글자를 합해서 사용할 때에는 두 글자를 왼쪽에서 오른쪽으로 나란히 잇대어서 쓰는데 이를 ㉡‘(   )’이라고 한다. 훈민정음을 창제한 학자들은 원칙적으로 초성, 중성, 종성이 합해져야 소리가 이루어지는 것으로 생각했다. 따라서 글자도 초성과 중성, 종성의 글자를 합쳐서 적어야 한다는 규정을 두었는데 이러한 규정을 ㉢‘(   )’이라고 한다. 그리고 초성은 단독으로 발음되지 않으므로 특정한 초성을 중성의 아래나 혹은 오른쪽에 붙여 쓴다는 ㉣‘(   )’의 규정을 두었다. 마지막으로 훈민정음은 초성, 중성, 종성의 글자 이외에도 ‘방점’을 찍어서 소리의 높낮이를 표시하였는데, 이렇게 글자의 왼편에 점을 찍어서 소리의 높낮이를 표시한 것을 ㉤‘(   )’이라고 한다.

7. 다음은 <훈민정음 해례본>의 ‘예의’에서 ‘훈민정음 글자의 운용법’을 기술한 내용이다. 그 내용을 현대 국어로 직역하여 옮겨 쓰시오.

① 終聲復用初聲.

(   )

② ㅇ連書脣音之下 則爲脣輕音

(   )

③ 初聲合用則竝書 終聲同

(   )

④ ・ㅡㅗㅜㅛㅠ 附書初聲之下 ㅣㅏㅓㅑㅕ附書於右

(   )

⑤ 凡字必合而成音

(   )

⑥ 左加一點則去聲 二則上聲 無則平聲 入聲加點同而促急

(   )

1.2.2. <훈민정음>의 '해례'

1.2.2.1. 제자 원리

1. 훈민정음 글자를 만드는 데에 배경이 된 이론 및 사상과 관련하여 [보기 1]의 빈칸에 들어갈 말을 각각 쓰시오.

[보기 1]

<훈민정음> 해례본의 '제자해'에서는 사람의 말소리(聲音)는 ㉠'(　　　　)'과/와 ㉡'(　　　　)'의 원리에서 비롯되었다고 보았다. 따라서 새로 만드는 훈민정음의 글자도 말소리(聲音)에 내재해 있는 ㉠과 ㉡의 이치에 바탕을 두고 만든 것임을 밝혔다.

2. <훈민정음 해례본>의 '제자해(制字解)'에서는 훈민정음 글자를 만든 '일반 원리'를 (A)에 제시된 (ㄴ)의 한문 문장으로 기술하였다. 이와 관련하여 (ㄱ)의 번역문을 참조하여, (ㄴ)에 설정한 ⓐ와 ⓑ의 빈칸에 들어갈 1음절의 한자를 각각 쓰시오.

[보기 2]

(A) ㄱ. 훈민정음(訓民正音)의 스물여덟 글자는 각기 <u>그 모양을 본떠서</u> 만들었다.
ㄴ. 正音二十八字 ⓐ各(　　) 其ⓑ(　　)而制之

3. 훈민정음의 기본 글자 28자를 제자하는 데에 적용된 원리와 관련하여, ㉠과 ㉡의 빈칸에 들어갈 말을 각각 쓰시오.

[보기 3]

훈민정음의 글자는 상형의 원리를 적용하여서 초성 5자와 중성 3자를 만들고, 여기에 ㉠(　　　　)와/과 ㉡(　　　　)의 원리를 적용하여 나머지 글자를 만들었다.

4. <훈민정음>에서 글자를 만드는 데에 적용된 일반 원리로서, '상형(象形)'을 택한 이유를 설명하시오.

(설명) :

5. 한자의 제자 원리인 '상형'과 훈민정음의 제자 원리인 '상형'을 비교하여서, 그 차이점을 설명하시오.

1.2.2.2. 초성해

1. 훈민정음의 초성 글자 중에서 제자의 기준이 되는 글자(상형자)에 대하여, (가)~(마)의 물음에 답하시오

(가) 제자의 기준이 되는 5가지 글자(상형자)를 '오음(五音)'의 순서로 쓰시오.

㉠(　　　)　㉡(　　　)　㉢(　　　)
㉣(　　　)　㉤(　　　)

(나) 초성 글자의 제자 원리와 관련해서, ㉠~㉢의 빈칸에 들어갈 말을 쓰시오.

[보기 1-1]

초성 글자는 각각의 조음 자리에서 나는 소리 중에서 가장 약한 소리의 글자를 택하여 상형 글자로 삼는 것이 원칙이었다. 이에 따라서 초성 중에서 ㉠ '(　　　)', ㉡ '(　　　)', ㉢ '(　　　)'의 세 글자는 각 조음 자리에서 가장 약하게 나는 소리이므로, 이들 글자를 상형 글자로 삼았다.

(다) <훈민정음>에서 정한 상형 글자의 소리와 관련하여, [보기 1-2]의 빈칸에 들어갈 말을 쓰시오. (단, <훈민정음 해례본>에서 제시한 한자 어휘로 쓸 것.)

[보기 1-2]

앞의 [보기 1-1]에서 ㉠, ㉡, ㉢의 빈칸에 들어갈 상형자는 소리의 청탁(淸濁)을 기준으로 할 때에, 모두 ㉮ (　　　)의 소리에 해당한다.

(라) '아음'과 '치음'의 상형자에 대한 제자 원리에 대한 설명으로서, [보기 1-3]의 빈칸에 들어갈 말을 쓰시오. (단, ㉠~㉣에는 훈민정음의 초성 글자를 쓰고, ㉮에는 훈민정음 해례본에서 제시한 글자의 명칭을 쓸 것.)

[보기 1-3]

'아음(牙音)'에서는 ㉠ '(　　　)' 대신에 전청의 글자인 ㉡ '(　　　)'을/를 상형 글자로 삼았다. 마찬가지로 '치음(齒音)'에서는 ㉢ '(　　　)' 대신에 전청의 글자인 ㉣ '(　　　)'을/를 상형 글자로 삼았다. 이러한 점에서 <훈민정음 해례본>에서 ㉡과 ㉣의 글자를 ㉮ (　　　)의 글자로 처리하였다.

(마) 앞의 (라)에서 [보기 1-3]의 내용과 관련하여, 아음과 치음에서 '불청불탁'의 글자가 제자의 기준이 되는 상형 글자로 쓰이지 않은 이유를 설명하시오.

(설명) :

2. <훈민정음 해례본>에서는 초성이 조음되는 위치에 따라서, 초성 글자를 '오음(五音)'으로 분류했다. ㉠~㉤의 빈칸에 들어갈 오음의 명칭을 쓰시오. (단, 상형의 대상에 대응되는 오음의 명칭을 쓰시오.)

상형의 대상	오음(五音)
口形	㉠( )
舌根閉喉之形	㉡( )
舌附上腭之形	㉢( )
齒形	㉣( )
喉形	㉤( )

[표 2. 상형의 대상과 오음]

3. <훈민정음 해례본>에서 제시한 제자 원리에 맞게 ⓐ~ⓖ에 초성 글자를 넣으시오.

조음점	상형자	1차 가획자	2차 가획자	이체자
아음(牙音)				ⓐ( )
설음(舌音)			ⓑ( )	ⓒ( )
순음(脣音)			ⓓ( )	
치음(齒音)		ⓔ( )		ⓕ( )
후음(喉音)	ⓖ( )	ⓗ( )		

[표 3. 초성 글자의 가획 원리]

4. [보기 4]는 <훈민정음 해례본>에서 초성의 상형자(象形字)를 정한 방법과 관련한 내용이다. ㉠~㉤의 빈칸에는 초성 글자를 쓰고, ㉮과 ㉯에는 청탁(淸濁)으로 분류한 소리의 명칭을 각각 쓰시오. (단, ㉠~㉤에 들어갈 글자의 배열 순서는 오음(五音)의 배열 순서를 지킬 것.)

[보기 4]

상형자 중에서 ㉠'( )', ㉡'( )', ㉢'( )'의 세 글자는 그 소리가 가장 약한 ㉮( )의 글자로 정했다. 그리고 ㉣'( )'와/과 ㉤'( )'의 두 글자는 그 소리가 두 번째로 약한 ㉯( )의 글자로 정했다.

5. <훈민정음 해례본>의 제자해에서는 초성 글자의 소리를 '성음(聲音)'과 '청탁(淸濁)'의 특성에 따라서 [표 5]와 같이 분류하였다. (가)~(다)의 물음에 답하시오.

청탁(淸濁) / 성음(聲音)	全淸	次淸	全濁	不淸不濁
牙 音		ⓐ( )		ⓑ( )
舌 音			ⓒ( )	
脣 音	ⓓ( )			
齒 音		ⓔ( )		
喉 音	ⓕ( )		ⓖ( )	
半舌音				ⓗ ( )
半齒音				ⓘ ( )

[표 5. 초성 글자의 소리 체계]

(가) [표 5]에서 ⓐ~ⓘ의 빈칸에 들어갈 초성 글자를 넣으시오.

(나) 소리의 '청탁(淸濁)'과 관련하여, '전청(全淸), 차청(次淸), 전탁(全濁), 불청불탁(不淸不濁)'의 음성적 성질을 현대 국어의 음운론에서 쓰는 용어로 설명하시오.(단, <고등학교 문법, 2010>에 쓰인 용어로 쓸 것.)

㉠전 청 : ( ) ㉡차 청 : ( )
㉢전 탁 : ( ) ㉣불청불탁 : ( )

(다) [표 5]에 제시된 초성의 소리 체계와, '문제 3'의 [표 3]에 제시된 초성의 기본 글자 체계를 비교하여, 그 차이점을 설명하시오.

(설명) :

6. [보기 6]은 <훈민정음 해례본>의 '제자해'에서 분류한 초성 23글자가 실제로 사용된 양상에 대한 설명이다. 이와 관련하여, ㉠~㉢과 ㉮의 빈칸에 들어갈 말을 쓰시오. (단, ㉠~㉢에는 훈민정음의 초성 글자를 쓰고, ㉮에는 해당 내용에 대한 용어를 쓸 것.)

[보기 6]

<훈민정음 해례본>의 '제자해'에서는 초성 글자의 소리 체계를 '성음(聲音)'과 '청탁(淸濁)'에 따라서 분류하였다. 여기서 분류한 초성의 23글자 중에서 전탁(全濁) 글자인 ㉠'(　　)', ㉡'(　　), ㉢'(　　)'와/과 후음의 전청 글자인 ㉣'(　　)'은/는 순우리말의 초성의 자리에 거의 쓰이지 않았다. 대신에 이들 네 개의 소리는 주로 ㉮(　　　)을/를 표기하는 데에 쓰였다.

7. <훈민정음 해례본>에서는 'ㅇ' 글자를 '후음(喉音)'의 초성 글자로 처리하였다. 이와 관련하여 ㉠과 ㉡의 빈칸에 들어갈 말을 쓰시오.

[보기 7]

훈민정음의 'ㅇ' 글자는 'ᄋᆞᄉᆞ'의 'ᄋᆞ'처럼 음가가 없는 초성의 자리나 '솅(世)'처럼 음가가 없는 종성의 자리에 쓰였다. 곧, 'ㅇ' 글자는 비록 음가는 없지만, 낱낱의 글자를 ㉠(　　　)의 단위로 모아 쓸 때에 표기상으로 초성나 종성의 역할을 하였다. 그리고 '놀애, 달아, 앟이, 뷔오' 등의 일부 단어를 표기할 때에는 'ㅇ'이 음가가 없는 것이 아니라, ㉡(　　　)의 음가를 나타내기도 하였다. 이러한 이유로 <훈민정 해례본>의 '제자해'에서는 'ㅇ' 글자를 후음의 자리에서 나는 초성 글자로 처리한 것으로 추측할 수 있다.

8. <훈민정음 해례본>에서 제시한 초성 글자의 제자 방법과 관련해서, ㉠~㉢과 ㉮의 빈칸에 들어갈 말을 각각 쓰시오. (단, ㉠~㉢에는 훈민정음의 초성 글자를 쓰되, 오음(五音)의 배열 순서를 지켜서 적을 것.)

[보기 8]

<훈민정음 해래본>에서는 초성 글자 중에서 ㉠'(　　)', ㉡'(　　)', ㉢'(　　)'의 세 글자를 ㉮(　　　)(이)라고 하였다. 이는 이들 세 글자를 만드는 방법이 훈민정음의 초성 글자를 만든 일반적인 원리에 어긋났기 때문이었다.

9. <훈민정음 해례본>에서 'ㆁ' 글자를 만든 제자 방법과 관련하여, ㉠과 ㉡의 빈칸에 들어갈 말을 각각 쓰시오.

[보기 9]

불청불탁의 아음(牙音)인 /ŋ/에 대응되는 글자는 원칙적으로는 아음의 상형자인 'ㄱ'과 비슷하게 글자를 만들어야 했다. 그러나 훈민정음의 창제자들은 /ŋ/에 대응되는 글자를 후음(喉音) 글자인 'ㅇ'에 가획하여 'ㆁ'으로 글자를 만들었다. 따라서 'ㆁ'은 훈민정음의 제자 원리 중의 하나인 ㉠(　　　)의 원리에 맞지 않는 예외적인 글자가 되었다. 또한 /ŋ/은 아음 가운데서 가장 약한 소리인 불청불탁의 소리이므로, 훈민정음의 제자의 원리에 따르면 'ㆁ'이 아음의 상형자가 되어야 한다. 그럼에도 불구하고, <훈민정음 해례본>에서는 'ㆁ'보다 더 센 소리인 /k/를 나타내는 'ㄱ' 글자를 상형자로 삼았다. 이처럼 'ㆁ'이 아음의 상형자가 되지 못하는 바람에, 훈민정음의 제자 원리 중의 하나인 ㉡(　　　)의 원리에 어긋나게 되었다는 점도 'ㆁ'을 이체(異體)로 처리한 이유가 된다.

10. <훈민정음 해례본>에서는 초성의 '병서(竝書)' 글자가 '전탁(全濁)'의 소리가 되는 것을 [보기 10]과 같이 설명하고 있다. [보기 10]의 내용을 참조하여, (가)와 (나)의 빈칸에 들어갈 훈민정음의 글자를 쓰시오.

[보기 10]

全淸竝書則爲全濁 以其全淸之聲凝則爲全濁也。(전청을 나란히 쓰면 전탁이 되는 것은 전청의 소리가 엉기면 전탁이 되기 때문이다.)

(가) [보기 10]의 원칙을 그대로 따른다면, 아래의 ⓐ~ⓕ의 빈칸에 들어갈 병서 글자를 넣으시오

	牙音	舌音	脣音	齒音		喉音
竝書	ⓐ(　)	ⓑ(　)	ⓒ(　)	ⓓ(　)	ⓔ(　)	ⓕ(　)

[표 10.. 전탁과 병서 글자]

(나) [보기 10]의 규정에도 불구하고, <훈민정음 해례본>의 '제자해'에서는 후음(喉音)의 병서(竝書) 글자를 ㉠(　　)의 글자로 대체하였다.

11. 훈민정음의 병서(竝書) 글자의 쓰임과 관련하여, ㉠과 ㉡의 빈칸에 들어갈 글자를 각각 쓰시오.

[보기 11]

15세기 국어에서 전탁음(全濁音)을 표기하는 데에 쓰인 병서 글자는 주로 한자음을 표기할 때에 쓰였고, 순우리말에는 아주 제한된 음운론적 환경에서만 쓰였다. 순우리말에 쓰인 전탁음의 병서 글자 중에서, 음운론적인 제약을 적게 받아서 비교적 많이 쓰인 글자는 ㉠ '(　　　)'와/과 ㉡ '(　　　)'의 두 글자이다.

12. <훈민정음>에서는 순경음(脣輕音) 글자를 만드는 방법과 그 음가를 [보기 12]과 같이 설명하였다. [보기 12]의 내용을 참조하여 다음 물음에 답하시오.

[보기 12]

ㅇ連書脣音之下　則爲脣輕音者　以輕音脣乍合而喉聲多也。
('ㅇ'을 입술소리의 아래에 이어서 쓰면 '입술 가벼운 소리'가 되는 것은, 소리를 가볍게 냄으로써 입술이 가볍게 합쳐지고 목소리가 많기 때문이다.)

(가) [보기 12]의 규정을 그대로 인정할 때에, 이론상 만들 수 있는 순경음의 글자를 모두 쓰시오. ⓐ (　　　　　　　　　　)

(나) 순경음 글자 중에서, 15세기 국어에서 실제로 순우리말을 적는 데에 쓰였던 글자를 제시하고, 그 글자의 소리를 '국제 음성 부호(I.P.A)로 전사하시오.

㉠ (　　　　), 　㉡ (/　　　/)

(다) 위의 '문제 (나)'의 ㉠에 들어갈 순경음 글자가 쓰인 음운론적 환경을 설명하시오.

(라) 순경음 글자 중에서 순우리말을 적는 데에는 사용되지 않고, 당시의 조선 한자음을 적는 데에만 쓰인 글자를 쓰시오.

㉮ (　　　　)

13. <훈민정음 해례본>의 '초성해'에서는 초성 글자의 음가를 '오음(五音)'과 '청탁(淸濁)'을 기준으로 하여, [보기 13]과 같이 설명했다. [보기 13]의 빈칸에 들어갈 말을 각각 쓰시오. (단, ㉠과 ㉡의 빈칸에는 한자음을 분석할 때에 쓰는 용어를 쓰고, ㉮~㉰의 빈칸에는 훈민정음 글자를 각각 쓸 것.)

[보기 13]

<훈민정음 해례본>의 '초성해'에서는 중국의 운서(韻書)에서 한자의 음을 분석하는 방법인 ㉠(　　　)와/과 ㉡(　　　)의 개념을 도입하여 음소 글자인 훈민정음의 '초성'의 개념을 설명하였다. 예를 들어서 아음의 불청불탁의 소리인 ㉮ '(　　　)'의 음가를 설명하기 위하여, '業'의 음절의 소리를 ㉯ '(　　　)'와/과 ㉰ '(　　　)'(으)로 분석하여 제시하였다. 이처럼 기존의 운서에서 한자음을 분석하는 방법을 활용하여, 훈민정음의 초성 글자의 개념을 설명한 것이다.

14. <훈민정음 해례본>의 '초성해'에서는 [보기 14]와 같이 한자의 음을 이용하여, 초성 글자의 음가를 오음(五音)과 청탁(淸濁)을 기준으로 하여 설명했다. ㉠~㉣의 빈칸에 들어갈 오음(五音)의 명칭을 각각 쓰시오.

[보기 14]

정음(正音)의 초성은 운서의 '자모(字母)'이다. 성음(聲音)이 이로부터 생기므로 '모(母)'라고 한다. 〈…중략…〉 ㉠(　　　)의 '斗, 呑, 覃, 那'와, 〈…중략…〉 ㉡(　　　)의 '卽, 侵, 慈, 戌, 邪'와, ㉢(　　　)의 '閭'와 ㉣(　　　)의 '穰'은 모두 이와 같다.

15. <훈민정음 해례본>의 '초성해'에 기술된 내용과 관련하여, [보기 15]의 빈칸에 들어갈 말을 쓰시오. (단, ㉠과 ㉡에는 숫자를 쓰고, ㉮에는 책의 이름을 쓸 것.)

[보기 15]

<훈민정음 해래본>의 '제자해'에서는 초성의 글자를 모두 ㉠(　　　) 개로 제시했다. 반면에 같은 '제자해'에서 초성의 소리를 오음(五音)과 청탁(淸濁)에 따라서 분류면서, 전탁(全濁)의 소리를 추가하여 초성의 소리를 모두 ㉡(　　　) 개로 분류하였다. 이러한 초성의 소리 체계는 그때 우리나라의 한자음을 정리하고 통일하기 위하여 편찬한 ㉮(　　　)에서 제시한 한자음 체계와 일치한다.

16. 훈민정음의 초성 글자가 변천된 양상과 관련하여, [보기 16]의 빈칸에 들어갈 글자를 각각 쓰시오. (단, 각 글자는 먼저 오음(五音)의 순서로 쓰고, 동일한 오음에 속하는 글자는 청탁의(淸濁) 순서로 쓸 것.)

[보기 16]

훈민정음의 글자 중에서 '단일 초성 글자'는 하나의 글자로 이루어진 글자이다. 이들 글자 중에서 현대 국어에서 쓰이지 않는 글자로는 ㉠'(　　)', ㉡'(　　)', ㉢'(　　)'의 글자가 있었다. 그리고 글자 자체는 현대 국어에도 쓰이고 있으나, 현대 국어에서 발음이 달라진 글자로는 ㉮'(　　)', ㉯'(　　)', ㉰'(　　)'의 글자가 있었다.

17. 15세기 국어에 쓰인 초성 글자와 관련하여, ㉠~㉢의 빈칸에 들어갈 말을 각각 쓰시오. (단, ㉠에는 글자의 형태를, ㉡과 ㉢에는 아라비아 숫자를 쓸 것.)

[보기 17]

15세기 국어에 쓰인 글자 중에서 ㉠'(　　　)'의 글자는 아음(牙音)의 불청불탁 글자로서, 여린입천장(연구개)에서 나는 비음(콧소리)인 음가를 나타내는 글자이다. 이 글자는 15세기의 국어에서는 초성과 종성의 자리에 두루 나타나는 것이 특징이다. 이 글자는 ㉡(　　　)세기 초기부터는 점차로 종성에서만 쓰이다가, ㉢(　　　)세기 말에 이르면 문헌에서 거의 사라졌다.

18. 15세기 국어에 쓰인 특정한 초성 글자와 관련하여, ㉠~㉢의 빈칸에 들어갈 말을 각각 쓰시오. (단, ㉠에는 사성(四聲)의 명칭을, ㉡에는 표기 방법에 관한 명칭을, ㉢에는 책의 이름을 쓸 것.)

[보기 18]

'ㆆ'은 우리말을 적는 데에는 많이 쓰이지 않았지만 '동국정운식 한자음'을 표기하는 데에는 많이 쓰였다. 예를 들어서 '於ᅙᅥᆼ, 一ᅙᅵᇙ, 因ᅙᅵᆫ, 依ᅙᅴᆼ, 音ᅙᅳᆷ' 등은 동국정운식 한자음을 표기할 때에 'ㆆ'이 초성에 쓰인 예이다. 그리고 '日ᅀᅵᇙ, 發버ᇙ, 戌슈ᇙ, 八바ᇙ, 不부ᇙ, 節져ᇙ' 등은 /ㄹ/ 종성으로 끝난 국어 한자음을 중국의 발음인 ㉠(　　　)에 가깝게 표기하기 위하여 'ㆆ'으로써 'ㄹ'을 보충하여 표기한 것이다. 이러한 표기 방법을 ㉡(　　　)(이)라고 한다. 'ㆆ'은 아주 제한된 범위에서만 쓰이다가, 1465년(세조 11년)에 간행된 ㉢(　　　　　)에서부터 쓰이지 않게 되었다.

19. 15세기 국어에 쓰인 'ㅿ'의 글자와 관련하여, ㉠과 ㉡의 빈칸에 들어갈 말을 각각 쓰시오.

[보기 19]

(A) ㄱ. 겨ᅀᅳᆯ, ᄀᆞᅀᆞᆯ, ᄆᆞᅀᆞᆯ, ᄉᆞᅀᅵ, 아ᅀᆞ, 한ᅀᅮᆷ ; 거ᅀᅴ, 몸ᅀᅩ
　　ㄴ. 그ᅀᅥ, 니ᅀᅥ, 우ᅀᅳ샤, 지ᅀᅥ, ᄃᆞᅀᆞ샤
　　ㄷ. 나라ᇫ 일훔, 世子ㅿ 位, 英主ㅿ 알ᄑᆡ, 바ᄅᆞᇗ 우희

(B) 'ㅿ'은 모음과 모음 사이나, 유성 자음인 /ㄴ, ㄹ, ㅁ, ㆁ, ㅸ/과 모음 사이에서만 나타나는 특징이 있다. (ㄱ)은 체언이나 부사에서 실현되는 'ㅿ'의 예이고, (ㄴ)은 용언이 불규칙하게 활용한 결과로서, 어간의 끝에서 실현되었던 ㉠(/　　/)의 소리가 변동한 예이다. 그리고 (ㄷ)은 <용비어천가>나 <훈민정음 언해본>에서 유성음과 유성음 사이에서 실현된 ㉡(　　　　)을/를 표기한 글자로 사용된 예이다.

20. 15세기 국어에 쓰인 'ㅇ' 글자의 음가와 관련하여, ㉠~㉡과 ㉮~㉯의 빈칸에 들어갈 말을 각각 쓰시오. (단, ㉠에는 <훈민정음 해례본>의 제자해(制字解)에서 제시된 오음(五音)의 명칭을 쓰고, ㉡에는 청탁(淸濁)의 명칭을 쓸 것. 그리고 ㉮에는 초성의 음가를 표현하는 용어를 한글로 쓰고, ㉯에는 음가를 국제 음성 부호로 쓸 것.)

[보기 20]

'ㅇ'은 일반적으로 무음가의 글자로 쓰인다. 그런데 '일우다, ᄀᆞᇫ애, 아니어늘'의 표기를 보면, 이들 단어에 쓰인 'ㅇ'이 무음가의 글자가 아니고 음가가 있는 자음 글자였을 가능성이 있다. 이에 더하여 <훈민정음 해례본>의 '제자해'에서 'ㅇ'을 ㉠(　　　　)의 ㉡(　　　　)인 글자로 분류한 것을 보면, 'ㅇ'이 ㉮(　　　　)의 음가를 나타내는 글자임을 짐작할 수 있다.(허웅 1975:55) 이러한 사실을 바탕으로 'ㅇ'의 음가를 국제 음성 부호로 표기하면 ㉯([　　　])로 표기할 수 있다.

21. 15세기 국어에 쓰인 'ㅈ'과 'ㅊ' 글자의 음가와 관련하여, ㉠~㉢의 빈칸에 들어갈 말을 각각 쓰시오. (단, ㉠에는 <훈민정음>의 초성 소리 체계에서 제시된 오음(五音)의 명칭을 쓰고, ㉡과 ㉢에는 국제 음성 부호(I.P.A)를 쓸 것.)

[보기 21]

현대 음성학의 관점에서 볼 때에, 현대어에서 'ㅈ'과 'ㅊ'의 글자는 경구개음인(센입천장소리)인 /tɕ/, /tɕʰ/의 음가를 나타낸다. 그런데 <훈민정음 해례본>에서는 'ㅈ, ㅊ'의 글자를 '오음(五音)'을 기준으로 할 때에, ㉠(　　　)의 글자로 처리했다. 이러한 분류 방법을 감안하면, 중세 국어의 'ㅈ'과 'ㅊ'은 혀끝에서 발음되는 파찰음인 ㉡(　　　)와/과 ㉢(　　　)(으)로 소리났다는 사실을 알 수 있다.

22. <훈민정음 해례본>의 '용자례(用字例)'에 제시된 용례와 관련하여, ㉠과 ㉡의 빈칸에 들어갈 훈민정음의 글자를 쓰시오.

[보기 22]

<훈민정음 해례본>의 '제자해(制字解)'에서는 초성의 단일 글자로서 모두 17자를 제시하였다. 그런데 <훈미정음 해례본>'의 용자례(用字例)'에서는 초성의 단일 글자 중에서 ㉠'(　　　)'이/가 쓰인 단어의 용례가 없는 반면에, 단일 초성 글자가 아닌 ㉡'(　　　)'이/가 쓰인 단어를 용례에 포함시킨 것이 특징이다.

1.2.2.3. 중성해

1. 훈민정음의 중성 글자를 만든 방법과 관련하여, ㉠~㉢의 빈칸에 들어갈 말을 각각 쓰시오. (단, <훈민정음 해례>에 쓰인 두 음절의 한자어로 쓸 것.)

[보기 1]

중성은 우리가 오늘날 모음이라고 부르는 것으로, 'ㆍ, ㅡ, ㅣ'의 세 글자를 바탕으로 'ㅡ'나 'ㅣ'에 'ㆍ'를 ㉠(　　　)하여 'ㅗ, ㅜ'와 'ㅏ, ㅓ'를 만들었다. 여기에 다시 'ㆍ'를 ㉡(　　　)하여 'ㅛ, ㅑ, ㅠ, ㅕ'를 만들어 모두 11자의 단일 글자를 완성하였다. 중성은 또한 이것으로 그치지 않고 'ㅗ'와 'ㅏ'를 ㉢(　　　)하는 방법으로, 'ㅘ'를 비롯하여 'ㅝ', ㅚ, ㅐ, ㅟ, ㅔ' 등의 복합 글자를 만들었다.

2. 훈민정음의 중성 글자 11자의 명칭과 관련하여, ㉠과 ㉡의 빈칸에 들어갈 말을 각각 쓰시오.(단, <훈민정음 해례본>의 '제자해'에 쓰인 세 음절의 한자어로 쓸 것.)

[보기 2]

'ㆍ, ㅡ, ㅣ'의 세 글자는 삼재(三才)를 상형한 글자이다. 반면에 'ㅗ, ㅜ, ㅏ, ㅓ'는 'ㅡ'나 'ㅣ'에 'ㆍ'를 더하여 만든 ㉠(　　　　)(이)며, 'ㅛ, ㅑ, ㅠ, ㅕ'는 'ㅗ, ㅜ, ㅏ, ㅓ'에 또다시 'ㆍ'를 더하여 만든 ㉡(　　　　)이다.

3. <훈민정음 해례본>에서 제시한 중성 글자의 음운론적인 성격과 관련하여, ㉠과 ㉡의 빈칸에 들어갈 말을 각각 쓰시오. (단, 현대 음운론에서 모음을 분류할 때에 쓰는 용어로 적을 것.)

[보기 3]

훈민정음의 중성 글자는 'ㆍ, ㅡ, ㅣ, ㅗ, ㅏ, ㅜ, ㅓ, ㅛ, ㅑ, ㅠ, ㅕ'의 11자이다. 이들 중성 글자 중에서 'ㆍ, ㅡ, ㅣ, ㅗ, ㅏ, ㅜ, ㅓ'는 ㉠(　　　　)의 음가를 나타내는 글자이며, 'ㅛ, ㅑ, ㅠ, ㅕ'는 ㉡(　　　　)의 음가를 나타내는 글자이다.

4. <훈민정음 해례본>에서는 /ㆍ, ㅡ, ㅣ/를 중성 글자를 만들 때에 기준이 되는 소리로 정했다. 이와 관련하여서 ㉠~㉣의 빈칸에 들어갈 모음을 쓰시오. (단, ㉠과 ㉡의 순서와, ㉢과 ㉣의 순서는 각각 바뀌어도 됨.)

[보기 4]

<훈민정음>에서는 중성 중에서 /ㆍ, ㅡ, ㅣ/의 세 가지 소리를 으뜸이 되는 소리로 정하였다. 먼저 양성 모음인 /ㆍ/는 ㉠'(　　)'와/과 ㉡'(　　)'의 중간 소리이므로, 양성 모음의 으뜸 소리로 삼았다. 그리고 음성 모음인 /ㅡ/는 ㉢'(　　)'와/과 ㉣'(　　)'의 중간 소리이므로 음성 모음의 으뜸 소리로 삼았다. 끝으로 /ㅣ/는 7개의 단모음 중에서 유일한 중성 모음이므로, 으뜸되는 소리로 삼았다.

5. <훈민정음 해례본>에서는 모음 글자를 만드는 기준이 되는 상형 글자를 'ㆍ, ㅡ, ㅣ'로 정하고, 이들 글자의 조음 방식과 함께 청각적인 인상을 기술하였다. 이와 관련해서 [보기 5]에서 적절한 말을 골라서 아래 [표 5]의 빈칸에 넣으시오.

[보기 5]

불심불천(不深不淺), 설불축(舌不縮), 전설 모음(前舌母音), 성심(聲深), 설소축(舌小縮), 중설 모음(中舌母音), 설축(舌縮), 성천(聲淺), 후설 모음(後舌母音)

글자	음성학적 특징		
	발음 방법	청각적 인상	현대 음성학의 해석
·	ⓐ ( )	㉠ ( )	㉮ ( )
ㅡ	ⓑ ( )	㉡ ( )	㉯ ( )
ㅣ	ⓒ ( )	㉢ ( )	㉰ ( )

[표 5. '·, ㅡ, ㅣ'의 조음 방법과 청각적인 인상]

6. '·' 글자의 음가와 관련하여, ㉠과 ㉡의 빈칸에 들어갈 말을 각각 쓰시오. (단, ㉠에는 현대 음운론에서 단모음을 기술하는 방법(혀의 전후 위치와 개구도)의 명칭으로 쓰고, ㉡에는 국제 음성 기호(I.P.A)를 쓸 것.)

[보기 6]

'·'는 현대어에는 쓰이지 않는 글자이다. <훈민정음 해례본>의 제자해에서 "·舌縮而聲深。" (·는 혀가 오그라들고 소리의 음상이 깊은 느낌을 준다.)고 하는 설명을 음성학적인 관점에서 추정해 보면, /·/가 ㉠ ( )임을 짐작할 수 있다. 그리고 'ㅗ'와 'ㅏ' 글자의 음가를 "ㅗ與·同而口蹙。… ㅏ與·同而口張。" ('ㅗ'는 '·'와 같으나 입이 오므라진다. 'ㅏ'는 '·'와 같으나 입이 펴진다.) 라는 설명을 참조하면, '·' 글자의 음가는 'ㅗ'보다 입을 펴고 'ㅏ'보다 입을 더 오므려서 내는 소리인 ㉡ (/ /)(으)로 추정할 수 있다.

7. /·/의 변화 과정과 관련하여, ㉠과 ㉡의 빈칸에 들어갈 말을 각각 쓰시오.

[보기 7]

15세기에 쓰였던 /·/는 두 단계의 변화 과정을 거친다. 먼저 제1단계의 변화 과정은 16세기 초부터 시작하여 16세기 말에 이르는 시기에 일어났는데, 단어의 첫 음절이 아닌 위치에서 ㉠ (/ /)(으)로 바뀐 경우가 많다. 그 다음 단계로 18세기 말에는 /·/가 단어의 첫 음절의 위치에서 대부분 ㉡ (/ /)(으)로 바뀌었다.

8. <훈민정음>에서는 'ㅏ, ㅓ, ㅗ, ㅜ' 글자의 음가(音價)를 상형자(象形字)인 'ㆍ'와 'ㅡ'의 음가를 이용해서 설명하였다. ⓐ~ⓓ의 빈칸에 들어갈 소리를 넣으시오.

	<口蹙>		상형자의 소리		<口張>
(양성)	ⓐ[/ /]	⟵	[/ㆍ/]	⟶	ⓑ[/ /]
(음성)	ⓒ[/ /]	⟵	[/ㅡ/]	⟶	ⓓ[/ /]
	<闔>				<闢>

[표 8. 초출자의 음가]

9. <훈민정음 해례본>에서는 'ㆍ, ㅡ, ㅣ'의 글자를 이용하여 다른 중성 글자를 만드는 방법을 제시하였다. 이와 관련하여 ㉠과 ㉡의 빈칸에 들어갈 말을 각각 쓰시오. (단, ㉠에는 제자의 방법을, ㉡에는 이들 글자를 가리키는 명칭을 쓸 것.)

[보기 9]

'ㅗ, ㅏ, ㅜ, ㅓ'의 글자는 'ㅡ'나 'ㅣ'에 'ㆍ'를 ㉠(　　　)하여 만든 글자인데, 이들 글자의 소리가 천지(天地)에서 시작하였으므로 ㉡(　　　)(이)라고 하였다.

10. <훈민정음 해례본>의 제자해에서 설명한 초출자와 재출자의 제자 원리를 [표 10]과 같이 정리하였다. [표 10]의 빈칸에 들어갈 훈민정음 글자를 각각 쓰시오.

재출 (口蹙)		초출 (口蹙)		삼재 상형자		초출 (口張)		재출 (口張)
ⓐ[ ]	⇠	ⓑ[ ]	⇠	[ㆍ]	⇢	ⓒ[ ]	⇢	ⓓ[ ]
ⓔ[ ]	⇠	ⓕ[ ]	⇠	[ㅡ]	⇢	ⓖ[ ]	⇢	ⓗ[ ]

[표 10. 초출자와 재출자의 제자 원리]

11. <훈민정음 해례본>에서는 중성 글자 중에서 '삼재 상형자(ㆍ, ㅡ, ㅣ), 초출자(ㅗ, ㅏ, ㅜ, ㅓ), 재출자(ㅛ, ㅑ, ㅠ, ㅕ)'의 특징을 기술하였다. 이와 관련하여 (가)~(다)의 물음에 답하시오.

(가) '심(深)'과 '천(淺)'의 대립 관계를 고려하여, ⓐ~ⓒ의 빈칸에 들어갈 '삼재(三才)의 상형자'를 넣으시오.

	심(深)	천(淺)	불심불천(不深不淺)
상형자	ⓐ ( )	ⓑ ( )	ⓒ ( )

[표 11-1. 중성 글자의 '심'과 '천'에 따른 대립 관계]

(나) '합(闔)'과 '벽(闢)'의 대립 관계를 고려하여, ⓐ~ⓓ의 빈칸에 들어갈 '초출자'의 중성 글자를 넣으시오.

		벽(闢)		합(闔)
초 출 자	양(陽)	ⓐ ( )	↔	ⓑ ( )
	음(陰)	ⓒ ( )	↔	ⓓ ( )

[표 11-2. 초출자의 '합'과 '벽'에 따른 대립 관계]

(다) '합(闔)'과 '벽(闢)'의 대립 관계를 고려하여, ⓐ~ⓓ의 빈칸에 들어갈 '재출자'의 중성 글자를 넣으시오.

		벽(闢)		합(闔)
재 출 자	양(陽)	ⓐ ( )	↔	ⓑ ( )
	음(陰)	ⓒ ( )	↔	ⓓ ( )

[표 11-3. 재출자의 '합'과 '벽'에 따른 대립 관계]

12. <훈민정음의 해례본>의 중성해와 종성해에서는 글자의 소리를 설명하는 방식을 중국의 운서(韻書)에서 설명하는 방식과 달리했다. 이와 관련하여 [보기 12]의 빈칸에 들어갈 말을 쓰시오. (단, ㉮의 빈칸에는 문자의 유형에 대한 명칭을 쓸 것.)

[보기 12]

중국의 운서에서는 전통적으로 한자의 소리(자운, 字韻)을 ⓐ ( )와/과 ⓑ ( )(으)로 구분하였다. 이에 반하여 <훈민정음의 해례본>의 중성해와 종성해에서는 국어의 소리를 하나의 음절 내에서 음소가 실현되는 위치에 따라서, ㉠ ( ), ㉡ ( ), ㉢ ( )(으)로 구분하였다. 이러한 소리의 분류 방법을 통해서 훈민정음의 글자를 ㉮ ( )(으)로 개발한 근거를 마련한 것이다.

13. <훈민정음 해례본>에서는 중성 글자의 유형과 관련하여, '합성(合成)'과 '합용(合用)'을 구분한다. 이와 관련하여 글 (B)의 빈칸에 들어갈 중성 글자를 예시 (A)에서 찾아서 쓰시오. (단, '제자해'에서 제시한 글자 배열 순서를 지킬 것.)

[보기 13]

(A) ㅏ, ㅑ, ㅓ, ㅕ, ㅗ, ㅘ, ㅛ, ㆇ, ㅜ, ㅝ, ㅠ, ㆊ

(B) '합성(合成)'은 삼재(三才)를 상형한 글자인 'ㆍ, ㅡ, ㅣ'의 글자를 합하여서 초출자나 재출자를 만드는 제자 원리이다. 위의 (A)에 제시된 글자 가운데에서 ㉠ '(　　　　)'은/는 초출자이며 ㉡ '(　　　　)'은/는 재출자인데, 이들 글자는 모두 합성된 글자이다. 반면에 '합용(合用)'은 '상형자, 초출자, 재출자'를 합해서 사용하는 글자의 운용법인데, ㉢ '(　　　　)'의 글자는 합용된 글자이다.

14. <훈민정음 해례본>의 '중성해'에 따르면 재출자(再出字)는 '동출 합용(同出合用)'의 원리에 따라서 합용되었다. 이와 관련하여 ㉠~㉣의 빈칸에 훈민정음의 글자를 각각 쓰시오.

[보기 14]

두 글자(字)를 합하여 사용하는 것(合用)에는, 'ㅗ'와 'ㅏ'가 ㉠ '(　　　)'에서 함께 나왔으므로 합쳐져서 'ㅘ'가 되며, 'ㅛ'와 'ㅑ'가 ㉡ '(　　　)'에서 함께 나왔으므로 합쳐져서 'ㆇ'가 된다. 'ㅜ'와 'ㅓ'가 ㉢ '(　　　)'에서 함께 나왔으므로 합쳐져서 'ㅝ'가 되며, 'ㅠ'와 'ㅕ'가 또한 ㉣ '(　　　)'에서 함께 나왔으므로 합쳐져서 'ㆊ'가 된다. (두 글자가) 함께 나와서 짝(類)이 됨으로써 서로 합쳐지고 어긋나지 않았다.

15. <훈민정음 해례본>의 '중성해'에서는 글자를 합용(合用)하여 사용한 예를 (A)와 같이 제시하였다. 다음의 ①~⑦의 합용 방법에 해당하는 훈민정음 글자를 예시 (A)에서 찾아서 넣으시오.

[보기 15]

(A) ㅘ, ㆇ, ㅝ, ㆊ, ㆎ, ㅢ, ㅚ, ㅐ, ㅟ, ㅔ, ㆉ, ㅒ, ㆌ, ㅖ, ㅙ, ㅞ, ㆈ, ㆋ

① [상형자 + ㅣ]: ( )
② [초출자 + ㅣ]: ( )
③ [초출자 + 초출자]: ( )
④ [재출자 + ㅣ]: ( )
⑤ [재출자 + 재출자]: ( )
⑥ [초출자 + 초출자 + ㅣ]: ( )
⑦ [재출자 + 재출자 + ㅣ]: ( )

16. ‘ㅣ’를 합용한 병서 글자의 유형과 관련하여, 예시 (A)에 제시된 글자 중에서 글 (B)의 빈칸에 들어갈 글자를 쓰시오.

[보기 16]

(A) ㅘ, ㆈ, ㆇ, ㅝ, ㆊ, ㅙ, ㆎ, ㅢ, ㅚ, ㅐ, ㅟ, ㅞ, ㅔ, ㆉ, ㅒ, ㆌ, ㅖ, ㆋ

(B) <훈민정음 해례본>의 ‘중성해’에서는 ‘ㅣ’를 합용한 글자의 유형을 다음과 같이 설명하고 있다. 곧, 한 글자로 된 중성(一字 中聲)이 ‘ㅣ’와 서로 합친 것은 모두 열(十)이니, ㉠‘( )’가 그것이다. 그리고 두 글자로 된 중성(二字 中聲)이 ‘ㅣ’와 서로 합친 것은 넷(四)이니, ㉡‘( )’가 그것이다.

17. <훈민정음 해례본>에 제시된 ‘합용(合用)한 중성 글자’의 유형과 관련하여, 예시 (A)에 제시된 글자를 골라서 글 (B)의 빈칸에 쓰시오.

[보기 17]

(A) ㅘ, ㆈ, ㆇ, ㅝ, ㆊ, ㅙ, ㆎ, ㅢ, ㅚ, ㅐ, ㅟ, ㅞ, ㅔ, ㆉ, ㅒ, ㆌ, ㅖ, ㆋ

(B) <훈민정음 해례본>의 ‘중성해’에 따르면, 합용된 중성 글자는 낱글자가 합용된 수(數)에 따라서 두 글자가 합용된 ‘이자 중성(二字中聲)’의 합용 글자와 세 글자가 합용된 ‘삼자 중성(三字中聲)’의 합용 글자로 구분할 수 있다. 예시 (A)에 제시된 글자 중에서 ‘이자 중성 글자’의 예로는 ㉠‘( )’가 있고, ‘삼자 중성 글자’의 예로는 ㉡‘( )’가 있다.

18. 다음의 [표 18]에 설정한 빈칸에, ‘ㅣ’계 이중 모음과 ‘ㅣ’계 삼중 모음의 글자에 대한 음가를 ‘국제 음성 기호(I.P.A)’로 쓰시오.

이중 모음	글자	·ㅣ	ㅢ	ㅚ	ㅐ	ㅟ	ㅔ
	음가	㉠( )	㉡( )	㉢( )	㉣( )	㉤( )	㉥( )
삼중 모음	글자	ㆉ	ㅒ	ㆌ	ㅖ	ㅙ	ㅞ
	음가	㉮( )	㉯( )	㉰( )	㉱( )	㉲( )	㉳( )

[표 18. ‘ㅣ’계 이중 모음과 삼중 모음의 음가]

1.2.2.4. 종성해

1. 다음은 <훈민정음 해례본>의 ‘종성해(終聲解)’에서 종성 글자의 제자 방법을 설명한 글이다. 이와 관련하여, ㉠의 빈칸에 들어갈 말을 6자로 된 한자어로 쓰시오.

[보기 1]

‘각’이라는 음절에서 초성의 ‘ㄱ’과 종성의 ‘ㄱ’ 소리는 객관적이고 물리적인 소리로는 다르지만, 한국 사람은 초성의 ‘ㄱ’ 소리와 종성의 ‘ㄱ’ 소리를 동일하게 인식한다. 이러한 점을 감안하면 종성의 글자를 초성의 글자와 굳이 구분하여 별도로 만들 필요가 없다. 이에 따라서 <훈민정음의 해례본>의 ‘예의’에서는 ㉠( )의 규정을 두어서, 종성 글자를 따로 만들지 않고 초성 글자를 그대로 종성 글자로 쓰게 하였다. 이처럼 종성 글자를 따로 만들지 않음으로써, 자음(초성과 종성)의 글자 수를 대폭 줄일 수 있었다.

2. <훈민정음>의 ‘종성해’에서는 종성 글자에서 나타나는 ‘완급(緩急)’의 특징을 글 (A)와 같이 설명하였다. 글 (C)의 빈칸에 들어갈 음절 글자를 (B)에서 찾아 쓰시오.

[보기 2]

(A) 聲有緩急之殊 故平上去其終聲不類入聲之促急。不淸不濁之字 其聲不厲 故用於終則宜於平上去 全淸次淸全濁之字 其聲爲厲 故用於終則宜於入。(소리에는 느리고 빠른 차이가 있으므로, 평성, 상성, 거성은 그 종성이 입성의 빠름과 같지 않다. 불청불탁의 글자는 그 소리가 세지 않으므로, 종성의 자리에 쓰이면 ‘평성, 상성, 거성’에 알맞다. 전청, 차청, 전탁의 글자는 그 소리가 세므로, 종성에 쓰이면 ‘입성’에 알맞다.)

(B) 가ᇫ, 가ᇰ, 가ᇹ, 각, 간, 갇, 갈, 감, 갑, 갓, 강, 갗, 갖, 갘, 같, 갚, 갛

(C) 위의 (B)에 제시된 음절 단위의 글자를 종성을 기준으로 '입성(入聲)'과 '비입성(非入聲)'으로 구분할 수 있다. 곧, (B)에 제시된 음절 단위의 글자 중에서 ㉠'(   )'의 음절 글자는 '입성'이며 ㉡'(   )'의 음절 글자는 '비입성'이다.

3. 15세기 국어에서 쓰인 종성의 표기 방법과 관련하여, [보기 3]의 빈칸에 들어갈 말을 한자어로 쓰시오.

[보기 3]

㉠(   )이나 ㉡(   )와/과 같은 15세기 초기에 발행된 일부 문헌에서는 전청이나 차청, 그리고 불청불탁의 글자가 종성에 쓰인 경우도 있었다. 그러나 <훈민정음 해례본>의 '종성해'에서 ㉮"然ㄱㆁㄷㄴㅂㅁㅅㄹ(   )也。"라고 규정함으로써, ㉠과 ㉡의 두 가지 문헌을 제외한 문헌에서는 종성을 표기하는 데에 'ㄱ, ㆁ, ㄷ, ㄴ, ㅂ, ㅁ, ㅅ, ㄹ'의 글자만 사용했다.

4. 위의 [보기 3]의 내용을 참조하여, 아래의 [보기 4]에 제시된 ⓐ~ⓔ의 표기를 '팔종성법(八終聲法)'을 적용하여 각각 고쳐 쓰시오. (단, ⓐ~ⓔ의 단어 전체를 고쳐 쓸 것.)

[보기 4]

(A) ⓐ 곶비 [월천 81장]　ⓑ 빛나시니이다 [용가 80장]
ⓒ 깊고 [월천 99장]　ⓓ 낱 [월천 40장]
ⓔ 나라ᇫ 일훔 [용가 85장]

ⓐ(   )　ⓑ(   )　ⓒ(   )
ⓓ(   )　ⓔ(   )

5. <훈민정음 해례본>의 '종성해'에서는 종성의 표기 방법을 다음의 [보기 5]와 같이 설명하였다. [보기 5]의 규정에 따르면 '빗곶'과 '엿의갗'을 어떠한 방식으로 표기할 수 있는지 각각 쓰시오.

[보기 5]

然ㄱㆁㄷㄴㅂㅅㄹ八字可足用也。ⓐ 如빗곶爲梨花 ⓑ 여ᇫ의갗爲狐皮 而ㅅ字可以通用 故只用ㅅ字。

ⓐ“빗곶”: ( ) ⓑ“여ᇫ의갗”: ( )

6. [표 6]에 제시된 단어의 종성 형태를 ‘형태 음소적 표기법’에 따라서 고쳐서, ⓐ~ⓟ의 빈칸에 각각 쓰시오.

음소적 표기법	형태 음소적 표기법	음소적 표기법	형태 음소적 표기법
낫과(日)	ⓐ( )	앉거늘(坐)	ⓑ( )
곳(花)	ⓒ( )	노쏩고(置)	ⓓ( )
곳비(花雨)	ⓔ( )	놉고(高)	ⓕ( )
받(田)	ⓖ( )	좃거늘(從)	ⓗ( )
딥동(穰束)	ⓘ( )	깁고(深)	ⓙ( )
낫(個)	ⓚ( )	아ᅀᅵ(弟)	ⓛ( )
소ᄂᆞ로(手)	ⓜ( )	아나(抱)	ⓝ( )
ᄭᅮ믈(夢)	ⓞ( )	다마(含)	ⓟ( )

[표 6. 팔종성법에 따른 표기법과 형태 음소적 표기법]

7. <훈민정음 해례본>의 ‘종성해’에서는, “종성은 그 소리의 ‘완급(緩急)’에 따라 짝을 이룬다.”라고 설명하고 있다. 종성에서 나타나는 ‘완급’의 대립 관계를 정리할 때에, ⓐ~ⓔ의 빈칸에 들어갈 종성 글자를 쓰시오.

오음(五音) / 성질(性質)	아음(牙音)	설음(舌音)	순음(脣音)	치음(齒音)	후음(喉音)
완(緩) ⇅ 급(急)	[ㆁ] ⇅ ⓐ[ ]	ⓑ[ ] ⇅ [ㄷ]	[ㅁ] ⇅ ⓒ[ ]	ⓓ[ ] ⇅ [ㅅ]	[ㅇ] ⇅ ⓔ[ ]

[표 7. 오음의 완급에 따른 종성의 대립]

8. <훈민정음 해례본>의 '종성해'에서는 조선의 한자음에 대한 표기에 대하여 글 (A)와 같이 규정하였다. 반면에 <동국정운, 東國正韻>에서는 <훈민정음>에 제시된 글 (A)의 규정을 수정하여, 글 (B)와 같이 제시하였다. 글 (B)에 제시된 ㉠~㉢의 빈칸에 들어갈 말을 각각 쓰시오. (단, ㉠에는 소리를, ㉡과 ㉢에는 글자를 쓸 것.)

[보기 8]

(A) 且半舌之ㄹ 當用於諺 而不可用於文。如入聲之彆字 終聲當用ㄷ而俗習讀爲ㄹ 蓋ㄷ變而爲輕也。若用ㄹ爲彆之終 則其聲舒緩不爲入也。

(B) 원래 15세기의 조선에서 쓰인 한자음 중에서 종성에서 /ㄹ/로 발음되는 말들은 당시의 중국의 북경 지방에서는 ㉠(/　　/)(으)로 발음되는 소리였다. 이에 따라서 <동국정운>에서는 /ㄹ/ 받침으로 끝난 조선의 한자음을 중국의 발음에 가깝게 표기하기 위하여, ㉡ '(　　　)'의 글자로써 'ㄹ'을 보충하여 ㉢ '(　　　)'(으)로 표기하도록 하였다. <동국정운>에서 제시한 이러한 종성 표기 방법을 '이영보래(以影補來)'라고 한다.

9. <동국정운>에서 제시한 '이영보래(以影補來)'의 규정과 관련하여, ㉠~㉢의 빈칸에 들어갈 말을 쓰시오. (단, ㉠과 ㉡에는 훈민정음의 글자를 쓰고, ㉢에는 성조(聲調)의 명칭을 쓸 것.)

[보기 9]

<동국정운, 東國正韻>에서는, 이른바 '이영보래(以影補來)'라는 규정을 두었다. '이영보래(以影補來)'에서 '影'은 '영모(影母)'인 ㉠(/　　/)의 소리를 가리키고 '來'는 '래모(來母)'인 ㉡(/　　/)의 소리를 가리킨다. 곧 <동국정운>에서 제시한 '이영보래'는 ㉠의 소리로써 ㉡의 소리를 보완하여 ㉢(　　　)의 성조로 발음하게 한다는 것이다.

10. 15세기 국어에서 종성에 쓰인 /ㅅ/의 음가와 관련하여 ㉠~㉢의 빈칸에 들어갈 말을 쓰시오. (단, ㉠에는 국제 음성 부호(I.P.A)를, ㉡과 ㉢에는 아라비아 숫자를 쓸 것.)

[보기 10]

15세기 국어에서는 'ᄀᆞᆺ(必), 못(池), ᄆᆞᆺ(最)'과 'ᄀᆞᆮ(末), 몯(莫), ᄆᆞᆮ(昆)'을 반드시 구분하여 표기하였다. 곧, 종성의 자리에서도 초성의 자리에서와 마찬가지로

> ‘ㅅ’과 ‘ㄷ’의 글자가 구별되어서 쓰였음을 알 수 있다. 이러한 사실을 종합해 볼 때에 15세기 국어에서 종성의 자리에서 실현되는 /ㅅ/은 치성(齒聲)이 짧게 들리는 ㉠([ ])의 소리였을 것으로 추측한다. 그리고 이러한 종성의 ‘ㅅ’은 ㉡( )세기 초부터 ‘ㄷ’으로 적히기 시작하다가, ㉢( )세기 후반에는 종성에서 ‘ㄷ’과 ‘ㅅ’이 혼용되어 종성에서 이 두 글자의 구분이 사실상 없어졌다.

1.2.2.5. 합자해

1. <훈민정음 해례본>의 ‘합자해(合字解)’에서는, 초성에 중성을 붙여서 적는 방법을 [보기 1]과 같이 규정했다.

> [보기 1]
>
> (A) ㆍ, ㅡ, ㅣ, ㅗ, ㅏ, ㅓ, ㅜ, ㅛ, ㅑ, ㅠ, ㅕ
>
> (B) 中聲則圓者橫者在初聲之下 ⓐ( )是也。縱者在初聲之右 ⓑ( )是也。
> 중성은, 둥근 것과 가로 그은 것은 초성의 아래에 있는데, ⓐ‘( )’가 그것이다. 세로 그은 것은 초성의 오른쪽에 있는데, ⓑ‘( )’가 그것이다.
>
> (C) 凡字必合而 ⓒ( ) [훈민정음 해례본 예의]

(가) [보기 1]의 빈칸에 들어갈 수 있는 중성 글자를 (A)에서 골라서 쓰시오.

ⓐ ( ) ⓑ ( )

(나) [보기 1]에서 (B)의 규정이 성립하기 위해서는 초성, 중성, 종성의 글자를 모아서 적는다는 규정이 전제되어야 한다. 이와 관련하여 글 (C)의 빈칸에 두 음절의 한자를 써서, <훈민정음 해례본>의 ‘예의’에서 제시한 규정을 완성하시오. ⓒ ( )

2. 초성 글자의 체계를 ‘단일 초성 글자’와 ‘복합 초성 글자’로 나누었을 때에, ㉠과 ㉡의 빈칸에 들어갈 글자의 명칭을 각각 쓰시오.(단, ㉠와 ㉡의 순서는 서로 바꿀 수 있음.)

[보기 2]

초성 글자는 '단일 초성 글자'와 '복합 초성 글자'로 구분할 수 있다. '단일 초성 글자(홑 초성 글자)'는 한 글자로 이루어진 기본 글자이며, '복합 초성 글자(겹 초성 글자)'는 기본 글자를 합용해서 쓰는 글자이다. 이 중에서 '복합 초성 글자'는 ㉠(　　　) 글자와 ㉡(　　　) 글자의 두 유형이 있다.

3. 15세기 국어에 쓰인 '각자 병서(各自竝書)' 글자의 종류와 관련하여, ㉠~㉢의 빈칸에 들어갈 훈민정음의 글자를 각각 쓰시오. (단 ㉡과 ㉢은 순서를 바꿀 수 있음.)

[보기 3]

15세기 국어의 문헌에 쓰인 '각자 병서' 글자는 ㉠'(　　　　　)'의 여덟 개가 있었다. 이들 중에서 ㉡'(　　　)'와/과 ㉢'(　　　)'의 두 글자를 제외한 나머지 여섯 글자는 된소리로 발음되었을 것으로 추측된다.

4. <훈민정음 해례본>의 초성해에서는 (A)와 같이 '각자 병서'의 글자를 만드는 방법과 함께 그 음가를 설명했다. 글 (A)의 내용과 관련해서, (B)와 (C)의 빈칸에 들어갈 훈민정음의 글자를 쓰시오. (단, ㉣과 ㉤은 해례본에서 배열한 순서를 지킬 것.)

[보기 4]

(A) 全淸竝書則爲全濁　以其全淸之聲凝則爲全濁也。(ⓐ <u>전청을 나란히 쓰면 전탁이 되는 것</u>은 전청의 소리가 엉기면 전탁이 되기 때문이다.)

(B) 글 (A)에 제시된 ⓐ의 방법으로 만들어진 글자로는, 아음의 ㉠'(　　)', 설음의 ㉡'(　　)', 순음의 ㉢'(　　)', 치음의 ㉣'(　　)'과 ㉤'(　　)'의 글자가 있다.

(C) 위의 [보기 3]에서 제시한 8개의 각자 병서 글자 중에는, ⓐ의 규정을 지키지 않은 각자 병서 글자도 있다. 곧, ㉮'(　　　)'은/는 예외적으로 '차청(次淸)'의 글자를 병서해서 만들었고, ㉯'(　　　)'은/는 '불청불탁(不淸不濁)'의 글자를 병서해서 만든 글자이다.

5. 15세기 국어에서 초성의 합용 병서로 쓰인 글자로는, 'ㅂ'계 합용 병서와, 'ㅅ'계 합용 병서, 'ㅄ'계 합용 병서가 있었다. 각 계열의 합용 병서의 글자를 쓰시오.

제시하시오.

(가) 'ㅂ'계 합용 병서 글자

① ( ) ② ( ) ③ ( ) ④ ( )

(나) 'ㅅ'계 합용 병서 글자

① ( ) ② ( ) ③ ( ) ④ ( )

(다) 'ㅄ'계 합용 병서 글자

① ( ) ② ( )

6. 다음은 15세기 국어에서 초성을 표기할 때에 쓰인 '합용 병서(合用竝書)'의 음가에 대한 글이다. 이와 관련하여 (가)~(라)의 물음에 답하시오.

[보기 6]

<훈민정음 해례>에서는 합용 병서 글자의 음가에 대하여 아무런 설명이 없다. 이 때문에 특히 'ㅅ'계 합용 병서의 음가에 대하여 '이중 자음 설'과 '된소리 설'이 나오게 되었다.

(가) 'ㅅ'계 합용 병서의 '이중 자음 설'에 따른다면, 다음에 제시한 합용 병서 글자의 음가를 각각 '국제 음성 부호'로 쓰시오.

① ㅶ ( ) ② ㅺ ( ) ③ ㅷ ( )

(나) 'ㅅ'계 합용 병서의 '된소리 설'에 따른다면, 다음에 제시한 합용 병서 글자의 음가를 '국제 음성 부호'로 쓰시오.

① ㅄ ( ) ② ㅼ ( ) ③ ㅴ ( )

(다) 'ㅅ'계의 '된소리 설'을 따른다면, 합용 병서 글자 중에서 세 가지 글자는 각자 병서와 동일하게 발음된다. 이에 해당하는 합용 병서 글자와 그에 대응되는 각자 병서 글자를 쓰시오. (단, '합용 병서－각자 병서'의 순서로 쓸 것.)

① ( )－( ) ② ( )－( ) ③ ( )－( )

(라) 'ㅅ'계 합용 병서 글자의 음가와 관련하여, 다음 글에 설정된 ㉠과 ㉡의 빈칸에 들어갈 말을 쓰시오. (단, ㉠에는 합용 병서 글자를 쓰고, ㉡에는 '국제

음성 부호'를 쓸 것.)

> , 'ㅅ'계 합용 병서가 된소리로 발음되었다는 학설에도 불구하고, 'ㅅ'계 합용 병서 글자 중에서 ㉠'(　　　)의 글자는겹자음인 ㉡(/　　/)(으)로 발음된 것으로 추정된다.

7. 다음은 15세기 국어에 쓰인 'ㅂ'계 합용 병서 글자의 음가에 대한 글이다. 이와 관련하여, ㉠~㉢의 빈칸에 들어갈 말을 각각 쓰시오. (단, ㉠과 ㉡의 빈칸에는 형태소 분석의 결과를 (a- + -b)의 형식으로 쓰고, ㉢의 빈칸에는 'ㅳ' 글자의 음가를 '국제 음성 부호(I.P.A)'로 쓸 것.)

[보기 7]

> (A) ㄱ. ᄂᆞᄆᆡ 시늘 ⓐ 볼ᄠᅵ 말며　　　　[내훈 1:6]
> 　　ㄴ. 이리 ⓑ 쉬ᄠᅵ 아니ᄒᆞ니　　　　[내훈 3:6]
>
> (B) 예문 (A)에서 ⓐ의 '볼ᄠᅵ'를 형태소 단위로 분석하면 ㉠'(　　　)'(으)로 분석되고, ⓑ의 '쉬ᄠᅵ'는 ㉡'(　　　)'(으)로 분석된다. 그런데 현대 국어에서 이들 단어는 각각 '밟지'와 '쉽지'로 실현된다. 이처럼 현대 국어에서 '밟지'와 '쉽지'에 /ㅂ/ 받침 소리가 있는 것을 보면, 15세기 국어에서 'ᄠᅵ'의 'ㅳ'이 ㉢(/　　/)(으)로 발음된 것을 알 수 있다.

8. 다음은 15세기 국어에 쓰인 'ㅂ'계 합용 병서의 음가에 대한 글이다. 이와 관련하여, ㉠과 ㉮~㉱의 빈칸에 들어갈 말을 쓰시오. (단, ㉠에는 단어의 형태를 쓰고, ㉮~㉱에는 'ㅂ'계 합용 병서의 글자를 쓸 것. ㉮~㉱의 순서는 고려하지 말 것.)

[보기 8]

> 'ㅂ'계 합용 병서를 이중 자음으로 소리나는 것으로 보는 근거는 다음과 같다. 예를 들어서 현대 국어에서 쓰이는 합성 명사인 '좁쌀, 찹쌀' 따위의 단어에서는 두 어근 사이에 이유 없이 /ㅂ/이 실현된다. 이러한 'ㅂ' 첨가 현상은 15세기 국어에 쓰였던 명사인 ㉠'(　　　)'에 실현되는 초성 /ㅂ/이 현대어의 합성 명사에 그대로 남았기 때문에 일어난 것이다. 이러한 사실을 보면 15세기 국어에서 'ㅂ'계 합용 병서 글자인 ㉮'(　　)', ㉯'(　　)', ㉰'(　　)', ㉱'(　　)'의 네 글자는 이중 자음으로 발음되었음을 짐작할 수 있다.

9. 훈민정음의 글자를 합자하는 방법과 관련하여, ㉠의 빈칸에 들어갈 말을 쓰시오. (단, <훈민정음 해래본>의 '예의'에 제시된 규정을 세 음절의 단어로 줄여서 쓸 것.)

[보기 9]

(A) 文與諺雜用則有因字音而補以中終聲者 如孔子ㅣ 魯ㅅ사ᄅᆞᆷ之類
(한자(文)와 우리말(諺)이 섞여 쓰이면, 글자의 소리(字音)에 따라서 중성이나 종성을 보태는(補) 경우가 있는데, '孔子ㅣ 魯ㅅ사ᄅᆞᆷ' 따위와 같다.)

(B) <훈민정음 해례본>의 '합자해'에서는 (A)와 같이 규정하여서 한자와 우리말을 섞어서 적는 경우에는 낱글자가 단독으로 쓸 수 있게 하였다. 이와 같은 표기는 <훈민정음 해례본>의 '예의(例義)'에 소개된 ㉠(　　　)의 글자 운용법에서 벗어난 예외적 표기 방법이다.

10. <훈민정음 해례본>의 '합자해'에서는 '사성(四聲)'의 음성적 특징을 한자로 풀이하였고, <훈민정음 언해본>에서는 순우리말로 풀이하였다. 15세기 국어에 쓰였던 사성의 특징에 맞추어서, 예시 (A)와 (B)에 제시된 내용을 [표 10]의 빈칸에 넣으시오. (단, ①~④의 빈칸에는 ⓐ, ⓑ, ⓒ, ⓓ의 부호를 쓰고, ⑤~⑧의 빈칸에는 ⓔ, ⓕ, ⓖ, ⓗ의 부호를 쓸 것.)

[보기 10]

(A) 해례본의 풀이 :
ⓐ 거이장(擧而壯), ⓑ 안이화(安而和), ⓒ 화이거(和而擧), ⓓ 촉이색(促而塞)

(B) 언해본의 풀이 :
ⓔ ᄆᆞᆺ ᄂᆞᆺ가ᄫᆞᆫ 소리, ⓕ ᄆᆞᆺ 노ᄑᆞᆫ 소리, ⓖ ᄲᆞᆯ리 긋ᄃᆞᆮᄂᆞᆫ 소리, ⓗ 처ᅀᅥ미 ᄂᆞᆺ갑고 내ᄌᆞᇰ이 노ᄑᆞᆫ 소리

표기 예	(가) <해례본>의 풀이	(나) <언해본>의 풀이
녑(脅)	①(　　　)	⑤(　　　)
:돌(石)	②(　　　)	⑥(　　　)
벼(稻)	③(　　　)	⑦(　　　)
·키(箕)	④(　　　)	⑧(　　　)

[표 10. 사성의 특징]

11. '사성'의 유형과 '방점'의 운용법에 맞추어서 [보기 11]에 제시된 단어를 [표 11]의 ①~⑥에 넣으시오. (단, 각 단어에 해당하는 ⓐ~ⓕ의 부호를 쓸 것.)

[보기 11]

ⓐ 닥(楮) ⓑ :낟(穀) ⓒ :범(虎) ⓓ ·굽(蹄) ⓔ ·돌(月) ⓕ 콩(大豆)

사성(四聲)		용례
비입성(非入聲)	거성(去聲)	① ( )
	상성(上聲)	② ( )
	평성(平聲)	③ ( )
입성(入聲)	거성(去聲)	④ ( )
	상성(上聲)	⑤ ( )
	평성(平聲)	⑥ ( )

[표 11. 방점의 운용법]

12. 글 (B)는 15세기 국어에서 '입성(入聲)'을 '성조 체계'에서 제외하여야 한다는 주장에 대한 근거를 제시한 내용이다. 글 (B)의 내용이 성립하도록, ㉠~㉢의 빈칸에 예시 (A)의 ⓐ~ⓕ를 쓰시오.

[보기 12]

(A) ⓐ :깁(緝) ⓑ ·갇(笠) ⓒ 독(甕)
ⓓ ·신(履) ⓔ 벼(稻) ⓕ :돌(石)

(B) 15세기 국어에서 '입성'은 빨리 끝나는 음절의 성조인데, 그 소리의 높낮이(高低)은 고정되어 있지 않았다. 곧, (A)에 제시된 단어 중에서 ㉠( )은/는 평성적인 입성으로, ㉡( )은/는 상성적인 입성으로, ㉢( )은/는 거성적인 입성'으로 쓰였다. 이처럼 15세기 국어에서 입성은 소리의 높낮이와는 관계없이 '빨리 끝나는 소리'의 음성적 특징만 나타낸다.그러므로 15세기 국어의 성조 체계에서는 원칙적으로 입성을 설정할 필요가 없었다.

13. <훈민정음 해례본>의 '합자해'에서는 사성(四聲)에서 나타나는 소리의 특성을 [보기 13]과 같이 기술하였다. 이러한 설명을 통해서 '평성, 상성, 거성'의 소리 특성과

'입성'의 소리 특성 사이에서 나타나는 차이를 짐작할 수 있다. 이와 관련하여, ㉠~㉣의 빈칸에 들어갈 한자어를 쓰시오. (각각 3음절의 한자어로 쓸 것.)

[보기 13]

<훈민정음 해례본>의 '합자해'에서는 사성(四聲)에 따른 음성적 특징을 '安, 和, 擧, 壯, 促, 塞' 등의 한자로써 풀이하였다. 곧, 합자해에서는 사성의 특징을 '평성'은 ㉠(   )(으)로, '상성'은 ㉡(   )(으)로, '거성'은 ㉢(   )(으)로 서로 관련을 지어서 기술하였다. 그러나 이와는 달리 '입성'만은 소리의 특징을 ㉣(   )(으)로 기술하였다. 이러한 차이는 '평성, 상성, 거성'이 높낮이에 바탕을 둔 성조인 데에 반해서, 입성은 빨리 끊어지는 소리로서 길이에 바탕을 두었기 때문에 생긴 것이다.

14. [보기 14]는 고등학교의 국어 시간에 교사와 학생이 15세기 국어의 성조에 대해서 '교수－학습'하는 장면을 가정한 것이다. 교사와 학생의 대화에서 빈칸에 들어갈 말을 쓰시오. (단, ㉠에는 두 음절의 한자어를 쓰고, ㉮~㉰에는 종성의 음소에 대응되는 한글 자모를 쓸 것.)

[보기 14]

교사 : 15세기 국어에는 현대 국어의 표준어에는 없는 성조를 표시하는 사성법이 있었습니다. 사성법은 <훈민정음 해례본>의 '예의'에 나와 있는데, 그 내용을 살펴보면 다음과 같습니다. "글자의 왼편에 한 점을 찍으면 거성이 되고, 두 개를 찍으면 상성이 되며, 점이 없으면 평성이다. 그리고 입성은 점을 찍는 방법은 거성, 상성, 평성과 같으나 ㉠(   )하다."라고 했습니다. 즉, 입성에도 거성, 상성, 평성이 존재했습니다.

학생 : 선생님, 그러면 입성 글자의 거성, 상성, 평성과 입성이 아닌 글자의 거성, 상성, 평성은 어떻게 구분합니까?

교사 : 입성은 어떠한 음절의 종성이 ㉮(/   /), ㉯(/   /), ㉰(/   /)의 소리인 음절로서, 짧고 빨리 끝나는 소리입니다.

15. <훈민정음 해례본>의 '합자해'에서는 글 (A)처럼 우리말의 설음(舌音)을 [l]과 [ɾ]의 두 가지 변이음으로 구분하였다. 이와 관련하여 글 (B)의 빈칸에 들어갈 말을 쓰시오. (단, ㉠과 ㉡에는 소리의 명칭을 쓰고, ㉮에는 훈민정음의 글자를 쓸 것.)

[보기 15]

(A) 半舌有輕重二音。…… 且國語雖不分輕重 皆得成音。(반설음은 가볍고 무거운 두 가지의 소리가 있다. …… 또 우리말에서도 비록 가벼움과 무거움을 구분하지 않더라도 모두 소리를 이룰 수가 있다.) [훈해 합자해]

(B) 우리말의 /ㄹ/ 음소는 그 변이음으로서 [l]과 [ɾ]이 있다. <훈민정음>의 '합자해'에서는 [l]을 ㉠(   )(으)로 규정했고, /ㄹ/의 또 다른 변이음인 ⓑ[ɾ]을 ㉡(   )(으)로 규정했다. 다만, 이 두 변이음은 우리말에서는 구분해서 적을 필요가 없으나, 만일 이 두 소리를 굳이 구분해서 적으려면 [ɾ]을 ㉮(   )(으)로 적을 수 있다는 것이다.

16. <훈민정음>의 '합자해'에서는 반모음인 /j/에서 /·/나 /ㅡ/로 이행하는 이중 모음을 표기하는 방법을 글 (A)와 같이 설명하였다. 이러한 소리는 정상적인 국어의 말소리가 아님에도 불구하고, <훈민정음>에서 이러한 소리를 적는 글자를 소개한 이유를 설명하시오.

[보기 16]

(A) ·ㅡ起ㅣ聲 於國語無用。 兒童之言 邊野之語 或有之 當合二字而用 如ᄀᆝ ᄀᆜ之類。('ㅣ'에서 일어나는 '·'와 'ㅡ'의 소리는 우리말에는 쓰이지 않는다. 그러나 아이의 말이나 변두리(邊野)의 말에 간혹 (이들 소리가) 있으며, 이 경우에는 두 글자를 합하여 쓰는데, 'ᄀᆝ'와 'ᄀᆜ'의 따위와 같다.) [훈해 합자해]

(설명) :

17. 글 (A)는 15세기 국어에서 나타나는 성조(聲調)의 실현 양상을 설명한 글이다. 이와 관련하여 글 (B)의 ㉠과 ㉡에 들어갈 말을 쓰시오.(단, 명사와 조사가 결합한 형태를 쓰되, 각 음절에 실현되는 성조를 반영하여 방점(傍點)을 찍은 형태로 쓸 것.)

[보기 17]

(A) 왼녀긔 ᄒᆞᆫ 點을 더으면 ᄆᆞᆺ 노ᄑᆞᆫ 소리오 點이 둘히면 上聲이오 【上聲은 처ᅀᅥ미 ᄂᆞᆺ갑고 내즁이 노ᄑᆞᆫ 소리라】 點이 업스면 平聲이오 入聲은 點 더우믄 ᄒᆞᆫ가지로ᄃᆡ ᄲᆞᄅᆞ니라

(B) 각 단어에 실현되는 성조는 해당 음절에 방점을 찍어서 표기하였다. 예를 들어서 체언인 '부텨(佛)'과 '다리(橋)'는 각 음절의 성조가 평성이었다. 그런데 '부텨'와 '다리'에 주격 조사가 결합하면, '부텨'는 ㉠ '(　　　)'의 형태로 표기하였고, '다리'는 ㉡ '(　　　)'의 형태로 표기하였다.

1.3. 훈민정음의 표기법

1. 다음은 15세기 국어에서 실현된 사잇소리(관형격 조사)를 표기하는 글자에 대한 글이다. 이와 관련하여 ㉠과 ㉡의 빈칸에 들어갈 글자를 쓰시오. (단, ㉠과 ㉡의 빈칸에 들어갈 사잇소리 표기 글자는 배열 순서를 고려하지 않아도 됨.)

[보기 1]

> 15세기 국어에서는 명사가 결합하여 합성 명사나 명사구를 이룰 때에, 사잇소리(관형격 조사)를 표기하는 글자가 다양하게 쓰였다. 특히 훈민정음이 창제된 직후에 발간된 <용비어천가>와 <훈민정음 언해본>에는 ㉠ '(   )'의 글자 뿐만 아니라, ㉡ '(   )'의 6개의 글자도 음운론적인 환경에 따라서 구별되어서 쓰였다. 그러나 <용비어천가>와 <훈민정음 언해본>를 제외한 다른 문헌에서는 사잇소리를 표기하는 글자로서 점차로 ㉠의 글자만 쓰이게 되었다.

2. <용비어천가>와 <훈민정음 언해본>에서 사잇소리를 표기하는 글자의 실현 환경과 관련해서, ①~⑧의 빈칸에 들어갈 글자를 쓰시오. (단, 'ㅅ' 글자는 제외함.)

① 乃냉終즁(   ) 소리　　② 사ᄅᆞᆷ(   ) ᄠᅳ디잇가　　③ 那낭(   )字ᄍᆞᆼ
④ 눈(   )ᄆᆞᄅᆞᆯ　　⑤ 斗둫(   )字ᄍᆞᆼ　　⑥ 君군(   )字ᄍᆞᆼ
⑦ 하ᄂᆞᆯ(   ) ᄠᅳ들　　⑧ 世子(   ) 位

3. <석보상절>에 반영된 중세 국어의 표기법과 관련하여, ㉠과 ㉡의 빈칸에 들어갈 말을 각각 쓰시오. (단, ㉠과 ㉡의 빈칸에는 훈민정음의 자음 글자를 쓸 것.)

[보기 3]

> <석보상절>은 <훈민정음 해례본>에서 규정한 대로 'ㄱ, ㆁ, ㄷ, ㄴ, ㅂ, ㅁ, ㅅ, ㄹ'의 8개 받침(八終聲)을 사용하여 소리대로 적기를 적용한 대표적인 문헌이다. 그러나 <석보상절>에서는 이들 여덟 받침 이외에도 ㉠ '(   )'의 글자가 포함된 겹받침이 종성의 자리에서 사용되었으며, ㉡ '(   )'의 글자도 종성의 자리에서 단독으로 쓰인 예가 보인다.

4. 15세기 국어에 사용된 표기 방법과 관련하여, ㉠과 ㉡의 빈칸에 들어갈 말을 쓰시오. (단, 표기 방법의 유형을 적을 것.)

[보기 4]

15세기에 간행된 문헌은 일반적으로 형태소가 변동할 때에 변동된 대로 적은 ㉠ '(　　　) 표기법'을 적용했다. 그러나 <용비어천가>와 <월인천강지곡>에는 음절의 종성을 표기할 때나, 체언과 조사가 결합하거나 어간과 어미가 결합할 때에, ㉡ '(　　　) 표기법'을 부분적으로 적용한 예가 있다.

5. <월인천강지곡>에 반영된 표기법과 관련하여, ⓐ～ⓓ와 ㉠～㉡의 빈칸에 들어갈 말을 각각 쓰시오. (단, ㉠～㉣과 ㉮～㉯의 빈칸에 자음 음소를 쓸 것.)

[보기 5]

<월인천강지곡>에서 사용된 표기 방법은 15세기에 간행된 다른 문헌에서 쓰인 표기 방법과는 다른 점이 있었다. 곧, 체언 중에서 끝 음절의 종성이 ㉠(/　 /　), ㉡(/　 /), ㉢(/　 /), ㉣(/　 /)인 것은, 이 소리들이 다음 음절의 초성으로 이어서 발음될 때에도 체언과 조사의 경계를 구별하여 적었기도 하였다. 그리고 용언에서 어간의 끝 음절이 ㉠(/　 /), ㉡(/　 /)의 종성으로 끝나는 것은, 그 종성이 다음 음절의 첫소리로 이어서 발음되더라도, 어간의 종성 자리에 표기하여 어간과 어미의 경계를 밝혀서 적기도 하였다.

6. 15세기 국어에 쓰인 일반적인 표기 방법과 관련하여, ㉠～㉡과 ㉮～㉯의 빈칸에 들어갈 말을 쓰시오.

[보기 6]

15세기에 간행된 문헌 중에서 <용비어천가>와 <월인천강지곡>을 제외한 대부분의 문헌에서는 형태소가 변동할 때에는 변동된 대로 적는 것이 일반적이었다. 먼저 체언과 조사가 결합한 예로서, '낮(日)'과 '낱(個)'에 조사 '-과'가 결합하면 각각 ㉠ '(　　　)'와/과 ㉡ '(　　　)'(으)로 적었다. 다음으로 용언의 어간과 어미가 결합한 예로서, 어간인 '좇(從)-'과 '높(高)-'에 어미인 '-거늘'이 결합하면, 각각 ㉮ '(　　　)'와/과 ㉯ '(　　　)'(으)로 적었다.

1.4. <훈몽자회>의 '범례'

1. <훈몽자회, 訓蒙字會>의 '범례(凡例)'에 제시된 한글 자모와 관련하여, ㉠과 ㉡의 빈칸에 들어갈 말을 쓰시오. (단, ㉠에는 문자 체계에 대한 명칭을 쓰고, ㉡에는 글자의 형태를 쓸 것.)

[보기 1]

1527년에 간행된 <훈몽자회>의 '범례'에서는 '諺文字母俗所謂(㉠:　　　　) 二十七字'라고 규정하여 총 27자의 자모를 제시하였다. 이렇게 27자의 자모를 제시한 것은 1446년에 간행된 <훈민정음 해례본>에서 제시된 훈민정음의 기본 글자(단일 글자) 중에서 ㉡ '(　　　　)'의 글자가 빠졌기 때문이다.

2. <훈몽자회>의 '범례'에서 구분한 언문 자모의 분류 방법과 관련하여, (가)와 (나)의 물음에 답하시오.

[보기 2]

(A) 최세진이 지은 <훈몽자회>의 상권 첫머리에 '범례(凡例)'가 실려 있는데, '범례' 부분의 내용은 다음과 같이 세 가지로 정리할 수가 있다. 첫째, 그 당시에 실제로 쓰였던 27자의 문자 체계를 제시했다. 둘째, 언문 자모 27자를 ㉠(　　　　), ㉡(　　　　), ㉢(　　　　)의 세 가지 유형으로 나누었다. 셋째 언문 자모의 27자에 대하여 '기역(其役), 니은(尼隱)……, '과 같이 이름을 붙였다.

(가) 글 (A)에 제시된 ㉠~㉢의 빈칸에 들어갈 언문 자모의 명칭을 쓰시오. (단, ㉠와 ㉡에는 초성 글자의 유형적 명칭을, ㉢에는 중성 글자의 유형적 명칭을 한글로 쓸 것.)

㉠(　　　　　　)　㉡(　　　　　　)
㉢(　　　　　　)

(나) ㉠~㉢의 유형에 해당하는 언문 자모를 모두 쓰시오. (단, '범례'에서 배열한 자모의 순서는 고려하지 않아도 됨.)

㉠ 초성 자모 : (　　　　　　　　　　　　　　　　　　　　　　　)
㉡ 초성 자모 : (　　　　　　　　　　　　　　　　　　　　　　　)
㉢ 중성 자모 : (　　　　　　　　　　　　　　　　　　　　　　　)

3. <훈몽자회>의 '범례'에서는 언문 자모의 명칭을 '초성종성통용팔자(初聲終聲通用八字)'는 두 음절로 정하였고, '초성독용팔자(初聲獨用八字)'는 한 음절로 정했다. 이처럼 자모의 명칭을 달리 정한 이유를 '非邑'과 '皮'를 예로써 설명하시오.

(설명) :

4. [보기 4]는 <훈몽자회>의 '범례'에서 초성 글자의 이름을 한자로 표기한 방법을 설명한 글이다. [보기 4]의 빈칸에 들어갈 말을 쓰시오.

[보기 4]

'범례'에서는 한자의 '음(音)'을 이용하여 대부분의 초성 글자의 이름을 표기했다. 그러나 한자의 음으로 이름을 붙일 수 없는 글자에는 한자의 '훈(訓)'을 이용하여 이름을 표기했다. 예를 들어서'池末'에서 '末'는 ㉠ '(　　　　　)'(으)로, '時衣'에서 '衣'는 ㉡ '(　　　　　)'(으)로, '箕'는 ㉢ '(　　　　　)'(으)로 읽었는데, 이는 한자의 훈을 이용하여 글자의 이름을 표기한 것이다.

5. <훈몽자회>의 '범례'에서 언문 자모를 배열한 순서와 관련하여, 글 (B)의 빈칸에 들어갈 말을 쓰시오. (단, ㉠과 ㉡에는 글자의 유형적 명칭을 쓸 것.)

[보기 5]

(A) ㄱ, ㄴ, ㄷ, ㄹ, ㅁ, ㅂ, ㅅ, ㆁ ; ㅋ, ㅌ, ㅍ, ㅈ, ㅊ, ㅿ, ㅇ, ㅎ

(B) <훈몽자회>의 '범례'에서는 초성 글자를 (A)와 같이 배열했다. 첫째로 초성 글자 중에서 ㉠(　　　　)의 글자를 먼저 배열하고, 이어서 ㉡(　　　　)의

글자를 배열했다. 둘째로, ㉠과 ㉡의 글자들을 각각 훈민정음에서 초성을 배열하는 기준인 ㉮(　　　), ㉯(　　　), ㉰(　　　), ㉱(　　　), ㉲(　　　)의 순서에 따라서 배열하였다.

6. 글 (A)는 <훈민정음 언해본>의 내용이고, 글 (B)는 <훈몽자회>의 '범례'의 내용이다. '사성의 구분'과 '방점의 실현 방식'과 관련하여, 글 (A)와 글 (B)의 내용을 비교하여, 두 문헌에 나타난 방점 표기 방법의 차이를 설명하시오.

[보기 6]

(A) 왼녀긔 ᄒᆞᆫ 點을 더으면 ᄆᆞᆺ 노ᄑᆞᆫ 소리오 點이 둘히면 上聲이오 【上聲은 처ᅀᅥ미 ᄂᆞᆺ갑고 내즁이 노ᄑᆞᆫ 소리라】 點이 업스면 平聲이오 入聲은 點 더우믄 ᄒᆞᆫ가지로ᄃᆡ ᄲᆞᄅᆞ니라 [훈민정음 언해본]

(B) 믈읫 ᄀᆞᆫ 字音의 노ᄑᆞ며 ᄂᆞᆺ가오미 다 字ㅅ 겨틔 點이 이시며 업스며 하며 져금으로 보라믈 ᅀᅡ믈* 거시니 ᄂᆞᆺ가온 소ᄅᆡ옛 字ᄂᆞᆫ 平聲이니 點이 업고 기리혀 나죵 들티ᄂᆞᆫ 소ᄅᆡ옛 字ᄂᆞᆫ 上聲이니 點이 둘히오 곧고 바ᄅᆞ 노ᄑᆞᆫ 소ᄅᆡ옛 字ᄂᆞᆫ 去聲이니 點이 ᄒᆞ나히오 곧고 ᄲᆞᄅᆞᆫ 소ᄅᆡ옛 字ᄂᆞᆫ 入聲이니 點이 ᄒᆞ나히라 [훈몽자회의 '범례']

(설명) :

* 'ᅀᅡ믈'은 '사믈'의 오기이다.

제2장 단어

2.1. 형태소와 단어

1. 예문 (A)에 제시된 문장을 (가)~(나)의 지시대로 분석하시오.

[보기 1]

(A) 혓그티웃닛머리예다ᄂᆞ니라 [훈언]

(가) [보기 1]의 문장을 형태소 단위로 분석하시오.(단, 변동된 형태는 변동된 대로 적을 것.)

....

....

....

(나) 위의 (가)에서 분석한 형태소를 다음과 같이 분류하시오.

① 자립－실질 형태소:
② 의존－실질 형태소:
③ 자립－형식 형태소:
④ 의존－형식 형태소:

2. 예문 (A)의 문장을 아래의 (가)~(라)의 지시대로 분석하시오.(단, 무형의 형태소는 분석하지 않음.)

[보기 2]

(A) ᄉᆡ미기픈므른ᄀᆞᄆᆞ래아니그츨ᄊᆡ내히이러바ᄅᆞ래가ᄂᆞ니 [용가 2장]

(가) 예문 (A)에 실현된 언어 형식들을 직접 성분 분석의 방법으로 어절 단위까

지 분석하시오. (단, 아래의 ①과 ②를 단위를 다음의 <예시>처럼 가지 그림(수형도)을 그려서 분석하시오.)

<예시> : 철수가 헌 가방을 샀다

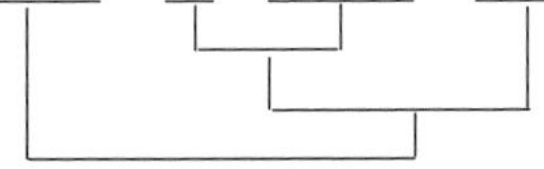

① ᄉᆡ미기픈므른ᄀᆞᄆᆞ래아니그츨ᄊᆡ :

② 내히이러바ᄅᆞ래가ᄂᆞ니 :

(나) 예문 (A)에 제시된 문장을 다음과 같은 문법적인 단위로 분석하고, 그 문법적 단위(언어 형식)의 구체적인 명칭을 쓰시오.

① 절(節) : ㉠ ( ) — ( )
㉡ ( ) — ( )
㉢ ( ) — ( )
㉣ ( ) — ( )

② 구(句) : ㉠ ( ) — ( )
㉡ ( ) — ( )
㉢ ( ) — ( )
㉣ ( ) — ( )

③ 어절 :

④ 단어와 품사 : (단어의 단위를 분석하고, 각 단어의 품사를 밝힐 것.)

(다) 예문 (A)에 제시된 문장을 형태소의 단위로 분석하시오. (변동된 형태는 변동된 대로 쓸 것.)

(라) 위의 문제 (다)에서 분석한 형태소의 유형을 다음과 같이 분류하시오.

① 자립 형태소: (　　　　　　　　　　　　　　　　　　　　)
② 의존 형태소: (　　　　　　　　　　　　　　　　　　　　)
③ 실질 형태소: (　　　　　　　　　　　　　　　　　　　　)
④ 형식 형태소: (　　　　　　　　　　　　　　　　　　　　)

3. 15세기 국어의 형태소의 형태 및 기능과 관련하여, (가)와 (나)의 물음에 답하시오.

[보기 3]

(A) 믈 깊고 ᄇᆡ 업건마ᄅᆞᆫ 하ᄂᆞᆯ히 命ᄒᆞ실ᄊᆡ ᄆᆞᆯ ᄐᆞᆫ 자히 ⓐ 건너시니이다 [용가 34장]

(물이 깊고 배가 없건마는 하늘이 命(명)하시므로, (금나라 태조가) 말을 탄 채로 (강을) ㉠ (　　　　)

(B) 형태소는 일반적으로 '형태'와 '의미소'의 양면으로 이루어져 있는데, 어떠한 형태소 중에는 형태(음운)가 없이 실현되는 경우도 있다. 이렇게 형태를 가지지 않는 것이 형태소의 역할을 할 때, 이를 ㉮ (　　　　)(이)라고 한다.

(가) 예문 (A)에서 ⓐ의 '건너시니이다'를 현대어로 옮겨서, ㉠의 빈칸에 넣으시오. (단, 직역하여 옮길 것.)

㉠ (　　　　　　　　　　　　)

(나) 글 (B)에 제시된 ㉮의 빈칸에 들어갈 말을 쓰시오.

㉮ (　　　　　　　　　　　　)

4. 형태소의 유형과 관련하여, 글 (B)에 실현된 ㉠~㉣에 들어갈 형태소의 형태를 각각 쓰시오.

[보기 4]

(A) 곶 됴코 여름 하ᄂᆞ니 [용가 2장]

(B) 예문 (A)에 실현된 형태소 중에서 ㉠ '(　　　)', ㉡ '(　　　)', ㉢ '(　　　)'은/는 용언의 어간에 붙어서 여러 가지 문법적인 기능을 하는 '굴절 접사'이다. 반면에 ㉣ '(　　　)'의 형태소는 용언을 명사로 바꾸면서 새로운 말을 만드는 파생 접사이다.

5. 15세기 국어에 쓰였던 파생 접사의 유형과 관련하여, 글 (C)와 글 (D)의 빈칸에 들어갈 말을 쓰시오. (단, ㉠~㉤에는 용언의 어간의 형태를 쓰고, ㉮와 ㉯에는 파생 접미사의 형태를 쓰시오.

[보기 5]

(A) ㄱ. ᄠᅳ들 ⓐ올히 너기샤 [월천 기90]
ㄴ. 닐굽 ᄒᆡ ⓑ너무 오라다 [월석 7:2]

(B) ㄱ. 애왇븐 ᄆᆞᅀᆞ믈 ⓒ비릇 펴도다 [두언 20:44]
ㄴ. 내 말옷 아니 드르시면 ⓓᄂᆞ외 즐거ᄫᅳᆫ ᄆᆞᅀᆞ미 업스례이다 [월석 2:5]
ㄷ. ᄒᆞᆫ 발로 ⓔ고초 드듸여 셔샤 [월석 1:52]

(C) 일반적으로 파생어는 어근에 파생 접사가 붙어서 형성된다. 예를 들어서 예문 (A)에 실현된 ⓐ의 '올히'는 용언의 어근인 ㉠(　　　)에 파생 접미사인 ㉮ '(　　　)'이/가 붙어서 형성되었고, ⓑ의 '너무'는 용언의 어근인 ㉡ '(　　　)'에 파생 접미사인 ㉯ '(　　　)'이/가 붙어서 형성되었다.

(D) 이와 같은 일반적인 파생 원리를 감안한다면, 예문 (B)에 실현된 ⓒ의 '비릇', ⓓ의 'ᄂᆞ외', ⓔ의 '고초'는 각각 용언의 어근인 ㉢ '(　　　)', ㉣ '(　　　)', ㉤ '(　　　)'에 무형의 파생 접미사가 붙어서 형성된 단어로 처리하는 것이 합리적이다.

6. 예문 (A)에 제시된 문장의 문법적인 단위를 분석할 때에, 다음 (가)~(라)의 물음에 답하시오. (단, <고등학교 문법, 2010>에서 처리하는 방식을 적용할 것.)

[보기 6]

(A) 내 이ᄅᆞᆯ 爲ᄒᆞ야 어엿비 너겨 새로 스믈 여듧 字ᄅᆞᆯ ᄆᆡᇰᄀᆞ노니 [훈언]

(가) 예문 (A)에서 굴절 접사를 찾고, 각각의 굴절 접사를 조사와 어미의 단위로 구분하시오. (단, 어미는 어말 어미와 선어말 어미의 단위까지 구분하고, 변동된 형태소는 변동된 대로 적을 것.)

① 조사 : ( )
② 어미 : ( )

(나) 예문 (A)에서 파생 접사가 실현되어 있는 단어를 찾고, 그 단어 속에 들어 있는 파생 접사의 형태와 기능을 각각 밝히시오. (단, ①~③에는 단어의 형태를, ⓐ~ⓒ에는 파생 접사의 형태를, ㉠~㉢에는 품사의 명칭을 쓸 것.)

① ( )에서 ⓐ ( )은/는 어근을 ㉠ ( )로 파생하였다.
② ( )에서 ⓑ ( )은/는 어근을 ㉡ ( )로 파생하였다.
③ ( )에서 ⓒ ( )은/는 어근을 ㉢ ( )로 파생하였다.

7. 글 (A)의 빈칸에 들어갈 말을 각각 쓰시오. (단, ㉠~㉣에는 조사나 어간의 형태를 쓰고, ㉮와 ㉯에는 변이 형태의 유형에 대한 명칭을 쓸 것.)

[보기 7]

(A) 형태소의 형태는 그것이 실현되는 환경에 따라서 바뀔 수 있다. 이처럼 한 형태소가 바뀌어서 실현되는 형태의 집합을 '변이 형태'라고 한다. 예를 들어서 15기 국어의 주격 조사는 ㉠ '( )', ㉡ '( )', ㉢ '( )'의 세 가지 형태로 실현되는데, 이들 형태는 ㉮ '( )'(으)로 묶인다. 반면에 15세기 국어에서 동사 '녀다(行)'의 어간인 '녀-'는 특정한 환경에서 ㉣ '( )'(으)로 형태로 실현되는 일이 있다. 곧, ㉣의 형태는 그 뒤에 선어말 어미인 '-거-'가 실현되거나 일부의 합성 용언에서 어근으로 쓰일 때에 실현되는데, '녀-'와 ㉣은 ㉯ '( )'로 묶인다.

2.2. 품사

2.2.1. 품사 분류의 기준

1. 단어의 품사를 분류하는 기준과 관련하여, [보기 1]의 빈칸에 들어갈 말을 각각 쓰시오. (단, ㉠~㉡의 빈칸에는 품사를 분류하는 기준을 쓰고, ㉮~㉰는 개별 단어에 대한 품사의 명칭을 쓸 것.)

[보기 1]

(A) ㄱ. 王子 기르ᄉᆞ온 어미 ⓐ ᄒᆞ나 아닐씨　[법언 3:97]
ㄴ. 나도 ⓑ 이 ᄀᆞᆮᄒᆞ야　[석상 6:1]
ㄷ. 世尊이 ⓒ 象頭山애 가샤　[석상 6:1]

(B) 예문 (A)에서 밑줄 그은 단어(체언)들은 품사를 분류하는 세 가지의 기준 중에서 ㉠(　　　)(이)나 ㉡(　　　)의 두 가지 기준이 공통된다. 그러므로 이들 단어들은 나머지 품사 분류의 기준인 ㉢(　　　)의 기준에 따라서 세분된다. 곧, ⓐ의 단어는 ㉮(　　　), ⓑ의 단어는 ㉯(　　　), ⓒ의 단어는 ㉰(　　　)의 품사로 각각 구분된다.

2. 글 (A)에 있는 빈칸에 들어갈 말을 쓰시오. (단, ㉠에는 문장 성분의 명칭을 쓰고, ㉮와 ㉯에는 품사를 분류하는 기준을 쓸 것.)

[보기 2]

(A) 동사와 형용사는 둘 다 문장에서 ㉠(　　　)(으)로 기능한다. 따라서 동사와 형용사는 ㉮(　　　)와/과 ㉯(　　　)의 두 가지 기준으로 구분한다. 그런데 특정한 용언이 '동작'인지 '상태'인지 명확하게 구분하기가 어려우므로, 동사와 형용사를 나누는 일반적인 기준으로 삼기는 어렵다. 따라서 특정한 용언이 동사인지 형용사인지 판별할 때에는, 일반적으로 ㉮의 기분을 기준을 적용하고, ㉯의 기준은 보조적으로 적용한다.

3. 글 (B)와 글 (C)의 빈칸에 들어갈 말을 각각 쓰시오. (단, ㉠에는 선어말 어미의 형태를 쓰고, ㉡과 ㉢에는 품사의 명칭을 쓸 것.)

[보기 3]

(A) ㄱ. 서르 ⓐ <u>ᄀᆞᆽ갑ᄂᆞ닌</u> 믌 가온ᄃᆡ ᄀᆞᆯ며기로다 [두언 7:3]
　　ㄴ. 蜀애셔 邛이 ⓑ <u>갓가ᄫᆞ니라</u> [월석 2:50]

(B) 예문 (A)에서 ⓐ의 'ᄀᆞᆽ갑ᄂᆞ닌'과 ⓑ의 '갓가ᄫᆞ니라'는 둘 다 용언인 'ᄀᆞᆽ갑다'가 활용한 형태를 포함하고 있다. 그런데 ⓐ의 'ᄀᆞᆽ갑다'에는 선어말 어미인 ㉠ '(　　　)'이/가 실현되어 있고, ㉡의 'ᄀᆞᆽ갑다'에서는 ㉠이 실현되어 있지 않다. 이러한 활용 양상의 차이를 감안하면, ⓐ에 실현된 'ᄀᆞᆽ갑다'의 품사는 ㉮ (　　　)(으)로 처리되고 ⓑ에 실현된 'ᄀᆞᆽ갑다'의 품사는 ㉯ (　　　)(으)로 처리된다.

(C) 위의 글의 내용을 참조하여 밑줄 그은 ⓐ와 ⓑ를 현대어로 번역하여, 다음의 ①과 ②의 빈칸에 쓰시오.

① ᄀᆞᆽ갑ᄂᆞ닌 : (　　　　　　　　　)
② 갓가ᄫᆞ니라 : (　　　　　　　　　)

4. 글 (B)의 빈칸에 들어갈 말을 각각 쓰시오. (단, ㉠과 ㉡에는 단어(어절)을 찾아서 쓰고, ㉮와 ㉯에는 품사의 명칭을 쓸 것.)

[보기 4]

(A) ㄱ. 識을 브터 업게 ᄒᆞᆯᄊᆡ 乃終내 ⓐ <u>진딧</u> 업수미 아니니 [월석 1:36]
　　ㄴ. 無數佛을 供養ᄒᆞᅀᆞᄫᅡ ⓑ <u>믈읫</u> ᄠᅳ들 ᄉᆞᄆᆞᆺ 알며 [석상 13:42]

(B) 예문 (A)에서 ⓐ의 '진딧'과 ⓑ의 '믈읫'은 둘 다 활용하지 않으며 수식 기능이 있다. 그러나 '진딧'은 문장 속에서 ㉠ '(　　　)'을/를 수식하며, '믈읫'은 ㉡ '(　　　)'을/를 수식하는 차이가 있다. 따라서 '진딧'의 품사는 ㉮ (　　　)(으)로 처리되고, ⓑ의 '믈읫'의 품사는 ㉯ (　　　)(으)로 처리된다.

5. 예문 (A)에 쓰인 단어의 품사를 '체언, 관계언, 용언, 수식언, 독립언'의 큰 범주로 구분한 다음에, 다시 '명사, 대명사, 수사, 조사, 동사, 형용사, 관형사, 부사, 감탄사'의 하위 범주로 구분하시오. (단, <예시>에서 # 은 단어의 경계를 나타낸다.)

[보기 5]

(A) 나랏 말ᄊᆞ미 中國에 달아 文字와로 서르 ᄉᆞᄆᆞᆺ디 아니ᄒᆞᆯᄊᆡ 이런 젼ᄎᆞ로 어린 百姓이 니르고져 홇 배 이셔도 ᄆᆞᄎᆞᆷ내 제 ᄠᅳ들 시러 펴디 몯ᄒᆞᇙ 노미 하니라 내 이ᄅᆞᆯ 爲ᄒᆞ야 어엿비 너겨 새로 스믈 여듧 字ᄅᆞᆯ ᄆᆡᇰᄀᆞ노니 사ᄅᆞᆷ마다 ᄒᆡᅇᅧ 수ᄫᅵ 니겨 날로 ᄡᅮ메 便安킈 ᄒᆞ고져 홇 ᄯᆞᄅᆞ미니라 [훈언 어제 서]

<예시> 나라(체언, 명사) # -ㅅ(관계언, 조사)

6. 15세기 국어에서 특정한 단어에 나타나는 품사의 특성과 관련하여, 글 (B)의 빈칸에 들어갈 말을 쓰시오.

[보기 6]

(A) ㄱ. 모딘 일 짓던 즁ᄉᆡᆼ이 ⓐ새 주근 사ᄅᆞᆷᄃᆞᆯ히니 [월석 21:25]
ㄴ. 生이며 生 ⓑ아니ᄅᆞᆯ ᄀᆞᆯᄒᆡᄂᆞ니 [법언 5:30]

(B) 동일한 단어가 15세기 국어와 현대 국어에서 다른 품사로 쓰일 수 있다. 예를 들어서, '새(新)'는 현대 국어에서는 ㉠(　　　)의 품사로 쓰이지만, ⓐ에서는 ㉡(　　　)의 품사로 쓰였다. 둘째, '아니(不)'는 현대 국어에서는 ㉢(　　　)이나 ㉣(　　　)의 품사로 쓰이지만, ⓑ에서는 ㉤(　　　)의 품사로 쓰였다.

7. 글 (A)는 15세기 문헌에 쓰인 협주문(夾註文)의 표현 방식에 관한 것이다. 글 (A)의 빈칸에 들어갈 품사의 명칭을 쓰시오.

[보기 7]

(A) 15세기에 훈민정음으로 쓰인 문헌의 협주문에서는, 단어의 품사에 따라서 풀이하는 방식에 차이가 있었다. 곧, ㉠(　　　)은/는 풀이하는 말의 끝부분을 서술격 조사인 '-이라'의 형식으로 풀이하였다. 그리고 ㉡(　　　)은/는 주로 '-ㄹ씨라'의 형식으로 풀이하였으며, ㉢(　　　)은/는 '-ㄴ 마리라'나 '-ᄠᅳ디라'의 형식으로 풀이하였다.

2.2.2. 체언

1. 체언은 여러 가지 문장 성분으로 쓰일 수 있다. 예문 (A)에서 ⓐ~ⓔ에 실현된 '사ᄅᆞᆷ'이 어떠한 문장 성분으로 쓰였는지 밝히시오.

[보기 1]

(A) ㄱ. 九變之國이ⓐ사ᄅᆞᄆᆡᄠᅳ디리잇가 [용가 15장]
ㄴ. 그王이ⓑ사ᄅᆞᆷ브려쏘아주기ᄉᆞᄫᆞ니라 [월석 1:7]
ㄷ. ⓒ사ᄅᆞᆷ사ᄂᆞᆫᄧᅡ홀다뫼호아 [월석 1:8]
ㄹ. 緊那羅ᄂᆞᆫ … ⓓ사ᄅᆞ민가사ᄅᆞᆷ아닌가ᄒᆞ야 [월석 1:15]
ㅁ. 緊那羅ᄂᆞᆫ … ⓔ사ᄅᆞᆷᄀᆞ토ᄃᆡᄲᅳᆯ리이실ᄊᆡ [월석 1:15]

ⓐ (　　　　) ⓑ (　　　　) ⓒ (　　　　) ⓓ (　　　　)
ⓔ (　　　　)

2. 예문 (A)를 읽고, (가)~(다)의 물음에 답하시오.

[보기 2]

(A) 나ᄂᆞᆫ 어버ᅀᅵ 여희오 ᄂᆞᄆᆡ 그에 브터 사로ᄃᆡ 우리 어ᅀᅵ아ᄃᆞ리 외ᄅᆞᆸ고 입게 ᄃᆞ외야 人生 즐거ᄫᅳᆫ ᄠᅳ디 업고 주구믈 기드리노니 목수미 므거ᄫᅳᆫ 거실ᄊᆡ 손ᅀᅩ 죽디 몯ᄒᆞ야 셟고 애완ᄫᅳᆫ ᄠᅳ들 머거 갓가ᄉᆞ로 사니노니 [석상 6:5]

(가) 예문 (A)에서 명사와 대명사를 모두 찾아서 쓰시오.
① 명　사 : (　　　　)
② 대명사 : (　　　　)

(나) 예문 (A)에 실현된 명사를 찾아서 '자립 명사'와 '의존 명사'로 구분하시오.
① 자립 명사 : (　　　　)
② 의존 명사 : (　　　　)

3. 15세기 국어에서 일부 체언은 조사와 결합할 때에, 체언의 형태와 조사의 형태가 축약되거나 탈락되는 경우가 있다. 이러한 음운 변동의 현상과 관련하여서, 글 (A)의 빈칸에 들어갈 말을 쓰시오. (단, ㉠~㉡의 빈칸에는 자음의 음소를 쓸 것.)

[보기 3]

(A) '갈ㅎ, 고ㅎ, 길ㅎ, 내ㅎ' 등에서 종성 /ㅎ/은, 그 뒤에 ㉠ '(　　　)'(이)나 ㉡ '(　　　)'을/를 제외한 나머지의 자음으로 시작하는 조사가 오거나, 휴지(休止) 앞에 실현될 때에는 탈락한다. 반면에 종성 /ㅎ/은 그 뒤에 모음으로 시작하는 조사가 오면 형태가 그대로 유지되고, 그 뒤에 ㉠이나 ㉡의 초성으로 시작되는 조사가 실현되면 /ㅎ/과 조사의 초성은 축약된다.

4. 15세기 국어에서 명사가 조사와 결합할 때에, 명사의 형태가 불규칙하게 바뀌는 경우가 있다. 이와 관련하여서 글 (B)의 빈칸에 들어갈 말을 쓰시오. (단, (A)의 ㉠에는 체언의 형태를 쓰고, ㉡과 ㉢에는 명사와 조사가 결합한 형태를 쓸 것. 그리고 (B)의 ㉮~㉰에는 명사의 변이 형태를 쓸 것.)

[보기 4]

(A) '木'의 뜻을 나타내는 단어는 휴지(休止)나 자음(반모음 포함)의 조사 앞에서는 '나모'로 실현되었다. 반면에 이 단어가 모음으로 시작하는 조사와 결합하면 ㉠ '(　　　)'의 형태로 실현되는 것이 특징이었다. 예를 들어서 이 단어가 주격 조사 '-이'와 결합하면 ㉡ '(　　　)'의 형태로, 부사격 조사인 '-ᄋᆞ로'와 결합하면 ㉢ '(　　　)'의 형태로 실현되었다.

(B) 위와 같은 방식으로 비자동적인 교체를 보이는 명사의 예로는 '冶'의 뜻을 나타내는 ㉮ '(　　　)'이/가, '他人'의 뜻을 나타내는 ㉯ '(　　　)'이/가, '孔'의 뜻을 나타내는 ㉰ '(　　　)'이/가 있었다.

5. 15세기 국어에서 나타나는 체언과 조사의 결합 형태와 관련하여, 글 (A)의 빈칸에 들어갈 말을 쓰시오. (단, 명사와 조사가 결합된 형태를 쓸 것.)

[보기 5]

(A) '노루(獐)'의 뜻을 나타내는 중세 국어의 단어는 휴지나 자음으로 시작하는 조사와 결합하면, '노ᄅᆞ'의 형태로 실현되었다. 반면에 이 명사는 모음으로 시작하는 조사와 결합할 때에는, ㉠ '(　　　)'(으)로 실현되었다. 예를 들어서 이 단어가 목적격 조사인 '-ᄋᆞᆯ'과 결합하면 ㉡ '(　　　)'(으)로 실현되었으며, 관형격 조사인 '-ᄋᆡ'와 결합하면 ㉢ '(　　　)'(으)로 실현되었다.

6. 15세기 국어에서 쓰인 체언과 조사의 결합 형태와 관련하여, 글 (A)의 빈칸에 들어갈 말을 쓰시오. (단, 명사와 조사가 결합된 형태를 쓸 것.)

[보기 6]

(A) 15세기 국어에서 '하루(日)'의 뜻을 나타내는 단어는 휴지나 자음으로 시작하는 조사와 결합하면 'ᄒᆞᄅᆞ'의 형태로 실현되었다. 그런데 이 명사는 모음으로 시작하는 조사와 결합하면 ㉠ '(　　　)'(으)로 실현되었다. 예를 들어서 이 단어가 서술격 조사인 '-이다'와 결합하면 ㉡ '(　　　)'(으)로 실현되었고, 보조사인 '-ᄋᆞᆫ'과 결합하면 ㉢ '(　　　)'(으)로 실현되었다.

7. 15세기 국어에서 나타나는 체언과 조사의 결합 형태와 관련하여, 글 (A)의 빈칸에 들어갈 말을 쓰시오. (단, 명사와 조사가 결합된 형태를 쓸 것.)

[보기 7]

(A) 15세기 국어에서 '아우(弟)'의 뜻을 나타내는 단어는 휴지나 자음으로 시작하는 조사와 결합하면 '아ᅀᆞ'의 형태로 실현되었다. 그런데 이 명사가 모음으로 시작하는 조사와 결합하면 불규칙적인 형태로 실현된다. 예를 들어서 이 단어가 주격 조사인 '-이'와 결합하면 ㉠ '(　　　)'(으)로 실현되었고, 관형격 조사인 '-ᄋᆡ'와 결합하면 ㉡ '(　　　)'(으)로 실현되었다.

8. 체언의 끝소리가 /ㅣ/인 명사는 그 뒤에 관형격 조사인 '-ᄋᆡ/-의'나 호격 조사인 '-아'가 결합될 때에는, 그 형태가 특이하게 바뀔 수 있다. 이와 관련하여 글 (A)와 글 (B)의 빈칸에 들어갈 말을 쓰시오.

[보기 8]

(A) '아비(父), 어미(母), 늘그니(老人)' 등에 관형격 조사인 '-ᄋᆡ/-의'가 결합하면, 각각 ㉠ '(　　　)', ㉡ '(　　　)', ㉢ '(　　　)'의 형태로 실현되었다.

(B) 명사인 '아기(兒)'에 호격 조사인 '-아'가 결합하면, ㉣ '(　　　)'의 형태로 실현되었다.

(C) 글 (A)와 (B)처럼 명사와 조사의 결합에서 나타나는 형태 변화는 조사에 결합되는 명사가 ㉮ (　　　)의 성격을 띠는 특징이 있다.

9. 글 (B)의 빈칸에 들어갈 단어를 예문 (A)에서 찾아서 모두 쓰시오.

[보기 9]

(A) ㄱ. 어린百姓이니르고져홇배이셔도 [훈언 2]
ㄴ. 海東六龍이ᄂᆞᄅᆞ샤일마다天福이시니 [용가 1장]
ㄷ. ᄆᆞᆯ톤자히건너시니이다 [용가 34장]
ㄹ. 우리始祖ㅣ慶興에사ᄅᆞ샤 [용가 3장]

(B) 명사는 그 분류 기준에 따라서 '보통 명사'와 '고유 명사', '자립 명사'와 '의존 명사' 등으로 나눌 수 있다. 예문 (A)에서 실현된 ㉠ '(　　　)'이/가 고유 명사에 해당하며, ㉡ '(　　　)'이/가 의존 명사에 해당한다.

10. 15세기 국어의 고유 명사에 나타나는 특수한 표현과 관련하여, 글 (B)의 빈칸에 들어갈 말을 쓰시오. (단, ㉠에는 (A)에 실현된 명사를 찾아서 쓰고, ㉡에는 파생 접미사의 형태를 쓸 것.)

[보기 10]

(A) 부텨 剃師ᄅᆞᆯ 시기샤 難陁ᄋᆡ 머리ᄅᆞᆯ 갓ᄀᆞ라 ᄒᆞ야시ᄂᆞᆯ 難陁ㅣ 怒ᄒᆞ야 머리 갓ᄂᆞᆫ 사ᄅᆞᄆᆞᆯ 주머귀로 디르고 닐오ᄃᆡ 迦毗羅國 사ᄅᆞᄆᆞᆯ 네 이제 다 갓고려 ᄒᆞᄂᆞᆫ다 부텨 드르시고 ᄌᆞ개 阿難이 ᄃᆞ리시고 難陁ᄋᆡ 그에 가신대 難陁ㅣ 구쳐 갓ᄀᆞ니라 [월석 7:8]

(B) 예문 (A)에 쓰인 고유 명사 중에서 ㉠ '(　　　)'에는, 마지막 음절이 받침(종성)으로 끝나는 명사 뒤에 붙어서 특정한 의미를 부여하지 않고 어조(語調)만 고루는 파생 접미사인 ㉡ '(　　　)'이/가 수의적으로 실현되었다.

11. (A)의 각 문장에 쓰인 의존 명사를 찾아서, 의존 명사의 기능상 유형을 다음과 같이 분류하시오. (단, 의존 명사의 변동된 형태는 기본 형태로 쓸 것.)

[보기 11]

(A) ㄱ. 南北東西에 그츤 ᄉᆞ치 없거늘 [영남 상:13-14]
ㄴ. 官妓로 怒ᄒᆞ샤미 官吏의 다시언마ᄅᆞᆫ [용가 17장]
ㄷ. 罪福이 내ᄋᆡ 짓논 배라 [월석 11:120]

ㄹ. 더러ᄫᅳᆫ 거긔 微妙ᄒᆞᆫ 이ᄅᆞᆯ 나토오미 [석상 13:33]
ㅁ. 사ᄅᆞᆷᄃᆞᆯ히 듣ᄌᆞᆸ고 ᄀᆞᄅᆞ치샨 다ᄫᅵ 修行ᄒᆞ야 [월석 14:61]
ㅂ. 술 ᄒᆞᆫ 셔믈 다ᄉᆞᆺ 주리라 [두언 25:4]
ㅅ. 銀돈 ᄒᆞᆫ 낟곰 받ᄌᆞᄫᆞ니라 [월석 1:9]
ㅇ. 妻眷 ᄃᆞ외얀 디 三年이 몯 차 이셔 世間 ᄇᆞ리시고 [석상 6:4]
ㅈ. ᄆᆞᄎᆞᆷ내 제 ᄠᅳ들 시러 펴디 몯ᄒᆞᇙ 노미 하니라 [훈언 2]
ㅊ. 하ᄂᆞᆯ히 命ᄒᆞ실ᄊᆡ 믈 톤 자히 건너시니이다 [용가 34장]
ㅋ. ᄡᆞᆯ 두 호ᄇᆞ로 ᄢᅧ 쥭을 ᄆᆡᇰᄀᆞᆯ오 [내훈 1:72]
ㅌ. 이 經을 마ᅀᆞᆫ 아홉 디위 닑고 [석상 9:21]

① 보편성 : ( ) ② 주어성 : ( )
③ 부사어성 : ( ) ④ 단위성 : ( )

12. (A)와 (B)는 15세기 국어에 쓰인 의존 명사 'ᄃᆞ'와 'ᄉᆞ'가 조사와 결합하는 과정에서 그 형태가 변동하는 양상을 보여 주는 예이다. (가)와 (나)의 물음에 답하시오.

[보기 12]

(A) ㄱ. 말라 말라 구틔여 다시 니ᄅᆞ디 마롤 ⓐ <u>띠니라</u> [법언 1:166]
ㄴ. 土ㅣ 水와 火ᄅᆞᆯ 브터 나ᄂᆞᆫ ⓑ <u>디</u> 子息이 父母ㅅ 氣分ᄋᆞᆯ 바ᄃᆞᆷ ᄀᆞᆮᄒᆞ니 [능언 4:22]

(B) ㄱ. 法 ᄆᆞ더니 너기며 사ᄅᆞᆷ ᄆᆞ더니 너길 ⓒ <u>씨</u> *增上慢이라 [석상 9:14]
ㄴ. 貧窮은 쳔랴ᇰ 업슬 ⓓ <u>씨라</u> [법언 1:231]

(*增上慢(증상만) : 최상의 교법과 깨달음을 얻지 못하고서 이미 얻은 것처럼 교만하게 우쭐대는 마음을 이른다.)

(가) 예문 (A)에서 ⓐ~ⓓ의 '띠니라', '디', '씨', '씨라'를 형태소 단위로 분석하시오. (단, 변동된 형태는 기본 형태를 쓸 것.)

ⓐ 띠니라 : ㉠( ) + ㉡( ) + ㉢( ) + ㉣( )
ⓑ 디 : ㉠( ) + ㉡( )
ⓒ 씨 : ㉠( ) + ㉡( )
ⓓ 씨라 : ㉠( ) + ㉡( ) + ㉢( )

(나) 위의 문제 (가)에서 형태소 단위로 분석한 자료를 바탕으로 하여, 'ᄃᆞ'와 'ᄉᆞ'가 조사와 결합할 때에 일어나는 변동 현상의 양상을 설명하시오.

(설명)

....

....

....

13. 예문 (A)에서 의존 명사를 찾아서, 글 (B)의 빈칸에 의존 명사의 형태를 쓰시오. (단, 각 빈칸에 들어갈 수 있는 의존 명사를 모두 쓸 것.)

[보기 13]

(A) ㄱ. 그나랏ᄀᆞ자ᄋᆞᆫ낫ᄀᆞ티ᄇᆞᆰᄂᆞ니라 [월석 1:26]

ㄴ. 金色光ᄋᆞᆯ펴샤그사ᄅᆞᄆᆡ손ᄃᆡ 오샤 [월석 8:55]

ㄷ. 더우니로ᄎᆞᆫ게섯거 [능언 3:12]

(B) 예문 (A)에는 ㉠'(　　　　　)'의 의존 명사가 실현되어 있다. 이들 중에서 ㉮(　　　　)은/는 '보편성 의존 명사'이며, ㉯(　　　　)은/는 '부사어성 의존 명사'이다.

14. 15세기 국어에 쓰인 의존 명사의 하위 유형과 관련하여, 글 (B)의 빈칸에 들어갈 말을 쓰시오. (단, ㉠과 ㉡의 빈칸에는 형태소의 형태를 쓰고, ㉮와 ㉯의 빈칸에는 의존 명사의 하위 유형에 대한 명칭을 쓸 것.)

[보기 14]

(A) ㄱ. 土ㅣ 水와 火ᄅᆞᆯ 브터 나논 ⓐ<u>디</u> 子息이 父母ㅅ 氣分ᄋᆞᆯ 바돔 ᄀᆞᆮᄒᆞ니 [능언 4:22]

ㄴ. 현맛 劫을 디난 ⓑ<u>디</u> 모ᄅᆞ리로소니 [월석 14:9]

(B) ⓐ의 '디'는 ㉠'(　　　　)'와/과 ㉡'(　　　　)'의 두 형태소로 분석하고, ⓑ의 '디'는 하나의 의존 명사로 굳은 것으로 처리한다. 이 처리 방법을 인정한다면, (ㄱ)의 ⓐ에 실현된 의존 명사는 ㉮'(　　　　) 의존 명사'로 처리된다. 반면에 (ㄴ)에서 '현맛 劫을 디난 <u>디</u>'의 전체 구성이 '모ᄅᆞ리로소니'의 목적어로만 쓰이므로, ⓑ의 '디'는 ㉯'(　　　　) 의존 명사'로 처리된다.

15. 15세기 국어에 쓰인 의존 명사의 유형과 관련하여, 글 (B)에 제시된 빈칸에 들어갈 의존 명사의 형태를 예문 (A)에서 찾아서 쓰시오.

[보기 15]

(A) ㄱ. 이經을마ᄉᆞᆫ아홉디위닑고 [석상 9:32]

ㄴ. 술ᄒᆞᆫ셔믈다ᄉᆞᆺ주리라 [두언 25:4]

ㄷ. 銀돈ᄒᆞᆫ낟곰받ᄌᆞᄫᆞ니라 [월석 1:9]

ㄹ. 너븐부텻世界여슷가지로震動ᄒᆞ더니 [월석 11:34]

ㅁ. 太倉앳닷되ᄡᆞᄅᆞᆯ내야 [두언 15:37]

(B) 의존 명사 중에는 선행하는 명사에 대한 수량의 단위를 표시하는 것이 있는데, 이러한 의존 명사를 '단위성 의존 명사'라고 한다. (A)에 쓰인 단위성 의존 명사 중에서 ㉠'(　　　)', ㉡'(　　　)', ㉢'(　　　)'은/는 자립 명사와 의존 명사로 두루 쓰인다. 반면에 ㉮'(　　　)'와/과 ㉯'(　　　)'은/는 자립 명사로는 쓰이지 않고 의존 명사만으로 쓰이는 특징이 있다.

16. 15세기 국어에 쓰인 대명사의 유형과 관련하여, (가)~(다)의 물음에 답하시오.

[보기 16]

① 가며 머므럿ᄂᆞᆫ 뎡어긔와 이어긔 消息이 업도다 [두언 11:16]
② 그어긔 쇠 하아 쇼로 쳔량 사마 흥졍ᄒᆞᄂᆞ니라 [월석 1:24]
③ 님긊 말ᄊᆞ미 긔 아니 올ᄒᆞ시니 [용가 39장]
④ 世間앳 이ᄅᆞᆫ 눌와 다ᄆᆞᆺ 議論ᄒᆞᄂᆞ뇨 [두언 21:23]
⑤ 阿難이 묻ᄌᆞ보ᄃᆡ 아홉 橫死ᄂᆞᆫ 므스기잇고 [석상 9:35]
⑥ 아뫼나 이 藥師 琉璃光 如來ㅅ 일후믈 듣ᄌᆞᄫᆞ면 [석상 9:17]
⑦ 우리 모다 ᄌᆡ조ᄅᆞᆯ 겻고아 뎌옷 이긔면 (精舍ᄅᆞᆯ) 짓게 ᄒᆞ고 [석상 6:26]
⑧ 우리ᄂᆞᆫ 다 부텻 아ᄃᆞᆯ ᄀᆞᆮ호니 [월석 13:33]
⑨ 이에 여희여 뎌에 날 씨라 [능언 4:28]
⑩ 淨班王이 깃그샤 부텻 소ᄂᆞᆯ 손소 자ᄇᆞ샤 ᄌᆞ갸 가ᄉᆞ매 다히시고 [월석 10:9]
⑪ 齊州ᄂᆞᆫ 어드메 잇ᄂᆞ니오 [두언 8:37]
⑫ ᄒᆞ다가 빋낸 사ᄅᆞ미 아모것도 마가 줄 것 업거든 [번박 상 61]
⑬ 王ㅅ ᄆᆞᅀᆞ매 아모ᄃᆡ나 가고져 ᄒᆞ시면 [월석 1:26]

⑭ 어ᄂᆡ 受苦ㅣ며 어ᄂᆡ 모미며 어ᄂᆡ 貪인고 몰라 [월석 12:26]
⑮ 너희 디마니 ᄒᆞᆫ 이리 잇ᄂᆞ니 ᄲᆞᆯ리 나가라 [월석 2:6]
⑯ 현맛 菩薩와 현맛 衆生이 功德 得ᄒᆞ야시뇨 [월석 17:22]

(가) [보기 16]의 예문에서 '인칭 대명사'를 고르고, 이들 인칭 대명사를 표 [16-1]의 해당 칸에 쓰시오. (단, 각 빈칸에는 해당 대명사가 없을 수도 있으며, 복수의 대명사가 들어갈 수도 있다. 변동된 형태는 기본 형태로 쓸 것.)

	1인칭	2인칭	3인칭			
			정칭	미지칭	부정칭	재귀칭
단수						
복수						

[표 16-1. 인칭 대명사의 종류]

(나) [보기 16]의 예문에서 '지시 대명사'를 고르고, 이들 지시 대명사를 [표 16-2]의 해당 칸에 쓰시오. (단, 각 빈칸에는 해당 대명사가 없을 수도 있으며, 복수의 대명사가 들어갈 수도 있음. 변동된 형태는 기본 형태로 쓸 것.)

	화자에 가까울 때	청자에 가까울 때	둘 다에 멀 때	미지칭	부정칭
사물					
처소					

[표 16-2. 지시 대명사의 종류]

17. 15세기 국어에서는 인칭 대명사가 격조사와 결합하는 과정에서 성조(聲調)가 변하는 경우가 있었다. 이와 관련하여 글 (A)의 빈칸에 들어갈 말을 쓰시오. (단, 사성(四聲)의 종류에 대한 명칭을 쓸 것.)

[보기 17]

(A) 먼저 대명사인 '나, 너, 저'의 성조는 일반적으로 평성이다. 그런데 '나'가 주격 조사에 결합하면 ㉠(   )으로 바뀌었으며, '너'와 '저'가 주격 조

사와 결합하면 ㉡(　　　　)으로 바뀌었다. 그리고 미지칭의 인칭 대명사 '누'는 일반적으로 평성이지만, 주격 조사와 결합하면 ㉢(　　　　)으로 바뀌었으며, 관형격 조사와 결합하면 ㉣(　　　　)으로 바뀌었다.

18. 위의 '17번 문제'의 내용과 관련하여, 글 (B)의 빈칸에 들어갈 말을 쓰시오. (단, 빈칸에는 '수 관형사'나 아라비아숫자를 쓸 것.)

[보기 18]

(A) ㄱ. ⓐ내 나아간들 아바님이 나를 올타ᄒᆞ시니　　[월석 1:41]
ㄴ. ⓑ네 가아 王ᄭᅴ 술ᄫᆞ라　　[석상 3:31]
ㄷ. ⓒ제 올호라 ᄒᆞ고 ᄂᆞᄆᆞᆯ 외다 ᄒᆞ야　　[석상 9:14]
ㄹ. 어느 ⓓ뉘 請ᄒᆞ니　　[용가 18]
ㅁ. ⓔ뉘 ᄯᆞᆯ올 골히야ᅀᅡ 며놀이 ᄃᆞ외야 오리야　　[월천 기14]

(B) 예문 (A)에 밑줄 그은 인칭 대명사의 왼쪽에 방점(傍點)을 찍는다면, ⓐ에는 ㉠(　　) 점을 찍으며, ⓑ에는 ㉡(　　) 점을, ⓒ에는 ㉢(　　) 점을, ⓓ에는 ㉣(　　) 점을, ⓔ에는 ㉤(　　) 점을 찍는다.

19. 15세기 국어에서 '재귀칭의 인칭 대명사(再歸稱 代名詞)'의 형태와 관련하여, 글 (A)의 빈칸에 들어갈 말을 쓰시오. (단, ㉠에는 문장 성분의 명칭을 쓰고, ㉮와 ㉯에는 대명사의 형태를 쓸 것.)

[보기 19]

(A) 문장에서 ㉠(　　　　)(으)로 표현된 3인칭의 명사가 되풀이하여 쓰이는 과정에서 대명사로 바뀐 것을 '재귀칭의 대명사'라고 한다. 15세기 국어에 쓰인 '재귀칭 대명사'는 지시 대상을 높이는 방식에 따라서 구분되어서 쓰였다. 곧 지시 대상을 낮추어서 표현할 때에는 ㉮'(　　　　)'(으)로 실현되었으며, 높여서 표현할 때에는 ㉯'(　　　　)'(으)로 실현되었다.

20. 15세기 국어에 쓰인 지시 대명사의 형태에 관련하여, 글 (A)의 빈칸에 들어갈 단어의 형태를 쓰시오.

[보기 20]

(A) 현대 국어에서 사물 지시 대명사는 지시 관형사인 '이, 그, 저'에 의존 명사인 '것'이 결합하여, '이것(근칭), 그것(중칭), 저것(원칭)'의 형태로 쓰인다. 반면에 15세기 국어에서는 현대 국어의 '이것, 그것, 저것'에 대응되는 지시 대명사의 형태로 각각 ㉠ '(　　　)', ㉡ '(　　　)', ㉢ '(　　　)'이/가 쓰였는데, 이들 대명사는 모두 단일어인 것이 특징이다.

21. 글 (A)는 15세기 국어에 쓰인 대명사가 조사와 결합할 때에 형태가 불규칙하게 바뀌는 현상에 대한 설명이다. 글 (A)의 빈칸에 들어갈 단어의 형태를 쓰시오. (단, 대명사와 조사가 결합된 형태로 쓸 것.)

[보기 21]

(A) 15세기 국어에서는 대명사인 '나(我)'와 '누(誰)'에 부사격 조사나 접속 조사로 쓰이는 '-와'가 실현되면, 각각 ㉠ '(　　　)'와/과 ㉡ '(　　　)'의 형태로 실현되었다. 그리고 '나'와 '누'에 부사격 조사인 '-로'가 실현되면, 각각 ㉢ '(　　　)'와/과 ㉣ '(　　　)'의 형태로 실현되었다.

22. 15세기 국어에서 나타나는 서수사(序數詞)의 형성 방법과 관련하여, 글 (A)의 빈칸에 들어갈 말을 쓰시오. (단, ㉠에는 순우리말로 된 양수사의 형태를, ㉡에는 서수사의 형태를 쓸 것. 그리고 ㉮에는 파생 접미사의 형태를 쓸 것.)

[보기 22]

(A) 15세기 국어에서 '제오(第五)'의 뜻을 나타내는 서수사는 '오(五)'의 뜻을 나타내는 양수사인 ㉠ '(　　　)'에 파생 접사인 ㉮ '(　　　)'이/가 붙어서 ㉡ '(　　　)'의 형태로 실현되었다.

23. 15세기 국어에 쓰인 복수 표현과 관련하여, (가)~(다)의 물음에 답하시오.

[보기 23]

① 그듸내 各各 ᄒᆞᆫ 아ᄃᆞᆯ옴 내야 내 孫子 조차가게 ᄒᆞ라 [석상 6:9]

② 그 ᄢᅴ 五百 太子ㅣ 漸漸 ᄌᆞ라니…이웃 나라히 背叛ᄒᆞ거든 저희 가 티고 [석상 11:35]

③ 너희ᄃᆞᆯ히 ᄒᆞᆫ ᄆᆞᅀᆞ모로 信解ᄒᆞ야 부텻 마ᄅᆞᆯ 바다 디니라 [석상 13:62]
④ 門ᄃᆞᆯᄒᆞᆯ 다 구디 ᄌᆞᆷ겨 뒷더시니 [석상 6:2]
⑤ 舍利佛아 너희 부텻 마ᄅᆞᆯ 고디드르라 [석상 13:47]
⑥ 어마님내 뫼ᅀᆞᆸ고 누의님내 더브러 [월석 2:6]
⑦ 우리 어ᅀᅵ아ᄃᆞ리 외ᄅᆞᆸ고 입게 ᄃᆞ외야 [석상 6:5]
⑧ 우리ᄃᆞᆯ히 다 ᄒᆞᆫ ᄆᆞᅀᆞ모로 죽ᄃᆞ록 三寶애 歸依ᄒᆞᅀᆞ바 [월석 9:61]

(가) ①~⑧의 문장에서 복수(複數)의 뜻을 나타내는 체언을 찾고, 복수의 뜻을 나타내는 파생 접사를 분석하시오. (단, 특정한 파생 접사가 없이 그 자체로 복수의 의미를 나타내는 체언에는 '-Ø'로 표시할 것. 그리고 하나의 체언에 복수 접미사가 두 개 실현된 예도 있음.)

①(:) ②(:)
③(:) ④(:)
⑤(:) ⑥(:)
⑦(:) ⑧(:)

(나) 앞의 '문제 (가)'에서 찾은 복수 표현의 파생 접사 중에서, 높임의 대상인 체언에만 실현되는 것을 찾아서 그 형태를 쓰시오.

( )

(다) 일반적인 복수 표현은 체언에 파생 접사가 붙어서 형성된다. 그런데 이러한 일반적인 복수 표현과는 달리, 1인칭 대명사인 '나'의 복수형은 특정한 어휘를 교체함으로 표현된다. 이처럼 어휘를 교체함으로써 특정한 문법 범주를 실현하는 문법적인 방법을 무엇이라고 하는가?

( )

24. 현대 국어에서 '안팎'과 '머리카락'의 단어가 형성되는 방법과 관련하여, (가)와 (나)의 물음에 답하시오.

[보기 24]

(A) ㄱ. 안 + 밖 → 안팎
ㄴ. 머리 + 가락 → 머리카락

(가) (A)의 (ㄱ)에서는 '안'과 '밖'이 합쳐져서 '안팎'으로, (ㄴ)에서는 '머리'와 '가락'이 합쳐져서 '머리카락'으로 된다. 이때에 나타나는 형태 변화를 현대 국어의 공시태적인 관점에서 설명하시오.

(설명)

(나) 현대 국어의 '안'과 '머리'가 '안팎'과 '머리카락'에서처럼 변동하는 현상을 15세기 국어에서 쓰인 형태를 고려하여서 통시적으로 설명하시오.

(설명)

25. 현행의 학교 문법에 따르면, 예문 (A)에 실현된 '스믈여듧'의 품사를 '수사(數詞)'로 처리할 수 있는가? 만일 '스믈여듧'을 수사로 처리하지 않고 다른 품사로 처리한다면, 어떤 품사로 처리해야 하며 그 근거는 무엇인가?

[보기 25]

(A) 내 이ᄅᆞᆯ 爲ᄒᆞ야 어엿비 너겨 새로 <u>스믈여듧</u> 字ᄅᆞᆯ ᄆᆡᇰᄀᆞ노니 [훈언]

① '스믈여듧'의 품사 : (   )

② 처리 근거 :

26. 예문 (A)에서 체언이 조사와 결합하면서 체언의 형태가 변동된 어절을 찾아서, 그 변동의 양상을 설명하시오.

[보기 26]

(A) 그 ᄢᅴ 이웃 ᄆᆞᅀᆞᆯ힛 사ᄅᆞᆷᄃᆞᆯ히 羅卜이 오ᄂᆞ다 듣고 城 밧긔 마ᄌᆞ라 나가 무로ᄃᆡ 아기씨여 알ᄑᆡ 부텨 업스시고 뒤헤 즁님 업거늘 뉘 게 절ᄒᆞᄂᆞ다 [월석 23:74]

① 어절 :

② 변동의 양상 :

2.2.3. 관계언

1. 15세기 국어에 쓰인 조사와 관련하여, (가)와 (나)의 물음에 답하시오.

[보기 1]

(A) 내이ᄅᆞᆯ爲ᄒᆞ야어엿비너겨새로스믈여듧字ᄅᆞᆯᄆᆡᇰᄀᆞ노니사ᄅᆞᆷ마다ᄒᆡᅇᅧ수ᄫᅵ니겨날로ᄡᅮ메便安킈ᄒᆞ고져ᄒᆞᇙᄯᆞᄅᆞ미니라 [훈언]

(가) (A)의 문장에 실현된 조사를 모두 쓰시오. (단, 변동된 형태는 변동된 대로 적을 것.)

(나) (A)의 문장에서 '새로'와 '날로'에 실현된 '-로'에 대한 문법적 단위의 명칭을 쓰시오. ( )

2. 15세기 국어에 쓰인 조사의 유형과 관련하여, 다음 물음에 답하시오.

[보기 2]

(A) 녯 阿僧祇劫 時節에 ᄒᆞᆫ 菩薩이 王 ᄃᆞ외야 겨샤 나라ᄒᆞᆯ 아ᅀᆞ 맛디시고 道理 ᄇᆡ호라 나아 가샤 瞿曇 婆羅門을 맛나샤 ᄌᆞ갸 오ᅀᆞ란 밧고 瞿曇ᄋᆡ 오ᄉᆞᆯ 니브샤 深山애 드러 果實와 믈와 좌시고 坐禪ᄒᆞ시다가 나라해 빌머그라 오시니 다 몰라보ᅀᆞᆸ더니 小瞿曇이라 ᄒᆞ더라 [월석 1:4－6]

(가) 예문 (A)에서 체언에 격조사가 붙어서 된 어절을 찾아서, 체언과 격조사의 단위를 아래의 <예시>처럼 구분하시오.

<예시> 철수가 밥을 먹었다.: 철수가(철수 + -가), 밥을(밥 + -을)

(나) 예문 (A)에 쓰인 격조사를 그 기능에 따라서 '주격 조사, 목적격 조사, 보격 조사 …' 등으로 분류하시오. (단, 다음에 제시한 <예시>의 방법을 따를 것.)

<예시> 철수가 밥을 먹었다. : -가(주격 조사), -을(목적격 조사)

(다) 예문 (A)에서 체언에 접속 조사가 붙어서 된 어절을 찾아서, 체언과 접속 조사의 단위를 구분하시오. (단, (가)에서 제시한 <예시>의 방법을 따를 것.)

(라) 예문 (A)에서 체언에 보조사가 붙어서 된 어절을 찾아서, 체언과 보조사의 단위를 구분하시오. (단, 예시 (가)의 방법을 따를 것.)

3. 예문 (A)에서 밑줄 친 말을 체언과 조사로 분석하여, 서술격 조사의 변이 형태를 추출하시오. (단, 체언은 기본 형태로 쓰고, 서술격 조사는 변이된 형태로 쓸 것. 그리고 무형의 변이 형태는 '-Ø'로 표시할 것.)

[보기 3]

(A)	ㄱ. 末利ᄂᆞᆫ 누른 비치라 ᄒᆞᆫ ⓐ ᄠᅳ디라	[석상 3:24]
	ㄴ. 詰難ᄋᆞᆫ 말ᄊᆞᆷ 서르 힐훠 겻굴 ⓑ ᄊᆡ라	[석상 3:24]
	ㄷ. 去聲ᄋᆞᆫ ᄆᆞᆺ노ᄑᆞᆫ ⓒ 소리라	[훈언]

ⓐ: ( ) + ( ) ⓑ: ( ) + ( ) ⓒ: ( ) + ( )

4. 15세기 국어에서 주격 조사의 변이 형태가 실현되는 조건과 관련하여, 예문 (A)의 빈칸에 들어갈 말을 쓰시오. (단, ㉠, ㉡, ㉢에는 변이 형태를 적되, 무형의 변이 형

태는 '-Ø'로 표시한다. 그리고 ㉮에는 변이 조건에 따른 변이 형태의 하위 유형에 대한 명칭을 쓸 것.)

[보기 4]

주격 조사는 세 가지 변이 형태로 실현된다. 이 중에서 ㉠'(　　　)'은/는 앞 체언의 끝 음절이 자음으로 끝날 때에 실현되며, ㉡'(　　　)'은/는 앞 체언의 끝 음절이 /i/나 반모음인 /j/로 끝날 때에 실현된다. 그리고 ㉢'(　　　)'은/는 앞 체언의 끝 음절이 /i/나 /j/ 이외의 모음일 때에 실현된다. 이러한 변동 조건을 감안하면, 이 세 가지 형태의 집합은 주격 조사의 ㉮(　　　)(이)다.

5. 예문 (A)에 실현된 격조사를 모두 찾고, 격조사의 하위 명칭을 쓰시오. (단, 무형의 변이 형태는 '-Ø'로 쓰고, '(-의 : 관형격 조사)'의 형식으로 쓸 것.)

[보기 5]

(A) 넷 가히 내 도라오ᄆᆞᆯ 깃거 ᄂᆞᄌᆞ기 도라 옷 기슬게 ᄃᆞᄂᆞ다 [두언 6:39]

6. 글 (A)에서 설명한 목적격 조사의 변이 형태와 관련하여, (가)와 (나)의 물음에 답하시오.

[보기 6]

(A) '목적격 조사(目的格助詞, 부림 자리 토씨)'는 그것이 붙은 앞 말에 목적어의 자격을 부여하는 조사이다. 목적격 조사는 앞 체언의 끝소리에 따라서 다양한 형태로 실현된다.

(B) ㄱ. 靑衣 도라와 王ᄭᅴ ⓐ(　　　) ᄉᆞᆯ바ᄂᆞᆯ —(ᄀᆡ별) [월석 2:43]
ㄴ. 麗運이 衰ᄒᆞ거든 ⓑ(　　　) 맛ᄃᆞ시릴ᄊᆡ —(나라ㅎ) [용가 6장]
ㄷ. 耶輸는 겨집이라 ⓒ(　　　) 모ᄅᆞᆯᄊᆡ —(法) [석상 6:6]
ㄹ. ⓓ(　　　) 하ᄂᆞᆯ히 ᄀᆞᆯᅘᅵ샤 —(太子) [용가 8장]

(C) ㄱ. ᄇᆞ야미 ㉠(　　　) ᄆᆞ러 즘겟가재 연ᄌᆞ니 —(가치) [용가 7장]
ㄴ. ᄒᆞᆫ 보ᄉᆞᆯ이…님금 ㉡(　　　) ᄇᆞ리샤 —(位) [월천 기3]

(가) 예문 (B)의 빈칸에, 체언과 목적격 조사가 결합된 형태를 쓰시오. (단, 오른쪽 의 소괄호 안에 있는 체언에 목적격 조사가 결합된 형태를 쓸 것.)

(나) 예문 (C)의 빈칸에, 체언에 목적격 조사인 '-ㄹ'이 결합된 형태를 쓰시오.

7. 15세기 국어에서 명사와 보격 조사가 결합한 형태에 관련하여, (가)와 (나)의 물음에 답하시오.

[보기 7]

(A) ㄱ. 色界 諸天도 ᄂᆞ려 ⓐ(　　　　) ᄃᆞ외더라　　―(仙人)　[월석 2:24]
　　ㄴ. 山ᄋᆡ 草木이 ⓑ(　　　　) ᄃᆞᄫᆡ니이다　　―(軍馬)　[용가 98장]
　　ㄷ. 그 ᄢᅴ 釋提桓人이 … ⓒ(　　　　) ᄃᆞ외야　　―(일히)　[월석 20:115]
　　ㄹ. 司直은 冗雜ᄒᆞᆫ ⓓ(　　　　) 아니언마ᄅᆞᆫ　　―(벼ᄉᆞᆯ)　[두언 22:39]
　　ㅁ. 四衆의 힝뎌기 ᄒᆞᆫ ⓔ(　　　　) 아니어늘　　―(가지)　[월석 17:83]

(B) 보어는 'ᄃᆞᄫᆡ다/ᄃᆞ외다'나 '아니다'의 서술어가 주어 이외에 반드시 필요로 하는 문장 성분이다. '보격 조사(補格助詞, 기움 자리 토씨)'는 이러한 보어의 자격을 앞 말에 부여하는 조사로서 여러 가지의 변이 형태로 실현된다.

(가) 예문 (A)의 ⓐ~ⓔ에 체언에 보격 조사가 결합된 형태를 쓰시오.

(나) 예문 (A)의 예를 바탕으로 보격 조사의 변이 형태를 모두 쓰고, 이들 변이 형태가 실현되는 음운론적 조건을 각각 기술하시오.

①(　　　　:　　　　　　　　　　　　　　　　　　　)
②(　　　　:　　　　　　　　　　　　　　　　　　　)
③(　　　　:　　　　　　　　　　　　　　　　　　　)

8. 15세기 국어에서 체언과 관형격 조사가 결합된 형태와 관련하여, ㉠과 ㉡의 빈칸에 들어갈 말을 쓰시오.

[보기 8]

'할미(祖母)'와 '그려기(雁)'처럼 /ㅣ/로 끝나는 유정 체언이 관형격 조사인 '-ᄋᆡ'나 '-의'에 결합되면, 각각 ㉠(　　　　)와/과 ㉡(　　　　)의 형태로 실현된다.

9. 관형격 조사 '-ㅅ'의 실현 조건과 관련하여, 예문 (A)의 빈칸에 들어갈 말을 쓰시오. (단, ㉠과 ㉡에는 명사의 의미적 하위 유형을 쓰고, ㉮에는 음운론적 특징을 쓸 것.)

[보기 9]

(A) 관형격 조사 '-ㅅ'은 '털(毛)'이나 '가지(枝)'와 같은 ㉠(　　　)(이)나, '부텨(佛)'처럼 높임의 대상으로 쓰인 ㉡(　　　)의 뒤에서 쓰이는 특징이 있다. 그리고 '-ㅅ'은 대체로 앞 체언의 끝소리가 ㉮(　　　)인 환경에서 실현된다.

10. 15세기 국어에 쓰인 관형격 조사의 특수한 기능과 관련하여, 글 (B)의 빈칸에 들어갈 말을 쓰시오. (단, ㉠과 ㉮에는 문법적인 단위(언어 형식)의 명칭을 쓰고, ㉡과 ㉯에는 문장 성분의 명칭을 쓸 것.)

[보기 10]

(A) ㄱ. ⓐ衆生ᄋᆡ 慈心 업슳 둘 阿難이ᄃᆞ려 니ᄅᆞ시니　　　[월천 기40]
　　ㄴ. ⓑ崑 가로ᄆᆞᆯ 瀼水ㅅ 西ㅅ 녀글 허리노라　　　[두언 7:13]

(B) 관형격 조사는 원래는 체언과 체언 사이의 관계를 나타낸다. 반면에 이러한 기능과는 달리 예외적으로 특정한 체언과 서술어 사이에 나타나는 통사적인 기능을 나타낼 수도 있다. 곧 ⓐ에서 '衆生ᄋᆡ'는 ㉠(　　　) 속에서 의미상으로 ㉮(　　　)의 문장 성분으로 기능한다. 그리고 ⓑ에서 '崑'은 ㉡(　　　) 속에서 의미상으로 ㉯(　　　)의 문장 성분으로 기능한다.

11. 15세기 국어에 쓰인 부사격 조사의 변이 형태와 관련하여, (가)와 (나)의 물음에 답하시오.

[보기 11]

(A) 철수는 부산<u>에</u> 산다. (현대 국어)

(B) ㄱ. 東녀그로 ⓐ萬里(　　) 녀 가　　　[두언 7:2]
　　ㄴ. 우리 始祖ㅣ ⓑ慶興(　　) 사ᄅᆞ샤　　　[용가 3장]
　　ㄷ. 世尊이 ⓒ象頭山(　　) 가샤　　　[석상 6:1]

(가) 예문 (B)의 ⓐ~ⓒ에 들어갈 부사격 조사의 변이 형태를 각각 쓰시오. (단, 예

문 (A)에 제시된 바와 같이 현대 국어의 '-에'에 대응되는 형태를 쓸 것.)

(나) (B)의 ⓐ~ⓒ에 들어갈 변이 형태가 실현되는 음운론적 조건을 기술하시오.

ⓐ ( )
ⓑ ( )
ⓒ ( )

12. 15세기 국어에서 조사 '-ᄋᆡ/-의'는 관형격 조사와 부사격 조사로 쓰였다. 이와 관련하여, 예문 (B)의 빈칸에 들어갈 말을 쓰시오. (단, ㉠과 ㉡의 빈칸에는 ⓐ~ⓔ의 부호를 쓰고, ㉮과 ㉯의 빈칸에는 의미적인 특성으로 구분한 체언의 종류를 쓸 것.)

[보기 12]

(A) ㄱ. ᄇᆡ 달홀 사ᄅᆞ미 ⓐ처ᅀᅥᄆᆡ ᄒᆞᆫ 번 ᄇᆞ리니 [두언 15;3]
ㄴ. 佛道ㅣ 잠간도 ⓑ사ᄅᆞᄆᆡ 게 머디 아니ᄒᆞ며 [법언 3:180]
ㄷ. 山 ⓒ미틔 軍馬 두시고 [용가 58장]
ㄹ. 손밠 가락 ᄉᆞᅀᅵ예 가치 니ᅀᅥ ⓓ그려긔 발 ᄀᆞᄐᆞ시며 [월석 2:40]
ㅁ. 이본 ⓔ남ᄀᆡ 새 닙 나니이다 [용가 84장]

(B) 예문 (A)에서 '-ᄋᆡ'와 '-의'가 관형격 조사로 쓰인 것은 ㉠( )이며, 'ᄋᆡ'와 '의'가 부사격 조사로 쓰인 것은 ㉡( )이다. 여기서 '-ᄋᆡ'와 '-의'가 관형격 조사로 쓰이는지 부사격 조사로 쓰이는지는 앞 체언의 의미적인 특질에 따른다. 곧, '-ᄋᆡ'와 '-의'가 ㉮( )의 뒤에 실현될 때에는 관형격 조사로 쓰이며, '-ᄋᆡ'와 '-의'가 ㉯( )의 뒤에 실현될 때에는 부사격 조사로 쓰인다.

13. 15세기 국어에서 '-ᄭᅴ'와 '-ᄃᆞ려'의 단어 형성 방법과 관련하여, 글 (B)의 빈칸에 들어갈 말을 쓰시오. (단, ㉠~㉣에는 학교 문법에서 설정한 9품사의 명칭을 쓰고, ㉮에는 동사의 활용형을 가리키는 명칭을 쓸 것.)

[보기 13]

(A) ㄱ. 阿難과 모ᄃᆞᆫ 大衆이 … ⓐ부텻ᄭᅴ 禮數ᄒᆞᅀᆞ와 [능언 2:1]
ㄴ. 婆羅門이 그 ⓑᄯᆞᆯᄃᆞ려 니ᄅᆞ샤ᄃᆡ [석상 6:14]

(B) ⓐ의 '-씌'와 ⓑ의 '-ᄃᆞ려'는 둘 다 ㉠(   )(으)로 처리된다. 그러나 '-씌'와 '-ᄃᆞ려'는 동일한 품사이지만 단어의 형성 방법은 서로 다르다. 첫째로 '-씌'는 ㉡(   )인 '-ㅅ'에 ㉢(   )인 '긔'가 붙어서 형성된 단어이다. 그리고 '-ᄃᆞ려'는 동사인 'ᄃᆞ리다'의 ㉮(   )인 'ᄃᆞ려'가 부사격 조사로 쓰였다.

14. 15세기 국어에서 쓰인 호격 조사의 형태와 관련하여, 글 (A)의 빈칸에 호격 조사의 형태를 쓰시오. (단, 낮춤, 예사 높임, 아주 높임의 각 등분에 실현되는 호격 조사를 쓸 것.)

[보기 14]

(A) 15세기 국어에 쓰인 호격 조사는, 그것이 붙는 체언을 높이는 정도에 따라서 세 가지의 조사가 구분되어서 쓰였다. 먼저, 낮춤의 등분(ᄒᆞ라체)으로 대우하는 체언에는 ㉠'(   )'이/가 쓰였다. 그리고 예사 높임의 등분(ᄒᆞ야쎠체)으로 대우하는 체언에는 ㉡'(   )'이/가 쓰였으며, 아주 높임의 등분(ᄒᆞ쇼셔체)으로 대우하는 체언에는 ㉢'(   )'이/가 쓰였다.

15. 15세기 국어에 쓰인 호격 조사 '-아'와 '-야'가 실현되는 조건과 관련하여, (가)와 (나)의 물음에 답하시오.

[보기 15]

(A) ㄱ. ⓐ彌勒(   ) 아라라 [석상 13:26]
ㄴ. ⓑ阿逸多(   ) 衆生이 … 能히 一念이나 信解 내요매 [월석 17:31]
니르러도 得혼 功德이 그지 업스리라

(가) 예문 (A)에 제시된 ⓐ와 ⓑ의 빈칸에 실현될 수 있는 호격 조사 '-아'와 '-야'를 넣으시오. (단, '-아'나 '-야'가 둘 다 실현될 수 있는 음운론적 환경에서는 '-아'와 '-야'를 모두 쓸 것.)

ⓐ (   ) ⓑ (   )

(나) 호격 조사인 '-아'와 '-야'가 15세기 국어에서 실현되는 환경과 현대 국어에서 실현되는 환경을 비교하여, 그 차이점을 설명하시오.

(설명)

16. 15세기 국어에 쓰인 호격 조사의 형태와 관련하여, 글 (A)의 빈칸에 들어갈 말을 쓰시오. (단, 호격 조사의 변이 형태를 쓸 것.)

[보기 16]

(A) 15세기 국어에서는 '예사 높임'의 상대 높임 등분(ᄒᆞ야쎠체)으로 쓰이는 호격 조사가 세 가지의 변이 형태로 실현되었다.
첫째로 ㉠ '(　　　)'은/는 /ㅣ/나 /j/를 제외한 일반적인 모음으로 끝나는 명사 뒤에 쓰였다. 둘째로 ㉡ '(　　　)'은/는 /ㅣ/나 /j/로 끝난 무정 명사 뒤에서 실현되었다. 셋째로 ㉢ '(　　　)'은/는 자음으로 끝나는 명사 뒤에 쓰였다.

17. 15세기 국어에 쓰인 접속 조사인 '-과'가 실현되는 양상과 관련하여, (A)의 빈칸에 들어갈 형태를 쓰시오. (단, 체언과 접속 조사와 격조사가 결합하는 과정에서 일어나는 변동 현상을 고려할 것.)

[보기 17]

(A) ㄱ. ⓐ 입시울(　　) ⓑ 혀(　　) ⓒ 엄(　　) ⓓ 니(　　) 다 됴ᄒᆞ며 [석상 19:7]
ㄴ. 二儀ᄂᆞᆫ … ㉠ ᄒᆞ늘(　　) ㉡ 싸(　　) 니르니라 [석상 19:13]
ㄷ. 구리어나 … ㉮ 옷(　　) ㉯ 뵈(　　) 佛像ᄋᆞᆯ ᄉᆞ미ᄉᆞ바도 [석상 13:52]

18. 15세기 국어에 쓰인 조사 '-와/-과'의 기능과 관련하여, 글 (B)의 빈칸에 들어갈 말을 쓰시오. (단, ㉠과 ㉡에는 조사의 하위 유형을 쓸 것. 그리고 ㉮에는 문법 요소가 나타내는 기능(의미)를 쓰고, ㉯에는 문법적인 단위의 명칭을 쓰고 쓸 것.)

[보기 18]

(A) ㄱ. 如來…(나ᄅᆞᆯ)…길 넚 ⓐ사ᄅᆞᆷ과 ᄀᆞ티 너기시니 [석상 6:5]
ㄴ. ᄒᆞᆫ 菩薩이…深山애 드러 果實와 ⓑ믈와 좌시고 [석상 6:16]

(B) 예문 (A)에서 ⓐ에 실현된 '-과'는 ㉠'(　　　) 조사'이며, ⓑ에 실현된 '-와'는 ㉡'(　　　) 조사'이다. 그리고 기능상으로 보면 ⓐ의 '-과'는 선행 체언에 ㉮(　　　)의 문법적인 뜻을 더하며, ⓑ의 '-와'는 체언과 체언을 이어서 ㉯(　　　)을/를 형성한다.

19. 글 (C)는 15세기 국어에 쓰인 조사의 형태가 변이되는 조건에 대한 설명이다. 이와 관련하여 글 (C)의 빈칸에 들어갈 말을 쓰시오. (단, ㉠과 ㉡, 그리고 ㉢과 ㉣은 각각 순서를 바꾸어 쓸 수 있음.)

[보기 19]

(A) 보조사 '-ᄂᆞᆫ, -는, -ᄋᆞᆫ, -은, -ㄴ'

(B) ㄱ. '-ᄂᆞᆫ'과 '-ᄋᆞᆫ'의 대립
ㄴ. '-ᄂᆞᆫ'과 '-는'의 대립

(C) 예문 (A)에 제시된 예는 '주제'나 '대조'를 나타내는 보조사의 변이 형태이다. 이들 중에서 '-ᄂᆞᆫ, -는, -ᄋᆞᆫ, -은'은 다음의 두 가지의 조건으로 분화된다. 첫째로 (B)의 (ㄱ)에서 '-ᄂᆞᆫ'과 '-ᄋᆞᆫ'은 앞 체언의 끝소리가 ㉠(　　　)이냐 ㉡(　　　)이냐에 따라서 선택된다. 둘째로 (B)의 (ㄴ)에서 '-ᄂᆞᆫ'과 '-는'은 앞 체언의 끝 음절의 모음이 ㉢(　　　)이냐 ㉣(　　　)이냐에 따라서 선택된다. 그러므로 '-ᄂᆞᆫ, -는, -ᄋᆞᆫ, -은'의 형태는 모두 ㉮'(　　　) 변이 형태'이다. 반면에 보조사 '-ㄴ'의 형태는 '-ᄂᆞᆫ'과 '-는'의 ㉯'(　　　) 변이 형태'이다.

20. 글 (B)는 15세기 국어에서 보조사 '-ᄂᆞᆫ'이 붙는 선행어에 대한 설명이다. 보조사 '-ᄂᆞᆫ'에 나타나는 이러한 분포적인 특성을 감안하여, 예문 (A)에 제시된 ⓐ~ⓒ를 형태소 단위로 분석하시오. (단, 형태소의 경계는 +로 구분하며, 어절의 경계는 #로 구분한다. 그리고 '-'의 부호는 의존 형태소임을 나타낸다.)

[보기 20]

(A) ㄱ. 法 ⓐ<u>ᄀᆞᄅᆞ치ᄂᆞ닌</u> 스승이오 ᄇᆡ호ᄂᆞ닌 弟子ㅣ라 [월석 1:9]

ㄴ. 이브터 ᄆᆞᄎᆞ매 ⓑ<u>니르리ᄂᆞᆫ</u> 일후미 無色界라 [능언 9:32]

ㄷ. 머리 ⓒ<u>이션</u> 보숩고 가ᄉᆡᆨ비 완 몬 보ᅀᆞᄫᆞ리라 [월석 7:55]

(B) 보조사 '-ᄂᆞᆫ'은 체언(혹은 명사구, 명사절)뿐만 아니라, 부사에 붙거나 용언의 연결형에 붙어서 '주제'나 '대조'의 뜻을 나타낸다.

ⓐ ᄀᆞᄅᆞ치ᄂᆞ닌 : (　　　)- + -(　　　)- + -(　　　) # (　　　) + -(　　　)

ⓑ 니르리ᄂᆞᆫ : (　　　)- + -(　　　)- + -(　　　)

ⓒ 이션 : (　　　)- + -(　　　) + -(　　　)

21. 15세기 국어에서 보조사인 '-도'가 용언의 연결형에 결합할 때에 일어나는 특징과 관련하여, 글 (B)의 빈칸에 들어갈 말을 각각 쓰시오. (단, ㉠에는 어미의 세부적인 명칭을 쓰고, ㉡에는 어미의 형태를 쓸 것.)

[보기 21]

(A) ㄱ. 킈 ⓐ<u>젹도</u> <u>크도</u> 아니ᄒᆞ고 [월석 1:26]

ㄴ. 소리 ⓑ<u>놉도</u> <u>ᄂᆞᆺ갑도</u> 아니ᄒᆞ샤 [월석 2:58]

(B) 보조사인 '-도'가 용언에 붙을 때에는 용언의 어말 어미 뒤에 실현되는 것이 일반적이다. 이러한 일반적인 분포를 고려할 때에, ⓐ의 '젹도 크도'와 ⓑ의 '놉도 ᄂᆞᆺ갑도'에 실현된 '-도'의 결합 방식은 매우 특이하다. ⓐ와 ⓑ에 나타난 결합 방식은 다음과 같이 설명할 수 있다. 곧, ⓐ와 ⓑ의 밑줄 그은 말은 원래는 ㉠(　　　)인 ㉡'(　　　)'이/가 실현되어 있었는데, 이것이 문맥에 실현될 때에 생략된 것으로 볼 수 있다.

22. 15세기 국어에서 보조사가 붙을 수 있는 문법적인 단위와 관련하여, (가)와 (나)의 물음에 답하시오.

[보기 22]

(B) 보조사는 여러 가지의 문법적인 단위에 두루 붙을 수 있는 것이 특징이다.

(A) ㄱ. ⓐ<u>부톄ᅀᅡ</u> 能히 다 아ᄅᆞ시ᄂᆞ니라 [법언 1:145]

ㄴ. ⓑ ᄂᆞᄆᆞ란 분별 아니코 제 몸쑨 됴히 츄미라 [석상 13:36]
ㄷ. 爲頭 도ᄌᆞ기 나를 ⓒ 자바다가 겨집 삼마 사더니 [월석 10:25]
ㄹ. 그 ᄢᅴ 目連이 種種 方便으로 ⓓ 다시곰 ᄉᆞᆯᄫᅡ도 [석상 6:6]

(가) 예문 (A)의 ⓐ~ⓓ를 아래의 <분석>처럼 형태소 단위로 분석하시오. (단, 변동된 형태소는 변동된 대로 적고, 의존 형태소는 '-'로 표기할 것.)

<예시>: 아뫼나 이 經을 디녀 [석상 9:21]
<분석>: 아뫼나: 아모+-ㅣ나

ⓐ 부톄ᅀᅡ: ( )
ⓑ ᄂᆞᄆᆞ란: ( )
ⓒ 자바다가: ( )
ⓓ 다시곰: ( )

(나) 예문 (A)의 ⓐ~ⓓ에 실현된 보조사의 앞에 실현된 말의 문법적 단위에 대한 명칭을 각각 쓰시오. (단, 체언, 관계언, 수식언은 품사의 세부 명칭(9품사)을 쓰고, 용언은 활용형에 대한 명칭을 쓸 것.)

ⓐ ( ) ⓑ ( )
ⓒ ( ) ⓓ ( )

23. 15세기 국어에 쓰인 '-곰'의 문법적 기능과 관련하여, (가)와 (나)의 물음에 답하시오.

[보기 23]

(A) ㄱ. ⓐ 이리곰 火災호ᄆᆞᆯ 여듧 번 ᄒᆞ면 [월석 1:49]
ㄴ. 菩薩이 四方애 닐굽 ⓑ 거름곰 거르시니 [월석 2:37]
ㄷ. 이런 이ᄫᅳᆫ 길헤 눌 보리라 ⓒ 우러곰 온다 [월석 8:86]
ㄹ. 아ᄃᆞ리 아ᄇᆡ 나해셔 ⓓ 곱ᄀᆡ곰 사라 [월석 1:47]
ㅁ. 그 五百 사ᄅᆞ미 … 銀돈 ᄒᆞᆫ ⓔ 낟곰 받ᄌᆞᄫᆞ니라 [월석 1:9]
ㅂ. 예 사라셔 足히 ⓕ 뼈곰 내 늘근 양ᄌᆞᄅᆞᆯ 보내리로소니 [석상 13:36]

(B) 15세기 국어에 쓰인 '-곰'은 분포나 의미(기능)에 따라서 두 가지 종류로 구

분된다. 곧, '-곰'은 ㉠앞 말에 '각자 ~씩'의 뜻을 덧보태는 것과 ㉡앞 말에 붙어서 그 말을 강조하거나 앞 말에 여운감(餘韻感)'을 주는 것이 있다.

(가) 예문 (A)의 ⓐ~ⓕ에 쓰인 '-곰' 중에서, ㉠의 유형에 속하는 '-곰'과 ㉡의 유형에 속하는 '-곰'을 구분시오. (단, ⓐ, ⓑ, ⓒ, ⓓ, ⓔ, ⓕ로 쓸 것.)

①: '㉠ 유형'의 보조사: (　　　　　　　　　　　　　　　　　　)
②: '㉡ 유형'의 보조사: (　　　　　　　　　　　　　　　　　　)

(나) 예문 (A)의 ⓐ~ⓕ를 검토하여 ㉠과 ㉡의 '-곰'이 붙을 수 있는 앞말의 품사를 각각 밝히시오. (단, 용언은 활용 형태의 명칭으로 쓸 것.)

①: '㉠ 유형'의 보조사: (　　　　　　　　　　　　　　　　　　)
②: '㉡ 유형'의 보조사: (　　　　　　　　　　　　　　　　　　)

24. 15세기 국어에서 '-이ᄯᆞ녀'가 쓰일 때에 생기는 통사적인 제약과 관련하여, 글 (B)에 제시된 ㉠의 빈칸에 들어갈 부사의 형태를 쓰시오.

[보기 24]

(A) 法도 오히려 반ᄃᆞ기 ᄇᆞ룔 띠어니 ⓐ(　　　) 非法이ᄯᆞ녀 [금언 39]

(B) 보조사인 '-잇ᄃᆞᆫ/-이ᄯᆞᆫ'은 그 뒤에 '-이여'가 붙여서 '-이ᄯᆞ녀'의 형태로 문장의 서술어에 쓰이는 경우가 있다. 그런데 (A)처럼 서술어에 '-이ᄯᆞ녀'가 실현되면 그 앞에는 반드시 부사인 ㉠'(　　　)'이/가 실현되는 제약이 있다.

25 15세기 국어에는 체언에 붙어서 의문문을 만드는 보조사가 쓰였다. 예문 (A)의 빈칸에 들어갈 보조사의 형태를 각각 쓰시오.

[보기 25]

(A) ㄱ. 이 두 사ᄅᆞ미 眞實로 네 ⓐ항것(　　　) [월석 8:94]
ㄴ. 사호매 서로 맛나믄 또 어느 ⓑ날(　　　) [두언 21:16]
ㄷ. 뉘 이 나홀 기리 살 ⓒ사ᄅᆞᆷ(　　　) [두언 6:1]
ㄹ. 이ᄂᆞᆫ ⓓ賞(　　　) ⓔ罰(　　　) [몽언 53]

26. 15세기 국어에 쓰인 '-인ᄃᆞᆯ'의 문법적 성격과 관련하여, 글 (B)의 빈칸에 들어갈 말을 쓰시오. (단, ㉠~㉢에는 문장 성분의 명칭을 쓰고, ㉮에는 조사의 하위 유형을 쓸 것.)

[보기 26]

(A) ㄱ. 貪ᄒᆞᆫ 無量 有情이 쳔랴ᅌᆞᆯ 모도아 두고…ⓐ어버ᅀᅵᆫᄃᆞᆯ 내야 주며 가시며 子息이며 죠ᇰ인ᄃᆞᆯ 주며 와 비ᄂᆞᆫ 사ᄅᆞᄆᆞᆯ 주리여 [석상 9:12]

ㄴ. 四境을 開拓ᄒᆞ샤 셤 안해 도ᄌᆞᆨ 니저니 ⓒ*徼外南蠻인ᄃᆞᆯ 아니 오리잇가 [용가 53장]

ㄷ. 굴허에 ᄆᆞᄅᆞᆯ 디내샤 도ᄌᆞ기 다 도라가니 ⓓ半 길 노ᄑᆡᆫᄃᆞᆯ 년기 디나리잇가 [용가 48장]

(B) ⓐ의 '어버ᅀᅵᆫᄃᆞᆯ'은 ㉠(   )로, ⓑ의 '徼外南蠻'은 ㉡(   )로, ⓒ의 '半 길 노ᄑᆡᆫᄃᆞᆯ'은 ㉢(   )로 쓰였다. '-인ᄃᆞᆯ'에서 나타나는 이러한 통사적인 기능과 함께 '-인들'이 나타내는 뜻을 고려하면, '-인ᄃᆞᆯ'은 조사의 하위 유형 중에서 ㉮(   )에 해당한다.

(*徼外南蠻(요외남만): 변방 밖의 남쪽 오랑캐이다. 곧 남쪽 지방의 다른 민족을 만(蠻)이라 불렀는데, 주로 '유구(琉救)'나 '섬라(暹羅)' 등을 의미함.)

27. 15세기 국어에 쓰인 의문문의 유형과 관련하여, (가)와 (나)의 물음에 답하시오.

[보기 27]

(A) ㄱ. 얻논 藥이 므스것고 [월석 21:215]

ㄴ. 이 ᄯᆞ리 너희 죵가 [월석 8:94]

(가) 예문 (A)에 제시된 의문문을 각각 현대어로 번역하시오.

(ㄱ): (   )

(ㄴ): (   )

(나) 예문 (A)에 제시된 의문문을 이용하여, 15세기 국어의 의문문에 나타난 문법적인 특징 두 가지를 설명하시오. (단, '문제 (가)'와 관련하여, 현대 국어에서 실현되는 의문문의 형태와 비교해서 설명할 것.)

(설명)

28. 예문 (A)에 제시된 (ㄱ) ~(ㅋ)의 문장에서 조사가 겹쳐서 실현된 표현을 찾아서, 각 조사의 형태와 명칭을 <예시>에서 제시한 풀이의 방법으로 쓰시오. (단, 조사의 명칭은 '접속 조사' ; '보조사' ; '주격 조사, 목적격 조사, 보격 조사, 관형격 조사, 부사격 조사, 호격 조사' 등으로 쓸 것. 그리고 조사가 결합하는 과정에서 변동된 형태소는 변동된 대로 적을 것.)

[보기 28]

(A) ㄱ. 손발과 가슴과애 … 德相이 겨샤 [법언 2:19]
ㄴ. 가지와 닙과는 사오나ᄫᆞᆫ 사ᄅᆞᄆᆞᆯ 가ᄌᆞᆯ비시고 [석상 13:47]
ㄷ. 오직 부텨와 부텨왜ᅀᅡ 能히 … 다 아ᄂᆞ니라 [법언 1:145]
ㄹ. 法엣 오시ᅀᅡ 眞實ㅅ 오시니 [월천 기121]
ㅁ. 부텻 나라해션 부텻 나라ᄒᆞᆯ 하ᄂᆞᆳ 가온ᄃᆡ라 ᄒᆞ고 [월석 1:30]
ㅂ. 威嚴과 德괘 自在ᄒᆞ야 [석상 9:19]
ㅅ. 네 … 아ᄌᆞ마닚긔와 아자바님내ᄭᅴ 다 安否ᄒᆞᅀᆞᆸ고 [석상 6:1]
ㅇ. 中國애션 中國을 ᄒᆞᄂᆞᆳ 가온ᄃᆡ라 ᄒᆞ고 [월석 1:30]
ㅈ. 엇뎨 시러곰 나ᄅᆞᆯ 보내야 네 ᄀᆞᅀᆡ다가 두려뇨 [두언 25:27]
ㅊ. 하ᄂᆞᆯ콰 ᄯᅡ쾌여 머리 隔ᄒᆞ리라 [금삼 2:43]
ㅋ. 어제와 오ᄂᆞᆯ왜 다 하ᄂᆞᆳ ᄇᆞᄅᆞᆷ 보ᄂᆞᆺ다 [두언 16:60]

<예시>: 우리 학교에는 공부를 열심히 하는 학생이 많다.
[풀이] : ['학교에는' : -에(부사격 조사) + -는(보조사)]

(ㄱ) [:]

(ㄴ) [　　　: 　　　　　　　　　　　　　　　]
(ㄷ) [　　　: 　　　　　　　　　　　　　　　]
(ㄹ) [　　　: 　　　　　　　　　　　　　　　]
(ㅁ) [　　　: 　　　　　　　　　　　　　　　]
(ㅂ) [　　　: 　　　　　　　　　　　　　　　]
(ㅅ) [　　　: 　　　　　　　　　　　　　　　]
(ㅇ) [　　　: 　　　　　　　　　　　　　　　]
(ㅈ) [　　　: 　　　　　　　　　　　　　　　]
(ㅊ) [　　　: 　　　　　　　　　　　　　　　]
(ㅋ) [　　　: 　　　　　　　　　　　　　　　]

29. (A)에 제시된 (ㄱ)~(ㅅ)의 문장에서 용언의 연결 어미와 보조사가 결합된 예를 찾아서, <예시>에서 제시한 풀이의 방법으로 연결 어미와 보조사의 형태를 구분하시오. (단, 변동된 형태소는 기본 형태로 쓸 것.)

[보기 29]

(A) ㄱ. 瓶의 ᄆᆞᄅᆞᆯ 기려 두고ᅀᅡ 가리라 [월석 7:9]
ㄴ. 有情이 비록 如來씌 道理 ᄇᆡ호다가도 尸羅ᄅᆞᆯ 헐며 [석상 9:13]
ㄷ. 이러ᄒᆞᆫ ᄣᅴ 니르러ᄂᆞᆫ 키 아로미 갓가ᄫᆞ리니 [몽언 27:8]
ㄹ. 내 難ᄋᆞᆯ 救티옷 아니ᄒᆞ면 [월석 21:56]
ㅁ. 如來 ᄇᆞ리고브터 能히 그 言論辯을 다ᄒᆞ리 업스니라 [석상 9:19]
ㅂ. 그 겨지비 밥 가져다가 머기고 [월석 1:44]
ㅅ. 눌 보리라 우러곰 온다 [월석 8:87]

<예시> : 이 책의 내용이 어렵기는 하겠지만 한번 <u>읽어는</u> 보아라.
[풀이] : ['먹어는' : -어(연결 어미) + -는(보조사)]

(ㄱ) [　　　: 　　　　　　　　　　　　　　　]
(ㄴ) [　　　: 　　　　　　　　　　　　　　　]
(ㄷ) [　　　: 　　　　　　　　　　　　　　　]

(ㄹ) [:]
(ㅁ) [:]
(ㅂ) [:]
(ㅅ) [:]

30. 15세기 국어에 쓰인 관형격 조사의 기능과 관련하여, (가)와 (나)의 물음에 답하시오.

[보기 30]

(A) ㄱ. ᄒᆞᄅᆞ 二十里를 녀시ᄂᆞ니 ⓐ 轉輪王의 녀샤미 ᄀᆞᄐᆞ시니라 [석상 6:23]
ㄴ. ⓑ 父母의 나혼 모ᄆᆞᆯ 두르혀 보ᄃᆡ [능언 3:108]
ㄷ. ⓒ 부텻 니ᄅᆞ샤ᄆᆞᆯ 듣ᄌᆞᆸ고 [아언 29]

(B) 예문 (A)에 실현된 ⓐ~ⓒ처럼 체언에 관형격 조사가 결합한 어절이 주어로 해석되는 경우도 있다. 이러한 현상은 ㉠( )(이)나 ㉡( ) 속에서 의미상으로 주어로 쓰이는 명사에 '-ᄋᆡ/-의, -ㅅ' 등이 붙은 경우에 나타난다. 이렇게 관형격 조사가 실현된 명사가 의미상으로 주어로 해석되는 것은, 주로 그 명사가 ㉮( )일 때에 나타난다.

(가) 글 (B)의 빈칸에 들어갈 말을 쓰시오. (단, ㉠과 ㉡에는 성분절의 명칭을 쓰고, ㉮에는 의미적인 특질에 따른 명사의 하위 유형을 쓸 것.)

(나) 글 (B)의 내용에 따라서 ⓐ '轉輪王', ⓑ '父母', ⓒ '부텨'의 뒤에 관형격 조사 대신에 격조사를 실현하려고 한다. 서술어와 가장 자연스럽게 어울리는 격조사의 형태를 선택하여, 명사와 격조사가 결합된 형태로 쓰시오.

ⓐ ( ) ⓑ ( ) ⓒ ( )

31. 15세기 국어에 쓰인 조사의 특수한 용법과 관련하여, 글 (B)의 빈칸에 들어갈 말을 쓰시오. (단, 조사의 형태를 쓸 것.)

[보기 31]

(A) ㄱ. ⓐ 몃 디위를 江風이 여러 날 닐어뇨( ) 고기 낛ᄂᆞᆫ ᄇᆡ 드ᄂᆞ다 듣디 몯호라 [영남 상:40]
ㄴ. ⓐ 그듸내 ᄀᆞᆺ비ᅀᅡ 오도다( ) 舍利ᅀᅡ 몯 어드리라 [석상 23:53]

(B) 특정한 조사가 완결된 문장에 뒤에 붙어서, '앞의 문장의 내용을 뒤집는 뜻'으로 앞의 문장을 뒤의 문장에 이어 주는 경우가 있다. 예를 들어서 예문 (A)의 (ㄱ)과 (ㄴ)에서는 앞선 문장인 '몃 디위를 江風이 여러 날 닐어뇨'와 '그듸내 굿비사 오도다'에 조사인 ㉠'(　　　)'이/가 붙어서 각각 뒤의 문장을 접속했다.

32. 예문 (A)에 실현된 ⓐ, ⓑ, ⓒ에서 생략된 격조사를 복원상정하여, ⓐ, ⓑ, ⓒ와 격조사가 결합된 형태를 쓰시오.

[보기 32]

(A) ㄱ. 樓殿이 일어늘 ⓐ안좀 걷뇨매 어마님 모르시니 [월천 기16]
ㄴ. 누믹 ⓑ겨집 드외노니 출히 뎌 ⓒ고마 드외아 지라 [법언 2:28]

ⓐ(　　　) ⓑ(　　　) ⓒ(　　　)

33. 15세기 국어에서 체언과 조사가 결합되는 양상과 관련하여, (가)와 (나)의 물음에 답하시오.

[보기 33]

(A) 그 ⓐ쁴 日月燈明佛이 大乘經을 니르시니 [석상 13:30]

(B) 예문 (A)에서 실현된 ⓐ의 '쁴'는 ㉠'(　　　)'에 ㉡'(　　　)'이/가 결합된 형태이다.

(가) 글 (B)의 빈칸에 들어갈 단어의 형태를 쓰시오. (단, 변동된 형태는 기본 형태로 쓸 것.)

(나) 글 (B)의 빈칸에 들어갈 단어의 품사를 각각 쓰시오. (단, 고등학교 문법(2010)에서 설정한 9품사의 명칭으로 쓸 것.)

㉮: ㉠의 품사 (　　　) ㉯: ㉡의 품사 (　　　)

(다) 글 (B)의 빈칸에 들어갈 단어가 결합하는 과정에서 일어난 음운 변동 현상의 명칭을 쓰시오. (　　　)

2.2.4. 용언

1. 예문 (A)에 쓰인 용언이나 서술격 조사에 대하여, (가)~(다)의 물음에 답하시오.

[보기 1]

(A) 나랏 말ᄊᆞ미 中國에 달아 文字와로 서르 ᄉᆞᄆᆞᆺ디 아니ᄒᆞᆯᄊᆡ 이런 젼ᄎᆞ로 어린 百姓이 니르고져 홇 배 이셔도 ᄆᆞᄎᆞᆷ내 제 ᄠᅳ들 시러 펴디 몯홇 노미 하니라 내 이ᄅᆞᆯ 爲ᄒᆞ야 어엿비 너겨 새로 스믈 여듧 字ᄅᆞᆯ ᄆᆡᇰᄀᆞ노니 사ᄅᆞᆷ마다 ᄒᆡᅇᅧ 수ᄫᅵ 니겨 날로 ᄡᅮ메 便安킈 ᄒᆞ고져 홇 ᄯᆞᄅᆞ미니라 [훈언 1-4]

(가) 예문 (A)에서 용언과 서술격 조사를 고르고, 이들을 <예시>와 같이 어간 부분과 어미 부분으로 분석하시오. (단, 어간은 기본 형태로 쓰고, 어미는 변동된 대로 적을 것. 그리고 시제를 표현하는 어미의 무형의 형태소는 표기하지 말 것.)

<예시> [밥을 <u>먹었다</u>] · 먹었다 : 먹(어간)- + -었다(어미)

(나) 어미 부분을 어말 어미와 선어말 어미로 구분하시오. (단, '선어말 어미'는 '선어말'로, 어말 어미는 '어말'로 쓸 것.)

<예시> [밥을 먹었다] 먹었다 : -었(선어말)- + -다(어말)

2. 15세기 국어에서 쓰인 '동사, 형용사, 서술격 조사, 아니다'의 활용 형태에서 나타나는 차이와 관련하여, 글 (A)의 빈칸에 들어갈 말을 쓰시오.

[보기 2]

(A) '동사, 형용사, 서술격 조사, 아니다'는 활용하는 형태에서 차이가 난다. 첫째로 동사의 어간에는 선어말 어미인 ㉠'(　　　)'이/가 실현될 수 있으나, '형용사, 서술격 조사, 아니다'의 어간에는 선어말 어미인 ㉠가 실현될 수가 없다. 둘째로 동사와 일반적인 형용사의 어간에는 평서형 종결 어미의 형태로서 ㉡'(　　　)'이/가 실현된다. 반면에 서술격 조사와 '아니다'의 어간에는 평서형 종결 어미의 형태로 ㉢'(　　　)'이/가 실현된다. 서술격 조사와 '아니다'가 활용할 때에 나타나는 이러한 활용상의 공통점을 감안하여, 일부 학자들은 서술격 조사'와 '아니다'를 아울러서 ㉮(　　　)의 품사를 설정하기도 한다.

3. 예문 (A)에 제시된 ⓐ~ⓕ의 빈칸에 서술격 조사인 '-이-'의 뒤에 실현될 어미의 형태를 쓰시오. (단, 기본 형태에서 변동된 형태를 쓸 것.).

[보기 3]

(A) ㄱ. 긔 ⓐ사ᄅᆞ미(　　)니 ←(-거- : 주관적 믿음 표현의 선어말 어미)
ㄴ. 긔 ⓑ사ᄅᆞ미(　　)니 ←(-더- : 회상의 선어말 어미)
ㄷ. 긔 ⓒ사ᄅᆞ미(　　) ←(-고 : 연결 어미)
ㄹ. 긔 ⓓ사ᄅᆞ미(　　) ←(-오ᄃᆡ : 연결 어미)
ㅁ. 긔 ⓔ사ᄅᆞ미(　　) ←(-옴 : 명사형 전성 어미)
ㅂ. 긔 ⓕ사ᄅᆞ미(　　) ←(-아ᅀᅡ : 연결 어미와 보조사의 결합형)

4. 15세기 국어에서 쓰인 동사의 활용 양상과 관련하여, 글 (B)의 빈칸에 들어갈 말을 쓰시오. (단, 용언의 활용 형태로 적되, 시제는 과거 시제로 표현할 것.)

[보기 4]

(A) ㄱ. 衆生이 福이 ⓐ(　　　) [석상 23:28]
ㄴ. 셜ᄫᅳ셔 衆生이 正ᄒᆞᆫ 길ᄒᆞᆯ ⓑ(　　　) [석상 23:19]

(B) ⓐ의 빈칸에는 서술어로 '다ᄋᆞ다(盡)'가 실현되고, ⓑ의 빈칸에는 서술어로 '잃다(失)'가 실현된다. 만일 이들 용언의 어간에 각각 '주관적 믿음 표현'의 선어말 어미를 실현한다면, ⓐ의 '다ᄋᆞ다'는 ㉠'(　　　)'의 형태로 되었고 ⓑ의 '잃다'는 ㉡'(　　　)'의 형태로 되었다.

5. 15세기 국어에 쓰인 동사의 하위 유형과 관련하여, (가)와 (나)의 물음에 답하시오.

[보기 5]

(A) ㄱ. 天上애 구룸 ⓐ<u>흐터ᅀᅡ</u> ᄃᆞᆯ 나ᄐᆞᆺ ᄒᆞ며 [원언 상 1-1:56]
ㄴ. 번게 구루믈 ⓑ<u>흐터</u> ᄒᆞ야ᄇᆞ릴 씨라 [월석 10:81]

(B) 예문 (A)에 실현된 동사인 '흗다'의 의미와 통사적인 특성을 감안하면, ⓐ의 '흐터ᅀᅡ'는 ㉠(　　　)이며, ⓑ의 '허터'는 ㉡(　　　)이다. 이러한 의미·통사적 특징을 볼 때에, 15세기 국어에서 쓰인 동사 '흗다'는 ㉢(　　　)(으)로 처리된다.

(가) 예문 (A)에서 밑줄 그은 동사의 뜻을 현대어로 직역하여 옮기시오.

ⓐ 흐터ᅀᅡ : (　　　　　　　　)　　　ⓑ 흐터 : (　　　　　　　　)

(나) 글 (B)에 제시된 ㉠~㉢의 빈칸에, 동사의 하위 유형을 통사적인 특징을 기준으로 구분한 명칭을 쓰시오.

6. 15세기 국어에 실현된 용언의 특성과 관련하여, (가)와 (나)의 물음에 답하시오.

[보기 6]

(A) ㄱ. 됴ᄒᆞᆫ 고지 해 대예 ⓐ <u>비취옛고</u> [용가 42장]
ㄴ. 그 사ᄅᆞᆷᄃᆞᆯ히 곧 둡게를 ⓑ <u>닫ᄌᆞᄫᆞ니라</u> [석상 23:23]
ㄷ. 허리 ⓒ <u>것구메</u> ᄡᅳᆯ 器具ㅣ 아니로다 [두언 21:39]
ㄹ. 재 ᄂᆞ려 (衆賊을) 티샤 두 갈히 ⓓ 것<u>그니</u> [용가 36장]
ㅁ. 하ᄂᆞᆯ홀 비취며 ᄯᅡ홀 ⓔ <u>비취여</u> 萬像ᄋᆞᆯ 머구므니 [금삼 2:45]
ㅂ. 山門이 萬里예 ⓕ <u>다댓도다</u> [두언 22:33]

(가) ⓐ~ⓕ에 실현된 용언의 기본형을 쓰고, 그 기본형의 뜻을 현대어로 쓰시오.

ⓐ (　　　), (　　　)　　ⓑ (　　　), (　　　)
ⓒ (　　　), (　　　)　　ⓓ (　　　), (　　　)
ⓔ (　　　), (　　　)　　ⓕ (　　　), (　　　)

(나) ⓐ~ⓕ에 실현된 용언을 자동사와 타동사로 구분하여, ①과 ②의 빈칸에 ⓐ~ⓕ를 쓰시오.

① 자동사 : (　　　　　　　　)　② 타동사 : (　　　　　　　　)

7. 15세기 국어에 나타난 형용사의 하위 유형과 관련하여, (가)와 (나)의 물음에 답하시오.

[보기 7]

(A) 그러ᄒᆞ다, 다ᄅᆞ다, 뎌러ᄒᆞ다, 모딜다, 븕다, 아ᄆᆞ라ᄒᆞ다, 알ᄑᆞ다, 엇더ᄒᆞ다, 이러ᄒᆞ다

(B) 형용사는 크게 '성상 형용사'와 '지시 형용사'로 나뉜다. 첫째, '성상 형용

사'는 ㉠감각, ㉡평가, ㉢비교, ㉣심리 등을 나타내는 형용사이다. 둘째 '지시 형용사'는 그 기능에 따라서 다시 ㉮근칭, ㉯중칭, ㉰원칭의 지시 형용사와 ㉱미지칭의 지시 형용사, ㉲부정칭의 지시 형용사로 분류된다.

(가) 성상 형용사의 하위 유형과 관련하여, ㉠~㉣의 뜻을 나타내는 형용사를 예시 (A)에서 찾아 쓰시오.

㉠ (　　　) ㉡ (　　　) ㉢ (　　　) ㉣ (　　　)

(나) 지시 형용사의 하위 유형과 관련하여, ㉮~㉲에 해당하는 형용사를 (A)에서 각각 찾아서 쓰시오.

㉮ (　　　) ㉯ (　　　) ㉰ (　　　) ㉱ (　　　)
㉲ (　　　)

8. 15세기 용언의 형태와 관련하여, 글 (A)의 빈칸에 용언 어간의 형태를 쓰시오. (단, 용언의 기본형을 쓸 것.)

[보기 8]

(A) 현대 국어에서 '존재'를 나타내는 용언 어간인 '있다(在, 有)'는 15세기 국어에서는 ㉠'(　　　)'와/과 ㉡'(　　　)'의 두 가지 형태로 교체되었다. 곧, 매개 모음을 포함하여 모음으로 시작하는 어미 앞에서는 ㉠의 형태로 실현되었고, 자음으로 시작하는 어미 앞에서는 ㉡의 형태로 실현되었다.

9. 15세기 국어에서 실현된 용언 형태와 관련하여, 글 (A)의 빈칸에 들어갈 말을 쓰시오. (단, 용언의 기본형을 쓸 것.)

[보기 9]

(A) 현대 국어에 쓰이는 '이르다(至)'의 형태는 15세기 국어에서는 ㉠'(　　　)'와/과 ㉡'(　　　)'의 두 가지 형태를 취하였다. 그런데 15세기 국어에서는 이들 두 형태 중에서 ㉠의 형태가 더 많이 쓰였다. 그러나 근대 국어 시기인 17세기 이후로는 ㉡의 형태가 더 많이 쓰였는데, ㉠의 형태는 모음 어미인 '-어' 앞에서만 실현되었다.

10. 15세기 국어에 쓰인 보조 동사가 실현되는 양상와 관련하여, 글 (A)의 빈칸에 들어갈 말을 쓰시오. (단, 하나의 보조적 연결 어미가 둘 이상의 변이 형태로 실현될 때에는, 그 중에서 하나의 형태만 쓸 것.)

[보기 10]

(A) 15세기 국어의 보조 동사는 일반적으로 보조적 연결 어미를 매개로 하여 본용언에 이어진다. 이처럼 본용언과 보조 동사를 이어 주는 보조적 연결 어미는 긍정문에는 ㉠ '(   )', ㉡ '(   )', ㉢ '(   )'이/가 쓰였다. 반면에 부정문에 쓰인 보조 용언인 '아니ᄒᆞ다'나 '말다'는 보조적 연결 어미인 ㉮ '(   )'(이)나 ㉯ '(   )'의 뒤에 실현되었다. 다만, 보조 용언 가운데에서 ① '(   )'만은 예외적으로 여러 종류의 연결 어미에 두루 실현될 수도 있었고, 조사 다음에도 실현될 수가 있었다.

11. 15세기 국어에 쓰인 '보조 용언'과 관련하여, (가)와 (나)의 물음에 답하시오.

[보기 11]

(A) 나랏 말ᄊᆞ미 中國에 달아 文字와로 서르 ᄉᆞᄆᆞᆺ디 아니ᄒᆞᆯᄊᆡ 이런 젼ᄎᆞ로 어린 百姓이 니르고져 홇 배 이셔도 ᄆᆞᄎᆞᆷ내 제 ᄠᅳ들 시러 펴디 몯홇 노미 하니라 내 이ᄅᆞᆯ 爲ᄒᆞ야 어엿비 너겨 새로 스믈여듧 字ᄅᆞᆯ ᄆᆡᇰᄀᆞ노니 사ᄅᆞᆷ마다 ᄒᆡᅇᅧ 수ᄫᅵ 니겨 날로 ᄡᅮ메 便安킈 ᄒᆞ고져 홇 ᄯᆞᄅᆞ미니라 [훈언 서]

(가) 예문 (A)에 실현된 '보조 용언'을 찾아서 모두 쓰시오.

(나) 예문 (A)에 실현된 보조 용언을 '보조 동사'와 '보조 형용사'로 각각 구분하시오.

① 보조 동사:

② 보조 형용사:

12. 예문 (A)에 실현된 ⓐ와 ⓑ의 짜임새를 (B)에서 제시한 <예시>의 방법으로 분석하시오. (단, 어간은 기본 형태로 제시하고, 어미 부분에 실현된 개별 어미는 변동된 형태로 제시할 것.)

[보기 12]

(A) ㄱ. 須達이 ⓐ <u>病ᄒᆞ얫거늘</u> 부톄 가아 보시고 [석상 6:44]

ㄴ. 南녁 ᄀᆞᄅᆞᄆᆞᆫ 집 東녀긔 ⓑ <u>둘엣ᄂᆞ니라</u> [두언 19:9]

(B) <예시>: ᄃᆞᆯᄀᆡ 소리 서르 들여 ᄒᆞᆫ ᄀᆞᅀᆡ <u>니ᅀᅥᆺ고</u> [월석 1:46]

[분석] : 닛(어간)- + -어(어미) # 잇(어간)- + -고(어미 부분)

ⓐ [ ]

ⓑ [ ]

13. 15세기 국어에서 본용언과 보조 용언이 연결되는 방식과 관련하여, 글 (B)의 빈칸에 들어갈 말(형태)를 쓰시오. (단, ㉠과 ㉡에는 용언의 기본 형태를 쓰고, ㉮에는 탈락한 음절을 쓸 것.)

[보기 13]

(A) 조개 비예 ᄆᆞᆯᄀᆞᆫ 구스리 ⓐ <u>수머시며</u> [금삼 2:56]

(B) 예문 (A)에서 ⓐ의 '수머시며'는 본용언과 보조 용언이 축약된 형태이다. 곧, '수머시며'는 본용언인 ㉠ '( )'와/과 보조 용언인 ㉡ '( )'이/가 축약된 형태이다. 그리고 '수머시며'는 본용언과 보조 용언이 결합하여 축약되는 과정에서, 보조 용언의 형태 중에서 ㉮ (/ /)의 음절이 탈락한 것이 특징이다.

14. 15세기 국어에서 본용언과 보조 용언이 연결되는 방식과 관련하여, 글 (B)의 빈칸에 들어갈 말을 쓰시오. (단, ㉠과 ㉡에는 용언의 기본 형태를 쓰고, ㉮에는 연결 어미의 형태를 쓸 것.)

[보기 14]

(A) 내 ᄒᆞᆫ 法을 ⓐ <u>뒷노니</u> 너희ᄃᆞᆯ히 能히 ᄀᆞ초 行ᄒᆞ면 [월석 10:69]

(B) 예문 (A)에 제시된 ⓐ의 '뒷노니'는 본용언과 보조 용언이 축약된 형태이다. 곧 '뒷노니'는 본용언인 ㉠ '(　　　)'의 어간에 보조 용언인 ㉡ '(　　　)'의 활용형이 실현된 형태이다. 그런데 '뒷노니'는 본용언과 보조 용언이 이어지는 과정에서 연결 어미인 ㉮ '(　　　)'이/가 탈락한 것이 특징이다.

15. 글 (B)는 15세기 국어에서 본용언인 '두다'와 보조 용언인 '잇다'가 축약되어서 하나의 어절로 되는 과정을 설명한 것이다. 글 (B)의 빈칸에 들어갈 어형을 쓰시오. (단, ㉠에는 본용언과 보조 용언의 원래 형태를 쓰고, ㉡에는 본용언과 보조 용언이 축약된 형태를 쓸 것.)

[보기 15]

(A) 先生의 ⓐ 둣논 道理ᄂᆞᆫ 羲皇ㅅ 우희 나고　　　[두언 15:37]

(B) ⓐ의 '둣논'이 축약되는 과정은, 다음과 같은 세 가지의 단계를 설정할 수 있다.

㉠ (　　　　) ＞ ㉡ (　　　　) ＞ 둣논

16. 15세기 국어에서 본용언과 보조 용언이 실현되는 양상과 관련하여, 글 (B)와 (C)의 빈칸에 들어갈 형태소를 쓰시오. (단, 기본 형태로 쓰되, 각 형태소의 자립성 여부에 대한 표기는 하지 말 것.)

[보기 16]

(A) 衆生과 부텨왜 ᄒᆞᆫ가지로 ⓐ 두쇼ᄃᆡ　　　[능언 1:97]

(B) 두- + ㉠ -(　　　) # ㉡ (　　　)- + -오ᄃᆡ

(C) 예문 (A)에 실현된 '두쇼ᄃᆡ'는 본용언에 보조 용언의 연결형이 결합한 다음에 다시 두 어절이 한 어절로 축약된 형태이다. '두쇼ᄃᆡ'를 축약이 일어나기 전의 본용언과 보조 용언의 형태 단위로 분석하면, 위의 (B)와 같이 된다. 결과적으로 보면 ⓐ는 본용언과 보조 용언이 결합하는 과정에서 연결 어미인 ㉮ '(　　　)'이/가 탈락한 것이다.

17. '-아/-어/-야 잇다'의 변천 과정과 관련하여, (B)에 제시된 ⓐ~ⓓ의 빈칸에 들어갈 용언의 형태를 쓰시오.

[보기 17]

(A) 15세기 국어의 '-아/-어/-야 잇다'가 통시적으로 변천하여, 현대 국어에서 선어말 어미인 '-았-, -었-, -였-'의 형태로 변하는 과정을 보이면 다음과 같다.

(B) ㄱ. ᄆᆞᆯ라 잇다 > ⓐ(　　　) > ᄆᆞᆯ랏다 > 말랐다
ㄴ. 머거 잇다 > 머겟다 > ⓑ(　　　) > 먹었다
ㄷ. 뷔여 잇다 > ⓒ(　　　) > 뷔엿다 > 뷔었다
ㄷ. ᄒᆞ야 잇다 > ᄒᆞ얫다 > ⓓ(　　　) > 하였다

18. 예문 (A)에서 밑줄 그은 용언을 어간과 어미의 부분으로 분석하고, 용언의 어간이 변동된 조건과 그 결과를 설명하시오. (단, (B)의 <예시>에 제시된 방법을 참조하되, 어간은 기본 형태로 쓸 것.)

[보기 18]

(A) ㄱ. 고기 낫ᄀᆞᆯ 낙ᄉᆞᆯ ⓐ<u>밍ᄀᆞᄂᆞ다</u> [두언 7:4]
ㄴ. 나랏 말ᄊᆞ미 中國에 ⓑ<u>달아</u> [훈언 1]
ㄷ. ⓒ<u>업던</u> 번게를 하ᄂᆞᆯ히 ᄇᆞᆯ기시니 [용가 30장]
ㄹ. 夫人이… ᄀᆞ장 ⓓ<u>비ᇫ어</u> 됴ᄒᆞᆫ 양 ᄒᆞ고 [월석 2:5]
ㅁ. 슬후미 ⓔ<u>넏디</u> 아니ᄒᆞ니 [두언 6:29]
ㅂ. 方面을 ⓕ<u>몰라</u> 보시고 [용가 85장]
ㅅ. ᄒᆞᆯᄀᆞᆯ ⓖ<u>파</u> 가져 [월석 1:7]
ㅇ. 새 밍ᄀᆞ논 글워레 고텨 다시 ⓗ<u>더어</u> [월석 서:19]

(B) <예시> 철수가 사과를 <u>멍는다</u> [현대어 예문]
[분석]: 먹(어간)- + -는다(어미)
[설명]: /ㄱ/으로 끝나는 용언의 어간에 비음으로 시작하는 어미가 붙어서 활용하면, 어간의 끝소리인 /ㄱ/이 /ㅇ/으로 바뀐다.

ⓐ [분석]:

[설명]:

ⓑ [분석] :

[설명] :

ⓒ [분석] :

[설명] :

ⓓ [분석] :

[설명] :

ⓔ [분석] :

[설명] :

ⓕ [분석] :

[설명] :

ⓖ [분석] :

[설명] :

ⓗ [분석] :

[설명] :

19. 예문 (A)에서 밑줄 그은 용언을 어간과 어미의 부분으로 분석하고, 용언의 어간이 변동된 조건과 그 결과를 설명하시오. (단, (B)의 <예시>에 제시된 방법을 참조하되, 어간의 형태는 기본 형태로 쓸 것.)

[보기 19]

(A) ㄱ. 甁의 무를 ⓐ기러 두고ᅀᅡ 가리라 [월석 7:9]
ㄴ. 부텻 알ᄑᆡ ⓑ나ᅀᅡ 드르샤 [석상 11:17]

ㄷ. 셔ᄫᅳᆯ 賊臣이 ⓒ잇고 ᄒᆞᆫ 부니 天命이실씨 [용가 37장]
ㄹ. 아마도 福이 조ᄉᆞᄅᆞᄫᆡ니 아니 ⓓ심거 몯 ᄒᆞᆯ 꺼시라 [석상 6:37]
ㅁ. 어셔 도라 ⓔ니거라 [월석 8:101]
ㅂ. 太子ㅣ 性 ⓕ고ᄫᆞ샤 [월석 21:211]
ㅅ. 쳥 믈 든 뵈 ⓖᄌᆞᆷ가 우러난 즙 서 되를 머그라 [구간 6:36]

(B) <예시> 영희가 부엌에서 밥을 지었다. [현대어 예문]
[분석] : 짓(어간)- + -었다(어미)
[설명] : /ㅅ/으로 끝나는 일부 용언의 어간에 모음으로 시작하는 어미가 붙어서 활용하면, 어간의 끝소리인 /ㅅ/이 불규칙하게 탈락한다.

ⓐ [분석] :

[설명] :

ⓑ [분석] :

[설명] :

ⓒ [분석] :

[설명] :

ⓓ [분석] :

[설명] :

ⓔ [분석] :

[설명] :

ⓕ [분석] :

[설명] :

ⓖ [분석] :

[설명] :

20. 예문 (A)에 실현된 용언이나 서술격 조사가 활용한 형태와 관련하여, (가)와 (나)의 물음에 답하시오.

[보기 20]

(A)	ㄱ. 녜 업던 ⓐ이리로다	[월석 1:14]
	ㄴ. 子ᄂᆞᆫ ⓑ아ᄃᆞ리오 孫ᄋᆞᆫ 孫子ㅣ니	[월석 1:7]
	ㄷ. 道理 ⓒᄒᆞᆫ가지론 고ᄃᆞᆯ 니르시니라	[석상 13:50]
	ㄹ. 내 니마해 불론 香이 몯 믈랫거든 도로 ⓓ오나라	[월석 7:7]
	ㅁ. 내 네 ⓔ어미로니 오래 어드ᄫᅳᆫ ᄃᆡ 잇다니	[월석 21:55]
	ㅂ. 사ᄅᆞᄆᆡ 목수미 흐를 믈 ⓕᄀᆞᆮᄒᆞ야 머므디 몯ᄒᆞᄂᆞᆺ다	[석상 3:17]

(가) 예문 (A)의 ⓐ~ⓕ에 제시된 용언이나 서술격 조사의 활용 형태를 분석하여, ㉠~㉥의 빈칸에 어미의 형태를 기본 형태로 쓰시오.

ⓐ 이리로다 : 일 + -이- + ㉠-(　　　　)- + -다

ⓑ 아ᄃᆞ리오 : 아ᄃᆞᆯ + -이- + ㉡-(　　　　)

ⓒ ᄒᆞᆫ가지론 : ᄒᆞᆫ가지 + -이- + ㉢-(　　　　)- + -ㄴ

ⓓ 오나라 : 오- + ㉣-(　　　　)- + -라

ⓔ 어미로니 : 어미 + -이- + ㉤-(　　　　)- + -니

ⓕ ᄀᆞᆮᄒᆞ야 : ᄀᆞᆮᄒᆞ- + ㉥-(　　　　)

(나) '문제 (가)'에 제시된 ㉠~㉥의 빈칸에 들어가는 어미의 문법적 명칭을 쓰시오. (단, 고등학교 문법(2010)에서 설정한 용어로 쓸 것.)

㉠ (　　　　　　　　) ㉡ (　　　　　　　　)

㉢ (　　　　　　　　) ㉣ (　　　　　　　　)

㉤ (　　　　　　　　) ㉥ (　　　　　　　　)

21. 15세기 국어의 용언이 활용하는 양상과 관련하여, (가)와 (나)의 물음에 답하시오.

[보기 21]

(A) 이 소리ᄂᆞᆫ … 혓 그티 웃닛머리예 ⓐ다ᄂᆞ니라 [훈언 15]

(B) 다ᄂᆞ니라 : ㉠(　　　)- + ㉡-(　　　)- + ㉢-(　　　)- + ㉣-(　　　)

(가) 예문 (A)의 ⓐ에 제시된 '다ᄂᆞ니라'를 형태소 단위로 분석하여, 그 결과를 (B)의 빈칸에 쓰시오. (단, 각 형태소를 기본 형태로 쓸 것.)

(나) 글 (B)에서 ㉠의 어간과 ㉡의 선어말 어미가 결합하는 과정에서 일어난 변동 현상의 명칭을 두 가지로 쓰시오. (단, 현대 음운론에서 쓰는 용어를 쓰되, 변동 현상이 적용된 차례로 쓸 것.)

㉮(　　　　　　　　)　　㉯(　　　　　　　　)

22. 글 (A)에 제시된 <조건>과 <분석>의 방법에 따라서, 예문 (B)에서 밑줄 친 용언이나 서술격 조사를 어간과 어미의 형태로 분석하시오.

[보기 22]

(A) <예시> 世尊하 듣ᄌᆞᆸ고져 願樂ᄒᆞᄉᆞᆸᄂᆞ이다 [금언 13]

[조건] · 선어말 어미는 '-a-'로, 어말 어미는 '-a'로 표시할 것

· 현재와 과거 시제의 무형의 선어말 어미는 '-Ø-'로 표시할 것.

· 어간과 어미의 변이 형태는 변동된 대로 분석할 것.

[분석] · 듣(어간)- + -ᄌᆞᆸ- + -고져

· 願樂ᄒᆞ(어간)- + -ᄉᆞᆸ- + -ᄂᆞ- + -오- + -이- + -다

(B) ㄱ. 功德이 ⓐ이러 ᄃᆞᆼ다이 부톄 ⓑᄃᆞ외리러라 [석상 19:34]

ㄴ. 나라 ⓐ니ᅀᅳ리ᄅᆞᆯ ⓑ긋게 ⓒᄒᆞ시ᄂᆞ니 ⓓ엇더ᄒᆞ니잇고 [석상 6:7]

ㄷ. 내 이제 大衆과 ⓐ여희노라 [월석 21:217]

ㄹ. 내 이제 ⓐ엇데ᄒᆞ야ᅀᅡ 地獄 ⓑ잇ᄂᆞᆫ ᄯᅡ해 ⓒ가리잇고 [월석 21:25]

ㅁ. 네 ⓐ信ᄒᆞᄂᆞᆫ다 [석상 9:26]

ㅂ. 사ᄅᆞ미 ⓐ살면 주그미 ⓑ이실ᄊᆡ 모로매 ⓒ늙ᄂᆞ니라 [석상 11:36]

ㅅ. 世尊ㅅ 일 ⓐᄉᆞᆯ보리니 … 눈에 ⓑ보논가 ⓒ너기ᅀᆞᄫᆞ쇼셔 [월석 1:1]

ㅇ. 셜ᄫᅳᆯ쎠 衆生이 ⓐ正ᄒᆞᆫ 길ᄒᆞᆯ ⓑ일허다 [석상 23:19]

ㅈ. 須達ᄋᆡ ⓐ<u>지ᅀᅮᆫ</u> 精舍마다 ⓑ<u>드르시며</u> [석상 6:38]
ㅊ. 天龍鬼神ᄋᆞᆯ 네 數를 ⓐ<u>알리로소니여</u> [석상 11:4]
ㅋ. 正覺 ⓐ<u>일우샤ᄆᆞᆯ</u> ⓑ<u>뵈샤</u> [월석 서:6]
ㅌ. 德이여 ⓐ福<u>이라</u> ⓑ<u>호ᄂᆞᆯ</u> ⓒ<u>나ᅀᆞ라</u> ⓓ<u>오소이다</u> [악궤 동동]

(ㄱ) ⓐ[ ] ⓑ[ ]

(ㄴ) ⓐ[ ] ⓑ[ ]
ⓒ[ ] ⓓ[ ]

(ㄷ) ⓐ[ ]

(ㄹ) ⓐ[ ] ⓑ[ ]
ⓒ[ ]

(ㅁ) ⓐ[ ]

(ㅂ) ⓐ[ ] ⓑ[ ]
ⓒ[ ]

(ㅅ) ⓐ[ ] ⓑ[ ]
ⓒ[ ]

(ㅇ) ⓐ[ ] ⓑ[ ]
ⓒ[ ]

(ㅈ) ⓐ[ ] ⓑ[ ]

(ㅊ) ⓐ[ ]

(ㅋ) ⓐ[ ] ⓑ[ ]

(ㅌ) ⓐ[ ] ⓑ[ ]
ⓒ[ ] ⓓ[ ]

23. 15세기 국어에 실현되었던 상대 높임의 선어말 어미가 실현되는 양상과 관련하여, 글 (A)의 빈칸에 들어갈 말을 쓰시오. (단, 높임의 등분에 따른 상대 높임 선어말

어미의 형태를 쓸 것.)

[보기 23]

(A) 상대 높임의 선어말 어미는 말을 듣는 '상대(相對)'를 높여서 표현하는 선어말 어미이다. 상대 높임의 선어말 어미는 아주 높임의 등분과 문장의 종결 방식에 따라서 여러 가지의 형태로 실현된다. 첫째, 아주 높임의 등분으로 쓰이는 것으로 ㉠'(　　　)'은/는 평서형 종결 어미인 '-다'의 앞에서, ㉡'(　　　)'은/는 의문형 어미인 '-가, -고'의 앞에서 쓰이는 상대 높임의 선어말 어미이다. 둘째, 예사 높임의 등분으로서 ㉢'(　　　)'은/는 평서형 어미인 '-다'의 앞에서, ㉣'(　　　)'은/는 의문형 어미인 '-가'의 앞에서 쓰이는 상대 높임의 선어말 어미이다.

24. 다음에 제시한 글 (A)와 (B)의 내용를 참조하여, (가)와 (나)의 물음에 답하시오.

[보기 24]

(A) '객체 높임의 선어말 어미'는 문장에서 목적어나 부사어로 표현되는 대상인 '객체(客體)'를 높이는데, '-ᅀᆞᆸ-/-ᄌᆞᆸ-/-ᅀᆞᆸ-'이나 '-ᅀᆞᄫᆞ-, -ᄌᆞᄫᆞ-, -ᅀᆞᄫᆞ-'의 여러 가지의 형태로 실현된다.

(B) <예시> 놓(置)- + -ᅀᆞᆸ- + -ᄋᆞ니 → 노ᅀᆞᄫᆞ니

어간	객체 높임의 선어말 어미	어미		어간과 어미가 결합된 형태
ᄀᆞ초(備)-	㉠(　　　)	-아	→	㉮(　　　)
놓(置)-	㉡(　　　)	-고	→	㉯(　　　)
돕(助)-	㉢(　　　)	-ᄋᆞ니	→	㉰(　　　)
막(障)-	㉣(　　　)	-거늘	→	㉱(　　　)
삼(爲)-	㉤(　　　)	-오리라	→	㉲(　　　)
좇(從)-	㉥(　　　)	-고져	→	㉳(　　　)
빗(梳)-	㉦(　　　)	-더니	→	㉴(　　　)

(가) (B)의 <예시>를 참조하여, ㉠~㉦의 빈칸에 들어갈 '객체 높임의 선어말 어미'의 형태를 쓰시오.(단, '-ᅀᆞᆸ-, -ᄌᆞᆸ-, -ᅀᆞᆸ- ; -ᅀᆞᄫᆞ-, -ᄌᆞᄫᆞ-, -ᅀᆞᄫᆞ-'으로 쓸 것.)

(나) (B)의 <예시>를 참조하여, ㉮~㉳의 빈칸에 들어갈 용언의 활용 형태를 각각 쓰시오. (단, 종성은 8종성법에 따라서 표기할 것.)

25. 15세기 국어에서 주체 높임의 선어말 어미의 형태가 실현되는 양상과 관련하여, 글 (B)에 제시된 ㉠~㉣의 빈칸에 들어갈 용언의 형태를 쓰시오.

[보기 25]

(A) '주체 높임의 선어말 어미'는 문장에서 주어로 실현되는 대상인 '주체(主體)'를 높여서 표현하는 선어말 어미이다.

<예시> 듣(聞)- + -으시- + -아 : (드르샤)

(B) ㄱ. 가- + -시- + -옴 : ㉠( )
ㄴ. 오- + -시- + -오ᄃᆡ : ㉡( )
ㄷ. 믿- + -으시- + -옷- + -다 : ㉢( )
ㄹ. 定ᄒᆞ- + -시- + -오- + -ㄴ : ㉣( )

26. 글 (A)의 내용을 참조하여, (B)의 ⓐ~ⓔ에서 '현재 시제'를 표현하는 선어말 어미의 형태를 추출하여서 쓰시오. (단, 형태가 있는 현재 시제의 선어말 어미는 기본 형태로 쓰고, 무형(無形)의 선어말 어미는 '-Ø-'로 쓸 것.)

[보기 26]

(A) 시간을 표현하는 선어말 어미로는 '-ᄂᆞ-, -으리- ; -더-' 등이 있으며, 형태가 없이 쓰이는 무형의 선어말 어미인 '-Ø-'도 현재나 과거의 시제를 표현할 수 있다.

(B) ㄱ. 나ᄂᆞᆫ 부텻 ⓐ ᄉᆞ랑ᄒᆞ시ᄂᆞᆫ 아ᇫ이라 [능언 1:88]
ㄴ. 眞金은 진딧 ⓑ 金이라 [월석 7:29]
ㄷ. 너도 ᄯᅩ 이 ⓒ ᄀᆞᆮᄒᆞ다 [능언 2:23]
ㄹ. 내 이제 大衆과 ⓓ 여희노라 [월석 21:217]
ㅁ. 하ᄂᆞᆯ 우흿 ᄠᅳᆫ 구루미 … ⓔ 프른 가히 ᄀᆞᆮ도다 [두언 25:9]

ⓐ( ) ⓑ( ) ⓒ( ) ⓓ( ) ⓔ( )

27. 예문 (A)에 실현된 ⓐ~ⓒ에서 과거 시제를 표현하는 선어말 어미의 형태를 추출하여서 쓰시오. (단, 형태가 있는 과거 시제의 선어말 어미는 기본 형태로 쓰고, 무형(無形)의 선어말 어미는 '-Ø-'로 쓸 것.)

[보기 27]

(A) ㄱ. 이 ᄢᅴ 아ᄃᆞᆯ돌히 아비 ⓐ죽다 듣고 [월석 17:21]
ㄴ. 舍利佛이 須達ᄋᆡ ⓑ밍ᄀᆞ론 座애 올아 앉거늘 [석상 6:30]
ㄷ. 六師ᄋᆡ 무리 ⓒ三億萬이러라 [석상 6:28]

ⓐ (　　　　) ⓑ (　　　　) ⓒ (　　　　)

28. 예문 (A)의 ⓐ에 실현된 어미의 형태와 관련하여, 글 (B)의 빈칸에 들어갈 형태를 쓰시오. (단, ㉠과 ㉢은 기본 형태로 쓰고, ㉡은 변동된 형태로 쓸 것.)

[보기 28]

(A) 내 지븨 이슗 저긔 受苦ㅣ ⓐ만타라 [월석 23:74]

(B) ⓐ의 '만타라'는 어간인 ㉠(　　　　)에 선어말 어미인 ㉡(　　　　)와/과 평서형의 종결 어미인 '-라'가 붙어서 활용한 형태이다. 여기서 ㉡의 선어말 어미는 선어말 어미인 ㉢(　　　　)이/가 주어가 화자일 때에 실현된 형태론적 변이 형태로 처리할 수 있다.

29. 예문 (A)에 설정한 ⓐ~ⓓ의 빈칸에, 15세기 국어에서 쓰였던 '회상'의 선어말 어미가 실현된 형태를 쓰시오.

[보기 29]

(A) ㄱ. 우리도 沙羅樹大王ㅅ ⓐ夫人ᄃᆞᆯ히(　　)니 [월석 8:100]
ㄴ. 長利 노호미 數 ⓑ모ᄅᆞ리(　　)라 [월석 23:72]
ㄷ. 우리ᄂᆞᆫ 眞實ㅅ 佛子ㅣᆫ ᄃᆞᆯ ⓒ모ᄅᆞ(　　)이다 [월석 13:35]
ㄹ. ᄠᅳ데 몯 마ᄌᆞᆫ 이리 다 願 ᄀᆞ티 ⓓᄃᆞ외(　　)라 [월석 10:30]

30. 글 (A)에 제시된 <예시>처럼, 예문 (B)의 빈칸에 '주관적 믿음 표현'의 선어말 어미가 활용한 형태를 넣으시오. (단, (B)의 각 문장에는 '주관적 믿음 표현의 선어말

어미'의 바로 뒤에 평서형의 종결형 어미인 '-다'가 실현된 것으로 본다.)

[보기 30]

(A) 주관적 믿음 표현의 선어말 어미는 심증(心證)과 같은 말하는 이의 주관적인 믿음에 근거하여, 어떠한 일을 확정적으로 판단함을 나타내는 선어말 어미이다. <예시>: 셜볼쎠 世界 (뷔다: **뷔어다**)

(B) ㄱ. 뎌 즁아 닐웨 ᄒᆞ마 (다ᄋᆞᆯ다: ⓐ) [석상 24:15]
ㄴ. 셜볼쎠 衆生이 正ᄒᆞᆫ 길ᄒᆞᆯ (잃다: ⓑ) [석상 23:19]
ㄷ. 모다 닐오ᄃᆡ 舍利佛이 (이긔다: ⓒ) [월석 6:31]
ㄹ. 오ᄂᆞᆯ 寶藏이 自然히 (오다: ⓓ) [월석 13:32]
ㅁ. 오ᄂᆞᆯ 이 寶藏이 自然히 (니를다: ⓔ) [법화 2:226]

31. 예문 (B)에서 ⓐ~ⓓ의 용언에 실현된 어미를 형태소 단위로 분석하여, (C)에 제시된 [표]의 빈칸에 쓰시오.(단, 글 (A)의 내용을 참조하고, '불연속 형태'는 하나의 형태의 음소를 분리하여 'a…b'로 표기할 것.)

[보기 31]

(A) 특정한 어미 속에 다른 형태소가 끼어들어서 어미의 형태가 분리되는 수가 있는데, 이러한 형태를 '불연속 형태(= 잘린 형태)'라고 한다.(허웅 1992:135)

(B) ㄱ. 나라 니ᅀᅳ리ᄅᆞᆯ 긋게 ᄒᆞ시ᄂᆞ니 ⓐ 엇더ᄒᆞ니잇고 [석상 6:7]
ㄴ. 夫人이 나모 아래 ⓑ 잇거시ᄂᆞᆯ 네 우므리 나니 [월석 2:42]
ㄷ. 엇뎨 부텨라 ⓒ ᄒᆞᄂᆞ닛가 [석상 6:16]
ㄹ. 王이 보ᄇᆡᄅᆞᆯ 얻고져 ⓓ ᄒᆞ거시든 [월석 10:15]

(C)

	어간	선어말 어미	어말 어미
ⓐ	엇더ᄒᆞ-	㉠-( )-	㉮-( )
ⓑ	잇-	㉡-( )-	㉯-( )
ⓒ	ᄒᆞ-	㉢-( )- ㉣-( )-	㉰-( )
ⓓ	ᄒᆞ-	㉤-( )-	㉱-( )

32. 예문 (B)에 실현된 ⓐ~ⓕ에서 어간의 형태와 '느낌 표현의 선어말 어미'의 형태를 분석하여 쓰시오. (단, 글 (A)의 내용과 <예시>의 분석 방법을 참조하되, 변동된 형태는 기본 형태로 적을 것.)

[보기 32]

(A) '느낌 표현'은 사태에 대한 화자의 '느낌'이나 '믿음'과 같은 정감을 나타내는 문법 범주이다.

<예시> 그디 가 들 찌비 ᄇᆞᆯ쎠 <u>이도다</u> (일-, -도-) [석상 6:35]

(B) ㄱ. 내 몬져 ⓐ<u>듣도소이다</u> [석상 24:18]
ㄴ. 天龍 八部ㅣ 과ᄒᆞ야 네 업던 ⓑ<u>이리로다</u> ᄒᆞ더니 [월석 1:14]
ㄷ. 天人世間애 ᄀᆞᆯᄫᆞ리 ⓒ<u>업스샷다</u> [석상 11:24]
ㄹ. 이 男子ㅣ 精誠이 至極ᄒᆞᆯᄊᆡ 보ᄇᆡᄅᆞᆯ 아니 ⓓ<u>앗기놋다</u> [월석 1:11]
ㅁ. 우리ᄃᆞᆯ토…供養ᄒᆞᅀᆞ보려 ᄒᆞ야 머리셔 ⓔ<u>오소이다</u> [석상 23:53]
ㅂ. 내 ᄒᆞ던 일이 甚히 ⓕ<u>외다ᄉᆞ이다</u> [석상 24:18]

ⓐ (   ), (   ) ⓑ (   ), (   )
ⓒ (   ), (   ) ⓓ (   ), (   )
ⓔ (   ), (   ) ⓕ (   ), (   )

33. 예문 (A)에서 밑줄 그은 'ᄒᆞ다소니'의 어미를 형태소 단위로 분석하고, 각 어미의 문법 단위에 대한 명칭을 쓰시오. (단, 변동된 형태는 기본 형태로 쓸 것.)

[보기 33]

(A) 부텨 니르시논 解脫ᄋᆞᆯ 우리도 得ᄒᆞ야 涅槃애 다ᄃᆞ론가 <u>ᄒᆞ다소니</u> [석상 13:43]

(B) ᄒᆞ- + -(ⓐ)- + -(ⓑ)- + -(ⓒ)- + -(ⓓ)

형태		문법적 단위의 명칭
ⓐ: ㉠-( )-	:	㉮( )
ⓑ: ㉡-( )-	:	㉯( )
ⓒ: ㉢-( )	:	㉰( )
ⓓ: ㉣-( )	:	㉱( )

34. 15세기 국어에서 표현되는 선어말 어미의 변이 형태와 관련하여, 글 (B)의 빈칸에 들어갈 선어말 어미의 형태를 쓰시오. (단, 변동된 형태는 기본 형태로 쓸 것.)

[보기 34]

(A) ㄱ. 父母하 出家ᄒᆞᆫ 利益을 이제 ᄒᆞ마 ⓐ 得과이다 [석상 9:39]

ㄴ. 우리ᄂᆞᆫ 眞實ㅅ 佛子ᅟᅵᆫ ᄃᆞᆯ ⓑ 모ᄅᆞ다이다 [월석 13:35]

(B) 문장에 표현된 주어가 화자인 경우에는 서술어로 쓰인 용언에 실현된 선어말 어미의 형태가 변동할 수가 있다. 예를 들어서 ⓐ의 '得과이다'에서는 선어말 어미인 ㉠ '(   )'이/가 '-과-'로 변동하였으며, ⓑ의 '모ᄅᆞ다이다'에서는 ㉡ (   )이/가 '-다-'로 변동하였다.

35. 15세기 국어에서 선어말 어미의 형태가 변동하는 현상과 관련하여, (가)~(다)의 물음에 답하시오.

[보기 35]

(A) 五百 弟子ㅣ 各各 ⓐ 第一이로라 일ᄏᆞᆮᄂᆞ니 [월석 21:199]

(가) ⓐ에 실현된 서술격 조사의 어미를 다음과 같이 분석할 때에, 아래의 ㉠과 ㉡의 빈칸에 들어갈 형태를 쓰시오. (단, 변동된 어미는 기본 형태로 쓰고, 시제 표현의 무형의 형태소는 분석하지 않는다.)

(분석) : 第一 + -이(어간)- + ㉠ -(   )- + ㉡ -(   )

(나) 위의 '문제 (가)'에서 ㉠의 빈칸에 들어갈 선어말 어미가 실현된 통사론적인 조건을 쓰시오. (단, 한 문장으로 기술할 것.)

(다) ㉠의 빈칸에 들어갈 선어말 어미가 기본 형태에서 변이 형태인 '-로-'로 변동한 통사론적인 조건을 기술하시오. (단, 한 문장으로 기술할 것.)

36. 예문 (A)에서 ⓐ의 '行ᄒᆞ가니'에 실현된 선어말 어미의 형태와 관련하여, (가)와 (나)의 물음에 답하시오.

[보기 36]

(A) 내 仁義禮智信을 아라 ⓐ 行ᄒᆞ가니 너를 恭敬호미 맛당티 아니ᄒᆞ니라 [금강 20-1]

(가) ⓐ의 '行ᄒᆞ가니'에 실현된 선어말 어미의 기본 형태를 쓰시오. (   )

(나) '行ᄒᆞ가니'에 실현된 선어말 어미의 기본 형태가 ⓐ의 형태로 변동하게 된 통사론적 조건을 기술하시오.

37. 예문 (A)에 제시된 문장에서 관형절과 중심어의 통사적인 관계를 고려하여서, '짓다(作)'와 '出家ᄒᆞ다'의 어간에 관형사형 어미 '-ㄴ'이 결합된 형태를 ⓐ와 ⓑ의 빈칸에 각각 쓰시오. (단, '-ㄴ'의 앞에 다른 문법 형태소가 실현될 수 있음.)

[보기 37]

(A) ㄱ. 沙門은 ᄂᆞᄆᆡ ⓐ (짓다:) 녀르믈 먹ᄂᆞ니이다 [석상 24:22]
ㄴ. ⓑ (出家ᄒᆞ다:) 사ᄅᆞᄆᆞᆫ 쇽히 ᄀᆞᆮ디 아니ᄒᆞ니 [석상 6:22]

38. 예문 (A)에서 ⓐ의 '長安이론'에 실현된 선어말 어미와 관련하여, (가)~(다)의 물음에 답하시오.

[보기 38]

(A) 바ᄅᆞ 北이 이 ⓐ 長安이론 고ᄃᆞᆯ 시름ᄒᆞ야 보노라 [두언 11:11]

(B) 長安이론: 長安 + -이(어간)- + ㉠ -(   )- + -ㄴ

(가) (B)에 설정된 ㉠의 빈칸에 들어갈 선어말 어미의 기본 형태를 쓰시오.

㉠ (   )

(나) ㉠의 빈칸에 들어갈 선어말 어미가 실현된 통사론적인 조건을 설명하시오.

(다) ㉠의 빈칸에 들어갈 선어말 어미의 기본 형태가 예문 (A)에서 ⓐ의 형태로 변동한 '형태론적 조건'을 설명하시오.

39. 예문 (A)에서 용언 ⓐ에 실현된 선어말 어미의 형태 및 기능과 관련하여, (가)~(다)의 물음에 답하시오.

[보기 39]

(A) 神力ᄋᆞ로 ⓐ밍ᄀᆞᄅᆞ샨 거시 밧 쳔량애 넘디 아니ᄒᆞ니 [월석 18:31]

(B) ① 밍ᄀᆞᄅᆞ샨: 밍ᄀᆞᆯ(어간)- + -(ᄋᆞ샤)- + -ㄴ
② 밍ᄀᆞᄅᆞ샨: 밍ᄀᆞᆯ(어간)- + ㉠-( )- + ㉡-( )- + -ㄴ

(가) 예문 (A)에서 동사 '밍ᄀᆞᄅᆞ샨'의 어미를 (B)의 ①처럼 분석했을 때에, '-ᄋᆞ샤-'가 담당하고 있는 두 가지의 문법적인 기능을 간략히 설명하시오.

(나) (B)에서는 ①의 '-ᄋᆞ샤-'가 나타내는 두 가지의 문법적인 기능에 근거하여, ②처럼 두 개의 어말 어미로 분석하였다. (B)의 ②에 설정한 ㉠과 ㉡의 빈칸에 들어갈 선어말 어미의 형태를 각각 쓰시오. (단, 기본 형태로 쓸 것.)

㉠( ) ㉡( )

(다) (B)의 ②에 설정한 ㉠과 ㉡의 빈칸에 들어갈 두 형태소가 합쳐져서 '-ᄋᆞ샤-'로 변동한 '형태 음소론적 과정'을 설명하시오.

40. 예문 (A)에서 용언 ⓐ에 실현된 선어말 어미의 형태 및 기능과 관련하여, (가)와 (나)의 물음에 답하시오.

[보기 40]

(A) 이 道士ㅣ 精誠이 ⓐ 至極ᄒᆞ단 디면 [월석 1:7]

(B) ① 至極ᄒᆞ단: 至極ᄒᆞ(어간)-+-(다)-+-ㄴ

② 至極ᄒᆞ단: 至極ᄒᆞ(어간)-+㉠-( )-+㉡-( )-+-ㄴ

(가) 예문 (A)에서 동사 '至極ᄒᆞ단'의 어미를 (B)의 ①과 같이 분석하였을 때에, 선어말 어미인 '-다-'가 담당하고 있는 두 가지의 문법적 기능을 설명하시오.

(나) (B)에서 ①의 '-다-'가 표현하는 두 가지의 문법적인 기능에 근거하여, ②처럼 두 개의 선어말 어미로 분석하였다. (B)의 ②에 설정한 ㉠과 ㉡의 빈칸에 들어갈 형태를 각각 쓰시오. (단, 변동된 형태는 기본 형태로 쓸 것.)

㉠ ( ) ㉡ ( )

41. 15세기 국어에 쓰인 대상 표현의 선어말 어미가 실현되는 조건과 관련하여, 글 (B)의 빈칸에 들어갈 말을 쓰시오. (단, 관형절의 수식을 받는 피한정어(= 체언)를 찾아서 그 형태를 쓸 것.)

[보기 41]

(A) ㄱ. 聖은 達通ᄒᆞ야 몰롤 이리 업슬 씨라 [월석 1:19]

ㄴ. 法 爲혼 ᄆᆞᅀᆞ미 너블씨 [법언 6:12]

ㄷ. 王이 … 누븐 자리예 겨샤 [월석 10:9]

ㄹ. 저희 願ᄒᆞᄂᆞᆫ 바ᄂᆞᆫ 님굼 官人ᄋᆞᆯ 보아 [두언 25:37]

ㅁ. ᄒᆞᆫ 암사ᄉᆞ미 와 옷 ᄲᆞ론 므를 먹고 [석상 11:25]
ㅂ. 부텻 出現ᄒᆞ샤 說法ᄒᆞ시논 ᄠᅳ들 아ᄉᆞ와 [법언 2:156]

(B) 대상 표현의 선어말 어미인 '-오-/-우-'는 관형절과 피한정어(=중심어)가 맺는 통사·의미론적인 관계에 따라서 실현된다. 예문 (A)에 표현된 대상 표현의 선어말 어미가 실현된 조건은 각각 다음과 같다. 첫째, 관형절의 피한정어인 ㉠ '(　　　)'와/과 ㉡ '(　　　)'은/는 관형절 속의 서술어에 대하여 목적어의 관계에 있다. 둘째, 관형절의 피한정어인 ㉮ '(　　　)'와/과 ㉯ '(　　　)'은/는 관형절 속의 서술어에 대하여 부사어의 관계에 있다. 셋째, 관형절의 피한정어인 ① '(　　　)'와/과 ② '(　　　)'은/는 관형절의 내용에 대하여 동격의 관계에 있다.

42. 예문 (A)의 ⓐ~ⓜ 중에는 평서형 종결 어미의 형태가 '-다'로 실현되는 것과 '-라'로 실현되는 것이 있다. (B)에 설정된 ①과 ②의 빈칸에 (A)의 ⓐ~ⓜ을 넣으시오.

[보기 42]

(A) ㄱ. 光目女ᄂᆞᆫ 地藏菩薩이 ⓐ 그(　　) [월석 21:59]
ㄴ. 나랏 일후믄 ⓑ 大成이러(　　) [석보 19:27]
ㄷ. 내… 天帝ㅅ 命을 받ᄌᆞ와 擁護컨 디 ⓒ 오라거(　　) [능언 7:62]
ㄹ. 내 난 後로 瞋心ᄒᆞᆫ 적 ⓓ 업소(　　) [월석 21:216]
ㅁ. 네 어미…이제 惡趣예 이셔 至極 ⓔ 受苦ᄒᆞᄂᆞ(　　) [월석 21:53]
ㅂ. 目連이 닐오ᄃᆡ ⓕ 몰라보애(　　) [월석 23:86]
ㅅ. 서르 ᄃᆞ토아 싸호면 나라히 ᄂᆞᄆᆡ 그에 ⓖ 가리이(　　) [월석 2:6]
ㅇ. 셜블쎠 世界 ⓗ 뷔어(　　) [석상 23:18]
ㅈ. 王이 …그 蓮花ᄅᆞᆯ ᄇᆞ리라 ⓘ ᄒᆞ시(　　) [월석 11:31]
ㅊ. 이 法은 오직 諸佛이ᅀᅡ ⓙ 아ᄅᆞ시리(　　) [석보 13:48]
ㅋ. 이스리 ᄆᆞᄅᆞ디 ⓚ 아니ᄒᆞ얫도(　　) [두언 6:5]
ㅍ. 七寶塔 셰여 ⓛ 供養ᄒᆞ더시니(　　) [월석 21:220]
ㅎ. 셴 머리예 비치 ⓜ 업세(　　) [두언 8:70]

(B) ① '-다'로 실현되는 예 : (　　　　　　　　)
② '-라'로 실현되는 예 : (　　　　　　　　)

43. 글 (A)의 내용을 참조하여, 예문 (C)에 실현된 ⓓ의 '得과라'에서 평서형 종결 어미의 형태가 '-라'로 변동하는 이유를 설명하시오. (단, 예문 (B)와 예문 (C)의 각 문장에 나타나는 통사론적인 특징을 근거로 제시할 것.)

[보기 43]

(A) 평서형 종결 어미의 변이 형태에는 '-다'와 '-라'가 있다. 이 중에서 (B)의 ⓐ, ⓑ, ⓒ처럼 주관적 믿음 표현의 선어말 어미인 '-아/-어-, -거-, -나-' 뒤에서는 '-다'로 실현된다. 그런데 주관적인 믿음 표현의 변이 형태인 '-과-'의 뒤에는 평서형의 종결 어미의 형태가 (C)의 ⓓ처럼 '-라'로 변동한다.

(B) ㄱ. 뎌 즁아 닐웨 ᄒᆞ마 ⓐ 다ᄃᆞ거다 [석상 24:15]
ㄴ. 衆生이 正ᄒᆞᆫ 길ᄒᆞᆯ ⓑ 일허다 [월석 10:21]
ㄷ. 오ᄂᆞᆯ 寶藏이 自然히 ⓒ 오나다 [월석 13:32]

(C) 우리 오ᄂᆞᆯ 이 구즌 길ᄒᆞᆯ 免ᄒᆞ야 훤히 便安호ᄆᆞᆯ ⓓ 得과라 [월석 14:17]

(설명) :

44. 예문 (A)에서 ⓐ에 실현된 용언의 활용 어미와 관련하여, (가)와 (나)의 물음에 답하시오.

[보기 44]

(A) 그리 ⓐ ᄒᆞ마 ᄒᆞᆫ 이리 分明히 아니ᄒᆞ면 [내훈 3:21]

(B) 예문 (A)에서 ⓐ의 'ᄒᆞ마'에 실현된 평서형의 종결 어미의 형태를 '-마'인 것으로 가정한다.

(가) ⓐ의 'ᄒᆞ마'에 실현된 선어말 어미의 형태를 쓰시오.

( )

(나) ⓐ의 'ᄒᆞ마'에 실현된 선어말 어미의 기능을 간략히 쓰시오.

( )

45. 15세기 국어에서 쓰인 의문형 어미의 형태와 관련하여, (가)와 (나)의 물음에 답하시오.

[보기 45]

(A) ㄱ. 이 男子아 엇던 이롤 爲ᄒᆞ야 이 길헤 ⓐ든다 [월석 21:118]
ㄴ. 내 서르 犯티 아니커늘 엇뎨 자보뭘 ⓑ보ᄂᆞᆫ고 [법언 2:200]
ㄷ. 두 사ᄅᆞ믄 시러곰 님금 겨틔 둘가 ⓒ몯홀가 [두언 25:10]

(B) ⓐ든다 : 들(어간)- + ㉠-( )- + ㉡-( )
ⓑ보ᄂᆞᆫ고 : 보(어간)- + ㉮-( )- + ㉯-( )
ⓒ몯홀가 : 몯ᄒᆞ(어간)- + ①-( )- + ②-( )

(가) 예문 (A)에서 ⓐ~ⓒ의 용언을 다음과 같이 분석하였을 때, (B)의 빈칸에 들어갈 선어말 어미와 어말 어미의 형태를 각각 쓰시오. (단, 시제를 나타내는 선어말 어미를 밝히되, 무형의 시제 선어말 어미는 '-Ø-'로 쓸 것.)

(나) (B)에서 ㉯와 ②의 빈칸에 들어갈 종결 어미가 실현된 통사론적인 조건을 설명하시오.

①: ㉯의 조건: ( )
②: ②의 조건: ( )

46. 15세기 국어에 쓰인 의문형 어미의 형태와 관련하여, 글 (B)의 빈칸에 들어갈 어미의 형태를 쓰시오. (단, 무형의 시제 형태소는 분석하지 말고, 불연속 형태의 어미는 'a…b'의 형식으로 표현할 것.)

[보기 46]

(A) ㄱ. 나라 니ᅀᅳ리롤 긋게 ᄒᆞ시ᄂᆞ니 ⓐ엇더ᄒᆞ니잇고 [석상 6:7]
ㄴ. 엇뎨 부톄라 ⓑᄒᆞᄂᆞ닛가 [석상 6:18]

(B) ⓐ의 '엇더ᄒᆞ니잇고'에는 어간인 '엇더ᄒᆞ-'에 선어말 어미인 ㉠'( )'와/과 종결 어미인 ㉡'( )'이/가 실현되었다. 그리고 ⓑ의 'ᄒᆞᄂᆞ닛가'에는 어간인 'ᄒᆞ-'에 선어말 어미인 '-ᄂᆞ-'와 ㉮'( )'이/가 실현되고, 이어서 종결 어미인 ㉯'( )'이/가 실현되었다.

47. 예문 (A)에 실현된 ⓐ~ⓓ와 관련하여, (가)와 (나)의 물음에 답하시오.

[보기 47]

(A) ㄱ. 므슷 이룰 ⓐ 호던다 [월석 4:26]
ㄴ. 므슷 이룰 호고져 ⓑ 호는다 [석상 24:22]
ㄷ. 므슷 이룰 ⓒ 홇다 [월석 22:71]
ㄹ. 엇데 太子룰 그에 두어 나룰 시름케 ⓓ 혼다 [월석 22:63]

(가) 예문 (A)에서 어간인 '호-'에 실현된 각각의 어미를 형태소 단위로 분석하시오. (단, 무형의 시제 형태소는 'Ø'로 표기할 것.)

ⓐ: 호- + ㉠-( )- + ㉡-( )
ⓑ: 호- + ㉢-( )- + ㉣-( )
ⓒ: 호- + ㉤-( )- + ㉥-( )
ⓓ: 호- + ㉦-( )- + ㉧-( )

(나) 예문 (A)에서 밑줄 그은 서술어 ⓐ~ⓓ의 뜻을 현대어로 직역하여 옮기시오.

ⓐ 호던다 : ( ) ⓑ 호는다 : ( )
ⓒ 홇다 : ( ) ⓓ 혼다 : ( )

48. 15세기 국어에 쓰인 의문문의 기능과 관련하여, 글 (B)의 빈칸에 들어갈 말을 쓰시오. (단, ㉠에는 (A)에 제시된 (ㄱ)~(ㅂ)으로 적고, ㉮에는 의문문의 하위 유형을 가리키는 명칭을 쓸 것.)

[보기 48]

(A) ㄱ. 이 男子아 엇던 이룰 爲호야 이 길헤 든다 [월석 21:118]
ㄴ. 그듸는 엇데 精誠을 니즈료 [두언 23:4]
ㄷ. 네 내 마룰 다 드를따 호야놀 [석상 6:8]
ㄹ. 다시 묻노라 네 어드러 가는니오 [두언 8:6]
ㅁ. 사호맷 무른 이제 어느 짜해 잇는고 [두언 15:51]
ㅂ. 어느 저긔 알윌 글워리 이실고 [두언 22:15]

(B) 예문 (A)에 실현된 (ㄱ)~(ㅂ)의 의문문 중에서 ⓐ( )의 의문문

은 듣는 이가 직접적으로 상정되지 않은 발화 상황에서도 쓰일 수 있다. 이러한 의문문을 ㉮(   )(이)라고 하는데, 주로 말하는 이의 '독백(獨白)'이나 '상념(想念)'을 표현한다.

49. 15세기 국어에 쓰인 의문형 어미나 의문 보조사의 형태와 관련하여, 예문 (A)의 빈칸에 들어갈 모음의 음소를 쓰시오.

[보기 49]

(A) 15세기 국어의 의문문은 의문형 어미의 형태에 따라서, '판정 의문문'과 '설명 의문문'으로 구분된다. 먼저, '판정 의문문'에서는 보조사나 의문형 어미의 형태가 양성 모음인 ㉠(/   /)나 음성 모음인 ㉡(/   /)로 실현된다. 반면에 설명 의문문에서는 보조사나 의문형 어미의 형태가 ㉢(/   /)로 실현된다.

50. 15세기 국어에 쓰인 의문문의 통사론적인 특징과 관련하여, 글 (A)와 글 (B)의 빈칸에 들어갈 대명사의 형태를 쓰시오. (단, ㉠에는 한 음절로 된 '의문형 종결 어미'의 형태를 쓰고, ㉡에는 선어말 어미의 형태를 쓸 것.)

[보기 50]

(A) 15세기 국어에서 의문문은 문장에서 의문사의 실현 여부에 따라서, '판정 의문문'과 '설명 의문문'이 구분되는 것이 일반적이다. 그러나 2인칭 대명사를 문장의 주어로 등장시켜 듣는 이(상대)에게 질문하는 '2인칭 의문문'에서는, 의문사의 실현 여부와 관계 없이 의문형 어미가 ㉠'(   )'의 형태로만 실현된다.

(B) 의문문의 서술어에 '예사 높임'의 상대 높임 선어말 의미인 ㉡'(   )'이/가 실현되면, 의문사의 실현 여부에 관계 없이 의문형 의미가 '-가'나 '-아/-어'의 형태로만 실현된다. 따라서 이러한 특수한 환경에서는 판정 의문문과 설명 의문문이 구분되지 않는다.

51. 15세기 국어에서 의문문을 성립시키는 종결 어미의 특수한 형태와 관련하여, (가)와 (나)의 물음에 답하시오.

[보기 51]

(A) ㄱ. 讓兄ㄱ ᄠᅳᆮ 일우신ᄃᆞᆯ 定社之聖ㅅ긔 뉘 아니 ⓐ <u>오ᄉᆞᄫᆞ리</u> [용가 99장]
ㄴ. 알ᄑᆡᄂᆞᆫ 기픈 모새 열ᄫᅳᆫ 어르믈 하ᄂᆞᆯ히 ⓑ <u>구티시니</u> [용가 30장]

(B) <용비어천가>에서는 예문 (A)의 ⓐ와 ⓑ처럼 문장이 종결되는 예가 나타난다. <고등학교 문법, 2010>에서는 ⓐ의 '-리'를 ㉠(　　　)형의 종결 어미로 처리하고, ⓑ의 '-니'를 ㉡(　　　)형의 종결 어미로 처리하였다. 이러한 처리 방법에 따르면, 이들 서술어에는 '-니'와 '-리'로써 ㉮ '(　　　)'의 상대 높임법이 실현된 것으로 본다.

(가) 글 (B)의 빈칸에 들어갈 말을 각각 쓰시오. (단, ㉠과 ㉡에는 용언 활용형에 관한 명칭을 쓰고, ㉮에는 상대 높임법의 등분에 따른 등급의 명칭을 쓸 것.)

(나) <고등학교 문법, 2010>의 내용을 근거로 하여, 예문 (A)의 ⓐ와 ⓑ에 실현된 용언을 현대어로 직역하여 옮기시오.

ⓐ 오ᄉᆞᄫᆞ리 : (　　　　　　　)　ⓑ 구티시니 : (　　　　　　　)

52. 예문 (A)의 ⓐ~ⓓ에서 명령형 어미를 형태를 추출하고, 각각의 어미가 나타내는 높임의 등급을 밝히시오. (단, '아주 높임', '예사 높임', '반말', '낮춤' 등의 4가지 등분으로 구분하고, 명령형 어미가 변동된 것은 변동된 형태로 쓸 것.)

[보기 52]

(A) ㄱ. 百姓을 앗기거시든 沙門ᄋᆞᆯ 자바 ⓐ <u>주쇼셔</u> [석상 24:22]
ㄴ. 比丘ᄃᆞᆯ하 부텻 양ᄌᆞᄅᆞᆯ ⓑ <u>보아라</u> [석상 23:13]
ㄷ. 엇뎨 부톄라 ᄒᆞᄂᆞ닛가 그 ᄠᅳ들 ⓒ <u>닐어쎠</u> [석상 6:16]
ㄹ. 모로매 願이 이디 ⓓ <u>말오라</u> [석상 11:30]

	형태	등분		형태	등분
ⓐ	(　　　)	─(　　　)	ⓑ	(　　　)	─(　　　)
ⓒ	(　　　)	─(　　　)	ⓓ	(　　　)	─(　　　)

53. 예문 (A)에 제시된 용언 ⓐ~ⓓ의 활용 양상과 관련하여, (가)와 (나)의 물음에 답하시오.

[보기 53]

(A) ㄱ. 네 바리ᄅᆞᆯ 어듸 가 어든다 도로다가 ⓐ두어라 [월석 7:8]
ㄴ. 네 願 다히 ⓑᄒᆞ야라 [석상 24:14]
ㄷ. 어서 도라 ⓒ니거라 [월석 8:101]
ㄹ. 王이 두 아기ᄅᆞᆯ 브르샤 ⓓ오나라 안져 ᄒᆞ신대 [월석 20:87]

(가) ⓐ~ⓓ의 용언에서 선어말 어미의 형태를 추출하시오. (단, 각 어미는 변동된 형태로 쓸 것.)

ⓐ: -(　　　)- ⓑ: -(　　　)- ⓒ: -(　　　)- ⓓ: -(　　　)-

(나) 문제 (가)에서 추출한 선어말 어미의 형태가 실현된 조건을 기술하시오.

ⓐ(　　　　　　　　　　　　　　　　　　　　　　　)
ⓑ(　　　　　　　　　　　　　　　　　　　　　　　)
ⓒ(　　　　　　　　　　　　　　　　　　　　　　　)
ⓓ(　　　　　　　　　　　　　　　　　　　　　　　)

54. 하나의 어미가 여러 가지의 문법적인 기능을 담당하는 경우가 있다. 이와 관련하여 글 (B)의 빈칸에 들어갈 말을 쓰시오. (단, ㉠~㉢에는 종결 방식에 따른 문장의 유형을 쓰고, ㉮~㉯에는 상대 높임 표현의 등분을 쓸 것.)

[보기 54]

(A) ㄱ. 淨土애 ᄒᆞᆫᄃᆡ 가 ⓐ나사이다 [월석 8:100]
ㄴ. 世尊ㅅ긔 내 ᄠᅳ들 펴아 ⓑᄉᆞᆯᄫᆞ쇼셔 [석상 6:6]

(B) ⓐ의 '-사이다'는 문장 종결의 기능으로는 ㉠(　　　)을/를 형성하며, 높임의 기능으로는 ㉡(　　　) 등분의 상대 높임을 표현한다. 그리고 ⓑ의 '-ᅌᆞ쇼셔'는 문장 종결의 기능으로는 ㉮(　　　)을/를 형성하며, 높임의 기능으로는 ㉯(　　　) 등분의 상대 높임을 표현한다.

55. 아래의 표는 15세기 국어의 종결 어미를 종결의 방식과 높임의 등분에 따라서 구분한 것이다. [표 55]의 빈칸에 명령형과 청유형의 어미의 형태를 쓰시오. (단, 변이 형태 중에 (매개)모음이 실현된 형태가 있을 때에는, 양성의 (매개) 모음이 있는 형태로 쓸 것.)

상대 높임 / 종결 형태	낮춤 (ᄒᆞ라체)	예사 높임 (ᄒᆞ야쎠체)	아주 높임 (ᄒᆞ쇼셔체)	반말
명령형	㉠(　　)	㉡(　　)	㉢(　　)	㉣(　　)
청유형	㉮(　　)	—	㉰(　　)	—

[표 55. 상대 높임법에 따른 종결 어미의 형태]

56. 예문 (A)의 ⓐ~ⓙ에 실현된 연결 어미의 형태 및 기능와 관련하여, (가)와 (나)의 물음에 답하시오.

[보기 56]

(A) ㄱ. 赤眞珠ㅣ ⓐ<u>ᄃᆞ외야</u> 잇ᄂᆞ니라 [월석 1:23]
ㄴ. ᄯᅩ 善커든 ⓑ<u>通콕</u> 惡거든 마가ᅀᅡ 어려ᄫᅮ미 업스리라 [월석 14:76]
ㄷ. 구루멧 ᄒᆡ 블 ⓒ<u>ᄀᆞᆮᄒᆞ나</u> 더운 하ᄂᆞᆯ히 서늘ᄒᆞ도다 [두언 6:35]
ㄹ. 나ᄂᆞᆫ 난 後로 ᄂᆞᆷ 더브러 ⓓ<u>ᄃᆞ토ᄃᆞᆯ</u> 아니ᄒᆞ노이다 [석상 11:34]
ㅁ. 慈悲ᄂᆞᆫ 衆生ᄋᆞᆯ ⓔ<u>便安케</u> ᄒᆞ시ᄂᆞᆫ 거시어늘 [석상 6:5]
ㅂ. 아뫼나 와 가지리 ⓕ<u>잇거든</u> 주노라 [월석 7:3]
ㅅ. ⓖ<u>외니</u> 올ᄒᆞ니 ᄒᆞ야 是非예 ᄢᅥ러디면 [영남 상:39]
ㅇ. 치마옛 아기ᄅᆞᆯ ᄲᅡ디오 소ᄂᆞ로 얻다가 ⓗ<u>얻드</u>란 몯고 [월석 10:24]
ㅈ. 현 번 ⓘ<u>ᄠᅱ운ᄃᆞᆯ</u> ᄂᆞ미 오ᄅᆞ리잇가 [용가 48장]
ㅊ. ᄒᆞᆫ 菩薩이 … 나라해 ⓙ<u>빌머그라</u> 오시니 [월석 1:5]

(가) 예문 (A)에 실현된 ⓐ~ⓙ의 용언에서 연결 어미의 형태를 분석하여 쓰시오. (단, 음운론적인 조건으로 변동된 형태는 기본 형태로 쓸 것.)

ⓐ(　　) ⓑ(　　) ⓒ(　　) ⓓ(　　) ⓔ(　　)
ⓕ(　　) ⓖ(　　) ⓗ(　　) ⓘ(　　) ⓙ(　　)

(나) 연결 어미는 그 기능에 따라서 '대등적 연결 어미', '종속적 연결 어미', '보

조적 연결 어미'로 구분된다. (A)의 ⓐ ~ ⓙ의 용언에서 이들 연결 어미가 실현된 것을 찾아서, 아래의 ①~③의 빈칸에 ⓐ~ⓙ의 부호를 쓰시오.

① 대등적 연결 어미 : (　　　　　　　　　　)
② 종속적 연결 어미 : (　　　　　　　　　　)
③ 보조적 연결 어미 : (　　　　　　　　　　)

57. 예문 (A)에 실현된 명사형 전성 어미 '-옴'의 변동 양상과 관련하여, ⓐ~ⓓ의 빈칸에 들어갈 용언의 활용 형태를 (B)의 빈칸에 쓰시오. (단, 각 단어에서 어간과 어미를 결합하여 활용한 형태를 적을 것.)

[보기 57]

(A) ㄱ. 사ᄅᆞᄆᆡ 몸 ⓐ(　　　　) 어렵고　[석상 9:28]
ㄴ. 부텨 … 正覺 ⓑ(　　　　) 뵈샤　[월석 서:6]
ㄴ. 工夫ㅣ ⓒ ᄒᆞᆫ가지(　　　　) 니르니라　[몽언 19]
ㄹ. ᄃᆞᆳ 그림제 眞實ㅅ ᄃᆞᆯ ⓓ(　　　　) ᄀᆞᆮᄒᆞ니라　[월석 2:55]

(B) 15세기 국어에서 명사형 전성 어미인 '-옴'은 그 앞에 실현된 어간이나 선어말 어미에 따라서 다양한 형태로 변동할 수 있다.

ⓐ ᄃᆞ외- + -옴 + -이 :　(　　　　　　　　)
ⓑ 일우- + -시- + -옴 + -ᄋᆞᆯ :　(　　　　　　　　)
ⓒ ᄒᆞᆫ가지 + -이- + -옴 + -ᄋᆞᆯ :　(　　　　　　　　)
ⓓ 아니- + -옴 + -이 :　(　　　　　　　　)

58. 15세기 국어에서 명사절 속에 실현된 서술어가 '어렵다, 슬ᄒᆞ다, 둏다'일 때에는, 그 명사절에 공통적으로 실현될 수 있는 특수한 형태의 명사형 전성 어미가 있다. 예문 (A)의 빈칸에 공통적으로 들어가는 명사형 전성 어미의 형태를 쓰시오.

[보기 58]

(A) ㄱ. ᄆᆞᅀᆞᆯ히 멀면 ⓐ 乞食ᄒᆞ(　　) 어렵고　[석상 6:23]
ㄴ. 나리 져믈씨 ⓐ 나가(　　) 슬ᄒᆞ야 커늘　[삼행 烈:16]
ㄷ. ᄆᆞᄉᆞ거시 ⓐ 가져가(　　) 됴ᄒᆞᆯ고　[번역박통사 하:66]

59. 관형절에는 용언의 관형사형이 서술어로 쓰인다. 예문 (A)에 실현된 ⓐ와 ⓑ의 관형사형에 대하여, (가)와 (나)의 물음에 답하시오.

[보기 59]

(A) ㄱ. 德이여 福이라 ⓐ호늘 나ᄉᆞ라 오소이다 [악학궤범 동동]
ㄴ. 그딋 ⓑ혼 조초 ᄒᆞ야 뉘읏븐 ᄆᆞᅀᆞᄆᆞᆯ 아니 호리라 [석상 6:8]

(가) ⓐ와 ⓑ의 활용형을 다음과 같이 형태소 단위로 분석하여, 그 형태를 빈칸에 쓰시오.

① 호ᄂᆞᆯ : ㉠(　　　)- + ㉡-(　　　)- + ㉢-(　　　) + ㉣-(　　　)
② 혼 : ㉮(　　　)- + ㉯-(　　　)- + ㉰-(　　　)

(나) '문제 (가)'에서 ①의 ㉢과 ②의 ㉰에 들어갈 활용 어미의 '문법적 단위'에 대한 명칭과, 그것의 '특수한 용법'의 명칭을 쓰시오.

(　　　　　)의 (　　　　　) 용법

60. 예문 (A)에 실현된 ⓐ~ⓔ의 활용 형태와 관련하여, (가)~(라)의 물음에 답하시오.

[보기 60]

(A) 生ᄋᆞᆯ ⓐ<u>즐기리잇가</u> ⓑ<u>주구믈</u> ⓒ<u>기드리노니</u> 목숨 ⓓ<u>므거버</u> 손소 몯 ⓔ<u>주노이다</u> [월천 기142]

(가) 예문 (A)에 제시된 용언 ⓐ~ⓔ를 어간과 어미로 구분하고, 각각의 어미를 아래의 <예시>처럼 형태소 단위로 분석하시오. (단, 어간과 어미는 기본 형태로 쓸 것.)

<예시> 철수가 밥을 많이 <u>먹었더라</u>. (먹- + -었- + -더- + -다)

ⓐ 즐기리잇가 : (　　　　　　　　　　)
ⓑ 주구믈 : (　　　　　　　　　　)
ⓒ 기드리노니 : (　　　　　　　　　　)
ⓓ 므거버 : (　　　　　　　　　　)
ⓔ 죽노이다 : (　　　　　　　　　　)

(나) 예문 (A)에 실현된 '어말 어미'를 그 기능에 따라서, '종결 어미, 연결 어미, 전성 어미'로 구분하여서 그 형태를 쓰시오. (단, 기본 형태로 쓸 것.)

① 종결 어미 : (　　　　　　　　　　　　　　　　　　　　)
② 연결 어미 : (　　　　　　　　　　　　　　　　　　　　)
③ 전성 어미 : (　　　　　　　　　　　　　　　　　　　　)

(다) 예문 (A)에 실현된 선어말 어미를 그 기능에 따라서, '시간 표현', '인칭 표현', '높임 표현'의 선어말 어미로 구분하여서 기본 형태로 쓰시오.

① '시간 표현'의 선어말 어미 : (　　　　　　　　　　　　　　)
② '인칭 표현'의 선어말 어미 : (　　　　　　　　　　　　　　)
③ '높임 표현'의 선어말 어미 : (　　　　　　　　　　　　　　)

(라) 예문 (A)에 실현된 용언 중에서, 불규칙 활용에 따라서 어간이나 어미의 형태가 변동된 것을 찾아서 쓰시오. (　　　　　　　　　　　　　　)

61. 예문 (A)에 실현된 용언의 활용 형태와 관련하여, (가)~(라)의 물음에 답하시오

[보기 61]

(A) 慈悲ᄂᆞᆫ 中生ᄋᆞᆯ ⓐ 便安케 ⓑ ᄒᆞ시ᄂᆞᆫ ⓒ 거시어늘 이제 도ᄅᆞᅘᅧ ᄂᆞᄆᆡ 어ᅀᅵ아ᄃᆞᄅᆞᆯ ⓓ 여희에 ⓔ ᄒᆞ시ᄂᆞ니 ⓕ 셜ᄫᅳᆫ 잀 中에도 離別 ⓖ ᄀᆞᄐᆞ니 ⓗ 업스니 일로 ⓘ 혜여 ⓙ 보건덴 ᄆᆞᅀᆞᆷ 慈悲 ⓚ 겨시거뇨 [석상 6:5-6]

(가) ⓐ~ⓚ의 용언에서 어간과 어미를 구분하고, 각 어미를 형태소 단위로 분석하시오. (단, 다음의 <조건>을 지킬 것.)

<조건> · 어간과 어미는 기본 형태로 쓸 것.
· 종결형이나 관형사형에서 현재나 과거를 나타내는 무형의 시제 선어말 어미는 '-Ø-'로 표기할 것.

ⓐ 便安케 : (　　　　　　　　　　　　　　　　　　　　)
ⓑ ᄒᆞ시ᄂᆞᆫ : (　　　　　　　　　　　　　　　　　　　　)
ⓒ 거시어늘 : (　　　　　　　　　　　　　　　　　　　　)
ⓓ 여희에 : (　　　　　　　　　　　　　　　　　　　　)

ⓔ ᄒᆞ시ᄂᆞ니 : ( )

ⓕ 셜븐 : ( )

ⓖ ᄀᆞᄐᆞ니 : ( )

ⓗ 업스니 : ( )

ⓘ 혜여 : ( )

ⓙ 보건뎬 : ( )

ⓚ 겨시거뇨 : ( )

(나) '문제 (가)'에 제시된 '어말 어미'를 찾아서, 그 기능에 따라서 '종결 어미, 연결 어미, 전성 어미'로 구분하시오.

① 종결 어미 : ( )

② 연결 어미 : ( )

③ 전성 어미 : ( )

(다) '문제 (가)'에 제시된 선어말 어미를 찾아서, 그 기능에 따라서 '시간 표현'과 '높임 표현'의 선어말 어미로 분류하시오.

① '시간 표현'의 선어말 어미 : ( )

② '높임 표현'의 선어말 어미 : ( )

(라) '문제 (가)'에 제시된 어간이나 어미의 형태 중에서 '불규칙 활용'으로 변동이 일어난 것을 밝히고, 변동의 양상을 각각 설명하시오. (단, 변동 조건과 결과를 기술할 것.)

....

....

....

....

....

....

2.2.5. 수식언과 독립언

1. 관형사의 하위 유형과 관련하여, (B)에 제시된 빈칸에 들어갈 관형사를 예문 (A)에서 찾아서 쓰시오. (단, ⓐ~ⓛ의 부호로 쓸 것.)

[보기 1]

(A) ㄱ. 菩薩이 … ⓐ어누 나라해 가샤 나시리잇고 [월석 2:11]
ㄴ. 비홀 사ᄅᆞᄆᆞᆫ 모로매 몬져 ⓑ이 트렛 이ᄅᆞᆯ 더러 ᄇᆞ리고 [내훈 3:56]
ㄷ. 녯 대예 ⓒ새 竹筍이 나며 [금삼 3:23]
ㄹ. ⓓ아모 사ᄅᆞ미나 ᄒᆞ오ᅀᅡ 滅度ᄅᆞᆯ 得디 아니케 ᄒᆞ야 [월석 12:48]
ㅁ. 여스슨 ⓔ외 바랫 두 머린 觀이니 [원언 하2-2:21]
ㅂ. ⓕ온 사ᄅᆞᆷ ᄃᆞ리샤 기ᄅᆞ말 밧기시니 [용가 58장]
ㅅ. 이 ᄲᅮᆫ 아니라 ⓖ녀나ᄆᆞᆫ 祥瑞도 하며 [월석 2:46]
ㅇ. 漸漸 늘구메 봄 맛나ᄆᆞᆫ 能히 ⓗ몃 디위리오 [두언 10:7]
ㅈ. 調達ᄋᆡ 몸이 ⓘ뎌 넉시러니 [월천 기136]
ㅊ. 片雲은 ⓙ므슴 ᄠᅳ드로 琴臺ᄅᆞᆯ 바랫ᄂᆞ니오 [두언 7:3]
ㅋ. ⓚ현 고ᄃᆞᆯ 올마시뇨 [용가 110장]
ㅌ. 黑龍이 ⓛᄒᆞᆫ 사래 주거 [용가 22장]

(B) 관형사는 의미와 기능에 따라서 '성상 관형사, 지시 관형사, 수 관형사'로 나뉜다. (A)에서 '성상 관형사'로는 ㉠(　　　)이/가 있으며, '지시 관형사'로는 ㉡(　　　)이/가 있으며, 수 관형사로는 ㉢(　　　)이/가 있다. 그리고 '지시 관형사' 중에서 '정칭(定稱)의 지시 관형사'로는 ㉮(　　　) 이/가 있고, '미지칭(未知稱)의 지시 관형사'로는 ㉯(　　　)이/가 있고, '부정칭(不定稱)의 지시 관형사'로는 ㉰(　　　)이/가 있다.

2. 예문 (A)에서 밑줄 그은 부사의 유형과 관련하여, (가)~(나)의 물음에 답하시오.

[보기 2]

(A) ㄱ. 向ᄋᆞᆫ ⓐ아니 오란 요ᄉᆞᅀᅵ라 [월석 서:26]
ㄴ. ᄀᆞᄅᆞ매 ᄇᆡ 업거늘 얼우시고 ⓑᄯᅩ 노기시니 [용가 20장]
ㄷ. 아ᄃᆞ리 긔 羅睺羅ㅣ니 ⓒ그르 닐어 羅雲이라도 ᄒᆞᄂᆞ니라 [석상 3:36]

ㄹ. 菩薩이 前生애 지ᅀᅳᆫ 罪로 ⓓ<u>이리</u> 受苦ᄒᆞ시니라 [월석 1:6]
ㅁ. 그 도기 ᄉᆞᆯ해 이셔 ⓔ<u>구믈구믈</u> 알ᄑᆞ고 ᄇᆞ랍거든 [구간 6:55]
ㅂ. ⓕ<u>그리</u>옷 아니ᄒᆞ면 正覺 일우디 아니호리이다 [월석 23:87]
ㅅ. ⓖ<u>모ᄃᆡ</u> 세 가지로 닐어ᅀᅡ ᄀᆞᄌᆞ리라 [월석 2:14]
ㅇ. ᄂᆞᆷ와 ⓗ<u>다ᄆᆞᆺ</u> 議論ᄒᆞ리오 [두언 8:46]
ㅈ. 우리ᄃᆞᆯ히…ⓘ<u>ᄆᆞᅀᆞᆷ</u> 어즈러이 偈ᄅᆞᆯ 지ᅀᅳ리오 [육언 상:12]
ㅊ. ⓙ<u>ᄒᆞ다가</u> 술옷 몯 먹거든 너덧 번에 ᄂᆞᆫ화 머기라 [구언 1:4]
ㅋ. 프레 드러 사ᄅᆞᆷ 求호ᄃᆡ ⓚ<u>아ᄆᆞ리</u> 호ᄃᆡ 몯ᄒᆞ야 [금삼 3:8]
ㅌ. 道國王과 ⓛ<u>밋</u> 舒國王은 實로 親ᄒᆞᆫ 兄弟니라 [두언 8:5]
ㅍ. 외로왼 자ᄉᆡᆫ ⓜ<u>일</u> 門을 닫ᄂᆞ다 [두언 7:10]
ㅋ. 勸進之日에 平生ㄱ ᄠᅳᆮ ⓝ<u>몯</u> 일우시니 [용가 12장]
ㅎ. 그 믈 미틔 金 몰애 잇ᄂᆞ니 일후미 閻浮檀金이니 [월석 1:24]
ⓞ<u>그럴ᄊᆡ</u> 일후믈 閻浮提라 ᄒᆞᄂᆞ니라

(가) 예문 (A)에서 밑줄 그은 부사를 다음과 같이 분류하시오. (단, ⓐ~ⓞ의 부호로 쓸 것.)

① 성상 부사 : (   ) ② 지시 부사 : (   )
③ 부정 부사 : (   ) ④ 양태 부사 : (   )
⑤ 접속 부사 : (   )

(나) '지시 부사'를 기능에 따라서 다음과 같이 분류하시오. (단, ⓐ~ⓞ의 부호로 쓸 것.)

① 정칭 : (   ) ② 미지칭 : (   )
③ 부정칭 : (   )

3. 예문 (A)의 각 문장에 실현된 부사의 유형 및 기능과 관련하여, (가)와 (나)의 물음에 답하시오.

[보기 3]

(A) ㄱ. 幸히 文殊ᄅᆞᆯ 맛나 날로 解脫케 ᄒᆞ니 [능언 7:27]
ㄴ. 衆生ᄋᆞᆯ 濟渡ᄒᆞ샤ᄃᆡ *憍陳如ᄅᆞᆯ ᄆᆞᆺ 몬져 救ᄒᆞ시니 [월천 기 94]

ㄷ. 부톄 ᄌᆞ로 니ᄅᆞ샤도 從ᄒᆞᅀᆞᆸ디 아니ᄒᆞ더니 [석상 6:10]
ㄹ. 빗난 使臣의 모미로소니 眞實로 이 德業이 어위크도다 [두언 10:22]
ㅁ. ᄒᆞ다가 제 ᄠᅳ데 몯 마자도 저를 ᄀᆞᆯᄒᆡ에 호리라 [석상 3:11]
ㅂ. 아뫼나…一切 衆生 爲ᄒᆞ야 敎化 펴려 ᄒᆞ시면 色身ᄋᆞᆯ 現ᄒᆞ샤미 다 來라 [월석 9:10]
ㅅ. 旋嵐風ᄋᆞᆫ ᄀᆞ장 ᄆᆡᄫᆞᆫ ᄇᆞᄅᆞ미라 [석상 6:30]
ㅇ. 오직 世人이 제 性 보디 몯호ᄆᆞᆯ 爲ᄒᆞ샤 [금언 서:5]
ㅈ. ᄆᆞᆺ 처ᅀᅥᄆᆡ 뉘 몬져 이 門 안해 드뇨 [석상 24:18]
ㅊ. 부텻 法이 精微ᄒᆞ야 져믄 아ᄒᆡ 어느 듣ᄌᆞ보리잇고 [석상 6:11]

(*憍陳如(교진여) : 석가모니가 출가한 뒤 정반왕이 그 소식을 알기 위하여 밀파한 사람이다. *色身(색신) : 물질적 존재로서 형체가 있는 몸. 육안으로 보이는 몸을 이른다. *旋嵐風(선람풍))

(B) <예시> : 철수가 밥을 빨리 먹는다.
<풀이> : '빨리' : 성상 부사, '먹는다'를 수식.

(가) 예문 (A)에서 (ㄱ)~(ㅈ)의 문장에 실현된 부사를 모두 찾으시오. (단, 하나의 문장에 두 개 이상의 부사가 있는 경우도 있음.)

(ㄱ) : (　　　　　　　　) (ㄴ) : (　　　　　　　　)
(ㄷ) : (　　　　　　　　) (ㄹ) : (　　　　　　　　)
(ㅁ) : (　　　　　　　　) (ㅂ) : (　　　　　　　　)
(ㅅ) : (　　　　　　　　) (ㅇ) : (　　　　　　　　)
(ㅈ) : (　　　　　　　　) (ㅊ) : (　　　　　　　　)

(나) 예문 (A)에서 찾은 각각의 부사에 대하여 글 (B)에서 제시한 <풀이>의 방법에 따라서 부사의 유형을 밝히고, 그것이 수식하는 말을 지적하시오. (단, 부사의 하위 유형을 '성상 부사', '지시 부사', '부정 부사', '양태 부사', '접속 부사'로 분류할 것.)

(ㄱ) : (　　　　　　　　　　　　　　　　)
(ㄴ) : (　　　　　　　　　　　　　　　　)
(ㄷ) : (　　　　　　　　　　　　　　　　)

(ㄹ) : (   )
(ㅁ) : (   )
(ㅂ) : (   )
(ㅅ) : (   )
(ㅇ) : (   )
(ㅈ) : (   )
(ㅊ) : (   )

4. 15세기 국어에 쓰인 감탄사의 하위 유형과 관련하여, 글 (B)의 빈칸에 들어갈 말을 쓰시오. (단, ㉠~㉣에는 감탄사의 형태를 찾아서 쓰고, ㉮와 ㉯에는 감탄사의 하위 유형의 명칭을 쓸 것.)

[보기 4]

(A) ㄱ. 正月ㅅ 나릿므른 아으 어져 녹져 ᄒᆞ논ᄃᆡ 누릿 가온ᄃᆡ 나곤 몸하 ᄒᆞ올로 녈셔 [악궤 動動]

ㄴ. 舍利佛이 ᄉᆞᆯ보ᄃᆡ 엥 올ᄒᆞ시이다 世尊하 願ᄒᆞᆫᄃᆞᆫ 듣ᄌᆞᆸ고져 ᄒᆞ노이다 [석상 13:47]

ㄷ. 믈힛 마리신뎌 슬읏븐뎌 아으 니미 나ᄅᆞᆯ ᄒᆞ마 니ᄌᆞ시니잇가 아소 님하 도람 드르샤 괴오쇼셔 [악궤 5:13 삼진작]

ㄹ. ᄋᆡ 男子아 엇던 이ᄅᆞᆯ 爲ᄒᆞ야 이 길헤 든다 엇던 다ᄅᆞᆫ 術을 뒷관ᄃᆡ 能히 한 毒ᄋᆞᆯ 이긿다 [월석 21:118]

(B) 예문 (A)의 감탄사 중에서 ㉠ '(   )'와/과 ㉡ '(   )'은/는 말하는 이가 자신의 감정을 표출하는 데에 그치는 감탄사인데, 이러한 감탄사를 ㉮ '(   ) 감탄사'라고 한다. 반면에 ㉢ '(   )'와/과 ㉣ '(   )'은/는 말하는 이가 발화 현장에서 듣는 이에게 자기의 요구나 판단을 적극적으로 표현하여 전달하는 감탄사이다. 이러한 감탄사를 ㉯ '(   ) 감탄사'라고 한다.

2.2.6. 품사의 통용

1. 예문 (A)에 쓰인 '아니'의 품사와 관련하여, (가)와 (나)의 물음에 답하시오.

[보기 1]

(A) ㄱ. 未來옛 衆生둘홀 精進올 뵈시릴씨 ⓐ아니 오리라 盟誓ᄒᆞ시니이다 [월천 기19]
ㄴ. 生이며 生 ⓑ아니를 골히ᄂᆞ니 [법언 5:30]
ㄷ. ⓒ아니 이 行者 아니아 [육언 상 41]

(B) 15세기 국어에서 '아니'는 세 가지 품사로 통용된다. 곧 (A)의 예문에서 ⓐ의 '아니'는 ㉠(　　　)의 품사로 쓰였으며, ⓑ의 '아니'는 ㉡(　　　)의 품사로 쓰였으며, ⓒ의 '아니'는 ㉢(　　　)의 품사로 쓰였다.

(가) 글 (B)에서 ㉠, ㉡, ㉢의 빈칸에 들어갈 품사의 명칭을 각각 쓰시오.

ⓐ(　　　　　)　ⓑ(　　　　　)　ⓒ(　　　　　)

(나) ⓐ, ⓑ, ⓒ의 '아니'를 각각 ㉠, ㉡, ㉢의 품사로 결정하는 근거를 쓰시오.

ⓐ의 '아니':

ⓑ의 '아니':

ⓒ의 '아니':

2. 예문 (A)에 실현된 '새', '어느', 'ᄆᆞᅀᆞᆷ'의 품사를 밝히고, 품사 설정의 근거를 간략히 설명하시오.

[보기 2]

(A) ㄱ. 國人 ᄠᅳ들 ⓐ어느 다 ᄉᆞᆯᄫᆞ리 [용가 118장]
ㄴ. 골픈 ᄇᆡ도 ᄇᆞ르며 헌 옷도 ⓑ새 ᄃᆞᆯᄒᆞ리니 [월석 8:100]
ㄷ. 菩薩이 ⓒ어느 나라해 ᄂᆞ리시게 ᄒᆞ려뇨 [월석 2:10]

ㄹ. 부텻긔 받ᄌᆞᄫᅡ ⓓ<u>므슴</u> 호려 ᄒᆞ시ᄂᆞ니 [월석 1:10]
ㅁ. 녯 대예 ⓔ<u>새</u> 竹筍이 나며 새 고지 녯 가지예 기도다 [금삼 3:23]
ㅂ. 우리ᄃᆞᆯ히 … ⓕ<u>므슴</u> 어즈러이 偈ᄅᆞᆯ 지ᅀᅳ리오 [육언 상:12]
ㅅ. 이 두 말ᄋᆞᆯ ⓖ<u>어늘</u> 從ᄒᆞ시려뇨 [월석 7:26]
ㅇ. 일로 혜여 보건대 ⓗ<u>므슴</u> 慈悲 겨시거뇨 [월석 6:6]
ㅈ. 沙弥ᄂᆞᆫ ⓘ<u>새</u> 出家ᄒᆞᆫ 사ᄅᆞ미니 [석상 6:2]

품사 **근거**

ⓐ 어느 : ( ), ( )
ⓑ 새 : ( ), ( )
ⓒ 어느 : ( ), ( )
ⓓ 므슴 : ( ), ( )
ⓔ 새 : ( ), ( )
ⓕ 므슴 : ( ), ( )
ⓖ 어느 : ( ), ( )
ⓗ 므슴 : ( ), ( )
ⓘ 새 : ( ), ( )

3. 15세기 국어에 쓰인 단어의 품사와 관련하여, 글 (B)의 빈칸에 들어갈 말을 쓰시오. (단, ㉠과 ㉡에는 예문 (A)에 실현된 ⓐ~ⓕ를 쓰고, ㉮와 ㉯에는 품사의 명칭을 쓸 것.)

[보기 3]

(A) ㄱ. 佛法이ᅀᅡ 내 ⓐ<u>이어긔도</u> 죠고마치 잇다 ᄒᆞ야시ᄂᆞᆯ [영남 상:14]
ㄴ. 이 經 디닗 싸ᄅᆞ미 ⓑ<u>이어긔</u> 이셔도 다 能히 ᄀᆞᆯᄒᆡ며 [석상 19:17]
ㄷ. 九曲ᄋᆞᆫ 外蕃ㅅ 싸히 아니어늘 ⓒ<u>겟</u> 王이 ᄀᆞ장 城壁을 기피 ᄒᆞ얫더니라 [두언 24:12]
ㄹ. 더우니로 ᄎᆞᆫ ⓓ<u>게</u> 섯거 ᄎᆞ니로 더우믈 일에 ᄒᆞᆯ씨니 [능언 3:12]
ㅁ. 東西南北과 네 모콰 아라우희 다 큰 ᄇᆞ리어든 罪人을 ⓔ<u>그에</u> 드리티ᄂᆞ니라 [월석 1:29]
ㅂ. 부톄 本來 至極 寂靜ᄒᆞᆫ ⓕ<u>그에</u> 住ᄒᆞ샤 [석상 23:44]

(B) 예문 (A)에서 '이어긔, 게, 그에'는 형태는 같지만 의미와 기능으로 볼 때에 두 가지의 품사로 통용된다. 곧, 예문 (A)에서 ㉠(　　　　) 등은 자립성이 없이 앞 말에 매여서 추상적인 '위치'의 뜻을 나타내므로, ㉮(　　　　)의 품사로 쓰였다. 반면에 ㉡(　　　　) 등은 단독으로 특정한 '위치'를 가리키는 뜻을 나타내므로, ㉯(　　　　)의 품사로 쓰였다.

4. 예문 (A)에 실현된 용언의 품사와 관련하여, (가)와 (나)의 물음에 답하시오.

[보기 4]

(A) ㄱ. 더운 ᄒᆞᆰ과 ᄇᆞᆺ근 더운 ᄌᆡ로 빗복 우희 두프면 ⓑ됴ᄒᆞ니라 [구언 상:9]
ㄴ. 그 믈 ᄒᆞᆫ 두 호블 머그면 ⓐ돋ᄂᆞ니라 [구언 상:33]

(가) 예문 (A)에 실현된 ⓐ와 ⓑ 용언의 짜임새를 다음과 같이 형태소 단위로 분석할 때에, 다음의 빈칸에 들어갈 형태를 쓰시오. (단, 변동된 형태는 기본 형태로 쓰고, 현재나 과거를 나타내는 무형의 시제 선어말 어미는 '-Ø-'로 쓸 것.)

ⓐ됴ᄒᆞ니라 : ㉠(　　　　)- + ㉡-(　　　　)- + ㉢-(　　　　)- + ㉣-(　　　　)
ⓑ돋ᄂᆞ니라 : ㉮(　　　　)- + ㉯-(　　　　)- + ㉰-(　　　　)- + ㉱-(　　　　)

(나) 예문 (A)의 ⓐ와 ⓑ에 실현된 용언의 품사를 쓰고, 현대어의 뜻을 직역하여 옮기시오. (단, 활용 형태의 뜻을 반영하여 현대어로 옮길 것.)

ⓐ됴ᄒᆞ니라 : ㉠품사 : (　　　　), ㉡현대어의 뜻 : (　　　　)
ⓑ돋ᄂᆞ니라 : ㉮품사 : (　　　　), ㉯현대어의 뜻 : (　　　　)

(다) 문제 (나)에서 ⓐ와 ⓑ의 품사를 결정한 형태론적인 근거를 제시하시오.

ⓐ'됴ᄒᆞ니라'에 대한 품사의 근거 :

ⓑ'돋ᄂᆞ니라'에 대한 품사의 근거 :

5. 예문 (A)에 실현된 ⓐ~ⓙ의 단어에 대하여, 품사의 명칭을 각각 쓰시오. (단, 체언과 조사가 결합된 형태에서는 체언의 품사만 쓸 것.)

[보기 5]

(A) ㄱ. 그 나랏 ⓐᄀᆞ자ᄋᆞᆫ 낫 ᄀᆞ티 ᄇᆞᆰᄂᆞ니라 [월석 1:26]
ㄴ. 無數佛을 供養ᄒᆞᅀᆞ바 ⓑ믈읫 ᄠᅳ들 ᄉᆞᄆᆞᆺ 알며 [석상 13:42]
ㄷ. 無上 正眞 道理ᄂᆞᆫ 우 업슨 正ᄒᆞᆫ ⓒ진딧 道理라 [석상 3:10]
ㄹ. ⓓ믈읫 아ᄃᆞᆯ와 며느리 恭敬 아니ᄒᆞ며 孝道 아니커든 [내훈 3:4]
ㅁ. 부텻 나히 ⓔ셜흔둘히러시니 [석상 6:2]
ㅂ. 舍利弗아 이런 增上慢ᄒᆞᄂᆞᆫ 사ᄅᆞᄆᆞᆫ 믈러가도 ⓕ됴ᄒᆞ니라 [월석 11:109]
ㅅ. 엇뎨 ᄒᆞ마 다ᄋᆞᆫ 모수미 ⓖ어누 더으리오 [석상 9:35]
ㅇ. 識을 브터 업게 ᄒᆞᆯᄊᆡ 乃終내 ⓗ진딧 업수미 아니니 [월석 1:36]
ㅈ. 悉達이라 ᄒᆞ샤리… 자ᄇᆞ리 업시 ⓘ닐굽 거르믈 거르샤 [석상 6:17]
ㅊ. 時節이 서늘ᄒᆞ야 病이 ⓙ됸ᄂᆞ다 [두언 10:30]

ⓐ( ) ⓑ( ) ⓒ( )
ⓓ( ) ⓔ( ) ⓕ( )
ⓖ( ) ⓗ( ) ⓘ( )
ⓙ( )

2.3. 단어의 형성

2.3.1. 단어의 짜임새

1. 15세기 국어에 쓰인 단어의 짜임새와 관련하여, (가)와 (나)의 물음에 답하시오.

[보기 1]

·(A) ⓐ ᄀᆞᆯ가마괴 ⓑ ᄂᆞᆯ개 ⓒ ᄡᆞᆯ밥 ⓓ ᄒᆞᆫᄃᆡ ⓔ 검듸영
ⓕ 검븕다 ⓖ 골ᄑᆞ다 ⓗ 니ᄡᆞᆯ ⓘ 맛보다(嘗) ⓙ 불무질
ⓚ 불뭇골 ⓛ ᄉᆡ어미 ⓜ 어ᅀᅵ아ᄃᆞᆯ ⓝ 업시너기다 ⓞ 오ᄅᆞᄂᆞ리다
ⓟ 요ᄉᆞᅀᅵ ⓠ 울에(雷) ⓡ 이듬ᄒᆡ ⓢ 져ᄇᆞ리다 ⓣ 처섬
ⓤ 맛보다(遇)

(가) 예시 (A)에 제시된 단어 중에서 합성어를 고르고, 이를 통사적 합성어와 비통사적 합성어로 구분하시오. (단, ⓐ～ⓤ의 부호로 쓸 것.)

① 통사적 합성어 : ( )
② 비통사적 합성어 : ( )

(나) 예시 (A)에 제시된 단어 중에서 파생어를 고르고, 이를 접두 파생어와 접미 파생어로 구분하시오. (단, ⓐ～ⓤ의 부호로 쓸 것.)

① 접두 파생어 : ( )
② 접미 파생어 : ( )

2.3.2. 합성법

1. 15세기 국어에 쓰인 합성어의 짜임새와 관련하여, (가)와 (나)의 물음에 답하시오.

[보기 1]

(A) ⓐ ᄃᆞᆯᄀᆡ알 ⓑ ᄢᅥ디다 ⓒ ᄠᅱ놀다 ⓓ 쇠고기
ⓔ ᄉᆞᆯ지다 ⓕ ᄌᆞ물쇠 ⓖ ᄒᆞᆫ두 ⓗ 것곶다
ⓘ 나ᅀᅡ가다 ⓙ 됴쿶다 ⓚ 두ᅀᅥ ⓛ 묏기슭

ⓜ 믌결 ⓝ 사나ᄋᆞᆯ ⓞ 애긏다 ⓟ 어위크다
ⓠ 업시너기다 ⓡ 여라ᄆᆞᆫ ⓢ 열아홉 ⓣ 져므니
ⓤ 하나비

(가) ⓐ~ⓤ의 합성어를 <보기>처럼 형태소 단위로 분석하시오. (단, 각 형태소는 기본 형태로 쓰고, 용언의 기본형에서 '-다'는 분석하지 말 것.)

<보기> 검어듭다 : [검- + 어듭-]-

(나) ⓐ~ⓤ의 합성어를 통사적 합성어와 비통사적 합성어로 구분하시오.

① 통사적 합성어 : ( )
② 비통사적 합성어 : ( )

2. 15세기 국어에서 합성법으로 형성된 명사와 관련하여, 글 (B)에 제시된 빈칸에 들어갈 단어를 예시 (A)에서 찾아서 ⓐ~ⓘ로 쓰시오.

[보기 2]

(A) ⓐ 공쟝바치, ⓑ 귀엿골회, ⓒ 돌기똥, ⓓ 곳믈, ⓔ 뎌즈음, ⓕ 드르리(聽者), ⓖ 어비ᄆᆞᆫ, ⓗ 외빡, ⓘ 한비

(B) 글 (A)에 제시된 명사 중에서 ㉠( )은/는 명사 뒤에 명사가 직접적으로 붙어서 된 합성 명사이며, ㉡( )은/는 명사에 조사가 붙은 다음에 그 뒤에 다시 명사가 붙어서 된 합성 명사이다. 그리고 ㉢( )은/는 관형사 뒤에 명사가 직접 붙어서 된 합성 명사이며, ㉣( )은/는 용언의 관형사형에 명사가 붙어서 된 합성 명사이다.

3. 15세기 국어에 쓰인 단어의 짜임새와 관련하여, (가)와 (나)의 물음에 답하시오.

[보기 3]

(A) ㄱ. 이베 ⓐ ᄒᆞ오삿말 조쳐 커든 [능언 9:117]
ㄴ. 갈ᄒᆞᆯ 자바셔 ⓑ 뿟돌해 ᄀᆞ라 내요ᄆᆞᆯ 보노라 [두언 24:7]

(가) 글 (A)에 밑줄 그은 ⓐ와 ⓑ의 짜임새를, 아래의 <예시>와 같이 형태소 단위로 분석하고, 각 문법적 단위의 품사 명을 밝히시오. (단, 변동된 형태소는

기본 형태로 쓰고, 단어의 자립성 유무는 표시하지 말 것.)

<예시> 빛나-: [(빛: 명사)+(나: 동사)]

ⓐ ᄒᆞ오삿말: ㉠(　　:　　)+㉡(　　:　　)+㉢(　　:　　)
ⓑ 밫돌해　: ㉮(　　:　　)+㉯(　　:　　)+㉰(　　:　　)

(나) ⓐ와 ⓑ의 단어는 15세기 국어의 합성 명사에서 나타나는 일반적인 조어 방법과는 다른 공통적인 특징이 있다. 이 두 단어에서 나타나는 조어법상의 특징을 간략히 기술하시오.

4. 15세기 국어에서 용언의 합성법과 관련하여, 글 (B)에 제시된 빈칸에 들어갈 단어를 (A)에서 찾아서 쓰시오. (단, ⓐ~ⓜ으로 쓸 것.)

[보기 4]

(A) ⓐ ᄀᆞᄅᆞ디르다　ⓑ ᄃᆞ라들다　ⓒ 검어듭다　ⓓ 그지없다
ⓔ 나ᅀᅡ가다　ⓕ 됴쿶다　ⓖ 번삼다　ⓗ 본받다
ⓘ 뛰놀다　ⓙ 빌먹다　ⓚ 앒셔다　ⓛ 업시너기다
ⓜ 여위ᄆᆞᄅᆞ다

(B) 예시 (A)에 제시된 용언 중에서 ㉠(　　)은/는 체언과 용언이 직접적으로 결합되어서 형성되었다. ㉡(　　)은/는 부사에 용언이 결합하여어서 형성되었다. 그리고 ㉢(　　)은/는 용언 어간과 용언 어간이 직접적으로 결합되어서 형성되었으며, ㉣(　　)은/는 용언 어간과 용언 어간이 결합하는 과정에서 연결 어미가 실현되어서 형성되었다.

5. 15세기 국어의 단어 형성 방법과 관련하여, (가)와 (나)의 물음에 답하시오.

[보기 5]

(A) 公孫이 지즈로 險호ᄆᆞᆯ 믿ᄂᆞ니 候景을 <u>사ᄅᆞ잡디</u> 몯ᄒᆞ얏도다 [두언 3:18]

(가) 예문 (A)에 실현된 '사ᄅᆞ잡디'를 형태소 단위로 다음과 같이 분석할 때에, 아래의 ㉠~㉣의 빈칸에 형태소를 넣으시오.

(분석) 사ᄅᆞ잡디 : ㉠(　　　)- + ㉡-(　　　)- + ㉢(　　　)- + ㉣-(　　　)

(나) '사ᄅᆞ잡디'를 '문제 (가)'와 같이 분석할 때에, ㉠~㉣에 들어갈 형태소를 각각 '어근', '파생 접사', '굴절 접사'로 구분하여 쓰시오.

㉠(　　　)　㉡(　　　)　㉢(　　　)　㉣(　　　)

6. 15세기 국어의 단어 형성법과 관련하여, 글 (B)의 빈칸에 들어갈 말을 쓰시오.(단, ㉠~㉥에는 어근의 품사명을 쓰고 ㉦에는 단어의 품사명을 쓸 것.)

[보기 6]

(A) ㄱ. 어버ᅀᅵ 子息 ᄉᆞ랑호ᄆᆞᆫ ⓐ아니한 ᄉᆞᅀᅵ어니와 [석상 6:3]
ㄴ. ⓑ온갓 고지 옷곳호ᄆᆞᆯ 샹녜 ᄉᆡᇰ각ᄒᆞ노라 [영남 상:8]
ㄴ. 이 ᄲᅮᆫ 아니라 ⓒ녀나ᄆᆞᆫ 祥瑞도 하며 [월석 2:46]

(B) ⓐ의 '아니한'은 ㉠'(　　　)'와/과 ㉡'(　　　)'이/가 결합하여서, ⓑ의 '온갓'은 ㉢'(　　　)'와/과 ㉣'(　　　)'이/가 결합하여서, ⓒ의 '녀나ᄆᆞᆫ'은 ㉤'(　　　)'와/과 ㉥'(　　　)'이/가 결합하여서 형성되었다. 이와 같은 방법으로 형성된 ⓐ, ⓑ, ⓒ의 품사는 모두 ㉦(　　　)라는 공통점이 있다.

7. 15세기 국어의 합성법과 관련하여, 글 (B)의 빈칸에 들어갈 말을 쓰시오.(단, ㉠~㉥에는 어근의 품사명을 쓰고 ㉦에는 단어의 품사명을 쓸 것.)

[보기 7]

(A) ㄱ. 至極ᄒᆞ야 말로 ⓐ몯다 닐오미 妙ㅣ라 [월석 4:15]
ㄴ. 中使ㅣ ⓑ나날 서르 타오놋다 [두언 8:8]
ㄷ. 부톄 … ⓒ외ᄠᆞ로 나샤 구피디 아니ᄒᆞ실씨 [월석 9:11]

(B) ⓐ의 '몯다'는 ㉠'(　　　)'와/과 ㉡'(　　　)'이/가 결합하여서, ⓑ의 '나날'은 ㉢'(　　　)'와/과 ㉣'(　　　)'이/가 결합하여서, ⓒ의 '외ᄠᆞ로'는 ㉤'(　　　)'와/과 ㉥'(　　　)'이/가 결합하여서 형성된 단어이다. 이와

같은 방법으로 형성된 ⓐ, ⓑ, ⓒ 단어의 품사는 모두 ㈀(　　　　)라는 공통점이 있다.

8. 예시 (A)에서 ⓐ~ⓩ은 어근과 어근이 합쳐져서 형성된 합성어이다. ⓐ~ⓩ의 합성어를 어근₁과 어근₂로 분석하고, 이들 어근이 합성되는 과정에서 나타나는 형태의 변동 양상을 설명하시오.

[보기 8]

(A) ① 가막가치　② 가ᄉᆞ며살다　③ ᄀᆞᄅᆞ비　④ 나ᅀᅡ가다
⑤ 녀나ᄆᆞᆫ　⑥ 대받　⑦ 대범　⑧ 됴쿳다
⑨ 드나ᄃᆞᆯ다　⑩ ᄃᆞ라들다　⑪ 메밧다　⑫ 므너흘다
⑬ 믓결　⑭ 바ᄅᆞᆺ믈　⑮ 빗나다　⑯ 비ᅀᅳᆯㅎ
⑰ 사나ᄋᆞᆯ　⑱ 아라우ㅎ　⑲ 암ᄃᆞᆯ마기　⑳ 여닐굽
㉑ 여나ᄆᆞᆫ　㉒ 한숨　㉓ 어버ᅀᅵ

(B) <조건>
· 각 어근은 기본 형태로 쓸 것.
· 변동 양상은 음운의 '탈락', '교체', '축약'으로 쓸 것.
· 어근 사이에 실현된 연결 어미와 관형격 조사는 (　)로 묶을 것.

(C) <분석의 예시>
ㄱ. 므쇼:　[어근] 믈 + 쇼　[변동] 탈락: /ㄹ/의 탈락
ㄴ. 븓질긔다: [어근] 븥- + 질긔-　[변동] 교체: /ㅌ/ → /ㄷ/
ㄷ. 수ᄐᆞᆰ:　[어근] 수ㅎ + ᄃᆞᆰ　[변동] 축약: /ㅎ/ + /ㄷ/ → /ㅌ/
ㄹ. 빗곶:　[어근} 빗 + (-ㅅ) + 곶　[변동] 교체: /ㅈ/ → /ㅅ/

① 가막가치:

② 가ᄉᆞ며살다:

③ ᄀᆞᄅᆞ비:

④ 나ᅀᅡ가다:

⑤ 녀나ᄆᆞᆫ :

⑥ 대ᄇᆞᆫ :

⑦ 대범 :

⑧ 됴쿳다 :

⑨ 드나ᄃᆞᆯ다 :

⑩ ᄃᆞ라들다 :

⑪ 메밧다 :

⑫ 므너흘다 :

⑬ 믓결 :

⑭ 바ᄅᆞᆺ믈 :

⑮ 빗나다 :

⑯ ᄇᆡ슬ㅎ :

⑰ 사나ᄋᆞᆯ :

⑱ 아라우ㅎ :

⑲ 암ᄃᆞᆯ마기 :

⑳ 여닐곱 :

㉑ 여나ᄆᆞᆫ :

㉒ 한숨 :

㉓ 어버ᅀᅵ :

2.3.3. 파생법

1. 예문 (A)에 제시된 ⓐ와 ⓑ의 복합어에 대하여, (가)와 (나)의 물음에 답하시오.

[보기 1]

(A) ㄱ. 淨飯王이 … 즉자히 나랏 ⓐ<u>어비ᄆᆞᆫ내ᄅᆞᆯ</u> 모도아 [석상 6:9]
ㄴ. ⓑ<u>너희ᄃᆞᆯ히</u> 엇데 瞿曇이ᄅᆞᆯ 請호려 ᄒᆞᄂᆞ다 [월석 13:62]

(가) 예문 (A)의 ⓐ와 ⓑ에서 조사의 형태를 제거하여, 체언의 형태를 추출하시오.

ⓐ : ( ) ⓑ : ( )

(나) 위의 (가) 문제에서 추출한 체언을 어근과 파생 접사의 형태소 단위로 분석하시오. (단, <예시>의 분석 방법을 따를 것.)

<예시> 불무질 : (불무 : 어근) + (-질 : 파생 접사)

ⓐ : ㉠( ) + ㉡( ) + ㉢( )
ⓑ : ㉮( ) + ㉯( ) + ㉰( )

2. 예문 (A)를 참조하여 글 (B)의 빈칸에 들어갈 말을 쓰시오. (단, ㉠, ㉡, ㉢에는 품사의 명칭을 쓰고, ㉮에는 기능으로 구분한 파생 접사의 종류를 쓸 것.)

[보기 2]

(A) ㄱ. 羅睺阿脩羅王ᄋᆞᆫ 本來ㅅ 몺 ⓐ<u>기리</u> 七百 由旬이오 [석상 13:9]
ㄴ. 어딘 버들 맛나아 魔 그므를 ⓑ<u>기리</u> 그츠며 [월석 14:33]
ㄷ. 위안햇 柑子ㅣ ᄌᆞ랄 ᄢᅴ ⓒ<u>기릐</u> 세 寸만 ᄒᆞ야 [두언 15:3]

(B) ⓐ, ⓑ, ⓒ는 모두 '길다'에서 파생된 단어이다. 곧, ⓐ는 형용사 어근인 '길-'에 ㉠( )를 파생하는 접미사인 '-이'가 붙어서, ⓑ는 ㉡( )를 파생하는 접미사인 '-이'가 붙어서, ⓒ는 ㉢( )를 파생하는 접미사인 '-의'가 붙어서 새로운 품사의 단어로 파생되었다. 여기서 ⓐ와 ⓑ의 '-이'와 ⓒ의 '-의'와 같은 파생 접미사는 모두 어근의 문법적인 성질을 바꾸는 기능을 하였으므로, ㉮ '( ) 접사'에 해당한다.

3. 명사 중에서는 용언의 어간에 파생 접미사가 붙어서 형성된 것이 있다. 예문 (A)의 ⓐ~ⓒ의 빈칸에 현대어의 ⓐ'춤(舞)', ⓑ'웃음(笑)', ⓒ'울음(泣)'에 대응되는 15세기 국어의 파생 명사의 형태를 각각 쓰시오. (단, 각 파생 명사에는 조사를 실현하지 말 것.)

[보기 3]

(A) ㄱ. 樂ᄋᆞᆫ 풍류니 놀애 ⓐ(　　　) 트렛 ᄌᆡ죄라 [석상 13:9]
ㄴ. ᄒᆞ오ᅀᅡ ⓑ(　　　) 우ᅀᅡ 精舍ㅅ 功德 니ᄅᆞ고 [월천 기168]
ㄷ. 그 새 그 거우루엣 제 그르메를 보고 ⓒ(　　　) 우니 [석상 24:20]

4. 예문 (A)에 실현된 ⓐ와 ⓑ의 단어에 대하여, (가)와 (나)의 물음에 답하시오.

[보기 4]

(A) ㄱ. 네 迦毗羅國에 가아…ⓐ<u>아자바님내ᄭᅴ</u> 다 安否ᄒᆞᅀᆞᆸ고 [석상 6:1]
ㄴ. ⓑ<u>아ᄌᆞ마니ᄆᆞᆫ</u> 大愛道ᄅᆞᆯ 니르시니 [석상 6:1]

(가) 예문 (A)의 ⓐ와 ⓑ에서 조사의 형태만 제거하여, 명사의 형태를 각각 추출하시오.

ⓐ(　　　)　　　ⓑ(　　　)

(나) 위의 '문제 (가)'에서 추출한 체언의 짜임새를 어근과 파생 접사의 형태소 단위로 분석하시오. (단, 변동된 형태는 변동된 대로 쓸 것.)

ⓐ: ㉠(　　　) + ㉡(　　　) + ㉢(　　　)
ⓑ: ㉮(　　　) + ㉯(　　　)

(다) 위의 '문제 (나)'에서 ㉡과 ㉢에 들어갈 파생 접사의 기능을 간략하게 설명하시오. (단, 문법 범주의 이름을 쓸 것.)

㉡(　　　) 표현의 기능
㉢(　　　) 표현의 기능

(라) ⓐ와 ⓑ에 실현된 '아자바'와 'ᄋᆞᄌᆞ마'의 기본 형태를 쓰시오.

ⓐ(　　　)　　　ⓑ(　　　)

5. 글 (B)와 글 (C)의 빈칸에 들어갈 언어 단위의 형태를 쓰시오. (단, 파생 접미사, 어간, 어미의 형태로 구분하여서 쓰되, 자립성의 유무는 '-'의 부호로 표기할 것.)

[보기 5]

(A) ㄱ. 봆 ᄇᆞᄅᆞ매 仲宣의 樓에셔 머리 ⓐ도ᄅᆞ혀 ᄇᆞ라노라 [석상 6:1]
ㄴ. 범을 그리다가 일우디 몯ᄒᆞ면 ⓑ도ᄅᆞ혀 가히 ᄀᆞᆮ다 ᄒᆞ미라 [내훈 1:38]

(B) ⓐ의 '도ᄅᆞ혀'는 어근인 '돌-'에 파생 접미사인 ㉠'(　　)', ㉡'(　　)'이/가 차례로 붙어서 동사의 어간인 ㉢'(　　)'을/를 형성하다. 그리고 이 동사 어간에 다시 연결 어미인 ㉣'(　　)'이/가 붙어서 활용하였다.

(C) ⓑ의 '도ᄅᆞ혀'는 어근인 '돌-'에 파생 접미사인 ㉮'(　　)', ㉯'(　　)', ㉰'(　　)'이/가 차례로 붙어서 부사로 파생되었다. 이때에 ㉰는 원래는 연결 어미였는데, 여기서는 부사를 파생하는 접미사로 기능한 것이다.

6. 예문 (A)에 제시된 ⓐ~ⓓ의 빈칸에 용언 어간의 형태를 쓰시오. (단, '어르-, 흐르-, 므르-, 오ᄅᆞ-'에 사동 접미사 '-이-'가 붙어서 형성된 어간의 형태로 쓸 것.)

[보기 6]

(A) ㄱ. 父母ㅣ 나를 北方 싸ᄅᆞᆯ ⓐ(　　　)시니 [월석 10:23]
ㄴ. 天龍 鬼神이 이 말 듣ᄌᆞᆸ고 눉믈 ⓑ(　　　)며 [석상 11:23]
ㄷ. 太子ㅣ…즘게 미틔 쉬시며 뫼ᅀᆞᄫᆞᆫ 사ᄅᆞᆷ ⓒ(　　　)시고 [석상 3:19]
ㄹ. 樹神이 塔ᄋᆞᆯ 가져와 내게 ⓓ(　　　)고 [월석 25:38]

ⓐ 어르-(娶) : (　　　　　　)　ⓑ 흐르-(落) : (　　　　　　)
ⓒ 므르-(退) : (　　　　　　)　ⓓ 오ᄅᆞ-(登) : (　　　　　　)

7. 예문 (A)에 제시된 ⓐ~ⓕ의 빈칸에 들어갈 용언 어간의 활용 형태를 쓰시오. (단, 용언의 어근에 사동 접미사인 '-우-', '-이-', '-ᄋᆞ-' 등이 실현된 형태로 쓸 것.)

[보기 7]

(A) ㄱ. 깊 ᄀᆞᅀᅢ 百姓이 큰 功ᄋᆞᆯ ⓐ(　　　)ᅀᆞᄫᆞ니 [용가 57장]
ㄴ. 如來 위ᄒᆞᅀᆞᄫᅡ 精舍ᄅᆞᆯ ⓑ(　　　)ᅀᆞᄫᅡ 지이다 [석상 6:24]

(B) ㄱ. 城 안해 세 뎔 일어 숭 ⓒ(　　　)시니라 [월석 2:77]
ㄴ. 冷水는 能히 답쪄 주그닐 도로 ⓓ(　　　)ᄂᆞ니 [법언 2:203]

(C) ㄱ. 能히 ᄒᆞᆯ롤 ⓔ(　　　)샤 ᄒᆞᆫ 劫 ᄆᆡᆼᄀᆞᄅᆞ시며 [법언 5:88]
ㄴ. 太子ㅣ 져머 겨시니 뉘 ⓕ(　　　)ᅀᆞᄫᆞ려뇨 [석상 3:3]

(D) 예문 (A)에는 '일-(成)', (B)에는 '살-(生)', (C)에는 '길-(長)'을 어근으로 하는 동사에, 각기 다른 형태의 사동 접미사가 붙어서 사동사가 실현되었다. 그런데 (A)에서 ⓐ의 ㉠'(　　　)'은/는 어떤 일을 '성취함(成)'의 뜻으로 쓰이는 데에 반해서, ⓑ의 ㉡'(　　　)'은/는 집이나 탑과 같은 건물 등을 '세우다(建)'의 뜻으로 쓰인다. (B)에서 ⓒ의 ㉢'(　　　)'은/는 '~에서 살게 하다(住)'의 뜻으로 쓰였는 데에 반해서, ⓓ의 ㉣'(　　　)'은/는 '목숨을 살리다(活)'의 뜻으로 쓰였다. (C)에서 ⓔ의 ㉤'(　　　)'은/는 '길게 하다(延長)'의 뜻을 나타내는 데에 반해서, ⓕ의 ㉥'(　　　)'은/는 '기르다(養)'의 뜻을 나타낸다

8. 예문 (A) 실현된 ⓐ와 ⓑ의 단어가 형성된 방식과 관련하여, (가)와 (나)의 물음에 답하시오.

[보기 8]

(A) ㄱ. 婇女ㅣ 功德 닷ᄀᆞ샤 三年을 ⓐ치오시니 [월석 8:79]
ㄴ. 부텻 知見으로 衆生ᄋᆞᆯ ⓑ알외오져 ᄒᆞ시며 [월석 11:115]

(가) ⓐ와 ⓑ의 뜻을 현대어로 옮기시오. (단, 활용 형태의 의미도 포함할 것.)

ⓐ 치오시니 : (　　　　　　)
ⓑ 알외오져 : (　　　　　　)

(나) ⓐ와 ⓑ의 용언을 형태소 단위로 분석하시오. (단, 어근, 파생 접미사, 활용 어미의 형태를 밝히되, 각각 기본 형태로 쓸 것.)

ⓐ 치오시니 : ㉠(　　)- + ㉡-(　　)- + ㉢-(　　)- + ㉣-(　　)- + ㉤-(　　)
ⓑ 알외오져 : ㉮(　　)- + ㉯-(　　)- + ㉰-(　　)- + ㉱-(　　)

9. 예문 (A)에 실현된 '니ᄅᆞ와다'의 단어 형성 방법과 관련하여, (가)와 (나)의 물음에 답하시오.

[보기 9]

(A) ㄱ. 四面에 블이 ⓐ니러 갌 길히 이블씨 [월천 22:4]
ㄴ. 須達이 이 말 듣고 부텻긔 發心을 ⓑ니ᄅᆞ와다 언제 새어든 부텨를 가 보ᅀᆞᄫᆞ려뇨 ᄒᆞ더니 [석상 6:10]

(B) ⓑ의 '니ᄅᆞ와다'는 어근인 ㉠'(　　　)'에 파생 접미사인 ㉡'(　　　)'와/과 ㉢'(　　　)'이/가 붙어서 동사의 어간인 ㉣'(　　　)'을/를 형성하였다. 그리고 이 어간에 연결 어미인 ㉤'(　　　)'이/가 붙어서 활용하였다.

(가) ⓐ와 ⓑ에 제시된 활용 형태의 의미를 현대어로 직역하여 옮기시오.

ⓐ니러 : (　　　　　　　)　ⓑ니ᄅᆞ와다 : (　　　　　　　)

(나) 글 (B)에 설정된 ㉠~㉤의 빈칸에 적절한 형태소의 형태를 쓰시오.

10. 예문 (A)에 실현된 ⓐ의 단어가 형성된 방법과 관련하여, (가)와 (나)의 물음에 답하시오. (단, ⓐ와 ⓑ의 의미와 형태를 고려할 것.)

[보기 10]

(A) ㄱ. 升은 ⓐ되오 斗는 마리라 [월석 9:7]
ㄴ. 둘히 손소 줄 마조 자바 터 ⓑ되더니 [석상 6:35]

(가) ⓑ 단어의 기본형을 밝히고, 단어의 품사를 각각 쓰시오.

㉠기본형 — (　　　　　)　㉡품사 — (　　　　　)

(나) ⓑ의 단어가 ⓐ의 단어에서 파생되었다고 가정할 때에, ⓑ 단어가 형성된 방법을 간단히 설명하시오. (단, 기본형으로 설명할 것.)

11. 15세기 국어에서 피동 접미사인 '-이-, -히-, -기-'는 그것이 붙는 어근의 음운론적 환경에 따라서 구분되어 실현되었다. 이와 관련하여 예시 (A)에 제시된 능동사 ⓐ~ⓗ의 어근에 피동 접미사인 '-이-, -히-, -기-'가 붙어서 파생된 피동사의 형태를 빈칸에 쓰시오. (단, 피동사의 기본형으로 쓸 것.)

[보기 11]

(A) ⓐ 곶다(挿) : (   )   ⓑ ᄀᆞᆯ다(磨) : (   )
ⓒ 닫다(閉) : (   )   ⓓ ᄃᆞᆷ다(貯) : (   )
ⓔ 뭈다(束) : (   )   ⓕ 숢다(烹) : (   )
ⓖ 앓다(痛) : (   )   ⓗ 엱다(置) : (   )

12. 예문 (A)에 실현된 ⓐ, ⓑ, ⓒ의 단어가 형성된 방법과 관련하여, (가)와 (나)의 물음에 답하시오.

[보기 12]

(A) ㄱ. 生死애 ⓐ ᄆᆡ왼 根源을 알오져 ᄒᆞᇙ딘댄 [능언 5:5]
ㄴ. 使ᄂᆞᆫ ⓑ ᄒᆡᅇᅧ ᄒᆞᄂᆞᆫ 마리라 [훈언 3]
ㄷ. 王이 威嚴이 업서 ᄂᆞᄆᆡ 소내 ⓒ 쥐ᅇᅧ 이시며 [월석 2:11]

(가) ⓐ, ⓑ, ⓒ의 용언을 어간 부분과 어미 부분으로 구분하여 그 형태를 쓰시오. (단, 변동된 형태는 변동된 대로 적을 것.)

ⓐ ᄆᆡ왼 : (   ) + (   )
ⓑ ᄒᆡᅇᅧ : (   ) + (   )
ⓒ 쥐ᅇᅧ : (   ) + (   )

(나) ⓐ, ⓑ, ⓒ의 용언에서 어간의 짜임새를 어근과 파생 접사의 형태로 구분하시오. (단, 변동된 형태는 변동된 대로 적을 것.)

ⓐ 어간의 짜임새 : (   ) + (   )
ⓑ 어간의 짜임새 : (   ) + (   )
ⓒ 어간의 짜임새 : (   ) + (   )

(다) ⓐ, ⓑ, ⓒ의 용언에 실현된 파생 접미사의 기본 형태를 쓰고, 파생 접미사의

기능을 밝히시오.

① 기본 형태 : ( ) ② 기능 : ( )

(라) ⓐ, ⓑ, ⓒ의 용언에 실현된 접미사가 기본 형태에서 각각의 변이 형태로 변동한 조건을 간략히 설명하시오.

ⓐ의 접미사 :

ⓑ의 접미사 :

ⓒ의 접미사 :

13. 예문 (A)에 실현된 ⓐ, ⓑ, ⓒ, ⓓ의 단어가 형성된 방법과 관련하여, (가)~(나)의 물음에 답하시오.

[보기 13]

(A) ㄱ. 忠心ᄋᆞ로 슬허 눉믈 디니 ᄇᆡ 아니 ⓐ골ᄑᆞ시며 [월석 20:54]
ㄴ. 有情이 … ⓑ믜ᄫᅳᆫ 사ᄅᆞᄆᆡ 일훔 쓰며 얼구를 ᄆᆡᇰᄀᆞ라 [석상 9:17]
ㄷ. 天下애 ⓒ앗가ᄫᅳᆫ 거시 몸 ᄀᆞᄐᆞ니 업스니이다 [석상 11:19]
ㄹ. 歡樂은 ⓓ깃버 즐거ᄫᅳᆯ 씨라 [석상 9:34]

(가) 예문 (A)에서 ⓐ, ⓑ, ⓒ, ⓓ에 실현된 용언의 기본형을 쓰시오.

ⓐ ( ) ⓑ ( )
ⓒ ( ) ⓓ ( )

(나) 용언 ⓐ, ⓑ, ⓒ, ⓓ의 어간의 짜임새를 고려하여 어근과 파생 접사의 형태로 구분하시오. (단, 어근의 형태는 기본 형태로 쓰고, 파생 접사의 형태는 변동된 대로 쓸 것.)

ⓐ : ( )- + -( )-
ⓑ : ( )- + -( )-
ⓒ : ( )- + -( )-
ⓓ : ( )- + -( )-

14. 예문 (A)에 실현된 'ᄉᆞ랑ᄒᆞᆸ디'의 단어가 형성된 방법과 관련하여, (가)와 (나)의 물음에 답하시오.

[보기 14]

(A) ᄆᆞᅀᆞ미 無常ᄋᆞᆯ 보면 一切 法이 다 됴히 ⓐ ᄉᆞ랑ᄒᆞᆸ디 아니커늘 [법언 2:111]

(가) 'ᄉᆞ랑ᄒᆞᆸ디'를 형태소 단위로 분석하였을 때에, 빈칸에 들어갈 형태를 쓰시오.

ⓐ ᄉᆞ랑ᄒᆞᆸ디 : ㉠(　　　) + ㉡-(　　　)- + ㉢-(　　　)- + ㉣-(　　　)

(나) 위의 문제 (가)에서 ㉡과 ㉢의 빈칸에 들어갈 파생 접미사의 기능과 관련하여, 다음의 빈칸에 들어갈 말을 쓰시오. (단, 빈칸에는 품사의 명칭을 쓸 것.)

- ㉡의 접미사 : ㉮(　　　)를 ㉯(　　　)로 파생하는 기능
- ㉢의 접미사 : ㉰(　　　)를 ㉱(　　　)로 파생하는 기능

15. 15세기 국어의 파생법과 관련하여, 글 (A)에 제시된 파생어를 참조하여 글 (B)의 빈칸에 들어갈 말을 쓰시오. (단, 빈칸에는 음운론적 환경을 쓸 것.)

[보기 15]

(A) '疑心ᄃᆞᆸ다', '쥬변ᄃᆞᆸ다' ; '새롭다', '겨르롭다' ; '녜롭다', '조ᄉᆞ롭다'는 명사 어근에 파생 접미사인 '-ᄃᆞᆸ-', '-롭-', '-롭-' 등이 붙어서 파생된 형용사이다.

(B) 접미사인 '-ᄃᆞᆸ-'은 ㉠(/ 　 /)을/를 제외한 ㉡(　　　)(으)로 끝나는 어근 뒤에서 실현된다. 반면에 '-롭-'은 ㉢(/ 　 /)(이)나 ㉣(　　　)(으)로 끝나는 어근 뒤에서 실현된다. 따라서 '-ᄃᆞᆸ-'과 '-롭-'은 변이 형태가 교체되는 조건으로 보면 '음운론적으로 조건된 변이 형태'이다. 그리고 접미사인 '-롭-'은 접미사인 ㉮'(　　　)'와/과 수의적으로 교체된다.

16. 예문 (A)에 실현된 '모ᄃᆞᆫ'과 '오ᄋᆞᆫ'의 단어가 형성된 방법과 관련하여, (가)~(다)의 물음에 답하시오.

[보기 16]

(A) ㄱ. ᄒᆞᆫ낱 머릿 터러글 ⓐ 모ᄃᆞᆫ 하ᄂᆞᆯ히 얻ᄌᆞᄫᅡ [용가 91장]
　　ㄴ. ⓑ 오ᄋᆞᆫ 世옛 어느 사ᄅᆞ미 이 맛 아ᄂᆞ뇨 [영남 하:8]

(가) 예문 (A)에 실현된 '모ᄃᆞᆫ'과 '오ᄋᆞᆫ'의 품사명을 쓰시오.

ⓐ 모ᄃᆞᆫ : (　　　　　　)　　ⓑ 오ᄋᆞᆫ : (　　　　　　)

(나) '모ᄃᆞᆫ'과 '오ᄋᆞᆫ'을 어근과 파생 접사의 형태로 각각 분석하시오. (단, 어근은 기본 형태로 쓰고, 파생 접사는 변동된 대로 쓸 것.)

ⓐ 모ᄃᆞᆫ : ㉠ (　　　　　　)- + ㉡ -(　　　　　　)
ⓑ 오ᄋᆞᆫ : ㉮ (　　　　　　)- + ㉯ -(　　　　　　)

(다) '모ᄃᆞᆫ'과 '오ᄋᆞᆫ'에서 분석한 어근의 품사명을 각각 쓰시오.

ⓐ '모ᄃᆞᆫ'에서 분석한 어근의 품사 : (　　　　　　)
ⓑ '오ᄋᆞᆫ'에서 분석한 어근의 품사 : (　　　　　　)

17. 예문 (A)에 실현된 '훤츨히'와 'ᄀᆞᄃᆞ기'의 단어가 형성되는 과정과 관련하여, (가)와 (나)의 물음에 답하시오.

[보기 17]

(A) ㄱ. 다ᄅᆞᆫ가 疑心ᄒᆞ야 分別ᄒᆞ던 ᄠᅳ디 ⓐ 훤츨히 업스리라　[능언 2:58]
　　ㄴ. 倉庫ㅣ ⓑ ᄀᆞᄃᆞ기 넘ᄶᅵ고　[석상 9:20]

(B) ⓐ의 '훤츨히'는 어근인 '훤츨'에 파생 접미사인 ㉠ '(　　　　)'이/가 붙어서 형용사의 어간인 ㉡ '(　　　　)'이/가 형성된 다음에, 여기에 다시 파생 접미사인 ㉢ '(　　　　)'이/가 붙어서 형성된 파생 부사이다.

(C) ⓑ의 'ᄀᆞᄃᆞ기'는 어근인 'ᄀᆞᄃᆞᆨ'에 파생 접미사인 ㉮ '(　　　　)'이/가 붙어서 형용사의 어간인 ㉯ '(　　　　)'이/가 형성된 다음에, 여기에 다시 파생 접미사인 ㉰ '(　　　　)'이/가 붙어서 형성된 파생 부사이다.

(가) 글 (B)와 글 (C)의 빈칸에 들어갈 언어 단위의 형태를 쓰시오. (단, 파생 접미사, 어간, 어미의 형태를 쓰되, 자립성 유무는 '-'의 부호로 표기할 것.)

① 글 (B) : ㉠ (　　　　)　㉡ (　　　　)　㉢ (　　　　)
② 글 (C) : ㉮ (　　　　)　㉯ (　　　　)　㉰ (　　　　)

(나) 파생 부사인 '훤츨히'와 'ᄀᆞᄃᆞ기'가 형성되는 과정에서 일어난 음운 변동 현상을 각각 간략히 쓰시오.

① 훤츨히 : (   )
② ᄀᆞᄃᆞ기 : (   )

18. 예문 (A)에 실현된 ⓐ~ⓒ의 파생 부사가 형성된 방법(단어 형성법)과 관련하여, (가)와 (나)의 물음에 답하시오.

[보기 18]

(A) ㄱ. ᄒᆞᆫᄢᅴ ᄂᆞᄂᆞᆫ 나뵈ᄂᆞᆫ ⓐ본ᄃᆡ로 서르 좃고 [두언 15:32]
ㄴ. ⓑᄆᆞᄎᆞᆷ내 제 ᄠᅳ들 시러 펴디 몯ᄒᆞᇙ 노미 하니라 [훈언 2]
ㄷ. 禮數를 群臣 봄과 ⓒ달이 ᄒᆞ더시니라 [두언 24:23]

(가) ⓐ의 '본ᄃᆡ로', ⓑ의 'ᄆᆞᄎᆞᆷ내', ⓒ의 '달이'를 어근의 형태와 파생 접사의 형태로 구분하시오. (단, 어근은 기본 형태로 쓰고, 형태소의 자립성 여부는 고려하지 말 것.)

ⓐ 본ᄃᆡ로 : ㉠(   ) + ㉡(   )
ⓑ ᄆᆞᄎᆞᆷ내 : ㉮(   ) + ㉯(   ) + ㉰(   )
ⓒ 달이 : ①(   ) + ②(   )

(나) ⓐ, ⓑ, ⓒ의 단어에서 어근의 품사를 밝히고, 각 단어가 파생된 방법이 '어휘적 파생법'인지 '통사적 파생법'인지 밝히시오.

	품사의 이름		파생의 방법
ⓐ 본ᄃᆡ로 :	㉠( )	—	㉡( ) 파생법
ⓑ ᄆᆞᄎᆞᆷ내 :	㉮( )	—	㉯( ) 파생법
ⓒ 달이 :	①( )	—	②( ) 파생법

19. 예문 (A)에 실현된 ⓐ와 ⓑ의 단어가 형성된 방법과 관련하여, (가)~(다)의 물음에 답하시오.

[보기 19]

(A) ㄱ. 네 사괴ᄂᆞᆫ ᄠᅳ든 엇데 오히려 ⓐ새로이 ᄒᆞᄂᆞ뇨 [두언 9:23]
ㄴ. ⓑ마초아 흥졍바지 舍衛國으로 가리 잇더니 [석상 6:15]

(가) ⓐ와 ⓑ를 형태소 단위로 분석하시오. (단, 어근과 접사는 기본 형태로 쓸 것.)

① 새로이 : ㉠(　　　) + ㉡(　　　) + ㉢(　　　)
② 마초아 : ㉮(　　　) + ㉯(　　　) + ㉰(　　　)

(나) 앞의 문제 (가)에서 추출한 어근인 ㉠과 ㉮의 품사를 쓰시오.

① 어근 ㉠의 품사 : (　　　　)
② 어근 ㉮의 품사 : (　　　　)

(다) 앞의 문제 (가)에서 추출한 파생 접미사의 기능을 간략하게 기술하시오.

① 접미사 ㉡의 기능 : (　　　　　　　　)
② 접미사 ㉢의 기능 : (　　　　　　　　)
③ 접미사 ㉯의 기능 : (　　　　　　　　)
④ 접미사 ㉰의 기능 : (　　　　　　　　)

20. 예문 (A)에 실현된 'ᄀᆞᆮ'의 단어 형성 방법에 관하여, (가)와 (나)의 물음에 답하시오.

[보기 20]

(A) ㄱ. 하ᄂᆞᇗ 벼리 눈 ⓐ ᄀᆞᆮ 디니이다 [용가 50장]
ㄴ. ᄒᆞᄅᆞ 二十 里ᄅᆞᆯ 녀시ᄂᆞ니 轉輪王ᄋᆡ 녀샤미 ⓑ ᄀᆞᄐᆞ시니라 [석상 6:23]

(가) ⓐ에 실현된 'ᄀᆞᆮ'의 의미를 현대어로 옮기고, 품사의 명칭을 쓰시오.

① 의미 : (　　　　)　② 품사 : (　　　　)

(나) ⓐ의 'ᄀᆞᆮ'을 어근에 파생 접미사가 붙어서 형성된 단어로 볼 때, 어근의 기본 형태와 품사를 쓰시오. (단, ⓑ의 의미, 형태, 품사를 감안할 것.)

① 기본 형태 : (　　　　)　② 품사 : (　　　　)

(다) ⓐ의 'ᄀᆞᆮ'이 형성된 과정을 ⓑ의 'ᄀᆞᄐᆞ시니라'와 관련시켜서, 간략히 설명하시오.

21. 예문 (A)의 ⓐ와 ⓑ에 실현된 파생 접미사의 기능과 관련하여, 글 (B)의 빈칸에 들어갈 말을 쓰시오. (단, ㉠, ㉡과 ㉮, ㉯에는 형태소의 형태를 쓰고, ①에는 문법적인 단위(성분절)의 명칭을 쓸 것.)

[보기 21]

(A) ㄱ. 그제ᅀᅡ 王이 즁님내ᄭᅴ 우브터 아래 ⓐ니르리 손ᅀᅩ 진지ᄒᆞ야 供養ᄒᆞ고 [석상 24:48]

ㄴ. 그 가온ᄃᆡ 구룺 氣運이 ᄂᆞᄂᆞᆫ 龍ᄋᆞᆯ ⓑ조초 잇도다 [두언 16:32]

(B) 파생 접미사가 굴절 접사로 기능하는 특수한 경우가 있다. 예를 들어서 '니르리'는 어근인 ㉠'(　　　)'에 파생 접미사인 ㉡'(　　　)'이/가 붙었는데, 이때 어근인 ㉠은 '우브터 아래'에 대하여 서술어로 기능한다. 그리고 '조초'는 어근인 ㉮ '(　　　)'에 파생 접미사인 ㉯'(　　　)'이/가 붙었는데, 이때 어근인 ㉮는 '氣運이'와 '龍ᄋᆞᆯ'에 대하여 서술어로 기능한다. 따라서 '니르리'와 '조초'는 통사적인 특징으로 볼 때에, 문장에서 ①(　　　) 을/를 형성하는 기능한다.

22. 예문 (A)에 실현된 ⓐ, ⓑ, ⓒ, ⓓ의 단어가 형성된 방법과 관련하여, (가)~(다)의 물음에 답하시오.

[보기 22]

(A) ㄱ. ⓐ그르 알면 外道ㅣ오 正히 알면 부톄시니라 [월석 1:51]

ㄴ. ᄒᆞ다가 ⓑᄀᆞᄆᆞ라 비 아니 오ᄂᆞᆫ ᄡᅡ히 잇거든 [월석 10:84]

ㄷ. 묏도ᄌᆞ기 와 주기며 아ᅀᆞ ⓒ거싀 기튼 거시 업도다 [두언 25:37]

ㄷ. 玉ᄋᆞᆯ 그ᅀᅳ며 金을 허리예 ⓓᄣᅴ여 님그믈 갑ᄉᆞᆸᄂᆞᆫ 모미로다 [두언 23:10]

(가) ⓐ~ⓓ 단어의 품사를 각각 밝히시오.

ⓐ그르 : (　　　)　　ⓑᄀᆞᄆᆞ라 : (　　　)

ⓒ거싀 : (　　　)　　ⓓᄣᅴ여 : (　　　)

(나) ⓐ~ⓓ의 단어를 파생어로 처리할 때에, 이들 파생어를 형성하는 어근의 형태와 품사를 각각 쓰시오. (단, 어근 형태가 의존성을 띨 때에는 붙임표(-)를 사용하여 표시할 것.)

	어근의 형태		어근의 품사
ⓐ 그르 :	( )	—	( )
ⓑ ᄀᆞᄆᆞ라 :	( )	—	( )
ⓒ 거싀 :	( )	—	( )
ⓓ ᄢᅴ여 :	( )	—	( )

(다) ⓐ~ⓓ의 단어가 어근에 '무형의 파생 접사'가 실현되어서 형성되었다고 가정한다면, 각 단어에 실현된 '무형의 파생 접사'의 기능을 설명하시오.

ⓐ : ( )
ⓑ : ( )
ⓒ : ( )
ⓓ : ( )

23. 예문 (A)에 실현된 '더'와 '다'의 단어가 형성된 방법과 관련하여, (가)와 (나)의 물음에 답하시오. (단, 예문 (B)에 실현된 ⓒ와 ⓓ의 형태와 의미를 참조할 것.)

[보기 23]

(A)	ㄱ. 須達이ᄃᆞ려 닐오ᄃᆡ 金을 ⓐ 더 내디 말라	[석상 6:26]
	ㄴ. 놈이 나아간ᄃᆞᆯ 百姓ᄃᆞᆯ히 놈ᄋᆞᆯ ⓑ 다 조ᄎᆞ니	[월천 기11]
(B)	ㄱ. 이 法을 流布ᄒᆞ야 너비 ⓒ 더으게 ᄒᆞ라	[월석 18:15]
	ㄴ. 하ᄂᆶ 목수미 ⓓ 다ᄋᆞ면 도로 人間애 나아	[석상 9:19]

(가) 다음의 빈칸에 들어갈 말을 쓰시오. (단, ㉠과 ㉮에는 각각 용언의 어근(어간)의 형태를 쓰고, ㉡과 ㉯에는 파생 접미사(어미)의 형태를 쓸 것.)

> ⓐ의 '더'는 어근인 ㉠ '( )'에 파생 접미사인 ㉡ '( )'이/가 붙어서 형성된 부사이다. 그리고 ⓑ의 '다'는 어근인 ㉮ '( )'에 파생 접미사인 ㉯ '( )'이/가 붙어서 형성된 부사이다. ㉡과 ㉯는 원래는 용언의 연결 어미였는데, 여기서는 파생 접미사로 기능하였다.

(나) 파생 부사인 '더'와 '다'가 형성되는 과정에서 일어난 음운 변동 현상 두 가지를 각각 쓰시오.

① '더' :

....

....

② '다' :

....

....

24. 예문 (A)에 실현된 ⓐ, ⓑ, ⓒ, ⓓ의 조사가 형성되는 방법과 관련하여, (가)와 (나)의 물음에 답하시오.

[보기 24]

(A) ㄱ. ⓐ 阿鼻地獄브터 有頂天에 니르시니 [석상 13:16]
ㄴ. 世尊이 ⓑ 文殊師利ᄃᆞ려 니ᄅᆞ샤ᄃᆡ [석상 9:11]
ㄷ. 受苦ᄅᆞᄫᆡ요미 ⓒ 地獄두고 더으니 [월석 1:21]
ㄹ. 夫人도 목수미 열 ⓓ 둘ᄒᆞ고 닐웨 기터 겨샤다 [월석 2:13]

(가) (A)의 ⓐ~ⓓ에 쓰인 조사를 격조사와 접속 조사, 보조사로 하위 분류 하시오. (단, 격조사는 기능에 따라서 '주격 조사, 목적격 조사' 등으로 분류하시오.)

ⓐ 브터 : (   ) ⓑ ᄃᆞ려 : (   )
ⓒ 두고 : (   ) ⓓ ᄒᆞ고 : (   )

(나) (A)의 예문에 쓰인 '-브터, -ᄃᆞ려, -두고, -ᄒᆞ고'의 단어를 형태소 단위로 분석하되, 어근과 파생 접사로 구분하시오.(어근과 접사는 기본 형태로 쓸 것.)

	어근		파생 접사
ⓐ 브터 :	㉠( )	+	㉡( )
ⓑ ᄃᆞ려 :	㉢( )	+	㉣( )
ⓒ 두고 :	㉤( )	+	㉥( )
ⓓ ᄒᆞ고 :	㉦( )	+	㉧( )

25. 예문 (A)에 실현된 '-인ᄃᆞᆯ'과 '이ᄃᆞ록'의 단어가 형성된 과정과 관련하여, 글 (B)의 빈칸에 들어갈 말을 쓰시오. (단, ㉠과 ㉡에는 품사의 명칭을 쓰되, 특정 품사의 하위 갈래의 명칭을 가능한 구체적으로 쓸 것.)

[보기 25]

(A) ㄱ. 四海를 平定ᄒᆞ샤 길 우희 糧食 니저니 ⓐ塞外北狄인ᄃᆞᆯ 아니 오리잇가 [용가 53장]

ㄴ. 將士를 도와주샤 ⓑ밦듕이ᄃᆞ록 자디 아니 ᄒᆞ시며 [내훈 2 하:38]

(B) 예문 (A)에 실현된 '-인ᄃᆞᆯ'과 '-이ᄃᆞ록'은 ㉠(　　　　)의 어간인 '-이-'에 '-ㄴᄃᆞᆯ'과 '-ᄃᆞ록'이 붙어서 파생된 ㉡(　　　　)이다. 이때 '-ㄴᄃᆞᆯ'과 '-ᄃᆞ록'은 원래는 연결 어미였는데, ⓐ와 ⓑ에서는 파생 접사로 기능한 것이다.

26. 예시 (A)에 제시된 ⓐ~ⓣ의 단어의 짜임새를, 글 (B)의 방법으로 기술하시오.

[보기 26]

(A) ⓐ곳답다(香)　ⓑ그듸내(汝等)　ⓒ깃브다(喜)
ⓓ깃비(快)　ⓔᄂᆞᆺ가이(賤)　ⓕ녀토다(淺)
ⓖ녇갑다(淺)　ⓗ니르받다(起)　ⓘ달이(異)
ⓙ더위잡다(執)　ⓚ마ᄆᆞᄅᆞ다(燥)　ⓛ머추다(止)
ⓜ비르수(始)　ⓝ버히다(斬)　ⓞ受苦ᄅᆞᄫᅵ
ⓟ슬피(哀)　ⓠᄲᆞᆯ리(速)　ⓡ에굳다(堅)
ⓢ이바디(宴)　ⓣ프ᅀᅥᆼ귀(草)

(B) 위의 파생어를 다음의 <예시>처럼 어근의 형태와 파생 접사의 형태로 구분하시오. (단, 어근과 파생 접사의 형태는 기본 형태로 쓰고, 어근의 품사를 밝힐 것.)

<현대어의 예시>

· 넓히다 : [넓(어근 : 형용사)- + -히(파생 접사)-]- + -다
· 많이 　: [많(어근 : 형용사)- + -이(파생 접사)]

ⓐ 곳답다 :

ⓑ 그듸내 :

ⓒ 깃브다 :

ⓓ 깃비 :

ⓔ ᄂᆞᆽ가이 :

ⓕ 녀토다 :

ⓖ 녇갑다 :

ⓗ 니르받다 :

ⓘ 달이 :

ⓙ 더위잡다 :

ⓚ 마ᄆᆞᄅᆞ다 :

ⓛ 머추다 :

ⓜ 비르수 :

ⓝ 버히다 :

ⓞ 受苦ᄅᆞᄫᅵ :

ⓟ 슬피 :

ⓠ 섈리 :

ⓡ 에굳다 :

ⓢ 이바디 :

ⓣ 프ᅀᅥᆼ귀 :

27. 예시 (A)에 제시된 단어가 형성된 방법과 관련하여, 글 (B)의 물음에 답하시오.

[보기 27]

(A)	ⓐ 고ᄫᆡ(曲)	ⓑ 과ᄀᆞᆯ이(急)	ⓒ 기ᄃᆞᆼ(柱)
	ⓓ ᄀᆞᆲ다(竝)	ⓔ ᄀᆞᆺᄀᆞᆺᄒᆞ다(淨)	ⓕ ᄀᆞᆺᄇᆞ다(疲)
	ⓖ 남ᄌᆞ기(許與)	ⓗ 두려디(圓)	ⓘ 므겁다(重)
	ⓙ ᄆᆞ촘(終)	ⓚ 브즈런ᄒᆞ다(勤)	ⓛ 세우(强)
	ⓜ 수ᄫᅵ(易)	ⓝ 아오로(竝)	ⓞ 연치다(置)
	ⓟ 저프다(恐)	ⓠ ᄌᆞ올아ᄫᅵ(親)	ⓡ 치ᄫᅱ(寒)

(B) (A)에 제시된 단어를 아래의 <현대어 예시>처럼 품사를 쓰고, 단어의 짜임새를 어근과 접사로 분석하시오. 그리고 분석한 파생 접사를 어휘적 접사와 통사적 접사로 구분하시오. (단, 어근과 파생 접사는 기본 형태로 쓸 것.)

<현대어의 분석 예시>

· 줄넘기 : (명사), [줄(어근 : 명사)- + 넘(어근 : 동사)- + -기(통사적 접사]
· 넓히다 : (동사), [넓(어근 : 형용사)- + -히(통사적 접사)-]- + -다

ⓐ 고ᄫᆡ :

ⓑ 과ᄀᆞᆯ이 :

ⓒ 기동 :

ⓓ ᄀᆞᆲ다 :

ⓔ ᄀᆞᆺᄀᆞᆺᄒᆞ다 :

ⓕ ᄀᆞᆺᄇᆞ다 :

ⓖ 남ᄌᆞ기 :

ⓗ 두려디 :

ⓘ 므겁다 :

ⓙ ᄆᆞ촘 :

ⓚ 브즈런ᄒᆞ다 :

ⓛ 세우 :

ⓜ 수ᄫᅵ :

ⓝ 아오로 :

ⓞ 연치다 :

ⓟ 저프다 :

ⓠ ᄌᆞ올아ᄫᅵ :

ⓡ 치ᄫᅱ :

28. 예시 (A)에 제시된 단어가 형성된 방법과 관련하여, 글 (B)의 물음에 답하시오.

[보기 28]

(A) ⓐ ᄀᆞᄃᆞ기(滿) ⓑ 구믈어리다(遲) ⓒ 구지람(叱責)
ⓓ ᄂᆞᆯ애(翼) ⓔ 더ᄫᅱ(暑) ⓕ 브ᇫ이다(注)
ⓖ 어려ᄫᅵ(難) ⓗ 처ᅀᅥᆷ(初) ⓘ ᄆᆞ야지(새끼말)
ⓙ 올이다(登) ⓚ 웃ᄫᅳ다(笑) ⓛ ᄎᆞᄡᆞᆯ(찹쌀)

(B) 예시 (A)에 제시된 파생어를 어근과 파생 접사로 분석하고, 어근에 파생 접사가 결합하는 과정에서 나타나는 형태소의 변동 양상을 설명하시오. (단, 아래의 <예시>에서 현대어를 대상으로 제시한 기술 방법을 따를 것.)

<현대어의 분석 예시>

· 겨우내 : (분석) [겨울(어근)- + 내(파생 접사] :
(변동) 어근의 끝소리인 /ㄹ/이 탈락함.

· 흘리다 : (분석) [흐르(어근)- + -이(파생 접사)-]- + -다 :
(변동) 어근의 끝소리인 /ㅡ/이 탈락하고 /ㄹ/이 첨가됨.

ⓐ (분석) :
(변동) :

ⓑ (분석) :
(변동) :

ⓒ (분석) :
(변동) :

ⓓ (분석) :
(변동) :

ⓔ (분석) :
(변동) :

ⓕ (분석) :
(변동) :

ⓖ (분석) :
(변동) :

ⓗ (분석) :
(변동) :

ⓘ (분석) :
(변동) :

ⓙ (분석) :
(변동) :

ⓚ (분석) :
(변동) :

ⓛ (분석) :
(변동) :

29. 예문 (A)에 실현된 '마ᄍᆞᄫᅵ'가 형성된 방법과 관련하여, 글 (B)의 빈칸에 들어갈 말을 쓰시오. (단, ㉠~㉢에는 형태소를 기본 형태로 쓰고, ㉮~㉰에는 문법 형태소의 기능이나 품사의 명칭을 쓸 것.)

[보기 29]

(A) 처ᅀᅥᆷ 와 傲色 잇더니 濟世英主ㅣ 실씨 마ᄍᆞᄫᅵ예 ᄆᆞᅀᆞᄆᆞᆯ 놀라니 [용가 95장]

(B) '맞ᄍᆞᄫᅵ'는 어근인 ㉠ '(   )'에 선어말 어미인 ㉡ '(   )'이/가 붙고 난 다음에, 다시 파생 접미사인 ㉢ '(   )'이/가 붙었다. 여기서 ㉡의 선어말 어미는 ㉮ (   )의 기능을 하며, ㉢의 파생 접미사는 어근 ㉠의 품사를 ㉯ (   )에서 ㉰ (   )로 바꾸는 기능을 한다.

2.3.4. 합성법과 파생법의 겹침

1. 예시 (A)에 제시된 단어 ⓐ, ⓑ의 짜임새와 관련하여, (가)와 (나)의 물음에 답하시오.

[보기 1]

(A) ⓐ 모심기(모내기, 移秧)　　　ⓑ 코키리(코기리, 象)

(B) <현대어의 분석 예시>

· 줄넘기 : [줄(어근 : 명사)- + 넘(어근 : 동사)- + -기(파생 접사]

(가) (A)에 제시된 '모심기'와 '코키리'를 어근과 파생 접사로 구분하시오. (단, (B)에 제시된 <현대어 예시>의 방법을 따라서, 어근과 파생 접사의 형태소를 기본 형태로 쓰고, 어근의 품사를 밝힐 것.)

ⓐ 모심기 : [　　　　　　　　　　　　]
ⓑ 코키리 : [　　　　　　　　　　　　]

(나) '모심기'와 '코키리'의 단어가 형성되는 과정에서, 어근과 파생 접사가 결합할 때에 일어나는 음운 변동 현상의 명칭을 쓰시오.

ⓐ 모심기 : (　　　　　　　　　　　　)
ⓑ 코키리 : (　　　　　　　　　　　　)

2. (A)에 예시된 복합어 짜임새를 파악하여, (C)의 빈칸에 해당하는 복합어를 찾아서 ⓐ~ⓗ의 부호를 쓰시오. (단, (B)에 제시된 약어의 설명을 참조할 것.)

[보기 2]

(A) ⓐ 녀나ᄆᆞᆫ　ⓑ 죽사리　ⓒ 마ᅀᆞ나ᄆᆞᆫ　ⓓ 아니한
　ⓔ 밥머기　ⓕ 일졈그리　ⓖ ᄆᆞᆯᄐᆞ기　ⓗ 졉겨비

(B) · '명접' : 명사 파생 접미사　　· '관접' : 관형사 파생 접미사
　· '부접' : 부사 파생 접미사

(C) ① { [어근$_{\text{명사}}$ + 어근$_{\text{동사}}$] + -이$_{\text{명접}}$ }의 짜임새　— (　　　)
　② { [어근$_{\text{명사}}$ + 어근$_{\text{동사}}$] + -기$_{\text{명접}}$ }의 짜임새　— (　　　)

③ { [어근$_{부사}$ + 어근$_{형용사}$] + -ㄴ$_{관접}$}의 짜임새 — (　　　)
④ { [어근$_{명사}$ + 어근$_{동사}$] + -ㄴ$_{관접}$ }의 짜임새 — (　　　)
⑤ { [어근$_{수사}$ + 어근$_{동사}$] + -ㄴ$_{관접}$ }의 짜임새 — (　　　)
⑥ { [어근$_{부사}$ + 어근$_{동사}$] + -이$_{부접}$ }의 짜임새 — (　　　)
⑦ { [어근$_{동사}$ + 어근$_{동사}$] + -이$_{명접}$ }의 짜임새 — (　　　)
⑧ { [어근$_{명사}$ + 어근$_{명사}$] + -이$_{부접}$ }의 짜임새 — (　　　)

3. (A)에 제시된 단어를 (B)에 제시된 <예시>와 같이 어근과 접사의 단위로 분석하고, 어근의 품사를 밝히시오. (단, 어근과 파생 접사는 기본 형태로 쓸 것.)

[보기 3]

(A) ⓐ ᄀᆞᆺ블기　ⓑ 갈ᄡᅳ기　ⓒ 겨ᅀᅳ사리
ⓓ 귿업시　ⓔ 낫나치　ⓕ 녀름지ᅀᅵ
ⓖ 놉ᄂᆞᆺ가ᄫᅵ　ⓗ 댱가드리　ⓘ 머리갓기
ⓙ 뫼ᅀᅡ리　ⓚ 므ᄌᆞ미　ⓛ ᄡᅳᅀᅥ리
ⓜ 일져므리　ⓝ 거름거리　ⓞ ᄒᆡ도디

(B) <현대어의 분석 예시>

· 줄넘기 : { [줄(어근 : 명사)- + 넘(어근 : 동사)-]- + -기(명사 파생 접사 }

ⓐ ᄀᆞᆺ블기 :

ⓑ 갈ᄡᅳ기 :

ⓒ 겨ᅀᅳ사리 :

ⓓ 귿업시 :

ⓔ 낫나치 :

ⓕ 녀름지ᅀᅵ :

ⓖ 놉ᄂᆞᆺ가ᄫᅵ:

ⓗ 댱가드리

ⓘ 머리갓기 :

ⓙ 뫼사리 :

ⓚ 므즈미 :

ⓛ 쁘서리 :

ⓜ 일져므리 :

ⓝ 거름거리 :

ⓞ 히도디 :

4. 예시 (A)의 복합어가 형성된 방식과 관련하여, 글 (B)의 빈칸에 ⓐ~ⓗ의 부호를 쓰시오.

[보기 4]

(A) ⓐ 갈쁘기　ⓑ 겨스사리　ⓒ 고키리　ⓓ 녀름지시
ⓔ 아기나히　ⓕ 뫼사리　ⓖ 므즈미　ⓗ 히도디

(B) 예시 (A)에 제시된 복합어는 어근$_1$과 어근$_2$가 결합하여 합성어를 형성한 다음에, 다시 파생 접미사가 붙어서 명사가 된 단어이다. 이들 단어에 실현된 어근$_1$과 어근$_2$는 통사론적으로 다음과 같은 관계에 있다. 곧, ㉠(　　　)의 단어에서는 '주어-서술어'의 관계가, ㉡(　　　)의 단어에서는 '목적어-서술어'의 관계가, ㉢(　　　)의 단어에서는 '부사어-서술어'의 관계가 나타난다.

5. 예시 (A)의 복합어의 짜임새를 글 (B)와 같이 분석하였다. 글 (B)의 빈칸에 들어갈 형태소를 쓰시오. (단, 변동된 형태소는 기본 형태로 쓰고, 각 형태소의 자립성은 고려하지 말 것.)

[보기 5]

(A) ⓐ 우숨우시　ⓑ 거름거리

(B) ⓐ: { ㉠(　　　) + ㉡(　　　) + ㉢(　　　) + ㉣(　　　) }
ⓑ: { ㉮(　　　) + ㉯(　　　) + ㉰(　　　) + ㉱(　　　) }

제3장 문장

3.1. 문장 성분

1. 예문 (A)에 실현된 ⓐ~ⓝ의 문장 성분과 관련하여, (가)와 (나)의 빈칸에 들어갈 말을 쓰시오.

[보기 1]

(A) ㄱ. 王子 기르ᅀᆞ온 어미 ⓐ ᄒᆞ나 아닐ᄊᆡ [법언 3:97]
ㄴ. ⓑ 各別히 勞心호ᄆᆞᆫ 더으니라 [금언 4:30]
ㄷ. 山ᄋᆡ 草木이 ⓒ 軍馬ㅣ ᄃᆞᄫᆡ니이다 [용가 98장]
ㄹ. 골ᄑᆞᆫ ᄇᆡ도 브르며 헌 옷도 ⓓ 새 ᄀᆞᆮᄒᆞ리니 [월석 8:100]
ㅁ. 내 모미 ⓔ 長者ㅣ 怒ᄅᆞᆯ 맛나리라 [월석 8:98]
ㅂ. ⓕ 너도 ᄯᅩ 이 ᄀᆞᆮᄒᆞ다 [능언 2:23]
ㅅ. 뎌는 ᄒᆞ오ᅀᅡ ⓖ 사ᄅᆞᆷ 아니가 [내훈 2 상:16]
ㅇ. ᄇᆞ야미 ⓗ 가칠 므러 [용가 7장]
ㅈ. 손밠 가락 ᄉᆞᅀᅵ예 가치 니ᅀᅥ ⓘ 그려긔 발 ᄀᆞᄐᆞ시며 [월석 2:40]
ㅊ. ⓙ 아소 님하 도람 드르샤 괴오쇼셔 [악궤, 정과정]
ㅋ. 우ᄂᆞᆫ ⓚ 聖女이여 슬허 말라 [월석 21:21]
ㅌ. 이 世界ㅅ 겨지비…蓮 모새 ⓛ ᄀᆞᆺ 다ᄃᆞᄅᆞ면 [월석 7:61]
ㅍ. 이 지븨 ⓜ 사ᄂᆞᆫ 얼우니며 아희며 現在 未來 百千歲 中에 惡趣를 기리 여희리니 [월석 21:99]
ㅎ. ⓝ 妻眷 ᄃᆞ외얀 디 三年이 몯 차 이셔 [석상 6:4]

(B) 문장 성분은 문장에서 쓰이는 기능에 따라서, '주성분', '부속 성분', '독립 성분'으로 나뉜다. 예문 (A)의 ⓐ~ⓝ에서 ㉠(   )은/는 주성분으로, ㉡(   )은/는 부속 성분으로, ㉢(   )은/는 독립 성분으로 쓰였다.

(가) 예문 (A)에 제시된 ⓐ~ⓝ의 문장 성분의 유형과 관련하여, 글 (B)에 제시된 ㉠~㉢의 빈칸에 ⓐ~ⓝ의 부호를 각각 쓰시오.

(나) 예문 (A)에 제시된 ⓐ~ⓛ의 문장 성분의 명칭을 각각 쓰시오.

ⓐ (　　　) ⓑ (　　　) ⓒ (　　　) ⓓ (　　　)
ⓔ (　　　) ⓕ (　　　) ⓖ (　　　) ⓗ (　　　)
ⓘ (　　　) ⓙ (　　　) ⓚ (　　　) ⓛ (　　　)
ⓜ (　　　) ⓝ (　　　)

2. 15세기 국어에서 문장 성분의 재료가 될 수 있는 문법적 단위의 종류와 관련하여, (가)와 (나)의 물음에 답하시오.

[보기 2]

(A) ㄱ. 御製는 님금 지ᅀᅳ샨 그리라 [훈언 1장]
ㄴ. 山ᄋᆡ 草木이 軍馬ㅣ ᄃᆞᄫᆡ니이다 [용가 98장]

(B) 국어에서 '문장 성분'으로 쓰이는 재료에는 '어절(단어), 구, 절' 등이 있다. 대부분의 문장 성분은 개별 단어나, 단어에 조사가 결합한 어절의 단위로 실현된다. 하지만 어떤 경우에는 구(句)나 절(節)에 조사가 결합하여 특정한 문장 성분으로 쓰일 수가 있다.

(가) 예문 (A)의 (ㄱ)과 (ㄴ)에 실현된 '구(句)'의 형태를 2개 고르고, 각각의 구에 대한 문장 성분의 명칭을 쓰시오.

(ㄱ)의 문장: ㉠ 구의 형태 : (　　　)
㉡ 문장 성분의 명칭 : (　　　)
(ㄴ)의 문장: ㉠ 구의 형태 : (　　　)
㉡ 문장 성분의 명칭 : (　　　)

(나) 예문 (A)의 (ㄱ)과 (ㄴ)에 실현된 '절(節)'의 형태를 쓰고, 그 절에 대한 문장 성분의 명칭을 쓰시오.

① 절의 형태 : (　　　)
② 문장 성분의 명칭 : (　　　)

3. 예문 (A)에 실현된 문장 성분과 관련하여, (가)와 (나)의 물음에 답하시오.

[보기 3]

(A) ㄱ. ᄀᆞ장 다ᄋᆞᆯ 씨 究竟이라 [석상 13:41]

ㄴ. 내히 이러 바ᄅᆞ래 가ᄂᆞ니 [용가 2장]

ㄷ. 밧긧 그르메 瑠璃 ᄀᆞᆮ더시니 [월석 2:17]

(가) (A)의 (ㄱ)~(ㄷ)에서 주어로 쓰인 언어적 단위를 모두 고르시오. (단, '단어, 구, 절' 등을 포함하는 언어적 단위로 쓸 것.)

(ㄱ) (　　　　　) (ㄴ) (　　　　　) (ㄷ) (　　　　　)

(나) (A)의 (ㄱ)~(ㄷ)에서 주어를 성립시키는 주격 조사의 형태를 각각 쓰시오. (단, 변동된 형태는 변동된 대로 쓰고, 조사의 자립성 유무는 표기하지 말 것.)

(ㄱ) (　　　) (ㄴ) (　　　　　) (ㄷ) (　　　　　)

4. 예문 (A)에서 주어가 실현되는 방법과 관련하여, 글 (B)의 빈칸에 들어갈 말을 쓰시오. (단, ㉮에는 격조사의 하위 유형을 쓰고, ㉯에는 체언의 의미적인 특성을 쓸 것.)

[보기 4]

(A) ㄱ. ⓐ 有蘇氏라셔 妲己로 紂의 게 드려늘 [내훈 서]

ㄴ. 이틄나래 ⓑ 나라해 이셔 도ᄌᆞᄀᆡ 자최 받아 가아 [월석 1:6]

(B) 15세기 국어에서는 일반적으로 주어는 체언이나 체언의 역할을 하는 구나 절에 주격 조사의 변이 형태인 '-이, -ㅣ, -Ø' 등이 붙어서 실현된다. 그런데 (A)의 문장에서는 이러한 일반적인 방법과는 달리, 특수한 방법으로 주어가 실현되었다. 곧, ⓐ에서 주어를 실현하는 '-라셔'는 원래는 ㉮(　　　　) 였는데, (ㄱ)의 문장에서는 주격 조사로 전용되어 쓰였다. 그리고 ⓑ에서 '-애 이셔'는 원래는 부사격 조사인 '-애'와 용언인 '이시다'의 연결형이었는데, (ㄴ)의 문장에서는 ㉯(　　　　)의 뜻을 나타내는 무정의 체언에 붙어서 그 체언을 주어로 쓰이게 하였다.

5. 문장 속에서 어떠한 주어가 다른 문장 성분에 형태적으로 영향을 끼치는 경우가 있다. 이와 관련하여, 글 (B)의 빈칸에 들어갈 말을 쓰시오. (단, ㉠, ㉡, ㉢에는 단어나 어미의 기본 형태를 쓸 것.)

[보기 5]

(A) ㄱ. 부톄 드르시고 ᄌᆞ개 阿難이 ᄃᆞ리시고 [월석 7:9]
　　ㄴ. 나는 弟子 大目犍連이로라 [석상 23:82]

(B) (ㄱ)에서는 주어인 '부텨'가 높임의 대상이므로, 서술어로 쓰인 용언의 활용 형태에 선어말 어미인 ㉠ '(　　　)'을/를 실현하였다. 그리고 동일한 명사인 '부텨'가 주어로 되풀이되어 실현되었으므로, 뒤에 실현된 '부텨'를 ㉡ '(　　　)'(으)로 대용하였다. (ㄴ)에서는 주어로 표현된 '나'에 상응하여 서술어로 쓰인 용언에 선어말 어미인 ㉢ '(　　　)'을/를 실현하였다.

6. 15세기 국어에서 서술어로 쓰이는 문법적인 단위와 관련하여, 글 (B)의 ㉠~㉣에 들어갈 말을 쓰시오. (단, 개별 문법적인 단위의 형태를 쓰되, 각 문법적인 단위의 자립성의 유무는 표기하지 말 것.)

[보기 6]

(A) ㄱ. 다ᄉᆞᆺ 가짓 비치 너희 물 아니가 [두언 8:56]
　　ㄴ. 利養ᄋᆞᆫ … ᄂᆞᄆᆞ란 분별 아니코 제 몸 ᄲᅮᆫ 됴히 츄미라 [석상 13:36]

(B) 예문 (A)의 (ㄱ)의 문장에서는 ㉠ '(　　　)'에 ㉡ '(　　　)'이/가 붙어서 서술어로 쓰였다. 그리고 (ㄴ)의 문장에서는 ㉢ '(　　　)'에 ㉣ '(　　　)' 이/가 붙어서 서술어로 쓰였다.

7. 예문 (A)에 실현된 ⓐ~ⓓ의 서술어가 요구하는 명사항의 자릿수와 관련하여, (가)와 (나)의 물음에 답하시오.

[보기 7]

(A) ᄒᆞᆫ 菩薩이 王 ⓐ <u>ᄃᆞ외야</u> 겨샤 나라ᄒᆞᆯ 아ᅀᆞ ⓑ <u>맛디시고</u> 道理 ᄇᆡ호라 나아가샤 瞿曇 婆羅門을 ⓒ <u>맛나샤</u> ᄌᆞ갸 오ᄉᆞ란 ⓓ <u>밧고</u> 瞿曇의 오ᄉᆞᆯ 니브샤… [월석 1:4]

(가) 예문 (A)에 실현된 ⓐ~ⓓ의 서술어가 취하는 자릿수를 각각 쓰시오.

ⓐ — (　　　) 자리 서술어　　　　ⓑ — (　　　) 자리 서술어
ⓒ — (　　　) 자리 서술어　　　　ⓓ — (　　　) 자리 서술어

(나) 예문 (A)에 실현된 ⓐ~ⓓ의 서술어가 필수적으로 요구하는 문장 성분의 형태와 명칭을 각각 쓰시오. (단, 아래에 제시한 현대어의 <예시>를 참조할 것.)

<예시> 철수가 밥을 먹었다.: 철수가(주어), 밥을(목적어)

ⓐ — [　　　　　　　　　　　　　　　　　　　]
ⓑ — [　　　　　　　　　　　　　　　　　　　]
ⓒ — [　　　　　　　　　　　　　　　　　　　]
ⓓ — [　　　　　　　　　　　　　　　　　　　]

8. 15세기 국어의 문장 성분의 실현 방식과 관련하여, 글 (B)의 빈칸에 들어갈 말을 쓰시오. (단, 문장 성분의 명칭을 각각 쓸 것.)

[보기 8]

(A) ㄱ. 어버ᅀᅵ 여희ᅀᆞᆸ고 ⓐ ᄂᆞᆷᄋᆞᆯ 브터 이쇼ᄃᆡ 어ᅀᅵ 아ᄃᆞᆯ이 입게 사노이다 [월천 기142]
ㄴ. ⓑ사ᄅᆞᄆᆡ 이ᄅᆞᆯ 다ᄫᅩᆺ 옮ᄃᆞᆺ 호ᄆᆞᆯ 슬노니 [두언 7:31]
ㄷ. ⓒ文物을 네ᄅᆞᆯ 스승ᄒᆞ샤미 하니시(文物多師古) [두언 6:24]
ㄹ. 四海ᄅᆞᆯ ⓓ년글 주리여 ᄀᆞᄅᆞ매 ᄇᆡ 업거늘 얼우시고 ᄯᅩ 노기시니 [용가 20장]

(B) 15세기 국어에서도 현대 국어와 마찬가지로 이중 목적어가 나타날 수 있었다. 그런데 (A)에서 ⓐ~ⓓ에는 비록 목적격 조사가 실현되어 있기는 하지만, 서술어와 맺는 통사 · 의미적인 관계로 볼 때에 목적어가 아니라 다른 문장 성분으로 해석된다. 곧, ⓐ는 (　　　)로, ⓑ는 (　　　)로, ⓒ는 (　　　)로, ⓓ는 (　　　)로 쓰였다.

9. 15세기 국어에 쓰인 문장 성분과 격조사의 기능과 관련하여, 다음의 (가)~(다)의 물음에 답하시오.

[보기 9]

(A) 이 世界며 다른 世界옛 ⓐ<u>諸佛… 鬼神ᄋᆞᆯ</u> 네 ⓑ<u>數ᄅᆞᆯ</u> 알리로소니여 모ᄅᆞ리로소니여 [석상 11:4]

(B) <고등학교 문법, 2010:152)에서는 위 문장에 쓰인 '-ᄋᆞᆯ/-을'을 '<u>목적격 조사가 ㉠(　　　　) 용법</u>'으로 쓰인 것으로 보았다.

(가) (A)에 실현된 문장 성분을 국어의 기본 어순에 맞게 다시 배열하여 쓰시오.

(　　　　　　　　　　　　　　　　　　　　)

(나) (A)에서 ⓐ와 ⓑ 사이에 나타나는 의미적인 관계를 고려하여, ⓐ에 실현된 '-ᄋᆞᆯ'을 다른 격조사로 바꾸어 쓰시오. (　　　　　)

(다) 글 (B)에서 ㉠의 빈칸에 들어갈 문법 용어를 한 단어로 쓰시오.

㉠(　　　　　　)

10. 예문 (A)에 실현된 관형어와 관련하여, 글 (B)의 빈칸에 들어갈 언어 단위의 형태를 각각 쓰시오.

[보기 10]

(A) ㄱ. 王이 ᄀᆞ장 두리여 沙門의 손ᄃᆡ 사ᄅᆞᆷ 브려 니ᄅᆞᆫ대 [월석 24:22]
ㄴ. 往生偈ㄹ 외오시면 헌 오시 암ᄀᆞᆯ며 [월석 8:83]
ㄷ. 廣熾ᄂᆞᆫ 너비 光明이 비취닷 ᄠᅳ디오 [월석 2:9]
ㄹ. 獄ᄋᆞᆫ 사ᄅᆞᆷ 가도ᄂᆞᆫ ᄯᅡ히라 [석상 9:8]

(B) (A)의 문장에는 여러 가지 문법적 단위가 관형어로 실현되어서 체언을 수식하고 있다. (ㄱ)의 문장에서는 ㉠'(　　　)'에 ㉡'(　　　)'이/가 결합하여서, (ㄴ)의 문장에서는 ㉢'(　　　)'이/가 단독으로 관형어로 쓰였다. 그리고 (ㄷ)의 문장에서는 ㉣'(　　　)'에 ㉤'(　　　)'이/가 결합하여서, (ㄹ)의 문장에서는 ㉥'(　　　)'이/가 관형어로 쓰였다.

11. 예문 (A)에 실현된 ⓐ의 형태·통사적인 특징과 관련하여, (가)와 (나)의 물음에 답하시오.

[보기 11]

(A) ⓐ 내의 어미 爲ᄒᆞ야 發혼 廣大誓願을 드르쇼셔 [월석 21:57]

(B) ㉠ ( ) 속에 실현된 ⓐ의 '내의'는 형태적으로는 ㉮ ( )의 자격을 가지지만, 의미적으로는 ㉯ ( )(으)로 쓰인 것이 특징이다.

(가) ⓐ의 '내의'를 아래의 <보기>처럼 형태소 단위로 분석하여, 각 형태소의 품사에 대한 명칭을 쓰시오. (단, 형태소의 자립성 여부는 표시하지 말 것.)

<보기> 곰이 토끼를 잡았다. : 토끼(명사) + 를(조사)

· 형태소 분석 : [ ]

(나) 글 (B)에서 설정한 빈칸에 들어갈 말을 쓰시오. (단, ㉠에는 성분절의 명칭을 쓰고, ㉮와 ㉯에는 문장 성분의 명칭을 각각 쓸 것.)

㉠ ( ) ㉮ ( ) ㉯ ( )

12. 15세기 국어에서 명사와 관형격 조사가 결합된 형태와 관련하여, 글 (B)의 빈칸에 들어갈 형태를 쓰시오.

[보기 12]

(A) ㄱ. 그제 아ᄃᆞᆯᄃᆞᆯ히 各各 ⓐ ( ) 게 닐오ᄃᆡ [월석 12:29]
ㄴ. 諸子ㅣ ⓑ ( ) 便安히 안ᄌᆞᆫ ᄃᆞᆯ 알오 [법언 2:138]

(B) ⓐ와 ⓑ의 빈칸에는 명사인 '아비(父)'에 관형격 조사인 '-ᄋᆡ/-의'가 결합한 형태가 들어간다. 이처럼 체언에 조사를 결합하면 (ㄱ)의 문장에서 ⓐ는 명사와 조사가 결합하여 ㉠ ( )의 형태로 실현되고, (ㄴ)의 문장에서 ⓑ는 명사와 조사가 결합하여 ㉡ ( )의 형태로 실현된다.

13. 15세기 국어에서 관형어가 형성되는 방법과 관련하여, 글 (B)에 실현된 ⓐ와 ⓑ의 빈칸에 들어갈 형태를 쓰시오. (단, 관형격 조사가 결합된 형태를 쓸 것.)

[보기 13]

(A) ㄱ. 世尊은 世界예 ᄆᆞᆺ ⓐ (尊ᄒᆞ시다) ᄠᅳ디라 [석상 서:5]

ㄴ. 죠고맛 ᄇᆡ ⓑ(ᄐᆞ고져) ᄠᅳ들 닛디 몯ᄒᆞ리로다 [두언 15:55]
(扁舟意不忘)

(B) 15세기 국어에서는 문장이나 절의 끝에 관형격 조사가 실현되어서 관형어로 쓰이는 특수한 예가 나타나기도 한다. 이와 같은 방식을 적용하여 예문 (A)의 ⓐ와 ⓑ에 관형격 조사가 결합된 형태를 쓰면, ⓐ는 ㉠ '(　　　　)'의 형태가 들어가며, ⓑ는 ㉡ '(　　　　)'의 형태가 들어간다.

14. 예문 (A)에 실현된 부사어와 관련하여, (가)와 (나)의 물음에 답하시오.

[보기 14]

(A) ㄱ. 百姓이 져재 가ᄃᆞᆺ 모다 가 [월석 2:7]
ㄴ. 王이 … 子息이 아비 본 ᄃᆞ시 禮數ᄒᆞ더라 [월석 20:34]
ㄷ. 王이 ᄒᆞᆫ 太子ᄅᆞᆯ ᄒᆞᆫ 夫人곰 맛디샤 [월석 1:21]
ㄹ. 大集ᄋᆞᆫ 키 모ᄃᆞᆯ 씨니 [석상 6:46]

(가) 예문 (A)의 각 문장에서 부사어로 쓰인 말을 찾아서 모두 쓰시오.

(ㄱ) : (　　　　　　) (ㄴ) : (　　　　　　)
(ㄷ) : (　　　　　　) (ㄹ) : (　　　　　　)

(나) 부사어를 성립시키는 문법적인 단위인 ①~④에 대응하는 것을 예문 (A)에서 찾아서, '(ㄱ), (ㄴ), (ㄷ), (ㄹ)'의 부호로 쓰시오. (복수로 선택할 수 있음.)

	부사어를 성립시키는 단위	예문 부호
①	부사	[　　　　]
②	체언 + (조사)	[　　　　]
③	관형절 + 의존 명사	[　　　　]
④	부사절	[　　　　]

15. 예문 (A)에 실현된 ⓐ~ⓓ의 품사 및 문장 성분과 관련하여, 글 (B)의 빈칸에 들어갈 말을 쓰시오. (단, ㉠과 ㉡의 빈칸에는 ⓐ, ⓑ, ⓒ, ⓓ의 부호를 쓰고, ㉮와 ㉯의 빈칸에는 문장 성분의 명칭을 쓸 것.)

[보기 15]

(A) ㄱ. 이바내너ⓐ<u>ᄃᆞ려</u>ᄀᆞᄅᆞ쵸마 [번박 상:10]
ㄴ. 慈母ㅣ나롤ⓑ<u>ᄃᆞ려</u>耆婆天을뵈ᅀᆞᆸ게 [능언 2:8]
ㄷ. 그ᄆᆞᅀᆞᆶ사ᄅᆞᆷⓒ<u>ᄃᆞ려</u>무로ᄃᆡ究羅帝이제어듸잇ᄂᆞ뇨 [월석 9:36]
ㄹ. 阿育王이그저긔臣下ᄃᆞᆯⓓ<u>ᄃᆞ려</u>雞雀精舍애가 [석상 24:32]

(*예문 (A)의 문장은 띄어쓰기를 적용하지 않았다.)

(B) ‘ᄃᆞ려’는 문장에서 쓰이는 기능에 따라서 두 가지 품사로 쓰인다. 곧 예문 (A)에서 ㉠(　　　)의 ‘ᄃᆞ려’는 동사인데, 문장에서 ㉮(　　　)로 쓰였다. 그리고 ㉡(　　　)의 ‘ᄃᆞ려’는 조사인데, 그 앞에 실현된 체언 함께 ㉯(　　　)로 쓰였다.

16. 예문 (A)에 실현된 독립어의 형태 및 품사와 관련하여, (가)와 (나)의 물음에 답하시오.

[보기 16]

(A) ㄱ. 舍利佛이 ᄉᆞᆯᄫᅩᄃᆡ 엥 올ᄒᆞ시이다 [석상 13:47]
ㄴ. ᄋᆡ 迷人아 오ᄂᆞᆯ록 後에 이 길흘 ᄇᆞᆲ디 말라 [월석 21:118]
ㄷ. 아소 님하 도람 드르샤 괴오쇼셔 [악궤 5:14 삼진작]
ㄹ. 그러나 目連아 心意ᄅᆞᆯ 구디 가져 어즈러ᄫᅳᆫ 想ᄋᆞᆯ 니르왇디 말라 [월석 25:106]

(B) <현대어 예시> <u>철수가</u> 영희를 좋아한다.
· 철수가 : <u>철수(명사) + -가(주격 조사)</u>

(가) 예문 (A)에서 독립어로 쓰인 말을 모두 골라서 그 형태를 쓰시오. (단, 각 문장에서 독립어가 둘 이상 실현될 수도 있음.)

(ㄱ) (　　　　　　　　)　(ㄴ) (　　　　　　　　)
(ㄷ) (　　　　　　　　)　(ㄹ) (　　　　　　　　)

(나) 예문 (A)에서 각각의 독립어를 구성하는 단어의 품사를 밝히시오. (단, 기술 방법은 글 (B)의 <현대어 예시>를 참조할 것.)

(ㄱ) [ ] (ㄴ) [ ]
(ㄷ) [ ] (ㄹ) [ ]

17. 다음의 예문 (A)에 실현된 ⓐ~ⓖ에 대한 문장 성분의 명칭을 쓰시오.

[보기 17]

(A) ㄱ. ⓐ좋으란 ᄒᆡᆫ 바ᄇᆞᆯ 주고 ᄆᆞᆯ란 프른 ᄉᆡᄅᆞᆯ 호리라 [두언 8:23]
ㄴ. 네 도로 머그라 ⓑ아니옷 머그면 네 머리ᄅᆞᆯ 버효리라 [월석 10:25]
ㄷ. 이 ⓒ각시ᅀᅡ 내 언니논 ᄆᆞᅀᆞ매 맛도다 [석상 6:14]
ㄹ. 이 ⓓ보ᄇᆡ옷 가져 이시면 有毒ᄒᆞᆫ 거시 害ᄒᆞ디 몯ᄒᆞ며 [월석 8:11]
ㅁ. ᄒᆞᆫ ⓔ衆生이나 成佛 몯ᄒᆞ야 이시면 [월석 9:22]
ㅂ. 오직 舍利佛 ⓕ알ᄑᆡᅀᅡ 브리 업슬ᄊᆡ [석상 6:33]
ㅅ. 驥子ᄂᆞᆫ 驥子ᄂᆞᆫ 됴ᄒᆞᆫ 아ᄃᆞ리니 前年희 말 ᄇᆡ홀 제 [두언 8:47]
ⓖ사ᄅᆞᆷ과 소ᄂᆡ 姓을 무러 알며

ⓐ좋으란: ( ) ⓑ아니옷: ( )
ⓒ각시ᅀᅡ: ( ) ⓓ보ᄇᆡ옷: ( )
ⓔ衆生이나: ( ) ⓕ알ᄑᆡᅀᅡ: ( )
ⓖ사ᄅᆞᆷ과 소ᄂᆡ: ( )

18. 15세기 국어에 쓰인 문장 성분의 종류와 관련하여, (가)와 (나)의 물음에 답하시오.

[보기 18]

(A) 내 이ᄅᆞᆯ 爲ᄒᆞ야 어엿비 너겨 새로 스믈여듧 字ᄅᆞᆯ ᄆᆡᇰᄀᆞ노니 [훈언 3장]
(B) ᄉᆡ미 기픈 므른 ᄀᆞᄆᆞ래 아니 그츨ᄊᆡ 내히 이러 바ᄅᆞ래 가ᄂᆞ니 [용가 2장]

(가) 예문 (A)에 실현된 각 어절에 대한 문장 성분의 명칭을 쓰시오.

① 내: ( ) ② 이ᄅᆞᆯ: ( )
③ 爲ᄒᆞ야: ( ) ④ 어엿비: ( )
⑤ 너겨: ( ) ⑥ 새로: ( )
⑦ 스믈여듧: ( ) ⑧ 字ᄅᆞᆯ: ( )
⑨ ᄆᆡᇰᄀᆞ노니: ( )

(나) 예문 (B)에 실현된 ①~⑫의 문법 단위에 대한 문장 성분의 명칭을 쓰시오.

① ᄉᆡ미:	(　　　)	② 기픈:	(　　　)
③ 므른:	(　　　)	④ ᄀᆞᄆᆞ래:	(　　　)
⑤ 아니:	(　　　)	⑥ 그츨ᄊᆡ:	(　　　)
⑦ 내히:	(　　　)	⑧ 이러:	(　　　)
⑨ 바ᄅᆞ래:	(　　　)	⑩ 가ᄂᆞ니:	(　　　)
⑪ ᄉᆡ미 기픈:	(　　　)	⑫ ᄉᆡ미 기픈 므른:	(　　　)

19. 예문 (A)에서 ⓐ~ⓜ이 어떠한 문장 성분으로 쓰였는지 밝히고, 이들의 문장 성분을 형성하는 언어적 단위를 (B)의 <예시>와 같이 분석하시오.

[보기 19]

(A) ㄱ. 光明이 ⓐ<u>ᄒᆡᄃᆞᆯ두고</u> 더으니 [월석 1:26]
ㄴ. 世尊은 ⓑ<u>世界예 ᄆᆞᆺ 尊ᄒᆞ시닷</u> ᄠᅳ디라 [월석 1:서5]
ㄷ. 勸進之日에 ⓒ<u>平生ㄱ</u> ᄠᅳᆮ 몯 일우시니 [용가 12장]
ㄹ. 向公이 ⓓ<u>피 나게</u> 우러 行殿에 ᄲᅳ리고 [두언 25:47]
ㅁ. 나라히 ⓔ<u>ᄂᆞᄆᆡ 그에</u> 가리이다 [월석 2:6]
ㅂ. 道國王과 ⓕ<u>밋</u> 舒國王은 實로 親ᄒᆞᆫ 兄弟니라 [두언 8:5]
ㅅ. 菩薩이 ⓖ<u>前生애 지ᅀᅳᆫ</u> 罪로 이리 受苦ᄒᆞ시니라 [월석 1:6]
ㅇ. ⓗ<u>聖母하</u> 願ᄒᆞᄃᆞᆫ 드르쇼셔 [월석 21:38]
ㅈ. ⓘ赤島 <u>안햇</u> 움흘 至今에 보ᅀᆞᆸᄂᆞ니 [용가 5장]
ㅊ. ⓙ<u>ᄇᆞᆯ 구피라 펼</u> ᄊᆞᅀᅵ예 忉利天에 가샤 [월석 21:4]
ㅋ. ⓚ<u>아가</u> 반ᄃᆞ기 마조 보리여다 [월석 8:101]
ㅍ. ⓛ<u>녯 가히</u> 내 도라오ᄆᆞᆯ 깃거 [두언 6:39]
ㅌ. 올ᄒᆞ시다 ⓜ<u>부텨 니ᄅᆞ샨 배여</u> [금삼 2:63]

(B) 분석의 예시: "철수의 형이 부산에 있는 집에서 오래 살았다."

- '철수의 형이': [(주어), (명사구 + 주격 조사)]
- '부산에 있는': [(관형어), (관형절)]
- '집에서': [(부사어), (명사 + 부사격 조사)]
- '오래': [(부사어), (부사)]
- '살았다': [(서술어), (동사)]

3.2. 문장의 짜임새

1. 예문 (A)에 제시된 문장의 성립 조건과 관련하여, (가)와 (나)의 물음에 각각 답하시오.

[보기 1]

(A) ㄱ. 부톄 엇던 젼ᄎᆞ로 이리 니ᄅᆞ시ᄂᆞᆫ고 [법언 1:163]
ㄴ. 이 法은 오직 諸佛이ᅀᅡ 아ᄅᆞ시리라 [석상 13:48]

(가) (ㄱ)과 (ㄴ)이 문장이 될 수 있는 통사론적인 조건을, (ㄱ)과 (ㄴ)에 실현된 언어 형태를 예로 들어서 기술하시오.

① (ㄱ)의 조건:
② (ㄴ)의 조건:

(나) (ㄱ)과 (ㄴ)이 문장이 될 수 있는 형태론적인 조건을, (ㄱ)과 (ㄴ)에 실현된 언어 형태를 예로 들어서 기술하시오.

① (ㄱ)의 조건:
② (ㄴ)의 조건:

2. 예문 (A)에 실현된 성분절의 명칭을 글 (B)에 설정된 ①~⑤의 빈칸에 쓰시오.

[보기 2]

(A) ㄱ. 므ᄉᆞ거시 가져가디 됴ᄒᆞᆯ고 [번역노걸대 하:66]
ㄴ. 이 ᄡᅡ해 精舍 이르ᅀᆞᄫᆞᆯ ᄢᅦ도 이 개야미 이에셔 살며 [석상 6:37]
ㄷ. 부톄 니ᄅᆞ샤ᄃᆡ 올타 올타 네 말 ᄀᆞᄐᆞ니라 [석상 9:22]
ㄹ. 이 東山ᄋᆞᆫ 남기 됴ᄒᆞᆯᄊᆡ [석상 6:24]
ㅁ. 이웃집 ᄇᆞ른 바미 깁ᄃᆞ록 ᄇᆞᆯ갯도다 [두언 7:6]

(B) 주어와 서술어를 갖춘 언어적 단위가 문장 속에서 특정한 문장 성분으로 안겨 있을 수 있는데, 이러한 단위를 '성분절'이라고 한다. (ㄱ)의 문장에는 ①(　　　)이, (ㄴ)에는 ②(　　　)이, (ㄷ)에는 ③(　　　)이, (ㄹ)에는 ④(　　　)이, (ㅁ)에는 ⑤(　　　)이 각각 성분절로 안겨 있다.

3. 예문 (A)에 실현된 성분절과 관련해서, 다음의 (가)~(다)의 물음에 답하시오.

[보기 3]

(A) ㄱ. 般若 기픈 ᄠᅳ디 이ᄅᆞᆯ 니ᄅᆞ신뎌 [반야심경 8]

ㄴ. 如來 샹녜 우리ᄅᆞᆯ 아ᄃᆞ리라 니ᄅᆞ시니이다 [월석 13:32]

ㄷ. 太子ㅣ 性 고ᄫᆞ샤 [월석 21:211]

ㄹ. 畵師ㅣ 이 ᄆᆞᅀᆞᆷ 업시 ᄇᆡ호디 아니ᄒᆞ도다 [두언 16:35]

ㅁ. 根源은 업스샤미 ᄃᆞᆳ 그림제 眞實ㅅ ᄃᆞᆯ 아니로미 ᄀᆞᆮᄒᆞ니라 [월석 2:55]

(B) (A)에 실현된 성분절 중에서는 그것을 성립시키는 문법 형태소가 실현된 것이 있다. 예를 들어서 (ㄱ)에서는 ㉮(　　　)이 실현되었으며, (ㄹ)에서는 ㉯(　　　)이 실현되었으며, (ㅁ)에서는 ㉰(　　　)이 실현되었다.

(가) 예문 (A)의 (ㄱ)~(ㄹ)에 실현된 성분절의 형태와 명칭을 각각 쓰시오.

(ㄱ) : (　　　　　　　　)— (　　　　)

(ㄴ) : (　　　　　　　　)— (　　　　)

(ㄷ) : (　　　　　　　　)— (　　　　)

(ㄹ) : (　　　　　　　　)— (　　　　)

(ㅁ) : (　　　　　　　　)— (　　　　)

(나) 글 (B)의 ㉮, ㉯, ㉰의 빈칸에 들어갈 어미의 형태와 명칭을 쓰시오. (단, 변동된 형태는 변동된 대로 적을 것.)

어미의 형태　　　　어미의 명칭

㉮ (　　　　)— (　　　　　　　　)

㉯ (　　　　)— (　　　　　　　　)

㉰ (　　　　)— (　　　　　　　　)

(다) (A)에 (ㄴ)의 문장을 현대 국어로 직역하고, 현대 국어에서 성분절을 형성하는 방법과 비교하여 그 차이점을 지적하시오.

① (직　역) :

② (차이점) :

4. 15세기 국어에서 명사절이 형성되는 방법과 관련하여, 글 (B)의 빈칸에 들어갈 어미의 형태를 쓰시오. (단, 변동된 형태는 기본 형태로 쓸 것.)

[보기 4]

(A) ㄱ. 太子ㅣ 글 빈호기 始作ᄒᆞ샤 [석상 3:8]
ㄴ. 阿難아 사ᄅᆞᄆᆡ 몸 ᄃᆞ외요미 어렵고 [석상 9:28]
ㄷ. 내 겨지비라 가져 가디 어려ᄫᅳᆯᄊᆡ [월석 1:13]
ㄹ. 늘근 노미 ᄀᆞ장 즐기ᄃᆞᆯ 몯ᄒᆞ노니 [두언 10: 21]

(B) 명사절은 주어와 서술어를 갖춘 절이 안은 문장 속에서 명사와 동일하게 기능하는 절이다. 이러한 명사절은 서술어로 쓰이는 말에 명사형 전성 어미가 실현되어서 형성된다. 곧, (A)의 예문 중에서 (ㄱ)에서는 ㉮(　　　)이/가, (ㄴ)에서는 ㉯(　　　)이/가, (ㄷ)에서는 ㉰(　　　)이/가, (ㄹ)에서는 ㉱(　　　)이/가 명사형 전성 어미로 쓰였다.

㉮(　　　)　㉯(　　　)　㉰(　　　)　㉱(　　　)

5. 예문 (A)에 제시된 (ㄱ)~(ㅂ)의 문장에 실현된 관형절의 형태를 찾아서 쓰시오.

[보기 5]

(A) ㄱ. 그 지븨셔 차반 ᄆᆡᇰᄀᆞᆯ 쏘리 워즈런ᄒᆞ거늘 [월석 6:16]
ㄴ. 내 이제 得ᄒᆞᆫ 道理도 三乘ᄋᆞᆯ 닐어ᅀᅡ ᄒᆞ리로다 [석상 13:58]
ㄷ. 부텻 이베셔 난 아ᄃᆞ리 合掌ᄒᆞᅀᆞ와 [법언 1:164]
ㄹ. 須達이 지븨 도라와 ᄠᅵ 무든 옷 닙고 시름ᄒᆞ야 잇더니 [석상 6:26]
ㅁ. 王이 … 즉자히 靑衣ᄃᆞ려 무르샤ᄃᆡ 鹿母夫人ᄋᆡ 나ᄒᆞᆫ 고ᄌᆞᆯ 어듸 ᄇᆞ린다 [석상 11:32]
ㅂ. 夫人이 또 니ᄅᆞ샤ᄃᆡ ᄇᆡ욘 아기 비디 또 二千斤ㅅ 金이니이다 [월석 8:81]

(ㄱ) (　　　　　　　　　　)
(ㄴ) (　　　　　　　　　　)
(ㄷ) (　　　　　　　　　　)
(ㄹ) (　　　　　　　　　　)
(ㅁ) (　　　　　　　　　　)
(ㅂ) (　　　　　　　　　　)

6. 15세기 국어에 쓰인 관형절의 유형과 관련하여, 글 (B)의 빈칸에 (ㄱ)~(ㅂ)을 쓰시오.

[보기 6]

(A) ㄱ. 諸法이 空 아니니 업스니라 [금언 5:36]
ㄴ. 또 菩薩 摩訶薩들히 … 種種 相貌로 菩薩ㅅ 道理 行ᄒᆞ시논 양도 보며 [석상 13:14]
ㄷ. 이ᄂᆞᆫ 十方앳 道理 ᄒᆞᆫ가지론 고ᄃᆞᆯ 니ᄅᆞ시니라 [석상 13:50]
ㄹ. 네 得ᄒᆞᆫ 거슨 滅이 아니니 [법언 3:198]
ㅁ. 여러가짓 相見을 여희신 다ᄉᆞ로 한 소리ᄅᆞᆯ 圓通ᄒᆞ샤 [월석 18:35]
ㅂ. 부톄 아ᄅᆞ시논 바ᄅᆞᆯ 다 通達ᄒᆞᅀᆞ와 [법언 5:118]
ㅅ. 여슷 大臣이 힝뎌기 왼 ᄃᆞᆯ 제 아라 太子ᄅᆞᆯ 새와 믜여ᄒᆞ더라 [월석 21:214]

(B) 관형절은 그것이 수식하는 피한정어(체언)의 통사적인 관계에 따라서 '관계 관형절'과 '동격 관형절'로 구분된다. (A)에서 예문 ㉮( )에는 관계 관형절이 안겨 있으며, 예문 ㉯( )에는 동격 관형절이 안겨 있다.

7. 예문 (A)의 '관계 관형절'이 형성된 과정과 관련하여, 글 (B)의 빈칸에 들어갈 예문을 (A)에서 골라서 '(ㄱ), (ㄴ), (ㄷ), (ㄹ), (ㅁ), (ㅂ)'으로 쓰시오.

[보기 7]

(A) ㄱ. 窮子ㅣ … 아비 住ᄒᆞᆫ 城에 다ᄃᆞ라 [법언 2:237]
ㄴ. 布施ᄂᆞᆫ … 제 아논 法으로 ᄂᆞᆷ ᄀᆞᄅᆞ칠 씨오 [월석 2:25]
ㄷ. 地藏菩薩이 … 一切 罪苦 衆生ᄋᆞᆯ 度脫ᄒᆞ논 方便ㅅ 이ᄅᆞᆯ 닐오리라 [월석 21:63]
ㄹ. 衆生이 네 어드ᄫᅳᆫ ᄃᆡ 이셔 各各 서르 몯 보다가 [월석 21:55]
ㅁ. 나랏 菩薩이 듣고져 ᄒᆞ논 法을 自然히 듣디 몯ᄒᆞ면 [월석 8:68]
ㅂ. 불휘 기픈 남ᄀᆞᆫ ᄇᆞᄅᆞ매 아니 뮐씨 [용가 2장]

(B) '관계 관형절(關係冠形節)'은 관형절 속의 문장 성분 가운데서 중심어(피한정 체언)와 동일한 대상을 표현하는 문장 성분이 생략되면서 형성된 관형절이다. 이러한 관계 관형절은 (A)에서 예문 ㉮( )처럼 주어가 빠져 나갔거나, ㉯( )처럼 목적어가 빠져 나갔거나, ㉰( )처럼 부사어가 빠져 나간 경우가 있다.

8. 예문 (A)에 실현된 관형절의 종류와 관련하여, (가)와 (나)의 물음에 답하시오.

[보기 8]

(A) ㄱ. 鹿母夫人ᄋᆡ 나혼 고ᄃᆞᆯ 어듸 ᄇᆞ린다 [석상 11:32]
ㄴ. 부텻 出現ᄒᆞ샤 說法ᄒᆞ시논 ᄠᅳ들 아ᅀᆞ와 [법언 2:156]
ㄷ. 鮮은 ᄀᆞᆺ 주균 즁ᄉᆡᆼ이라 [월석 21:124]
ㄹ. 그 ᄢᅴ 首陁會天이 須達ᄋᆡ 버릇 업순 주를 보고 [석상6:21]
ㅁ. 須達이 깃거 지븨 도라가 精舍 지ᅀᅮᆯ 이ᄅᆞᆯ 磨練ᄒᆞ더니 [석상 6:26]
ㅂ. ᄒᆞᆫ 암사ᄉᆞ미 와 옷 ᄲᆞ론 므를 먹고 [석상 11:25]
ㅅ. ᄡᅡ홀 從ᄒᆞ야 잇ᄂᆞᆫ 거시 다 네 히믈 브텟거늘 [월석 21:152]
ㅇ. 諸國王과 婆羅門 等이…아기 나ᄒᆞᆫ 겨집ᄃᆞᄅᆞᆯ 보고 [월석 21:143]
ㅈ. 慈悲ᄂᆞᆫ 衆生ᄋᆞᆯ 便安케 ᄒᆞ시ᄂᆞᆫ 거시어늘 [석상 6:5]

(가) (A)의 예문에 실현된 관형절을 '관계 관형절'과 '동격 관형절'로 구분하여, 각각의 예문을 (A)에서 골라서 '(ㄱ), (ㄴ), (ㄷ), (ㄹ), (ㅁ), (ㅂ)'으로 쓰시오

① '관계 관형절' : [ ] ② '동격 관형절' : [ ]

(나) (A)에 실현된 '관계 관형절'이 형성된 방식을 다음과 같이 정리하였을 때에, 다음의 ①, ②, ③에 해당하는 예문의 번호를 쓰시오.

① 주어가 빠져 나간 관계 관형절: [ ]
② 목적어가 빠져 나간 관계 관형절: [ ]
③ 부사어가 빠져 나간 관계 관형절: [ ]

9. 글 (B)의 빈칸에 들어갈 부사절을 예문 (A)에서 찾아서 쓰고, 그 부사절을 성립시킨 어미나 파생 접사의 형태를 쓰시오. (단, 부사절이 형성되는 과정에서 생략된 성분은 쓰지 말 것.)

[보기 9]

(A) ㄱ. 無色界天에 니르리 供養이 ᄉᆞᆫᄌᆡ 더으더라 [석상 23:22]
ㄴ. 우리 부텨 如來…三乘ᄋᆞᆯ 크게 여ᄅᆞ시며 [월석 서:7]
ㄷ. 百姓이 져재 가ᄃᆞᆺ 모다 가 [월석 2:7]
ㄹ. 이웃집 브른 바미 깁도록 ᄇᆞᆯ갯도다 [두언 7:6]

(B)	부사절의 형태		어미나 접사의 형태
① 문장 (ㄱ):	㉮( )	—	㉯( )
② 문장 (ㄴ):	㉰( )	—	㉱( )
③ 문장 (ㄷ):	㉲( )	—	㉳( )
④ 문장 (ㄹ):	㉴( )	—	㉵( )

10. 예문 (A)에 안겨 있는 성분절의 형태와 명칭을 아래 표의 ①~④에 쓰시오. (단, 성분절이 실현된 순서대로 쓰되, 성분절이 형성되는 과정에서 생략된 문장 성분은 쓰지 말 것.)

[보기 10]

(A) 일훔난 됴ᄒᆞᆫ 오시 비디 千萬이 ᄉᆞᆫ며 [석상 13:22]

	성분절의 형태	성분절의 명칭
①		
②		
③		
④		

11. 15세기 국어에 쓰인 인용절과 관련하여, (가)와 (나)의 물음에 답하시오.

[보기 11]

(A) ㄱ. 如來 샹녜 우리ᄅᆞᆯ 아ᄃᆞ리라 니ᄅᆞ시니이다 [월석 13:32]
ㄴ. 有情ᄃᆞᆯ히…제 올호라 ᄒᆞ고 [석상 9:14]
ㄷ. 내 노포라 ᄒᆞ릴 맛나ᄃᆞᆫ ᄂᆞᆽ가ᄫᅵ 브리읧 報ᄅᆞᆯ 니ᄅᆞ고 [월석 21:67]
ㄹ. 사ᄅᆞ미 ᄂᆞᆷᄃᆞ려 닐오ᄃᆡ 經이 이쇼ᄃᆡ 일후미 法華ㅣ니 ᄒᆞᆫᄃᆡ 가 듣져 ᄒᆞ야ᄃᆞᆫ [석상 19:6]
ㅁ. 善宿ㅣ ᄯᅩ 무로ᄃᆡ 네 어느 고대 난다 [월석 9:36]
ㅂ. ᄯᅩ 닐오ᄃᆡ 내 無上涅槃ᄋᆞᆯ 得호라 ᄒᆞ고 [능언 9:91]
ㅅ. 이 比丘ㅣ…닐오ᄃᆡ 내…너희ᄃᆞᆯᄒᆞᆯ 업시우디 아니ᄒᆞ노니 너희ᄃᆞᆯ히 당다이 부톄 ᄃᆞ외리라 하더니 [석상 19:30]

(가) 예문 (A)에 안겨 있는 '인용절'의 형태를 쓰고, 그 인용절이 '직접 인용절'인지 '간접 인용절'인지 밝히시오.

	인용절의 형태		인용절의 종류
ㄱ.	( )	—	( )
ㄴ.	( )	—	( )
ㄷ.	( )	—	( )
ㄹ.	( )	—	( )
ㅁ.	( )	—	( )
ㅂ.	( )	—	( )
ㅅ.	( )	—	( )

(나) (A)에 제시된 간접 인용절을 직접 인용절의 형태로 고치시오. (단, 아래의 답안으로 제시한 표의 줄 수와 '간접 인용절'의 수는 일치하지 않을 수 있음.)

예문 번호	성분절의 형태

12. 글 (B)의 내용을 읽고, ①과 ②의 빈칸에 ⓐ~ⓜ의 부호를 쓰시오.

[보기 12]

(A) ㄱ. 구루멧 히 블 ⓐ ᄀᆞᆫᄒᆞ나 더운 하ᄂᆞᆯ히 서늘ᄒᆞ도다 [두언 6:35]
ㄴ. 두 히 ⓑ 돋다가 세 히 도ᄃᆞ면 [월석 1:48]
ㄷ. 梵王은 왼녁 겨틔 ⓒ 셔ᅀᆞᆸ고 帝釋은 올ᄒᆞᆫ녁 겨틔 셔ᅀᆞᆸ고 [금삼 3:18]
ㄹ. 보도 ⓓ 몯ᄒᆞ며 듣도 몯거니 ᄆᆞᅀᆞ기 快樂ᄒᆞᄫᆞ리잇고 [석상 24:286]
ㅁ. 내 이제 너를 ⓔ 논노니 ᄠᅳ들 조차 가라 [월석 13:19]
ㅂ. 우리ᄂᆞᆫ 罪 지ᅀᅳᆫ ⓕ 모미라 하ᄂᆞᆯ해 몯 가노니 [월석 21:201]
ㅅ. 狄人이 ⓖ ᄀᆞᆯ외어늘 岐山 올ᄆᆞ샴도 하ᄂᆞᇙ ᄠᅳ디시니 [용가 4장]
ㅇ. ⓗ 오나 가나 다 새지비 兼ᄒᆞ얫도소니 [두언 7:16]
ㅈ. ⓘ 제 ᄡᅳ거나 ᄂᆞᆷ ᄒᆡ여 ᄡᅳ거나 ᄒᆞ고 [석상 9:21]
ㅊ. 현 번 ⓙ ᄢᅱ운ᄃᆞᆯ ᄂᆞ미 오ᄅᆞ리잇가 [용가 48장]

ㅋ. ᄯᅡ 아랫 ⓚ獄일씨 地獄이라 [월석 1:28]

ㅌ. 子ᄂᆞᆫ ⓛ아ᄃᆞ리오 孫ᄋᆞᆫ 孫子이니 [월석 1:7]

ㅍ. 鐵蛇鐵狗ㅣ 블 ⓜ吐ᄒᆞ며 ᄃᆞᆮ녀 [월석 21:42]

(B) 이어진 문장은 연결 어미의 기능이나 의미에 따라서, '대등하게 이어진 문장'과 '종속적으로 이어진 문장'으로 구분된다. 곧, 예문 (A)에서 밑줄 그은 ①[ ]은/는 대등적 연결 어미이며, ②[ ]은/는 종속적 연결 어미이다. 이러한 연결 어미의 기능(의미)와 앞절과 뒷절의 의미적인 관계 등을 고려하여서, 대등하게 이어진 문장과 종속적으로 이어진 문장이 결정된다.

13. 15세기 국어에서는 이어진 문장의 앞절에 실현된 연결 어미의 종류에 따라서, 뒷절의 문장 종결 방법이 제약될 수가 있었다. 글 (B)의 빈칸에 들어갈 단어나 어미의 형태를 쓰시오.

[보기 13]

(A) ㄱ. 아래 가신 八婇女도 니거시니 므스기 썰ᄫᅳ리잇고 [월석 8:93]

ㄴ. 스승니미 엇던 사ᄅᆞ미시관ᄃᆡ 쥬벼느로 이 門ᄋᆞᆯ 여르시ᄂᆞ니잇고 [월석 23:84]

ㄷ. ᄒᆞᆫ 사ᄅᆞᆷ 勸ᄒᆞ야 가 法 듣게 ᄒᆞᆫ 功德도 이러ᄒᆞ곤 ᄒᆞᄆᆞᆯ며 … 말다ᄫᅵ 修行호미ᄯᆞ녀 [월석 17:53]

ㄹ. ᄒᆞ나ᄒᆞᆫ 比丘ㅣ 큰 戒ᄅᆞᆯ 디녀 잇거든 比丘尼 가 正法을 ᄇᆡ호디ᄫᅵ 업시우믈 말 씨오 [월석 10:20]

(B) 이어진 문장에서 앞절에 실현된 연결 어미가 뒷절의 문장 종결법에 제약을 주는 일이 있다. 예를 들어서 (A)에서 (ㄱ)은 연결 어미인 ㉮'( )'이/가 선어말 어미인 ㉯'( )'의 앞에 실현되면, 뒷절의 서술어가 의문형으로 실현됨을 보여 준다. (ㄴ)은 연결 어미인 '-관ᄃᆡ'가 앞절에 쓰이면 이어진 문장의 앞절에는 ㉰'( )'이/가 실현되고, 뒷절의 서술어는 의문형으로 끝나는 예이다. (ㄷ)은 앞절에 연결 어미인 '-곤'이 쓰이면 뒷절의 서술어는 의문형으로 끝나는 예인데, 이와 함께 부사인 ㉱'( )'이/가 어울리기도 한다. (ㄹ)은 연결 어미인 ㉲'( )'이/가 앞절에 쓰이면 뒷절에 부정 표현이 실현되는 예이다.

3.3. 문법 요소

3.3.1. 종결 표현

1. 예문 (A)에 제시된 (ㄱ)~(ㅌ)의 문장을 [표 1]에 제시된 문장의 유형으로 분류하여, ①~⑤의 빈칸에 각각 쓰시오. (단 (ㄱ)~(ㅌ)의 부호로 쓸 것.)

[보기 1]

(A) ㄱ. 姓 ᄀᆞᆯᄒᆡ야 員이 오니 오ᄂᆞᆳ나래 내내 우ᇫᄫᅳ리 [용가 16장]
ㄴ. 輪廻도 이러ᄒᆞᆯ쎠 受苦도 이러ᄒᆞᆯ쎠 [월석 8:4]
ㄷ. 世尊이 ….舍利佛을 須達이 조차 가라 ᄒᆞ시다 [석상 6:22]
ㄹ. 父王이 病ᄒᆞ야 겨시니 우리 미처 가 보ᅀᆞᄫᅡ ᄆᆞᅀᆞᄆᆞᆯ 훤히 너기시게 ᄒᆞ져라 [월석 10:6]
ㅁ. 하ᄂᆞᇙ ᄠᅳ들 뉘 모ᄅᆞᅀᆞᄫᆞ리 [용가 86장]
ㅂ. 네 엇뎨 안다 [월석 23:74]
ㅅ. 부텻긔 받ᄌᆞᄫᅡ 生生애 내 願을 일티 아니케 ᄒᆞ고라 [석상 13:25]
ㅇ. 셴 머리예 비치 업세라 [두언 8:70]
ㅈ. ᄯᅩ 닐오ᄃᆡ 여슷 ᄒᆡ를 ᄒᆞ져 [월석 7:1-2]
ㅊ. 어긔야 즌 ᄃᆡ를 드ᄃᆡ욜세라 [악궤 정읍사]
ㅋ. 이 두 사ᄅᆞ미 眞實로 네 항것가 [월석 8:94]
ㅌ. 이 ᄠᅳ들 닛디 마ᄅᆞ쇼셔 [용가 110장]

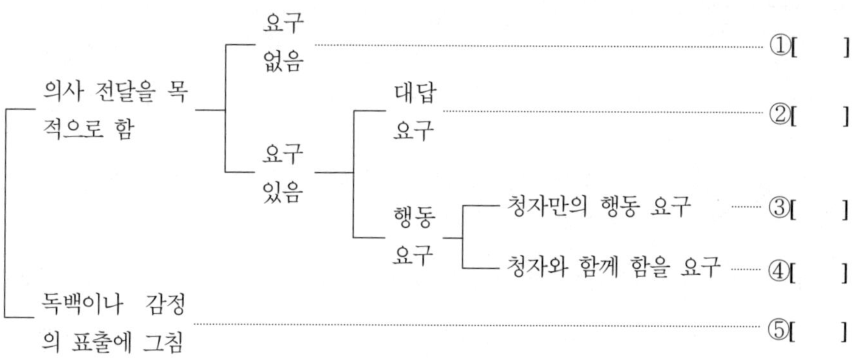

[표 1. 종결 방식에 따른 문장의 유형]

2. 예문 (B)는 '약속(約束)'의 뜻을 나타내는 평서문이다. 이러한 약속의 평서문을 형성하는 문법적 형태소의 특성과 관련하여, (가)와 (나)의 물음에 답하시오.

[보기 2]

(A) 내 ᄒᆞ마 命終호라 [월석 9:36]

(B) ㄱ. 그리 호마 혼 이리 分明히 아니 ᄒᆞ면 [내훈 3:21]
ㄴ. 네 니ᄅᆞ라 내 드로마 [번노 상:5]

(가) 예문 (A)에 제시된 문장의 형태·통사론적 특성을 참고하여, 예문 (B)에서 밑줄 그은 서술어인 '호마'와 '드로마'를 형태소 단위로 분석하시오. (단, 아래의 ①과 ②의 빈칸에 어간과 어미 형태를 쓰되, 변동된 형태는 기본 형태로 쓸 것.)

① 호마 : ㉠(　　)- + ㉡-(　　)- + ㉢-(　　)
② 드로마 : ㉮(　　)- + ㉯-(　　)- + ㉰-(　　)

(나) '문제 (가)'에서 ㉡과 ㉯의 선어말 어미를 따로 분석할 수 있는 형태론과 통사론적인 근거를 설명하시오.

3. 15세기 국어에서 쓰였던 '리'로 끝나는 평서문과 관련하여, (가)와 (나)의 물음에 답하시오.

[보기 3]

(A) ㄱ. 赤心ᄋᆞ로 처ᅀᅥᆷ 보샤 迺終내 赤心이시니 뉘 아니 ᄉᆞ랑ᄒᆞᅀᆞᄫᆞ리 [용가 78장]
ㄴ. 始終이 ᄀᆞᄐᆞ실ᄊᆡ 功臣이 忠心이니 傳祚萬世예 功이 그ᄎᆞ리잇가 [용가 79장]

(B) 가시리 가시리잇고 나ᄂᆞᆫ ᄇᆞ리고 가시리잇고 나ᄂᆞᆫ [악장가사 - 가시리]

(C) <고등학교 문법, 2010:300>에서는 (A)와 (B)와 같은 운문에서 '리'로 끝나는 종결 어미를 인정하고, 이러한 '니'와 '리'를 반말의 상대 높임 등분을 표현하는 종결 어미로 처리하였다.

(D) 예문 (A)는 <용비어천가>에 나타난 운문의 문장이고, 예문 (B)는 <악장가사>에 수록된 '가시리'의 노랫말의 일부이다. (A)에서 (ㄱ)과 (ㄴ)의 문장은 동일한 인물(태조 이성계)에 대한 내용을 서술하고 있고, 이야기의 서술자(화자)와 독자(청자)가 동일하다. 그리고 (B)의 노랫말도 동일한 내용을 반복하여 표현하고 있다. (A)에서 'ᄉᆞ랑ᄒᆞᄉᆞᄫᆞ<u>리</u>'와 '그츠<u>리잇가</u>'의 활용 형태를 비교하고 (B)에서 '가시<u>리</u>'와 '가시<u>리잇고</u>'의 활용 형태를 비교하면, '리'의 문법적인 성격을 글 (C)의 설명과는 다르게 처리할 수가 있다.

(가) 글 (D)의 주장인 타당하다고 가정한다면, 예문 (A)와 (B)에 실현된 '리'의 원래의 문법적인 명칭을 쓰시오. (단, 어미의 기능을 표현하는 명칭으로 쓸 것.)

(   )

(나) 글 (D)의 주장을 고려할 때에, (A)와 (B)의 예문에서 나타난 문장의 종결 방식을 어떻게 설명하는 것이 합리적이겠는가?

4. 글 (B)에 제시된 내용을 참조하여, ㉠~㉢의 빈칸에 들어갈 말의 형태를 쓰시오. (단, 변동된 형태소는 기본 형태로 적고, 형태소의 자립성 유무는 표시하지 말 것.)

[보기 4]

(A) ㄱ. 너희는 내 말을 믿을지니라. [현대 국어]
ㄴ. ᄯᅩ 반ᄃᆞ기 仔細히 ᄆᆞᅀᆞᄆᆞᆯ ⓐ<u>ᄢᅮᇙ디니라</u> [몽언 39장]

(B) 현대 국어에서는 예문 (ㄱ)에 쓰인 '-을지니라'를 하나의 종결 어미로 처리한다. 이런 처리 방식에 따라서 15세기 국어에서도 (ㄴ)에서 'ᄢᅮᇙ디니라'의 '-ㅭ디니라'를 하나의 종결 어미로 처리하는 경우가 있다. 그러나 15세기 국어에서는 '-읈디니라'를 단일한 종결 어미로 보지 않고 관형절을 안은 명사구의 구성에 서술격 조사가 붙어서 활용한 형태로 볼 수 있다. 이러한 처리 방법을 인정한다면 ⓐ의 'ᄢᅮᇙ디니라'를 다음과 같이 분석할 수 있다.

<분석> ᄢᅮᇙ디니라 :

(ᄡᅳ) + ㉠(   ) + (ㅭ) # ㉡(   ) + ㉢(   ) + (니) + (다)

5. 글 (A)는 15세기 국어의 의문문의 유형에 대한 설명이다. 이와 관련하여 예문 (B)에 제시된 의문문의 빈칸에 들어갈 의문 보조사의 형태를 각각 쓰시오. (단, 변동된 의문 보조사의 형태는 변동된 대로 쓸 것.)

[보기 5]

(A) 15세기 국어에서 쓰인 의문문은 형태상으로 두 가지의 의문문이 있다. 첫째로 문장의 내용에 대하여 가부(可否)의 판정을 요구하는 의문문과, 둘째로 문장에 실현된 물음말(의문사)에 대한 설명을 요구하는 의문문이 있다.

(B) ㄱ. 사호매 서르 맛나믄 또 어느 ⓐ날(　　)　　[두언 21:16]
ㄴ. 이 두 사르미 眞實로 네 ⓑ항것(　　)　　[월석 8:94]
ㄷ. 이는 賞가 ⓒ罰(　　)　　[몽언 53]
ㄹ. 얻논 藥이 ⓓ므스것(　　)　　[월석 21:215]
ㅁ. 이 ᄯᆞ리 너희 ⓔ죵(　　)　　[월석 8:94]

6. 15세기 국어에서 실현된 의문문의 유형과 관련하여, 글 (B)의 빈칸에 들어갈 말을 쓰시오.

[보기 6]

(A) ㄱ. 이븐 나모와 투구 세 사리 네도 또 잇더신가　　[용가 89장]
ㄴ. 뉘 能히 … *妙法蓮華經*을 너비 니를꼬　　[법언 4:134]
ㄷ. 의 男子아 엇던 이를 爲ᄒᆞ야 이 길헤 든다　　[월석 21:118]

(B) 15세기 국어의 의문문에 실현되는 의문형 어미 중에는 어원적으로 관형사형 전성 어미인 '-은/-읋'에 의문 보조사인 '-가, -고, -다'가 붙어서 형성된 것이 있다. 이들 의문 보조사 중에서 '-가'나 '-고'는 주로 문장의 주어가 ㉠(　　)인칭이나 ㉡(　　)인칭일 때에 실현되며, '-다'는 문장의 주어가 ㉢(　　)인칭일 때에 실현된다. 그리고 의문문에서 의문사가 실현되는 여부를 기준으로 보면, '-가'와 '-고' 중에서 '-가'는 ㉮'(　　　) 의문문'에 실현되며, '-고'는 ㉯'(　　　) 의문문'에 실현된다.

7. 글 (A)는 15세기 국어의 의문형 어미가 형성되는 과정을 설명한 글이다. (A)의 빈칸에 들어갈 의문형 어미의 변이 형태를 쓰시오. (단, 형태소의 자립성 유무는 표기하지 말 것.)

[보기 7]

(A) 15세기 국어의 판정 의문문에서 실현되는 의문형 어미가 변동되는 과정을 다음과 같이 설명할 수 있다.

　첫째로 미래 시제의 선어말 어미인 '-리-'에 의문형 종결 어미인 '-가'가 결합하면, ㉠ '(　　　　)'의 형태로 실현되는 의문형 어미가 형성된다. 둘째로 앞의 ㉠의 형태에서 모음 충돌을 회피하기 위하여, 동화 현상이 일어날 수 있다. 이 경우에는 의문형 어미는 양성 모음이 실현된 ㉡ '(　　　　)'의 형태나 음성 모음이 실현된 ㉢ '(　　　　)'의 형태로 실현된다. 셋째로 ㉢의 형태가 다시 축약되면, ㉣ '(　　　　)'의 형태로 실현된다.

8. 15세기 국어에 실현된 의문형 어미와 관련하여, 글 (B)와 글 (C)의 빈칸에 들어갈 말을 각각 쓰시오. (단, 문법적 단위의 명칭이나 문법 기능에 대한 명칭을 쓸 것.)

[보기 8]

(A) ㄱ. 네 겨집 그려 ⓐ <u>가던다</u>　[월석 7:10]
　ㄴ. 네 信ᄒᆞᄂᆞᆫ다 아니 ⓑ <u>ᄒᆞᄂᆞᆫ다</u>　[석상 9:26]
　ㄷ. 네 엇뎨 ⓒ <u>안다</u>　[월석 23:74]
　ㄹ. 네 엇던 혜ᄆᆞ로 나ᄅᆞᆯ 免케 ⓓ <u>ᄒᆞᇙ다</u>　[월석 21:56]

(B) 예문 (A)에 제시된 의문문에서 ⓐ~ⓓ에 실현된 의문형 어미는 어원적으로 볼 때에, ㉠(　　　　)인 '-ㄴ'이나 '-ㅭ'에 ㉡(　　　　)인 '-다'가 결합하여서 형성된 의문형 어미이다.

(C) 예문 (A)에 제시된 의문문에서 ⓐ~ⓓ에 실현된 의문형 어미는 상대 높임의 등분으로 보면 모두 ㉮ '(　　　　)체'의 의문형 어미에 해당한다. 그리고 이들 의문형 어미는 '-가'나 '-고'로써 형성된 의문형 어미와는 달리, 문장 속에서 ㉯(　　　　)이/가 실현되는 여부에 관계없이 동일한 형태로 실현되는 것이 특징이다.

9. 15세기 국어에 쓰인 의문문과 관련하여, 글 (B)의 빈칸에 들어갈 말을 쓰시오.

[보기 9]

(A) ㄱ. 그듸 엇던 ⓐ <u>사ᄅᆞ민다</u>　[월석 10:29]

ㄴ. 그듸는 어느 저긔 ⓑ 도라올다 [두언 22:30]
ㄷ. 엇던 이를 爲ᄒᆞ야 이 길헤 ⓒ 든다 [월석 21:118]

(B) 예문 (A)의 문장에서 ⓐ~ⓒ에 실현된 서술어를 현대어로 옮기면, ⓐ의 '사ᄅᆞ민다'는 ㉠(　　　　　　)(으)로, ⓑ의 '오라올다'는 ㉡(　　　　　　)(으)로, ⓒ의 '든다'는 ㉢(　　　　　　)(으)로 옮길 수 있다.

10. 15세기 국어에서 쓰인 의문문의 유형과 관련하여, (가)와 (나)의 물음에 답하시오.

[보기 10]

(A) ㄱ. 聖人 神力을 어느 다 ᄉᆞᆯᄫᆞ리 [용가 87장]
ㄴ. 그딋 아바니미 잇ᄂᆞ닛가 [석상 6:14]
ㄷ. 王곳 업스시면 누를 믿ᄌᆞᄫᆞ리잇고 [월석 7:54]
ㄹ. 그듸는 엇데 精誠을 니즈료 [두언 23:4]
ㅁ. 土木ᄋᆡ 빗나ᄆᆞᆯ 구틔여 쇠ᄒᆞ리아 [두언 6:36]
ㅂ. 님긊 말ᄊᆞ미 긔 아니 올ᄒᆞ시니 [용가 39장]
ㅅ. 네 어드러 가ᄂᆞ니오 [두언 8:6]
ㅇ. 므스글 道ㅣ라 ᄒᆞᄂᆞ니잇고 [월석 9:24]
ㅈ. 슬후미 이어긔 잇디 아니ᄒᆞ니아 [두언 7:14]
ㅊ. 부텨 授記ᄒᆞ샨 比丘ㅣ 아니 겨시니잇가 [석상 24:3364]
ㅋ. 엇뎨 겨르리 업스리오 [월석 서:17]
ㅌ. 엇뎨 부톄라 ᄒᆞᄂᆞ닛가 [석상 6:16]

(가) (A)의 (ㄱ)~(ㅌ)에 제시된 의문문을 상대 높임법의 등분에 따라서 분류하여, 다음 글의 빈칸에 넣으시오. (단, 빈칸에 (ㄱ)~(ㅌ)의 부호를 넣을 것.)

15세기 국어의 상대 높임의 등분은 아주 높임의 'ᄒᆞ쇼셔체'와 예사 높임의 'ᄒᆞ야쎠체', 낮춤의 'ᄒᆞ라체'의 등분으로 설정하고, 여기에 다시 높임과 낮춤의 중간 등분으로 '반말체'를 설정할 수 있다. 이러한 기준을 적용하면, (A)의 문장 중에서 ㉠(　　　　　)은 'ᄒᆞ쇼셔체'로, ㉡(　　　　　)은 'ᄒᆞ야쎠'체로, ㉢은 (　　　　　) 'ᄒᆞ라체'로, ㉣(　　　　　)은 '반말체'의 등분으로 분류된다.

(나) 의문문의 유형과 관련하여, 예문 (A)의 문장을 분류하여 ㉮~㉰의 빈칸에 넣으시오. (단, 빈칸에 (ㄱ)~(ㅌ)의 부호를 쓰고, 수사 의문문의 기능은 고려하지 말 것.)

> 의문문은 '설명 의문문'과 '판정 의문문'으로 구분할 수도 있다. (A)에 제시된 예문 중에서, ㉮(　　　)의 문장은 설명 의문문이며, ㉯(　　　)의 문장은 판정 의문문이다. 그런데 (A)의 예문 중에서 ㉰(　　　)은/는 의문사의 실현 여부와 의문형 어미의 형태가 일치하지 않는 특징이 있다.

11. 15세기 국어에서 쓰인 의문문의 기능에 관련하여, 글 (B)의 빈칸에 들어갈 말을 쓰시오. (단, ㉠에는 의문문의 유형에 대한 명칭을 쓰고, ㉮에는 (ㄱ)~(ㄹ)을 쓸 것.)

[보기 11]

(A) ㄱ. 너희 이 브를 보고 더ᄫᅳᆫ가 너기건마ᄅᆞᆫ [월석 10:14]
ㄴ. 네 목수믈 미더 ᄌᆞᇙ 時節을 기드리ᄂᆞᆫ다 [석상 6:11]
ㄷ. 그듸 子息 업더니 므슷 罪오 [월석 1:7]
ㄹ. 이 됴ᄒᆞᆫ 藥ᄋᆞᆯ 이제 예 뒷노니 너희 먹고 몯 됴ᄒᆞᇙ가 시름 말라 [월석 17:20]

(B) 의문문이 독백(獨白)이나 상념(想念)처럼, 듣는 이가 직접적으로 상정되지 않은 발화 상황에 쓰일 수도 있는데, 이러한 의문문을 ㉠'(　　　)'(이)라고 한다. 예문 (A)에서 ㉮(　　　)은 ㉠에 해당한다.

12. 15세기 국어의 명령문에 나타나는 상대 높임법의 등분과 관련하여, 글 (B)의 빈칸에 들어갈 명령형 종결 어미의 형태를 예문 (A)에서 찾아서 쓰시오. (단, 변동된 형태는 기본 형태로 쓸 것.)

[보기 12]

(A) ㄱ. 力士ㅣ 내 몸 ᄒᆞ야ᄇᆞ리디 아니케 ᄒᆞ쇼셔 [월석 7:37]
ㄴ. 네 바리를 어듸 가 어든다 도로 다가 두어라 [월석 7:8]
ㄷ. 내 보아져 ᄒᆞᄂᆞ다 ᄉᆞᆯᄫᅡ쎠 [석상 6:14]
ㄹ. 迦尸王이 … (淫女를) 使者 브려 보내오라 ᄒᆞ야ᄂᆞᆯ [월석 7:15]

(B) 명령문은 명령형의 종결 어미로써 실현되는데, 이는 상대 높임법의 등분에 따라서 다음과 같이 구분할 수 있다. 곧, 예문 (A)에 실현된 명령형 어미 중에서 ㉠‘(　　　)’은/는 ‘낮춤’의 명령형 어미이며, ㉡‘(　　　)’은/는 ‘예사 높임’의 명령형 어미이다. 그리고 ㉢‘(　　　)’은/는 ‘아주 높임’의 명령형 어미이며, ㉣‘(　　　)’은/는 낮춤과 예사 높임의 중간 정도로 높이는 명령형 어미이다.

13. 15세기 국어에서 명령형의 어미가 실현되는 양상과 관련하여, 글 (B)의 빈칸에 들어갈 선어말 어미의 형태를 쓰시오. (단, 변동된 형태는 변동된 대로 쓸 것.)

[보기 13]

(A) ㄱ. 너희ᄃᆞᆯ히 ⓐ힘ᄡᅧᄉᆞ라 바미 ᄒᆞ마 半이어다 [석상 23:13]
ㄴ. 너희 반ᄃᆞ기 一心으로 觀世音菩薩ㅅ 일후믈 ⓑ일ᄏᆮᄌᆞ오라 [법언 7:57]
ㄷ. 네 願다히 ⓒᄒᆞ야라 [석상 24:14]

(B) 15세기 국어의 명령문에서 실현되는 명령형의 종결 어미는 선어말 어미 뒤에 붙어서 실현될 수도 있다. 예를 들어서 ⓐ의 ‘힘ᄡᅧᄉᆞ라’는 명령형의 어미가 선어말 어미인 ㉠‘(　　　)’와/과 ㉡‘(　　　)’의 뒤에 실현되었다. 그리고 ⓑ의 ‘일ᄏᆮᄌᆞ오라’는 명령형의 어미가 선어말 어미인 ㉢‘(　　　)’의 뒤에, ⓒ의 ‘ᄒᆞ야라’는 명령형의 어미가 ㉣‘(　　　)’의 뒤에 실현되었다.

14. 15세기 국어의 청유문에 실현되는 서술어의 형태와 관련하여, 글 (B)의 빈칸에 들어갈 용언의 활용 형태를 쓰시오.

[보기 14]

(A) ㄱ. 이 劫 일후므란 賢劫이라 ⓐ(ᄒᆞ다) [석상 6:14]
ㄴ. 어버ᅀᅵ ᄀᆞ자 이신 저긔 일후믈 ⓐ(一定ᄒᆞ다) [월석8:96]

(B) (A)의 문장이 청유문이 되려면 서술어로 쓰인 용언인 ‘ᄒᆞ다’와 ‘一定ᄒᆞ다’에 청유형의 종결 어미가 실현되어야 한다. 만일 ⓐ의 ‘ᄒᆞ-’에 낮춤의 등분인 청유형 어미가 실현되면, ㉠‘(　　　)’(이)나 ㉡‘(　　　)’의 활용 형태가 된다. 그리고 ⓑ의 ‘一定ᄒᆞ-’에 아주 높임의 등분인 청유형 어미가 실현되면, ㉢‘(　　　)’의 활용 형태가 된다.

15. 15세기 국어에 실현된 감탄문의 형성 방식과 관련하여, 글 (B)의 빈칸에 들어갈 감탄형 어미의 형태를 쓰시오.(단, 변동된 형태소는 변동된 대로 적을 것.)

[보기 15]

(A) ㄱ. 六祖ㅅ 큰 오ᄋᆞᆫ ᄠᅳ들 보디 몯ᄒᆞᄂᆞᆫ뎌 [육언 서:7]
ㄴ. 됴ᄒᆞ실셔 엇뎨…부톄 世예 나샤ᄆᆞᆯ 期約ᄒᆞ리오 [육조 상:83]

(B) 예문 (A)에 실현된 감탄형 종결 어미의 형태를 추출하면 다음과 같다. 곧, (ㄱ)의 문장에는 감탄형 종결 어미인 ㉮ '(   )'이/가 실현되었으며, (ㄴ)의 문장에는 감탄형 종결 어미인 ㉯ '(   )'이/가 실현되었다.

16. 15세기 국어에서 실현된 감탄문의 형성 방식과 관련하여, 글 (B)의 빈칸에 들어갈 선어말 어미의 형태를 쓰시오.(단, 변동된 형태는 변동된 형태로 적을 것.)

[보기 16]

(A) ㄱ. 내 몬져 ⓐ듣도소이다 [석상 24:18]
ㄴ. ᄲᆞᆯ 니고미 오라ᄃᆡ 오히려 ᄀᆞᆯ히리 ⓑ업세이다 [육언 상:27]
ㄷ. 이 男子ㅣ 精誠이 至極ᄒᆞᆯᄊᆡ 보ᄇᆡᄅᆞᆯ 아니 ⓒ앗기놋다 [월석 1:11]
ㄹ. ᄇᆞᆰ 輿에 아디 ⓓ몯게라 믈읫 몃 마릿 그를 지ᅀᅳ니오 [두언 22:16]

(B) 15세기 국어에 쓰인 일부 감탄문은 문장의 서술어에 실현된 선어말 어미에 의해서 형성되었다. 예문 (A)에서 감탄문을 성립시키는 선어말 어미의 형태를 추출하면 다음과 같다. 먼저 ⓐ의 '듣도소이다'에는 ㉠ '(   )'이/가 실현되었으며, ⓑ의 '업세이다'에는 ㉡ '(   )'이/가 실현되었다. 그리고 ⓒ의 '앗기놋다'에는 ㉢ '(   )'이/가 실현되었으며, 끝으로 ⓓ의 '몯게라'에는 ㉣ '(   )'이/가 실현되었다.

17. 예문 (A)에 제시된 문장을 종결 방식에 따라서 하위 유형으로 분류하고, 각 문장의 종결 방식을 성립시키는 활용 어미(종결 어미나 선어말 어미)나 조사의 형태를 쓰시오. (단, 글 (B)의 예시를 참조하고, 변동된 형태는 기본 형태로 쓸 것.)

[보기 17]

(A) ㄱ. 오ᄂᆞᆳ나래 내내 웃ᄫᅳ리 [용가 16장]
ㄴ. 내 보아져 ᄒᆞᄂᆞ다 ᄉᆞᆯ바쎠 [석상 6:14]

ㄷ. 몸과 ᄆᆞᅀᆞᆷ괘 便安ᄒᆞ리라 [몽언 7]
ㄹ. 귓 ᄀᆞᅀᅵ ᄒᆞ마 ᄆᆞᆯᄀᆞᆫ 나ᄇᆡ 소리ᄅᆞᆯ 듣논 ᄃᆞᆺ ᄒᆞ애라 [두언 16:30]
ㅁ. 어누 나라해 가샤 나시리잇고 [월석 2:11]
ㅂ. 어셔 도라 니거라 [월석 8:101]
ㅅ. 六朝ㅅ 큰 오ᄋᆞᆫ ᄠᅳ들 보디 몯ᄒᆞᄂᆞᆫ뎌 [육언 서:7]
ㅇ. 이 두 사ᄅᆞ미 眞實로 네 항것가 [월석 8:94]
ㅈ. 이 ᄠᅳ들 닛디 마ᄅᆞ쇼셔 [용가 110-124]
ㅊ. 出家ᄒᆞᆫ 사ᄅᆞᄆᆞᆫ … 그에 精舍ㅣ 업거니 어드리 가료 [석상 6:22]
ㅋ. 힌 이스레 누른 조히 니그니 ᄂᆞᆫ화 주마 호미 일 期約이 잇ᄂᆞ니라 [두언 7:39]
ㅌ. ᄯᅩ 닐오ᄃᆡ 여슷 ᄒᆡᄅᆞᆯ ᄒᆞ져 [월석 7:2]
ㅍ. ᄋᆡ 男子아 (네) 엇던 이ᄅᆞᆯ 爲ᄒᆞ야 이 길헤 든다 [월석 21:118]
ㅎ. 몬져 니ᄅᆞ샨 經을 어루 다 듣ᄌᆞ오샷다 [법언 6:82]

(B) <예시> 이 고ᄌᆞ로 香油 ᄆᆡᆼᄀᆞᄂᆞ니라 [월석 18:53]
(풀이) : (평서문) — (-다)

문장의 유형 형태 문장의 유형 형태

(ㄱ) : (   ) — (   ) (ㄴ) : (   ) — (   )
(ㄷ) : (   ) — (   ) (ㄹ) : (   ) — (   )
(ㅁ) : (   ) — (   ) (ㅂ) : (   ) — (   )
(ㅅ) : (   ) — (   ) (ㅇ) : (   ) — (   )
(ㅈ) : (   ) — (   ) (ㅊ) : (   ) — (   )
(ㅋ) : (   ) — (   ) (ㅌ) : (   ) — (   )
(ㅍ) : (   ) — (   ) (ㅎ) : (   ) — (   )

3.3.2. 높임 표현

1. 15세기 국어의 높임 표현과 관련하여, 글 (B)의 빈칸에 들어갈 말을 쓰시오. (단, ㉠~㉢에는 선어말 어미의 형태를 변동된 형태로 쓰고, ㉮~㉰에는 높임의 대상이 되는 인물의 이름을 쓸 것.)

[보기 1]

(A) 그 저긔 闍婆摩羅ㅣ 座애셔 니러나아 부텨씌 술보딕 世尊하 摩耶夫人이 엇던 功德을 닷ㄱ시며 엇던 因緣으로 如來를 ⓐ나쌋ᄫᆞ시니잇고 부톄 니ᄅᆞ샤ᄃᆡ 디나건 오란 劫에 毗婆尸如來ㅅ 像法 後에 나라히 이쇼ᄃᆡ 일후미 波羅㮈러라… [석상 11:24]

(B) ⓐ의 '나쌋ᄫᆞ시니잇고'에는 ㉠ '(   )', ㉡ '(   )', ㉢ '(   )'의 높임 표현의 선어말 어미가 실현되어 있다. 이들 선어말 어미 중에서 ㉠은 ㉮ '(   )'을/를 높였으며, ㉡은 ㉯ '(   )'을/를 높였으며, 마지막으로 ㉢은 ㉰ '(   )'을/를 높였다.

2. 15세기 국어의 높임 표현과 관련하여, 글 (B)와 (C)의 빈칸에 들어갈 말을 쓰시오. (단, ㉠~㉢에는 선어말 어미의 형태를 쓰되, 변동된 형태소는 변동된 대로 쓸 것. 그리고 ㉮~㉰에는 높임의 대상이 되는 인물의 이름을 쓸 것.)

[보기 2]

(A) 阿難이 부텻긔 다시 술보ᄃᆡ 大愛道ㅣ 善ᄒᆞᆫ 쁘디 하시며 부톄 처ᅀᅥᆷ 나거시ᄂᆞᆯ 손소 ⓐ기르ᅀᆞᄫᆞ시니이다 [월석 10:19]

(B) ⓐ의 '기르ᅀᆞᄫᆞ시니이다'에서 높임 표현과 관련이 있는 선어말 어미의 형태를 실현된 순서대로 나열하면, ㉠ '(   )', ㉡ '(   )', ㉢ '(   )'와/과 같다. 이들 선어말 어미 중에서 ㉠은 ㉮ '(   )'을/를 높였고, ㉡은 ㉯ '(   )'을/를 높였으며, ㉢은 ㉰ '(   )'을/를 높였다.

3. 15세기 국어의 상대 높임 표현의 실현 방식과 관련하여, 글 (B)의 빈칸에 들어갈 문장의 번호를 쓰시오. (단, 높임 표현 중에서 '예사 높임'의 등분을 'ᄒᆞ야쎠체'로 명명한다.)

[보기 3]

(A) ① 世間ㅅ 드틀을 므슴 만 너기시리 [월천 기125]
② 生生애 내 願을 일티 아니케 ᄒᆞ고라 [월석 1:13]
③ 淨土애 ᄒᆞᆫᄃᆡ 가 나사이다 [월석 8:110]
④ 世世예 妻眷이 ᄃᆞ외져 [석상 6:8]
⑤ 聖母하 願ᄒᆞᆫᄃᆞᆫ 드르쇼셔 [월석 21:38]
⑥ 王이 돌해 刻ᄒᆡ샤 南郊애 무더 두라 ᄒᆞ시다 [월석 2:49]
⑦ 그듸 이 굼긧 개야미 보라 [석상 6:36]
⑧ 그딧 아바니미 잇ᄂᆞ닛가 [석상 6:14]
⑨ 내 그런 ᄠᅳ들 몰라 ᄒᆞ댕다 [석상 24:23]
⑩ 眷屬 ᄃᆞ외ᅀᆞᄫᅡ셔 셜ᄫᅳᆫ 일도 이러ᄒᆞᆯ쎠 [석상 6:5]
⑪ 내 이제 엇뎨 ᄒᆞ야ᅀᅡ 地獄 잇ᄂᆞᆫ ᄯᅡ해 가리잇고 [월석 21:25]
⑫ 네 아ᄃᆞ리 孝道ᄒᆞ고 허믈 업스니 어드리 내티료 [월석 2:6]
⑬ ᄉᆡ미 기픈 므른 ᄀᆞᄆᆞ래 아니 그츨ᄊᆡ … 바ᄅᆞ래 가ᄂᆞ니 [용가 2장]
⑭ 아자비 쇼ᄅᆞᆯ 소아 주기이다 [내훈 3:49]

(B) 15세기 국어의 상대 높임 표현은 아주 높임의 'ᄒᆞ쇼셔체', 예사 높임의 'ᄒᆞ야쎠체', 낮춤의 'ᄒᆞ라체', 높임과 낮춤의 중간 등급인 '반말'로 분류할 수 있다. 이와 같은 분류 방법에 따라서 예문 (A)의 문장을 상대 높임의 등분에 따라서 분류하면, ㉠(　　　)은/는 'ᄒᆞ쇼셔체', ㉡(　　　)은/는 'ᄒᆞ야쎠체', ㉢(　　　)은/는 'ᄒᆞ라체', ㉣(　　　)은/는 '반말'에 해당한다.

4. 15세기 국어의 상대 높임 표현의 등분과 관련하여, 글 (B)의 빈칸에 들어갈 문장의 번호를 쓰시오.

[보기 4]

(A) ① 帝 니ᄅᆞ샤ᄃᆡ 數千잉다 [내훈 2 하:61]
② 世尊하 … 이런 고디 업스이다 [능언 1:50]
③ 聖母하 願ᄒᆞᆫᄃᆞᆫ 드르쇼셔 [월석 21:38]
④ 그 ᄠᅳ들 닐어쎠 [석상 6:16-7]
⑤ 눉믈 디니 긔 아니 어리니잇가 [월천 기103]
⑥ 엇뎨 부톄라 ᄒᆞᄂᆞ닛가 [석상 6:16]

(B) 15세기 국어의 상대 높임은 '높임 표현'과 '낮춤 표현'으로 구분할 수 있다. 그리고 '높임 표현'도 듣는 이를 높이는 정도에 따라서 '아주 높임 표현(ᄒᆞ쇼셔체)'과 '예사 높임 표현(ᄒᆞ야쎠체)'으로 다시 구분할 수 있다. 예문 (A)에 제시된 문장 중에서 ㉠(　　　　)의 문장은 '아주 높임의 표현'에 해당하며, ㉡(　　　　)의 문장은 '예사 높임의 표현'에 해당한다.

5. 15세기 국어의 높임 표현이 실현되는 양상과 관련하여, 글 (B)의 빈칸에 들어갈 용언의 활용 형태를 쓰시오.

[보기 5]

(A) 須達: 主人이 므슴 차바ᄂᆞᆯ 손소 ᄃᆞᆫ녀 밍ᄀᆞ노닛가 太子ᄅᆞᆯ 請ᄒᆞᅀᆞ바 이받ᄌᆞ보려 ᄒᆞ노닛가 大臣ᄋᆞᆯ 請ᄒᆞ야 이바도려 ᄒᆞ노닛가
護彌: 그리 아닝다
須達: 婚姻 위ᄒᆞ야 아ᅀᆞ미 오나ᄃᆞᆫ 이바도려 ᄒᆞ노닛가
護彌: 그리 아니라 부텨와 즁과ᄅᆞᆯ 請ᄒᆞᅀᆞ보려 ᄒᆞ뇡다
須達: 엇데 부톄라 ᄒᆞᄂᆞ닛가 그 ᄠᅳ들 ⓐ(　　　)
護彌: 그듸ᄂᆞᆫ 아니 듣ᄌᆞ뱃더시닛가 淨飯王 아ᄃᆞ님 悉達이라 ᄒᆞ샤리 나실 나래 하늘로셔 셜흔 두 가짓 祥瑞 ᄂᆞ리며 … <중략> … 三世옛 이ᄅᆞᆯ 아ᄅᆞ실ᄊᆡ 부톄시다 ᄒᆞᄂᆞᆼ다　[석상 6:16~ 6:18]

(B) 위의 대화에서 밑줄 그은 활용 형태를 참조할 때에 '수달(須達)'과 '호미(護彌)'는 서로를 예사로 높여서 발화하고 있음을 알 수 있다. 이러한 상대 높임 등분이 그대로 유지된다고 가정한다면, ⓐ의 빈칸에는 '니ᄅᆞ다(曰)'의 명령형으로서 ㉠'(　　　)'의 형태가 실현되었을 것으로 추정할 수 있다.

6. 15세기 국어에서 상대 높임법을 실현하는 방식과 관련하여, 다음 표의 빈칸에 들어갈 용언 'ᄒᆞ다(爲, 曰)'의 활용 형태를 쓰시오.

활용 형태 / 높임의 등분	평서형	의문형	명령형
아주 높임	ᄒᆞᄂᆞ니이다	㉠(　　　)	ᄒᆞ쇼셔
예사 높임	㉡(　　　)	ᄒᆞᄂᆞᆼ다	㉢(　　　)

7. 15세기 국어에서 문장의 끝에 실현된 어미 '리'의 문법적인 성격과 관련하여, (가)와 (나)의 물음에 답하시오.

[보기 7]

(A) ㄱ. 淨飯이 무러시ᄂᆞᆯ 占者ㅣ 判ᄒᆞᅀᆞ보ᄃᆡ 聖子ㅣ 나샤 正覺 ⓐ일우시리 [월천 기15]

ㄴ. (淨飯)王이 占ᄒᆞᄂᆞᆫ 사ᄅᆞᄆᆞᆯ 블러 무르시니 다 ᄉᆞᆯ보ᄃᆡ 聖子ㅣ 나샤 輪王이 ᄃᆞ외시리니 出家ᄒᆞ시면 正覺ᄋᆞᆯ ⓑ일우시리로소이다 [월석 2:23]

(B) 예문 (A)에서 (ㄱ)과 (ㄴ)의 문장은 각각 <월인천강지곡>과 <월인석보>에서 발췌하였다. 이들 문장은 '정반왕(淨飯王)'이 점을 치는 사람인 '점자(占者)'에게 '마야부인'이 전날 꾼 꿈의 의미를 묻고, 점자가 정반왕의 질문에 대답하는 동일한 장면을 각각 운문과 산문으로 표현한 것이다. 여기서 운문인 <월천강지곡>에서는 점자가 발화한 문장의 서술어가 ⓐ의 '일우시리'로 실현되었다. 반면에 <월인석보>의 산문 부분에서는 서술어가 ⓑ의 '일우시리로소이다'로 실현되어 있다.

(가) 고등학교 문법(2010:300)에서는 ⓐ의 '일우시리'에 실현된 '-리'에 대한 문법적인 성격을 어떻게 처리하고 있는지 설명하시오.

(설명) :

(나) 글 (B)의 내용을 바탕으로 ⓐ의 '일우시리'와 ⓑ의 '일우시리로소이다'를 비교할 때에, ⓐ의 '일우시리'에 실현된 '-리'의 문법적인 성격을 설명하시오.

(설명) :

8. 15세기 국어에서 '상대 높임법'을 실현하는 방식과 관련하여, (가)와 (나)의 물음에 답하시오.

[보기 8]

(A) ㄱ. 須達: 婚姻 위ᄒᆞ야 아ᄉᆞ미 오나ᄃᆞᆫ 이바도려 ⓐ ᄒᆞ노닛가 [석상 6:16]
ㄴ. 護彌: 그리 아니라 부텨와 즁과ᄅᆞᆯ 請ᄒᆞᅀᆞᄫᆞ려 ⓑ ᄒᆞ노ᇰ다

(B) 예문 (A)는 '수달(須達)'의 질문에 대하여 '호미(護彌)'가 답하는 대화이다. 수달과 호미가 발화한 문장에서 서술어로 쓰인 ⓐ'ᄒᆞ노닛가'와 ⓑ'ᄒᆞ노ᇰ다'를 형태소 단위로 분석하면 다음과 같이 된다.

ⓐ ᄒᆞ노닛가: ᄒᆞ(어간)- + ㉠-(　　)- + ㉡-(　　)- + ㉢-(　　)- + -니…가
ⓑ ᄒᆞ니ᇰ다　: ᄒᆞ(어간)- + ㉮-(　　)- + ㉯-(　　)- + ㉰-(　　)- + -다

(가) 'ᄒᆞ노닛가'와 'ᄒᆞ노ᇰ다'를 형태소 단위로 분석하였을 때, ㉠~㉢과 ㉮~㉰의 빈칸에 들어갈 선어말 어미의 형태를 각각 쓰시오. (단, 변동된 형태는 기본 형태로 쓸 것.)

(나) ㉠~㉢과 ㉮~㉰의 빈칸에 들어갈 선어말 어미의 기능을 간략히 기술하시오.

㉠: (　　)
㉡: (　　)
㉢: (　　)

㉮: (　　)
㉯: (　　)
㉰: (　　)

9. (A)~(C)의 글을 읽고, 글 (C)의 빈칸에 'ᄒᆞ다(曰, 謂)'의 활용 형태를 쓰시오. (단, 글 (C)에 설정한 <활용의 조건>을 지킬 것.)

[보기 9]

(A) 15세기의 상대 높임법은 '낮춤', '예사 높임', '아주 높임', 그리고 높임과 낮춤이 중화된 '반말'로 이루어진 4등분 체계이다..

(B) ᄇᆞᄅᆞᆷ ᄀᆞᄐᆡ 션 바회ᄅᆞᆯ 石壁이라 (ᄒᆞ다) [석상 9:24]

(C) 글 (A)에서 설정한 상대 높임법의 체계에 따라서, (B)의 예문에서 서술어로 실현된 동사 'ᄒᆞ다(曰)'의 활용 형태를 쓰시오.

<활용의 조건> · 문장의 종결 방식에 따른 유형은 평서문으로 할 것.
· 현재 시제의 선어말 어미를 실현할 것.
· 객관적 믿음 표현의 선어말 어미를 실현할 것.

① 낮 춤 : ( ) ② 예사 높임 : ( )
③ 아주 높임 : ( ) ④ 반 말 : ( )

10. 글 (B)에 설정한 ㉠과 ㉡의 빈칸에 들어갈 선어말 어미의 형태를 쓰시오.

[보기 10]

(A) **難頭禾龍王** : 阿闍世王이 부텻 터리를 주실씨 이 塔ᄋᆞᆯ 이르ᅀᆞᄫᆞᄂᆞ니 내 앗숩디 아니호이다 釋迦文佛이 겨싫 저긔 내 부텻긔 말ᄊᆞᄆᆞᆯ ᄒᆞᅀᆞᄫᅩᄃᆡ 涅槃ᄒᆞ신 後에 劫 다옰 時節에 經과 袈裟와 바리와ᄅᆞᆯ 내 다 가져다가 이 塔애 녀허 뒷숩다가 彌勒이 나거시든 내야 받ᄌᆞᄫᆞ리이다 ᄒᆞᅀᆞᄫᅩ이다"

阿育王 : 내 그런 ᄠᅳ들 몰라 ⓐ <u>ᄒᆞ댕다</u> [석상 24:31-2]

(B) 예문 (A)의 문장은 '난두화용왕(難頭禾龍王)'과 '아육왕(阿育王)'의 대화인데, 이 대화에서 아육왕은 난두화용왕에게 예사로 높여서 발화하였다. 여기서 ⓐ의 'ᄒᆞ댕다'는 주어가 1인칭 화자일 때에 실현되는 회상의 선어말 어미인 ㉠'( )'에 '상대 높임'의 선어말 어미인 ㉡'( )'와/과 평서형의 종결 어미인 '-다'를 이어서 실현한 것이다.

11. 예문 (A)에서 밑줄 친 문장은 '彌勒菩薩(미륵보살)'이 '世尊(세존)'에게 발화한 문장이다. 대화 참여자의 신분과 문맥을 고려하여, 서술어로 쓰인 '소사나다(突出)'의 활용 형태를 ⓐ의 빈칸에 쓰시오. (단, '세존'은 '미륵보살'보다 상위자(上位者)인 것을 감안하고, '소사나다'는 과거 시제로 표현할 것.)

[보기 11]

(A) 그 ᄢᅴ 如來 三昧로셔 나거시ᄂᆞᆯ 彌勒菩薩이 모ᄃᆞᆫ ᄆᆞᅀᆞᄆᆡ 疑心ᄋᆞᆯ 보며 ᄌᆞ개도 모ᄅᆞ샤 座애셔 니러 부텻 알ᄑᆡ 나ᅀᅡ 드르샤 禮數ᄒᆞᅀᆞᆸ고 合掌ᄒᆞ야 ᄉᆞᆯᄫᅵ

샤ᄃᆡ 世尊하 엇던 因緣으로 이런 寶塔이 ᄯᅡ해셔 ⓐ( ) [석상 11:17]

12. 예문 (A)에서 밑줄 친 문장은 '定自在王(정자재왕)'이 '世尊(세존)'에게 발화한 것이다. 대화 참여자의 신분과 문맥을 고려하여, ⓐ의 빈칸에 서술어로 쓰인 '말다(勿)'의 활용 형태를 쓰시오.

[보기 12]

(A) 定自在王이 부텻긔 ᄉᆞᆯᄫᆞ샤ᄃᆡ, "世尊하 願ᄒᆞᆫᄃᆞᆫ 分別 ⓐ( ) 우리 千萬億 菩薩摩訶薩ᄃᆞᆯ히 반ᄃᆞ기 能히 부텻 威神ᄋᆞᆯ 받ᄌᆞᄫᅡ 이 經을 너비 불어 閻浮提예 衆生ᄋᆞᆯ 利益호리이다" [월석 21:62]

13. 글 (B)의 내용을 참조하여, 예문 (A)에 제시된 ⓐ의 빈칸에 'ᄃᆞ외다'가 '반말'로 활용한 형태를 쓰시오.(단, 어간과 어미의 음성적 환경을 고려하여 변동된 형태로 적을 것.)

[보기 13]

(A) 王이 毗奢波 蜜多羅ᄅᆞᆯ 블러 니ᄅᆞ샤ᄃᆡ "尊者ㅣ 날 위ᄒᆞ야 太子ㅅ 스스이 ⓐ( )" 蜜多羅ㅣ ᄉᆞᆯᄫᅩᄃᆡ "그리 호리이다" [석상 3:7]

(B) 고등학교 문법(2010:300)에서는 15세기 국어에 쓰인 상대 높임의 등분으로 '반말'을 설정하고 있다. 중세 국어의 반말은 낮춤의 'ᄒᆞ라체'와 예사 높임의 'ᄒᆞ야쎠체'의 사이에 드는 상대 높임의 등분으로 생각된다.

14. 예문 (A)에서 문맥을 고려하여, 서술어로 쓰인 동사 '나다(出生)'의 종결 형태를 ⓐ의 빈칸에 쓰시오(단, 서술어로 쓰인 'ᄉᆞᆯᄫᆞ샤ᄃᆡ'와 부사어로 쓰인 'ᄒᆞᆫᄃᆡ'를 고려하여, 활용 형태를 결정할 것.)

[보기 14]

(A) (鴛鴦)夫人이 여희ᅀᆞᇙ 저긔 大王ᄭᅴ ᄉᆞᆯᄫᆞ샤ᄃᆡ "往生偈ᄅᆞᆯ 외오시면 골폰 ᄇᆡ도 브르며 헌 옷도 새 ᄀᆞᆮᄒᆞ리니 淨土애 ᄒᆞᆫᄃᆡ 가 ⓐ( )" ᄒᆞ야시ᄂᆞᆯ [월석 8:100]

15. 15세기 국어에 실현된 주체 높임 표현과 관련하여, (가)와 (나)의 물음에 답하시오.

[보기 15]

(A) 王이 釋種 ᄃᆞ리시고 ᄯᅩ 활 쏘기ᄅᆞᆯ 받더시니 그 東山애 金붑 銀붑 돌붑 쇠부피 各各 닐굽곰 잇거늘 調達이와 難陁왜 몬져 쏘니 各各 세콤 ᄢᅢ여디거늘 太子ㅣ 화ᄅᆞᆯ ᅘᅧ시니 화리 것거디거늘 ⓐ무르샤ᄃᆡ "내 그에 마ᄌᆞᆫ 화리 잇ᄂᆞ니여" 王이 니ᄅᆞ샤ᄃᆡ "우리 祖上애셔 ⓑ쏘더신 화리 ᄀᆞ초아 이쇼ᄃᆡ 이긔여 쏘리 업스니 가져오라" ⓒᄒᆞ야시ᄂᆞᆯ 釋種ᄃᆞᆯ히 이긔여 *지ᄒᆞ리 업더니 太子ㅣ 소ᄂᆞ로 눌러 ⓓ지ᄒᆞ샤 시울 ᄩᆞ싫 소리 잣 안히 다 들이더라 (*지ᄒᆞ다: 차리거나 장치하다, 활시위에 얹다) [석상 3:13~14]

(B) 문장에 등장하는 주체가 '말하는 이(화자)'보다 상위자인 때에는 선어말 어미 '-(으)시-'를 문장의 서술어에 실현하여 주체를 높여서 표현할 수 있다. 이때에 '말하는 이(화자)'는 문맥에 등장하는 인물일 수도 있고, 그 글에서 이야기를 이끌어 가는 '서술자'일 수도 있다.

(가) 글 (A)에 실현된 서술어인 ⓐ~ⓓ를 발화한 사람을 각각 쓰시오.

ⓐ(　　　　) ⓑ(　　　　) ⓒ(　　　　) ⓓ(　　　　)

(나) 문장을 발화한 사람이 ⓐ~ⓓ에 실현된 선어말 어미인 '-(으)시-'를 통하여 높여서 표현한 대상을 쓰시오.

ⓐ(　　　　) ⓑ(　　　　) ⓒ(　　　　) ⓓ(　　　　)

16. 예문 (A)에 실현된 높임 표현과 관련하여, 글 (B)의 빈칸에 들어갈 말을 쓰시오. (단, 예문 (A)에 표현된 대상(체언)을 찾아서 쓸 것.)

[보기 16]

(A) 그 金像이 世尊 ⓐ보ᅀᆞᆸ고 合掌ᄒᆞ야 禮數ᄒᆞ시거늘 世尊도 ᄭᅮ르샤 合掌ᄒᆞ시니 虛空애 ⓑ겨신 百千 化佛이 다 合掌ᄒᆞ야 金像 向ᄒᆞ야 ⓒᄭᅮ르시니라 [석상 11:13]

(B) 예문 (A)에서 ⓐ'보ᅀᆞᆸ고'에 실현된 '-ᅀᆞᆸ-'은 ㉠'(　　　　)'을/를 높였으며, ⓑ '겨신'은 ㉡'(　　　　)'을/를 높였으며, ⓒ 'ᄭᅮ르시니라'에 실현된 '-으시-'는 ㉢'(　　　　)'을/를 높였다.

17. 예문 (A)에서 ⓐ~ⓒ에 실현된 선어말 어미 '-시-'로써 높이는 대상을 쓰시오.

[보기 17]

(A) ㄱ. 이는 妙法 智力의 ⓐ化ᄒᆞ샨 자최를 나토시니라 [법언 5:79]
ㄴ. 五色雲ㅅ 가온ᄃᆡ 瑞相 ⓑ뵈시ᄂᆞᆫ 如來ᄭᅴ 현맛 衆生이 머리 좃ᄉᆞᄫᆞᄂᆞ니 [월석 2:48]
ㄷ. 大導師ᄂᆞᆫ ⓒ크신 길 *앗외시ᄂᆞᆫ 스승이라 혼 마리라 [월석 9:12]
(*앗외다: 인도하다, 이끌다, 導)

ⓐ ( ) ⓑ ( ) ⓒ ( )

18. 예문 (A)의 ⓐ에 실현된 어미와 관련하여, (가)와 (나)의 물음에 답하시오.

[보기 18]

(A) 글워리 經이 아니며 經이 부톄 아니라 道理 닐온 거시 이 經이오 道理로 몸 ⓐ사ᄆᆞ시니 이 부톄시니 [월석 서:22]

(가) 예문 (A)에서 ⓐ의 '사ᄆᆞ시니'를 형태소 단위로 분석하시오. (단, #은 어절의 경계를 표시하는 부호이며, 무형의 형태소는 'Ø'로 표시한다.)

삼(爲)- + ㉠-( )- + ㉡-Ø(과거 시제)- + -ㄴ # ㉢( ) + ㉣-Ø(주격 조사)

(나) 동사인 ⓐ에 실현된 선어말 어미가 높이는 대상을 찾아서 그 형태를 쓰시오.

㉮ ( )

19. 예문 (A)의 빈칸에 들어갈 용언의 활용 형태를 쓰되, (B)에 제시된 ⓐ~ⓓ에서 각각의 형태들이 결합된 형태로 쓰시오. (단, 형태소와 형태소가 결합하는 과정에서 일어나는 변동 현상을 반영할 것.)

[보기 19]

(A) ㄱ. 그 ᄢᅴ 文殊師利 世尊ᄭᅴ ⓐ( ) [능언 2:46]
ㄴ. 내 諸佛 ⓑ( ) ᄀᆞ티 좃ᄌᆞᄫᅡ 호리라 [석상 13:59]
ㄷ. 千世 우희 미리 ⓒ( ) 漢水北에 累仁開國ᄒᆞ샤 [용가 125장]
ㄹ. 世尊이 世間애 나샤 甚히 ⓓ( ) [월석 7:14]

(B) ⓐ 숣- + -ᄋᆞ시- + -오ᄃᆡ : ( )
ⓑ 니ᄅᆞ- + -시- + -옴 : ( )
ⓒ 定ᄒᆞ- + -시- + -오- + -ㄴ : ( )
ⓓ 奇特ᄒᆞ- + -시- + -옷- + -다 : ( )

20. 15세기 국어에 쓰인 '객체 높임 표현'의 기능과 관련하여, 글 (B)와 (C)의 빈칸에 들어갈 문장 성분의 명칭을 쓰시오.

[보기 20]

(A) ㄱ. 天子ㅣ 우리 道理란 ᄇᆞ리시고 먼 뒷 胡教를 求ᄒᆞ시ᄂᆞ니 오ᄂᆞᆯ 朝集을 因ᄒᆞ야 ⓐ엳ᄌᆞᆸ져 ᄒᆞ고 [월석 2:69]
ㄴ. 妾이 陛下와 가난애 ᄒᆞᆫᄃᆡ ⓑ사ᄉᆞᆸ다가 이제 富貴예 니르니 驕慢ᄒᆞ며 放縱호미 奢侈예 나며 危亡이 忽微예 니러날가 샹녜 전노이다 [내훈 2:97]
ㄷ. 難頭和龍王이 親히 나아 닐오ᄃᆡ 阿闍世王이 부텻 터리를 주실ᄊᆡ 이 塔ᄋᆞᆯ 이르ᅀᆞᄫᆞᆺᄂᆞ니 내 ⓒ앗ᄉᆞᆸ디 아니호이다 [석상 24:31]
ㄹ. 世尊하 ᄀᆞ장 가ᄉᆞ면 長者ᄂᆞᆫ 이 如來시고 우린 다 佛子ㅣ ⓓᄀᆞᆮᄌᆞ오니 如來ㅣ 샹녜 우릴 니ᄅᆞ샤ᄃᆡ 아ᄃᆞ리라 ᄒᆞ시ᄂᆞ니이다 [법언 2:227]

(B) 15세기 국어의 객체 높임 표현은 문장에서 ㉠( )나 ㉡( )로 표현되는 대상을 높이는 표현인데, 주로 객체 높임의 선어말 어미로써 실현된다.

(C) 예문 (A)에 실현된 ⓐ의 '엳ᄌᆞᆸ져'에서 '-ᄌᆞᆸ-'은 ㉮'( )'을/를 높였으며, ⓑ의 '사ᄉᆞᆸ다가'에서 '-ᄉᆞᆸ-'은 ㉯'( )'을/를 높였다. 그리고 ⓒ의 '앗ᄉᆞᆸ디'에서 '-ᄉᆞᆸ-'은 ㉰'( )'을/를 높였으며, ⓓ의 'ᄀᆞᆮᄌᆞ오니'에서 '-ᄌᆞ오-'는 ㉱'( )'을/를 높였다.

21. 15세기 국어에서 객체 높임의 선어말 어미가 변동하는 양상과 관련하여, 예문 (A)의 ⓐ~ⓕ에 들어갈 활용 형태를 쓰시오. (단, 글 (B)에서 설정한 조건을 따를 것.)

[보기 21]

(A) ㄱ. 婇女ㅣ 하ᄂᆞᆶ 기ᄇᆞ로 太子를 ᄡᅳ려 ⓐ( ) [월석 2:43]

ㄴ. 南北엣 두 雙이 어우러 가지 드리워 如來를 ⓑ(　　) [석상 23:18]
ㄷ. 長者ᄋᆡ 아ᄃᆞ리 부텻 相好ㅣ… 莊嚴ᄒᆞ샤ᄆᆞᆯ ⓒ(　　) [월석 21:18]
ㄹ. 世尊하… 나는 부텻 말ᄊᆞᆷ ⓓ(　　) [월석 21:14]
ㅁ. 벼슬 노ᄑᆞᆫ 臣下ㅣ 님그믈 ⓔ(　　) 百官ᄋᆞᆯ 다ᄉᆞ릴씨 [석상 9:34]
ㅂ. 이 菩薩ᄃᆞᆯ히… 네 업던 이ᄅᆞᆯ ⓕ(　　) [석상13:32]

(B) <조건> 다음의 조건을 지켜서 용언의 활용 형태를 (C)의 빈칸에 쓸 것. 아래의 (C)에 제시된 대로 용언의 어간에 객체 높임의 선어말 어미와 연결 어미가 실현된 활용 형태를 쓴다. 단, 어간과 어미가 결합하는 과정에서 변동된 형태는 변동된 대로 적으며, 객체 높임 선어말 어미가 'ㅂ' 불규칙 활용에 따라서 /ㅂ/이 변동한 형태는 /ㅸ/으로 처리할 것.)

(C) ⓐ: 안- + -(객체 높임의 선어말 어미)- + -아 → (　　　)
ⓑ: 듑- + -(객체 높임의 선어말 어미)- + -고 → (　　　)
ⓒ: 보- + -(객체 높임의 선어말 어미)- + -고 → (　　　)
ⓓ: 듣- + -(객체 높임의 선어말 어미)- + -고 → (　　　)
ⓔ: 돕- + -(객체 높임의 선어말 어미)- + -아 → (　　　)
ⓕ: 얻- + -(객체 높임의 선어말 어미)- + -아 → (　　　)

22. 15세기 국어에서 쓰인 객체 높임 표현의 기능과 관련하여, (B)의 빈칸에 들어갈 말을 쓰시오.(단, ㉠에는 문장 성분의 명칭을 쓰고, ㉡에는 지시 대상(단어)을 쓸 것.)

[보기 22]

(A) 諸佛이 經典을 불어 니ᄅᆞ샤 菩薩 無數億萬을 ᄀᆞᄅᆞ치시니 梵音이 깁고 微妙ᄒᆞ샤【梵音은 淸淨ᄒᆞᆫ 音聲이시니라】사ᄅᆞ미 즐겨 ⓐ듣ᄌᆞᆸ게 ᄒᆞ시며[석상 3:17]

(B) 예문 (A)에서 ⓐ의 '듣ᄌᆞᆸ게'에 실현된 '-ᄌᆞᆸ-'이 높이는 대상은, 문장 속에서 ㉠(　　　)으로 쓰인 ㉮'(　　　)'이다.

23. 15세기 국어에서 실현된 객체 높임 표현의 기능과 관련하여, 예문 (A)의 '보ᅀᆞᆸ게'에 실현된 '-ᅀᆞᆸ-'이 높이는 대상과 그 대상에 대한 문장 성분의 명칭을 쓰시오.(단, (A)에 실현된 '偈(게)'는 부처의 공덕이나 가르침을 찬탄하는 노래 글귀이다.)

[보기 23]

(A) 勝鬘(승만)이 부텻 功德을 듣ᄌᆞᆸ고 깃거 *偈ᄅᆞᆯ 지ᅀᅥ 부텨를 기리ᅀᆞᆸ고 願호ᄃᆡ 부톄 나ᄅᆞᆯ 어엿비 너기샤 나ᄅᆞᆯ ⓐ<u>보ᅀᆞᆸ게</u> ᄒᆞ쇼셔 [석상 6:40]

㉠ 높임의 대상 : (　　　　　　　　)　　㉮ 문장 성분 : (　　　　　　　　)

24. 예문 (A)의 ⓐ~ⓓ에 실현된 객체 높임의 선어말 어미의 기능과 관련하여, 글 (B)의 빈칸에 들어갈 단어를 (A)의 예문에서 찾아 쓰시오.

[보기 24]

(A) 閻浮提ㅅ 王 優塡王 波斯匿王 等 一切 大衆이 寶階 미틔 모다 가 머리 ⓐ<u>조ᅀᆞᄫᅡ</u> 부텨를 마ᄌᆞᆸ더니 優塡王이 ⓑ<u>ᄆᆡᇰᄀᆞᅀᆞᄫᆞᆫ</u> 金像ᄋᆞᆯ 象애 ⓒ<u>싣ᄌᆞᄫᅡ</u> 가 ⓓ<u>마ᄌᆞᆸ더니</u> 金像이 象 우희 오ᄅᆞ락 ᄂᆞ리락 ᄒᆞ샤 生佛이 ᄀᆞᆮᄒᆞ시며 虛空애 거르시니 발 아래셔 곳비 오며 ᄯᅩ 放光ᄒᆞ시더라 金像이 世尊 보ᅀᆞᄫᆞ시고 合掌ᄒᆞ야 禮數ᄒᆞ시거늘 世尊도 ᄭᅮ르샤 合掌ᄒᆞ시니 虛空애 겨신 百千化佛도 다 合掌ᄒᆞ야 金像 向ᄒᆞ야 ᄭᅮ르시니라 [월석 21:203]

(B) ⓐ의 '조ᅀᆞᄫᅡ'에 실현된 '-ᅀᆞᇦ-'이 높이는 대상은 ㉠'(　　　　　)'이며, ⓑ의 'ᄆᆡᇰᄀᆞᅀᆞᄫᆞᆫ'에 실현된 '-ᅀᆞᇦ-'이 높이는 대상은 ㉡'(　　　　　)'이다. 그리고 ⓒ의 '싣ᄌᆞᄫᅡ'에 실현된 '-ᄌᆞᇦ-'이 높이는 대상은 ㉢'(　　　　　)'이며, '마ᄌᆞᆸ더니'에 실현된 '-ᄌᆞᆸ-'이 높이는 대상은 ㉣'(　　　　　)'이다.

25. 15세기 국어에서 나타나는 '높임의 방식'과 관련하여, 글 (B)에 제시된 표 속의 빈칸에 들어갈 말을 쓰시오.

[보기 25]

(A) ㄱ. 般若 기픈 ᄠᅳ디 이ᄅᆞᆯ 니ᄅᆞ<u>신</u>뎌 [반야심경언해 8]

ㄴ. 世尊이 … 未來世 衆生이 부텻 마ᄅᆞᆯ 머리로 받<u>ᄌᆞᆸ</u>게 ᄒᆞ쇼셔 [월석 21:84]

ㄷ. 太子ㅅ 모미 傷ᄒᆞ야 命이 머디 아니ᄒᆞ<u>시</u>이다 [월석 21:218]

ㄹ. 이 東山ᄋᆞᆫ 사아 如來 위ᄒᆞᅀᆞᄫᅡ 精舍ᄅᆞᆯ 이ᄅᆞ<u>ᅀᆞᅀᆞᄫᅡ</u> 지이다 [석상 9:35]

(B) 예문 (A)에서 (ㄱ)~(ㄹ)의 문장은 이른바 '간접 높임법'이 적용된 문장이다. 이들 문장에서 선어말 어미인 '-시-'와 '-좁-/-숳-'으로써 직접적으로 높이는 대상(= 서술의 주체나 객체)를 쓰고, 아울러서 '간접적 높임의 대상'을 찾아서 쓰시오. (단, 높임의 대상은 각각 한 단어로 쓸 것.)

문장	어미	서술의 직접적인 주체나 객체	간접 높임의 대상
(ㄱ)	-시-	㉠( )	㉮( )
(ㄴ)	-좁-	㉡( )	㉯( )
(ㄷ)	-시-	㉢( )	㉰( )
(ㄹ)	-숳-	㉣( )	㉱( )

26. 15세기 국어에서 높임법을 실현하는 방식과 관련하여, 글 (B)에 제시된 빈칸에 들어갈 말의 형태를 쓰시오.

[보기 26]

(A) 그제사 王이 쥬님내씌 우브터 아래 니르리 손소 진지ᄒᆞ야 供養ᄒᆞ고… [석상 24:49]

(B) 15세기 국어의 높임법은 일반적으로 '-으시-, -숩-, -이-' 등과 같은 높임의 선어말 어미나, '-으쇼셔, -사이다'와 같은 높임의 뜻을 나타내는 종결 어미로써 실현된다. 그런데 어떤 경우에는 이러한 어미뿐만 아니라 개별 어휘나 조사 혹은 파생 접사로써 높임법이 실현되기도 한다. 곧, (A)의 문장에는 개별 어휘로는 ㉠( )이/가, 파생 접미사로는 ㉡( )와/과 ㉢( )이/가, 조사로는 ㉣( )이/가 높임 표현을 이루는 요소로 실현되어 있다.

27. 예문 (A)에 제시된 ⓐ~ⓖ의 높임말(체언)에 대응되는 예삿말을 (B)의 빈칸에 쓰시오.

[보기 27]

(A) ㄱ. 文王이 ᄒᆞᆫ 번 ⓐ뫼 자셔든 [소언 4:12]
ㄴ. 셔블 賊臣이 잇고 ᄒᆞᆫ ⓑ부니 天命이실씨 쩌딘 ᄆᆞᄅᆞᆯ 하ᄂᆞᆯ히 내시니 [용가 37장]
ㄷ. ⓒ그듸 엇던 사ᄅᆞ민다 [월석 10:29]

ㄹ. ⓓ진지 오를 제 반드시 시그며 더운 졀추를 술펴보시며 [소언 4:11]
ㅁ. 淨班王이 깃그샤 부텻 소늘 손소 자바샤 ⓔ즈걋 가亽매 [월석 10:9] 다히시고

(B) ⓐ(　　　) ⓑ(　　　) ⓒ(　　　) ⓓ(　　　) ⓔ(　　　)

28. 15세기에서 어휘적인 높임 표현으로 쓰인 '마쯧빙'의 단어 형성 방법과 관련하여, 글 (B)의 빈칸에 들어갈 말을 쓰시오. (단, 어간이나 어미의 형태를 쓰되, 변동된 형태는 기본 형태로 쓸 것.)

[보기 28]

(A) 濟世英主ㅣ 실씨 ⓐ마쯧빙예 므亽믈 놀라니 [용가 95장]

(B) ⓐ의 '마쯧빙'는 현대어의 '마중(迎)'에 대한 높임 표현이다. '마쯧빙'는 동사 어근인 ㉠'(　　　)'에 선어말 어미인 ㉡'(　　　)'이/가 실현되고, 여기에 명사 파생 접미사인 ㉢'(　　　)'이/가 붙어서 된 단어이다.

29. 예문 (A)에 실현된 표현에 대하여, (B)와 (C)의 빈칸에 들어갈 말을 쓰시오. (단, (B)의 빈칸에는 ⓐ~ⓘ의 부호를 넣고, (C)에는 용언 ⓐ~ⓘ가 높이는 대상을 각각 쓰시오.)

[보기 29]

(A) ㄱ. 諸天 人衆이 一心으로 이대 드러 다 이에 와 無上尊을 [법언 3:39] ⓐ뵈라
ㄴ. 婇女ㅣ… 太子를 빠려 안亽바 夫人씌 ⓑ모셔 오니 [월석 2:43]
ㄷ. 須達이 깃거 波事匿王씌 가아 물미 ⓒ엳줍고 쳔량 [석상 6:15] 만히 시러
ㄹ. 武王이… 文王이 두 번 반 좌호야시든 또 두 번 반 [내훈 1:41] ⓓ좌터시다
ㅁ. 이틄나래 (摩耶夫人이) 王씌 그 꾸믈 ⓔ솔바시놀 [월석 2:23]
ㅂ. 녜 崆峒애 님그믈 ⓕ뫼亽와 둔니던 나리여 [두언 3:1]
ㅅ. 우리 父母ㅣ (나롤) 太子씌 ⓖ드리亽ᄫ시니 [석상 6:7]
ㅇ. 至極호 므亽므로 西方애 나고져 홇 사루문 몬져 [월석 8:44] 丈六像이 못 우희 ⓗ겨샤믈 보亽봃 디니

ㅈ. 그 ᄯᆞ니미 이 比丘ᄅᆞᆯ 보고 깃거 ⓘ저ᅀᆞᆸ고 請ᄒᆞ야 조ᄒᆞᆫ [석상 13:53]
座 ᄭᆞᆯ오

(B) 15세기 국어에서는 주로 선어말 어미인 '-시-'나 '-ᅀᆞᆸ-' 등으로써, 문장의 주체와 객체를 높인다. 그러나 높임의 뜻이 있는 용언 자체로써 주체나 객체를 높이는 표현도 있다. 곧, 예문 (A)에서 ㉠(　　　　)은/는 용언을 통하여 주체를 높였으며, ㉡(　　　　)은/는 용언을 통하여 객체를 높였다.

(C) 예문 (A)에서 밑줄 그은 ⓐ~ⓘ의 용언이 높이는 대상을 쓰시오.

ⓐ(　　　　) ⓑ(　　　　) ⓒ(　　　　)
ⓓ(　　　　) ⓔ(　　　　) ⓕ(　　　　)
ⓖ(　　　　) ⓗ(　　　　) ⓘ(　　　　)

30. 15세기 국어에서 높임 표현의 선어말 어미가 높이는 대상과 관련하여, 글 (B)와 글 (C)의 빈칸에 들어갈 말을 넣으시오. (단, (B)의 ㉠~㉤에는 어미의 형태를 쓰되 변동된 형태는 변동된 대로 쓸 것. 그리고 (C)의 ㉮~㉰에는 체언의 형태를 (A)에서 찾아서 쓸 것.)

[보기 30]

(A) 부톄 阿難ᄋᆡ 긔 니ᄅᆞ샤ᄃᆡ 말라 겨집 出家ᄒᆞ기ᄅᆞᆯ 즐기디 말라 …(중략)… 阿難이 부텻긔 다시 ᄉᆞᆯᄫᆞᄃᆡ 大愛道ㅣ 善ᄒᆞᆫ ᄠᅳ디 하시며 부톄 처ᅀᅥᆷ 나거시ᄂᆞᆯ 손소 ⓐ기르ᅀᆞᄫᆞ시니이다 如來 니ᄅᆞ샤ᄃᆡ 올ᄒᆞ니라 … <하략> … [월석 10:19]

(B) ⓐ의 '기르ᅀᆞᄫᆞ시니이다'의 어미를 다음과 같이 형태소 단위로 분석할 때에 ㉠~㉤의 빈칸에 들어갈 어미를 쓰시오. (단, 과거 시제를 표현하는 무형의 선어말 어미는 빈칸으로 표기하지 않았음.)

(예) 기르- + ㉠-(　　)- + ㉡-(　　)- + ㉢-(　　)- + ㉣-(　　)- + ㉤-(　　)

(C) 예문 (A)에서 ⓐ의 '기르ᅀᆞᄫᆞ시니이다'에는 높임 표현의 선어말 어미가 겹쳐서 실현되었다. (B)의 분석에서 ㉠의 선어말 어미는 ㉮(　　　　)을/를, ㉡의 선어말 어미는 ㉯(　　　　)을/를, ㉣의 선어말 어미는 ㉰(　　　　)을/를 높였다.

3.3.3. 시간 표현

1. 15세기 국어의 시간 표현과 관련하여, 글 (B)의 빈칸에 들어갈 문장을 (A)에서 찾아 (ㄱ)~(ㅅ)의 부호로 쓰시오.

[보기 1]

(A) ㄱ. 壇經이 … 六祖ㅅ 큰 오ᄋᆞᆫ ᄠᅳ들 보디 몯ᄒᆞᄂᆞᆫ뎌 [육언 서:7]
ㄴ. 그듸 엇던 사ᄅᆞ민다 [월석 7:8]
ㄷ. ᄒᆞ마 주글 내어니 子孫ᄋᆞᆯ 議論ᄒᆞ리여 [월석 1:7]
ㄹ. 엇던 行業을 지ᅀᅥ 惡道애 ᄢᅥ러딘다 [월석 21:56]
ㅁ. 네 엇던 혜ᄆᆞ로 나ᄅᆞᆯ 免케 ᄒᆞᇙ다 [월석 21:55]
ㅂ. 엇던 因緣으로 이런 相이 現ᄒᆞᆫ고 [법언 3:112]
ㅅ. 그 도ᄌᆞ기 菩薩ㅅ 前世生ㅅ 怨讐ㅣ러라 [월석 1:6]

(B) 국어 문장의 일반적인 시제는 발화시(發話時)와 사건시(事件時)의 선후 관계로 현재 시제, 과거 시제, 미래 시제가 결정된다. 곧 (A)의 예문 중에서 ㉮(　　　)은/는 발화시와 사건시가 일치하며, ㉯(　　　)은/는 사건시가 발화시에 앞서며, ㉰(　　　)은/는 사건시가 발화시에 뒤선다.

2. 15세기 국어에서 과거 시제 표현을 실현하는 방식과 관련하여, 글 (B)의 지시에 따르시오.

[보기 2]

(A) ㄱ. 네 ⓐ모ᄅᆞ던다 [월석 21:195]
ㄴ. 獄ᄋᆞᆫ 罪 ⓑ지ᅀᅳᆫ 사ᄅᆞᆷ 가도ᄂᆞᆫ ᄯᅡ히니 [월석 1:28]
ㄷ. 우리 三寶 恭敬 ⓒ아니ᄒᆞ단 젼ᄎᆞ로 [월석 2:63]
ㄹ. 주거미 닐오ᄃᆡ 내 ᄒᆞ마 ⓓ命終호라 [월석 9:36]
ㅁ. 엇던 行業을 지ᅀᅥ 惡德애 ⓔᄢᅥ러딘다 [월석 21:56]
ㅂ. 우리도 沙羅樹大王ㅅ ⓕ夫人ᄃᆞᆯ히라니 [월석 8:100]

(B) 15세기 국어에서 과거의 시간 표현은 무형의 형태소인 'Ø'나 회상의 선어말 어미로써 표현된다. 이를 바탕으로 예문 (A)의 ⓐ~ⓕ에서 과거 시제를 표현하는 선어말 어미의 형태를 찾아서 쓰시오. (단, 변동된 형태는 변동된

대로 쓰고, 선어말 어미의 자립성 여부는 표시하지 말 것.)

ⓐ (　　　)　ⓑ (　　　)　ⓒ (　　　)　ⓓ (　　　)
ⓔ (　　　)　ⓕ (　　　)

3. 15세기 국어의 시제 표현과 관련하여, 글 (B)의 내용을 읽고 (C)에 설정된 ①과 ②의 빈칸에 들어갈 말을 쓰시오.

[보기 3]

(A) ᄀᆞ롮 ᄀᆞᇫ애 자거늘 밀므리 사ᄋᆞ리로ᄃᆡ 나거ᅀᅡ ⓐ ᄌᆞᄆᆞ니이다 [용가 67장]

(B) 예문 (A)에서 서술어로 쓰인 ⓐ 'ᄌᆞᄆᆞ니이다'는 'ᄌᆞᄆᆞ다'의 어간에 여러 가지 어미가 붙어서 활용한 형태이다. 여기서 'ᄌᆞᄆᆞ니이다'를 현대어로 직역하여 옮기고, 형태소 단위로 분석하였을 때에 빈칸에 들어갈 형태를 쓰시오. (단, 무형의 시제 형태소는 'Ø'로 표기하고, 어간 바로 뒤에 쓸 것.)

① 현대어 풀이 : ㉠ (　　　　　　　　　　)
② 형태소 분석 : ᄌᆞᄆᆞ- + ㉮ -(　　　)- + ㉯ -(　　　)- + ㉰ -(　　　)- + ㉱ -(　　　)

4. 15세기 국어에서 '회상 표현의 선어말 어미'가 실현되는 양상이 현대 국어와 다른 점을 설명하시오. (단, (A)의 예문에 나타난 회상 표현의 선어말 어미가 실현되는 양상을 현대 국어와 비교하여 설명할 것.)

[보기 4]

(A) ㄱ. 네 아기 조차간 後에 내 지븨 이셔 날마다 五百僧齋 ᄒᆞ다라 [월석 23:74]
ㄴ. 네 이 念을 뒷던다 아니 뒷던다 [월석 9:35]

(설명) :

5. 예문 (A)의 ⓐ와 ⓑ에 실현된 시간 표현의 선어말 어미와 관련하여, (가)와 (나)의 빈칸에 들어갈 말을 쓰시오.

[보기 5]

(A) ㄱ.내 지븨 이싫 저긔 受苦ㅣ ⓐ 만타라 [월석 10:23]
ㄴ. 夫人이 머리를 문지시면 病이 다 ⓑ 됴터라 [월석 2:30]

(가) 예문 (A)에 실현된 ⓐ의 '만타라'와 ⓑ의 '됴터라'에서 시제를 표현하는 선어말 어미의 형태를 추출하여 쓰시오. (단, 변동된 형태는 변동된 대로 쓸 것.)

ⓐ: (   )   ⓑ: (   )

(나) ⓐ와 ⓑ에 실현된 시간 표현의 선어말 어미의 형태가 각각 다르게 실현된 통사론적인 조건을 설명하시오.

ⓐ: (   )
ⓑ: (   )

6. 예문 (A)에 실현된 ⓐ~ⓔ의 용언에서 시간을 표현하는 선어말 어미의 형태를 찾아서 쓰시오. (단, 유형(有形)의 선어말 어미는 기본 형태로 쓰고, 무형(無形)의 선어말 어미는 '-Ø-'로 쓸 것.)

[보기 6]

(A) ㄱ. 나는 부텻 ⓐ 스랑ᄒᆞ시논 앗이라 [능언 1:88]
ㄴ. 내 오ᄂᆞᆯ 實로 ⓑ·無情호라 [월석 21:219]
ㄷ. 네 겨지비 ⓒ 고ᄫᆞ니여 [월석 7:10]
ㄹ. 이 男子ㅣ 精誠이 至極ᄒᆞᆯᄊᆡ 보ᄇᆡ를 아니 ⓓ 앗기ᄂᆞ다 [월석 1:11]
ㅁ. 다 如來ㅅ ⓔ 威力이론 고ᄃᆞᆯ 아라라 [석상 9:28]

ⓐ: (   )   ⓑ: (   )   ⓒ: (   )
ⓓ: (   )   ⓔ: (   )

7. 예문 (A)에 실현된 (ㄱ)~(ㅂ)의 문장에서 미래 시제를 표현하는 형태소(어미)를 분석하여, 빈칸에 쓰시오. (단, 글 (B)에 제시된 <조건>을 지켜서 쓸 것.)

[보기 7]

(A) ㄱ. 내 어느 ᄆᆞᅀᆞᄆᆞ로 如來 涅槃애 드르샤ᄆᆞᆯ 보ᅀᆞᄫᆞ료 [월석 20:32]
ㄴ. 말ᄊᆞᄆᆞᆯ 安定히 ᄒᆞ면 百姓을 便安케 ᄒᆞ린뎌 [내훈 1:7]
ㄷ. 이 法이 甚히 기퍼 能히 信ᄒᆞᅀᆞ오리 젹도소이다 [법언 2:47]
ㄹ. 엇던 幸ᄋᆞ로 아ᄒᆡ돌히 ᄇᆡ브르 머글고 [두언 15:56]
ㅁ. 如來 큰 神力이 겨샤 ᄂᆞᄆᆡ ᄆᆞᅀᆞᄆᆞᆯ 미리 아ᄅᆞ시거니 네 어드리 害ᄒᆞᇙ다 [월석 22:70]
ㅂ. 쟝ᄎᆞ 八萬 菩薩와 ᄒᆞᆫᄢᅴ 오시릴ᄊᆡ 몬져 이 祥瑞ᄅᆞᆯ 나토시니라 [월석 18:73]

(B) <조건>

① 관형사형 어미 자체가 미래 시제를 나타낼 때에는 관형사형 어미의 형태를 시제 형태소로 처리할 것.
② 의문문에 실현되는 서술어에서 미래 시제를 나타내는 어미가 다른 어미와 결합된 형태는, 미래 시제를 나타내는 형태소를 의문형 어미와 분리하여 기본 형태로 쓸 것.
③ 각 형태소의 자립성의 유무는 표기하지 말 것.

(C) (ㄱ) (　　　) (ㄴ) (　　　) (ㄷ) (　　　)
(ㄹ) (　　　) (ㅁ) (　　　) (ㅂ) (　　　)

8. 예문 (A)에 실현된 ⓐ의 '오려다'와 ⓑ의 '마라리아'를 (B)처럼 형태소 단위로 분석하려 한다. (B)의 빈칸에 들어갈 선어말 어미의 형태를 쓰시오.

[보기 8]

(A) ㄱ. 雨障ᄋᆞᆫ 비ᄅᆞᆯ 마ᄀᆞᆯ 씨니… ᄒᆞ마 비 ⓐ 오려다 ᄒᆞᇙ 저긔 羅睺阿脩羅王이 두 소ᄂᆞ로 비와 구룸과 자바 바ᄅᆞᆳ 가온ᄃᆡ 더딜 씨오 [월석 10:85]
ㄴ. ᄒᆞᄆᆞᆯ며 그듸 ᄒᆞ마 位ㅣ 노ᄑᆞ니 ᄀᆞ올 ᄒᆞ요ᄆᆞᆯ 시러곰 구디 ⓑ 마라리아 (況子已高位 爲郡得固辭) [두언 22:23]

(B) ㄱ. 오려다 : 오(어간)- + ㉠ -(　　　)- + ㉡ -(　　　)- + -다(평종)
ㄴ. 마라리아 : 말(어간)- + ㉮ -(　　　)- + ㉯ -(　　　)- + -아(의종)

9. 예문 (A)에 실현된 ⓐ~ⓖ의 서술어 중에서, 글 (B)의 빈칸에 들어갈 수 있는 것을 골라서 해당 빈칸에 쓰시오. (단, ⓐ~ⓖ의 부호로 적을 것.)

[보기 9]

(A) ㄱ. 너도 ᄯᅩ 이 ⓐᄀᆞᆮᄒᆞ다 [능언 2:23]
ㄴ. 舍利佛이 須達ᄋᆡ ⓑᄆᆡᇰᄀᆞ론 座애 올아 앉거늘 [석상 6:30]
ㄷ. 아ᄃᆞᆯᄃᆞᆯ히 아비 ⓒ죽다 듣고 [월석 17:21]
ㄹ. 그ᄃᆡ 엇던 ⓓ사ᄅᆞ민다 [월석 10:29]
ㅁ. 大王아 네 나히 며친 ᄢᅴ 恒河ㅅ 므를 ⓔ본다 [능언 2:8]
ㅂ. 明行足ᄋᆞᆫ ⓕᄇᆞᆯᄀᆞᆫ 힝뎌기 ᄀᆞᄌᆞ실 씨라 [석상 9:3]
ㅅ. 네 겨지비 ⓖ고ᄫᆞ니여 [월석 7:10]

(B) '무형의 형태소'는 형태(꼴)이 없이 무표적(無標的)으로 실현되는 형태소로서, 흔히 'Ø'로 표기한다. 15세기의 국어에는 시제를 표현하는 데에도 이러한 '무형의 형태소'가 쓰였다. (A)에 실현된 서술어 중에서 ㉠(　　　)은/는 현재 시제를 표현하는 선어말 어미가 무형의 형태소로 실현된 것으로 간주되며, ㉡(　　　)은/는 과거 시제를 표현하는 선어말 어미 무형의 형태소로 실현된 것으로 간주된다.

㉠(　　　　　　　　　　)　　㉡(　　　　　　　　　　)

10. 예문 (A)에 실현된 시간 표현과 관련하여, (가)와 (나)의 물음에 답하시오.

[보기 10]

(A) ㄱ. 그 ᄢᅴ… 五百 사ᄅᆞ미 弟子ㅣ ᄃᆞ외아 ⓐ지이다 ᄒᆞ야 [월석 1:9]
銀돈 ᄒᆞᆫ 낟곰 ⓑ받ᄌᆞᄫᆞ니라
ㄴ. 無色諸天이 世尊ᄭᅴ ⓒ저ᅀᆞᆸ다 ⓓᄒᆞᆫ 말도 이시며 [월석 1:36]
ㄷ. 如來 오ᄂᆞᆳ밤 中에 無餘涅槃에 ⓔ들리라 [석상 13:34]
ㄹ. 馬兵은 ᄆᆞᆯ ⓕᄐᆞᆫ 兵이오 [월석 1:27]
ㅁ. 劫 일후믄 우흘 브터 ⓖ셰ᄂᆞ니… 時節ㅅ 한 사ᄅᆞ미 [월석 18:82]
깃거 ⓗ보ᅀᆞᆸ더니라
ㅂ. 그 부텻 목수믄 몯 ⓘ혫 ⓙ劫이라 [월석 21:129]
ㅅ. 내 ⓚ롱담ᄒᆞ다라 [석상 6:24]

(가) ⓐ~ⓚ의 서술어에서 시제와 관련이 있는 어미의 형태를 밝히시오.(단, 무형의 형태소는 'Ø'로 표기하고, 각 형태의 자립성 유무는 표기하지 말 것.)

ⓐ(　　　　) ⓑ(　　　　) ⓒ(　　　　) ⓓ(　　　　)
ⓔ(　　　　) ⓕ(　　　　) ⓖ(　　　　) ⓗ(　　　　)
ⓘ(　　　　) ⓙ(　　　　) ⓚ(　　　　)

(나) ⓐ~ⓚ의 서술어가 표현하는 사건이 일어나는 시간을 다음과 같이 구분하시오.

① 사건시가 발화시보다 선행함: (　　　　)
② 사건시가 발화시에 일치함: (　　　　)
③ 사건시가 발화시 이후에 일어날 것으로 추정됨: (　　　　)
④ 화자의 경험시를 기준으로 사건시를 판단함: (　　　　)

11. 예문 (A)에 실현된 서술어 ⓐ~ⓚ에서 시간 표현 선어말 어미의 형태와 그것이 표현하는 시제를 쓰시오.(단, 변동된 형태는 기본 형태로 쓰고, 무형의 형태소는 '-Ø-'로 쓸 것. 그리고 시제의 유형은 '현재 시제', '과거 시제', '미래 시제'로 쓸 것.)

[보기 11]

(A) ㄱ. 내…이런 衆生ᄋᆞᆯ 위ᄒᆞ야 大慈悲心ᄋᆞᆯ ⓐ니르와도라 [석상 13:57]
ㄴ. 내 ᄒᆞ마 發心호니 엇뎨 住ᄒᆞ며 ⓑ降ᄒᆞ리잇고 [금삼 2:4]
ㄷ. 뉘 닐오ᄃᆡ 어마니미 이에 잇다 ⓒᄒᆞ더니잇고 [월석 23:82]
ㄹ. 사ᄅᆞᆷ과 사ᄅᆞᆷ ⓓ아닌 것괘…샹녜 ⓔ 供養ᄒᆞᅀᆞᆸᄂᆞᆫ 야이 다 ⓕ뵈ᄂᆞ다 [석상 13:24]
ㅁ. 엇뎨 ⓖ부톄라 ⓗᄒᆞᄂᆞ닛가 [석상 19:84]
ㅂ. 이 戒ᄂᆞᆫ 諸佛菩薩이 ⓘ修行ᄒᆞ시논 ⓙᄌᆞᇟ길히라 [석상 9:6]
ㅅ. 이ᄂᆞᆫ 菩薩 ⓚ行ᄒᆞ던 道를 ⓛ니르시니라 [석상 13:51]

(B) ⓐ(　　　　) − (　　　　) ⓑ(　　　　) − (　　　　)
ⓒ(　　　　) − (　　　　) ⓓ(　　　　) − (　　　　)
ⓔ(　　　　) − (　　　　) ⓕ(　　　　) − (　　　　)
ⓖ(　　　　) − (　　　　) ⓗ(　　　　) − (　　　　)
ⓘ(　　　　) − (　　　　) ⓙ(　　　　) − (　　　　)
ⓚ(　　　　) − (　　　　) ⓛ(　　　　) − (　　　　)

12. 글 (B)에 제시된 ㉠과 ㉡의 빈칸에는 문맥에 맞는 문법 용어를 쓰고, ㉮와 ㉯의 빈칸에는 예문 (A)에 제시된 ⓐ~ⓕ의 부호를 쓰시오.

[보기 12]

(A) ㄱ. 愛道ㅣ 드르시고 ᄒᆞᆫ 말도 몯 ⓐ ᄒᆞ야 잇더시니 [석상 6:7]
ㄴ. 平床 우희 옷도 ᄆᆞᅀᆞᆷ 난 조초 ᄀᆞ라닙고 됴ᄒᆞᆫ 香 ⓑ 퓌우고 잇거니 [석상 24:26]
ㄷ. 왼녁 피 닫담고 올ᄒᆞᆫ녁 피 닫 ⓒ 다마 두고 닐오ᄃᆡ [월석 1:7]
ㄹ. 내 이제 說法홇 저긔 會中에 오ᄉᆞᆯ ⓓ 드리웻노니 [능언 3:83]
ㅁ. 前生애 ⓔ ᄃᆞᆫ니다가 後生애 다시 난 모미 後身이라 [월석 1:45]
ㅂ. 難陁ㅣ ᄒᆞᆫ 부체ᄅᆞᆯ 다ᄃᆞ니 ᄒᆞᆫ 부체 ⓕ 열이곰 ᄒᆞᆯ씨 [월석 7:9]

(B) '동작상(動作相, aspect)'은 동사가 표현하는 움직임이 시간 속에서 어떠한 모습으로 이루어지는가를 나타내는 문법적 범주이다. 현행의 고등학교 문법(2010:182)에서는 두 가지 유형의 동작상을 인정하고 있다. 첫째는 과거의 어느 시점에서 계속되던 동작이 발화시나 발화시 이전에 끝났음을 나타내는 ㉡(   )이/가 있다. 둘째는 발화시를 중심으로 어떤 동작이 일정한 시간 동안 진행되고 있음을 나타내는 ㉠(   )이/가 있다. 이에 따르면 예문 (A)에 제시된 ⓐ~ⓕ 중에서 ㉮(   )은/는 ㉠의 동작상을 나타내며, ㉯(   )은/는 ㉡의 동작상을 나타낸다.

13. 15세기 국어에 실현된 동작상의 유형과 관련하여, 글 (B)와 글 (C)의 빈칸에 ⓐ~ⓙ의 부호를 쓰시오.

[보기 13]

(A) ㄱ. 須彌山 밧긔 닐굽 山이 ⓐ 둘어 잇ᄂᆞ니 [월석 1:22]
ㄴ. 耶輸ㅣ… 羅睺羅ᄋᆡ 소ᄂᆞᆯ 자바 目連일 맛디시고 ⓑ 울며 여희시니라 [석상 6:9]
ㄷ. 世尊이… 블 ⓒ 구피라 펼 ᄊᆞᅀᅵ예 忉利天에 가샤 [월석 21:4]
ㄹ. 地獄ᄋᆞᆯ ⓓ ᄇᆞᆺ아 ᄇᆞ려 하ᄂᆞᆯ해 나 勝妙樂ᄋᆞᆯ 受케 ᄒᆞ라 [월석 21:181]
ㅁ. 法이 ⓔ 펴디여 가미 믈 흘러 녀미 ᄀᆞᄐᆞᆯ씨 [석상 9:21]
ㅂ. 네 내 옷 닙고 내 宮殿에 드러 내 풍류바지 ᄃᆞ리고 됴ᄒᆞᆫ 차반 ⓕ 먹고 이쇼ᄃᆡ [석상 24:28]

ㅅ. 셔블 도ᄌᆞ기 드러 님그미 ⓖ나갯더시니 [용가 49장]
ㅇ. 말ᄒᆞ며 우숨 ⓗ우스며셔 주규믈 行ᄒᆞ니 ᄲᅮᆷ긴 피 긴 길ㅅ 거리예 ⓘᄀᆞ독ᄒᆞ얫도다 [두언 6:39]
ㅈ. 한비 사ᄋᆞ리로ᄃᆡ ⓙ뷔어ᅀᅡ ᄌᆞᄆᆞ니이다 [용가 67장]

(B) 예문 (A)에서 밑줄 친 서술어는 '진행상'이나 '완료상'을 나타낸다. 곧, ⓐ~ⓙ 중에서 진행상을 나타내는 것은 ㉠(   )이/가 있으며, 완료상을 나타나는 것은 ㉡(   )이/가 있다.

(C) 진행상이나 완료상의 동작상을 실현하는 문법적인 단위를 기준으로 ⓐ~ⓙ를 분류할 수 있다. 첫째로 ㉮(   )은/는 이어진 문장의 앞절의 끝에 실현되는 연결 어미로써 동작상이 실현되었다. 둘째로 ㉯(   )은/는 본용언과 보조 용언의 구성으로써 동작상이 실현되었다.

3.3.4. 태도 표현

1. 15세기 국어의 '주관적 믿음 표현'의 실현 방법과 관련하여, 글 (B)의 빈칸에 들어갈 어미의 형태를 쓰시오.

[보기 1]

(A) '주관적 믿음 표현'은 심증(心證)과 같은 말하는 이의 '주관적인 믿음'에 바탕을 두고 어떠한 일을 확정적으로 판단함을 나타내는 문법 범주이다.

(B) 주관적 믿음 표현은 선어말 어미로 실현되는데, 이는 주어의 인칭에 따라서 달리 실현되었다. 첫째로 2·3인칭 주어가 문장에 실현될 때에는 믿음 표현의 선어말 어미가 타동사에는 ㉠'(　　　)'의 형태로 실현되었으며, 비타동사인 형용사·자동사·서술격 조사에는 ㉡'(　　　)'의 형태로 실현되었다. 그리고 개별적 용언인 '오다'에는 ㉢'(　　　)'의 형태로 실현되었으며, 'ᄒᆞ다'에는 ㉣'(　　　)'의 형태로 실현되었다. 둘째로 1인칭 주어가 문장에 실현될 때에는 주관적 믿음 표현의 선어말 어미는 용언의 종류에 관계없이 ㉮'(　　　)'(이)나 ㉯'(　　　)'의 형태로 실현되었다.

2. 15세기 국어에 실현된 '주관적 믿음 표현'의 선어말 어미의 변이 형태와 관련하여, (가)~(다)의 물음에 답하시오.

[보기 2]

(A) ㄱ. 셜볼쎠 世界 ⓐ<u>뷔어다</u> [석상 23:18]
ㄴ. 山中에 가 道理 ⓑ<u>닷가라</u> [월석 23:77]
ㄷ. 모딘 즁ᄉᆡᆼ이 므ᅀᅴ엽도소니 므르므라 바ᄆᆡ ⓒ<u>나오나뇨</u> [석상 6:19]
ㄹ. 닐웻 ᄉᆞᅀᅵ예 네 快樂ᄋᆞᆯ 젼ᄎᆞᆺ ⓓ<u>ᄒᆞ얀다</u> [석상 24:28]

(B) 고등학교 문법(2010:291)에서는 '주관적 믿음 표현의 선어말 어미'의 변이 형태가 실현되는 양상을 불규칙 활용으로 설명하였다. 곧, 고등학교 문법(2010)에서는 예시 (A)의 (ㄱ)~(ㄹ)에 실현된 '주관적 믿음 표현의 선어말 어미'의 형태 중에서 ㉠'(　　　)'의 형태를 규칙적으로 활용한 형태로 잡았다. 그리고 나머지 ㉡'(　　　　　　　　)'의 세 가지 형태는 어미가 불규칙하게 활용한 형태로 처리했다.

(가) 예문 (A)의 ⓐ~ⓓ에 실현된 '주관적 믿음 표현의 선어말 어미'의 형태를 각각 쓰시오. (단, 선어말 어미의 형태 중에서 음운론적인 조건으로 변동된 것은 기본 형태로 쓰고, 형태론적인 조건으로 변동된 것은 변동된 대로 쓸 것.)

ⓐ (　　　) ⓑ (　　　) ⓒ (　　　) ⓓ (　　　)

(나) 예문 (A)의 ⓐ~ⓓ에 제시된 '주관적 믿음 표현의 선어말 어미'의 형태가 실현되는 형태론적 환경을 각각 밝히시오.

ⓐ (　　　　　　　　　　)
ⓑ (　　　　　　　　　　)
ⓒ (　　　　　　　　　　)
ⓓ (　　　　　　　　　　)

(다) 글 (B)의 빈칸에 들어갈 '주관적 믿음 표현의 선어말 어미'의 형태를 각각 쓰시오. (단, 문제 (가)에서 추출한 형태로 쓸 것.)

3. 15세기 국어에 쓰인 '주관적 믿음 표현'의 선어말 어미의 실현 양상과 관련하여, 글 (B)의 빈칸에 들어갈 말을 쓰시오. (단, ㉠~㉢에는 변이 형태를 쓰고, ㉮에는 변동 현상의 명칭을 쓸 것.)

[보기 3]

(A) ㄱ. 네 願 다히 ⓐ ᄒᆞ야라 [석상 24:14]
ㄴ. 모다 닐오ᄃᆡ 舍利佛이 ⓑ 이긔여다 [월석 6:31]
ㄷ. 바미 ᄒᆞ마 ⓒ 半이어다 [석상 23:13]
ㄹ. 寶藏이 自然히 ⓓ 니를어다 [법언 2:226]

(B) '주관적 믿음 표현'의 선어말 어미는 서술어로 쓰인 말의 종류에 따라서 여러 가지의 변이 형태로 실현되었다. 곧, 예문 (A)의 ⓐ와 ⓑ에서는 용언의 어간 뒤에서 주관적 믿음 표현의 선어말 어미인 ㉠ '(　　　)'(이)나 ㉡ '(　　　)'이/가 '-야-/-여-'의 형태로 변동되어 실현되었다. 그리고 ⓒ의 '半이어다'와 ⓓ의 '니를어다'에서는 어간 뒤에서 주관적 믿음 표현의 선어말 어미인 ㉢ '(　　　)'이/가 '-어-'로 실현되었는데, 이때 어간과 어미가 결합하는 과정에서 ㉮ (　　　)의 변동 현상이 일어났다.

4. 예문 (A)에서 ⓐ의 '퓌우숩가니'에 실현된 선어말 어미 '-가-'의 형태 및 기능과 관련하여, 글 (B)의 빈칸에 들어갈 선어말 어미의 형태를 기본 형태로 쓰시오.

[보기 4]

(A) 閻羅大王이 讚歎ᄒᆞ야 닐오ᄃᆡ 됴ᄒᆞ실쎠 됴ᄒᆞ실쎠 내 親히 저숩고 香 ⓐ퓌우숩가니 부텻긔 信티 아니ᄒᆞᄉᆞᄫᆞ려 ᄒᆞ고 *牛頭獄卒ᄋᆞᆯ *勅ᄒᆞ야 罪人ᄋᆞᆯ 다 노하 하ᄂᆞ래 나게 ᄒᆞ니라 [월석 23:89]

(*牛頭 獄卒(우두 옥졸) : 소의 머리를 가진 옥졸(獄卒), *勅(칙)ᄒᆞ다 : 지시하다)

(B) '퓌우숩가니'는 동사의 어간인 '퓌우-'에 선어말 어미인 '-숩-'과 '-가-'가 실현된 뒤에 다시 연결 어미인 '-니'가 결합된 형태이다. 여기서 어미 '-가-'는 선어말 어미인 ㉠'(   )'와/과 선어말 어미인 ㉡'(   )'이/가 나타내는 문법적 기능을 함께 반영하고 있다.

5. 15세기 국어에서 용언의 활용 어미가 실현되는 양상과 관련하여, 글 (B)의 빈칸에 들어갈 어미의 형태를 쓰시오. (단, 변동된 형태는 변동된 대로 쓸 것.)

[보기 5]

(A) ㄱ. *諸來 釋迦佛이 즉재 文殊와 *彈指ㅅ ᄉᆞ시예 戒壇애 [월석 25:40]
ⓐ오나시ᄂᆞᆯ 부텨 文殊와 諸來 大衆ᄃᆞ려 니ᄅᆞ샤ᄃᆡ

ㄴ. 아래 ᄌᆞ조 ⓑ듣ᄌᆞᄫᆞ마ᄅᆞᆫ 즉자히 도로 니저 ᄀᆞᆯᄫᆞᆯ 쑤니니 [석상 6:11]

(*諸來(제래) : 여럿이 함께 오다, *彈指之間(탄지지간) : 손가락을 튀길 사이. 곧, '아주 세월(歲月)이 빠름'을 이르는 말이다.)

(B) 고등학교 문법(2010:292)에 제시된 어미의 처리 방법에 따르면, ⓐ의 '오나시ᄂᆞᆯ'은 '오다'의 어간에 선어말 어미인 ㉠'(   )'와/과 어말 어미인 ㉡'(   )'이/가 이어서 실현된 것으로 처리한다. 그리고 ⓑ의 '듣ᄌᆞᄫᆞ마ᄅᆞᆫ'은 '듣다'의 어간에 선어말 어미인 ㉮'(   )'와/과 어말 어미인 ㉯'(   )'이/가 이어서 실현된 것으로 처리한다.

6. 예문 (A)에서 ⓐ의 '더브르시려뇨'와 ⓑ의 '닐어리로다'의 어미를 형태소 단위로 분석하여, 각 형태소의 형태를 (B)의 빈칸에 쓰시오. (단, 변동된 형태는 기본 형태를 밝혀서 쓸 것.)

[보기 6]

(A) ㄱ. 죵과 ᄆᆞᆯ와ᄅᆞᆯ 현맨ᄃᆞᆯ 알리오 어느 누를 ⓐ더브르시려뇨 [월천 기19]

ㄴ. ᄆᆞᅀᆞ미 行ᄒᆞ논 거슬 아디 몯ᄒᆞ시면 說法호미 어려ᄫᅳ니 [월석 13:44]
이 둘헤 ᄉᆞᄆᆞ차 마ᄀᆞᆫ ᄃᆡ 업스시니 眞知로 그ᅀᅳ기 化ᄒᆞ시다 ⓑ닐어리로다

(B) ⓐ 더블(어간)- + ㉠-(　　　)- + ㉡-(　　　)- + ㉢-(　　　)- + -뇨
ⓑ 니르(어간)- + ㉮-(　　　)- + ㉯-(　　　)- + ㉰-(　　　)- + -다

7. 15세기 국어에 쓰인 객관적 믿음 표현의 선어말 어미가 실현된 양상과 관련하여, 글 (C)의 빈칸에 ⓐ~ⓗ의 부호를 쓰시오. (단, 글 (B)의 내용을 참조할 것.)

[보기 7]

(A) ㄱ. ㄱ는 엄쏘리니 君ㄷ字 처ᅀᅥᆷ 펴아 나는 소리 [훈언 4]
ⓐ ᄀᆞᄐᆞ니라

ㄴ. 사ᄅᆞ미 살면 주그미 이실ᄊᆡ 모로매 ⓑ늙ᄂᆞ니라 [석상 11:36]

ㄷ. 내…너를 외에 ⓒ아니ᄒᆞ노니라 [사법어언해 3]

ㄹ. 져근 아ᄃᆞᄅᆞᆯ 어느 ᄢᅴ 보려뇨 (져근 아ᄃᆞ리) [두언 8:49]
노ᄑᆞᆫ ᄀᆞᅀᆞᆳ 이 나래 ⓓ나니라 (小子何時見 高秋此日生)

ㅁ. 人間도 欲界예 ⓔ드니라 [월석 1:32]]

ㅂ. 네 아비 ᄒᆞ마 ⓕ주그니라 [월석 17:21]

ㅅ. 집아ᇇ 사ᄅᆞᄆᆞᆯ 眷屬이라 ⓖᄒᆞᄂᆞ니라 [석상 6:5]

(B) 15세기 국어에서 '-거-', '-니-', '-돗-'은 믿음과 느낌을 나타내는 선어말 어미이다. 이 중에서 '-니-'는 객관적인 믿음을 표시한다.(고등학교 문법 2010:293) 곧, '객관적 믿음 표현'은 객관적인 믿음을 근거로 사태를 불변적이고 기정적인 것으로 파악하여 그것을 듣는 이에게 알림으로써, 그것에 주의가 집중되기를 바랄 때에 쓰는 표현법이다.

(C) 글 (B)처럼 고등학교 문법(2010)에서 규정한 '객관적 믿음 표현'의 개념에 따르면, 예문 (A)에 제시된 ⓐ~ⓗ의 서술어 중에서 ㉠(　　　　　) 은/는 '객관적 믿음 표현'의 선어말 어미가 실현된 예로 볼 수 있다.

8. 15세기 국어에 쓰인 '느낌 표현의 선어말 어미'의 형태와 관련하여, 글 (B)의 빈칸에 들어갈 말을 쓰시오. (단, ㉠~㉣의 빈칸에는 느낌 표현의 선어말 어미의 형태를 쓰되, 변동된 형태는 기본 형태로 쓸 것. 그리고 ㉮의 빈칸에는 종결 방식에 따른 문장의 유형을 쓸 것.)

[보기 8]

(A) ㄱ. 네 오히려 아디 ⓐ<u>몯ᄒᆞ놋다</u> [능언 3:77]
ㄴ. 書生은 ᄒᆞ마 銘을 ⓑ<u>사기돗다</u> [두언 24:62]
ㄷ. 天龍八部ㅣ 과ᄒᆞ야 녜 업던 ⓒ<u>이리로다</u> ᄒᆞ더니 [월석 1:14]
ㄹ. 너희들히… ᄂᆞ외야 ᄆᆞᅀᆞᆷ 게을이 ⓓ<u>마라ᄉᆞ라</u> [석상 23:12]

(B) 15세기 국어에서 쓰인 '느낌 표현'은 문장에서 표현하는 일에 대한 화자의 느낌이나 믿음과 같은 정감을 나타내는 표현이다. 예문 (A)에 제시된 ⓐ에는 ㉠(   )이/가, ⓑ에는 ㉡(   )이/가, ⓒ에는 ㉢(   )이/가, ⓓ에는 ㉣(   )이/가 느낌 표현의 선어말 어미로 실현되어 있다. 이처럼 느낌 표현의 선어말 어미가 실현된 (ㄱ)~(ㄹ)의 문장은 기능상으로 보면 모두 ㉮(   )으로 처리된다.

9. 예문 (A)의 ⓐ~ⓜ에 실현된 '느낌 표현'의 선어말 어미의 형태를 (B)의 빈칸에 쓰시오. (단, 변동된 형태는 기본 형태를 밝혀서 쓸 것.)

[보기 9]

(A) ㄱ. (大師ㅣ)…忉利天에 ⓐ<u>겨시닷다</u> [월석 21:201]
ㄴ. 爲頭 도ᄌᆞ기 무로ᄃᆡ 너희ᄃᆞᆯ히 므스글 ⓑ<u>보ᄂᆞᄉᆞᆫ다</u> [월석 10:28]
ㄷ. 太子ㅣ 그런 사ᄅᆞ미시면 이 이리 ᄯᅩ ⓒ<u>어렵도소이다</u> [월석 21:216]
ㄹ. 眞智로 그ᅀᅳ기 化ᄒᆞ시다 ⓓ<u>닐어리로다</u> [월석 13:44]
ㅁ. 書生은 ᄒᆞ마 銘을 ⓔ<u>사기돗다</u> [두언 24:62]
ㅂ. 내 이제 아니 오라 ⓕ<u>주그리로소이다</u> [월석 21:22]
ㅅ. 너희ᄃᆞᆯ히 ⓖ<u>힘ᄡᅥᄉᆞ라</u> [석상 23:13]
ㅇ. 몬져 니ᄅᆞ샨 經을 어루 다 ⓗ<u>듣ᄌᆞ오샷다</u> [법언 6:82]
ㅈ. (내)…ᄆᆞᅀᆞᄆᆞᆯ 펴 忽然히 臺에 ⓘ<u>오로소라</u> [두언 15:48]
ㅊ. 오로 맛디샤미 ⓙ<u>오라시리랏다</u> [법언 2:231]

ㅋ. 우리도 이 偈를 좃ᄌᆞ바 ⓚ 외오노소라 [월석 8:10]
ㅌ. ᄒᆞ오ᅀᅡ 平床이 ⓛ 뷔엿도다 [두언 18:6]
ㅍ. 부톄 … 父王ㅅ 棺ᄋᆞᆯ 손소 메ᅀᆞᄫᅩ려 ⓜ ᄒᆞ시ᄂᆞ다 [월석 10:12]

(B) ⓐ(　　) ⓑ(　　) ⓒ(　　) ⓓ(　　) ⓔ(　　)
ⓕ(　　) ⓖ(　　) ⓗ(　　) ⓘ(　　) ⓙ(　　)
ⓚ(　　) ⓛ(　　) ⓜ(　　)

10. 15세기 국어에 실현되는 선어말 어미의 형태 및 기능과 관련하여, 다음의 (가)~(다)의 물음에 답하시오.

[보기 10]

(A) 世尊이 世間애 나샤 甚히 ⓐ 奇特ᄒᆞ샷다 [월석 7:14]

(B) 예문 (A)에 제시된 ⓐ의 '奇特ᄒᆞ샷다'를 다음과 같이 분석하였다.

奇特ᄒᆞ- + ㉠-(　　　)- + ㉡-(　　　)- + -Ø(현재 시제 선어말 어미)- + -다 (평서형 종결 어미)

(C) (B)에서 ㉠에 들어갈 선어말 어미는 ㉮ '(　　　) 표현'의 선어말 어미이며, ㉡에 들어갈 선어말 어미는 ㉯ '(　　　) 표현'의 선어말 어미이다.

(가) (B)에 제시된 ㉠과 ㉡의 빈칸에 들어갈 선어말 어미의 형태를 쓰시오. (단, 변동된 형태는 기본 형태로 적을 것.)

(나) (C)에 제시된 ㉮와 ㉯의 빈칸에 들어갈 선어말 어미의 기능적 명칭을 쓰시오. (단, ㉮와 ㉯에 들어갈 문법 범주의 명칭을 세부적으로 밝히되, 고등학교 문법(2010)에서 제시한 용어로 쓸 것.)

(다) (B)의 빈칸에 제시된 ㉠과 ㉡의 선어말 어미가 결합하여서, 예문 (A)에 실현된 ⓐ '奇特ᄒᆞ샷다'로 변동하는 과정을 설명하시오.

(설명)

11. 15세기의 국어에 쓰인 선어말 어미와 관련하여, (가)와 (나)의 물음에 답하시오.

[보기 11]

(A) 우리들토 울워숩는 젼ᄎᆞ로 舍利 얻ᄌᆞ바다가 塔 일어 供養ᄒᆞᅀᆞ보려 ᄒᆞ야 머리셔 ⓐ 오소이다 [석상 23:53]

(B) ⓐ의 '오소이다'의 어간과 어미를 다음과 같이 형태소 단위로 분석하였다.

오(어간)- + -Ø(과거 시제 선어말 어미)- + ㉠-(   )- + ㉡-(   )- + -이(상대 높임 선어말 어미)- + -다(평서형 종결 어미)

(가) 글 (B)에 설정한 ㉠과 ㉡의 빈칸에 들어갈 형태를 각각 쓰시오.

㉠(   )   ㉡(   )

(나) 글 (B)의 ㉠와 ㉡에 들어갈 선어말 어미의 명칭을 ㉮와 ㉯처럼 정한다면, ㉮와 ㉯에 설정한 빈칸에 들어갈 말을 쓰시오.

㉠ : (   ) 표현의 선어말 어미
㉡: (   ) 표현의 선어말 어미

12. 15세기 국어에서 선어말 어미가 결합하는 양상과 관련하여, 글 (B)의 빈칸에 들어갈 형태를 쓰시오. (단, 변동된 형태는 기본 형태로 적을 것.)

[보기 12]

(A) ㄱ. 부텨 니르시논 解脫ᄋᆞᆯ 우리도 得ᄒᆞ야 涅槃애 다ᄃᆞ론가 [석보 13:43]
ⓐ ᄒᆞ다소니 오ᄂᆞᆳ날 이 ᄠᅳ들 몯 아ᅀᆞᄫᆞ리로다
ㄴ. 부톄 當來世예 父母 不孝ᄒᆞᇙ 사ᄅᆞᆷ 爲ᄒᆞ샤 大慈悲로 [월석 10:12]
父王ㅅ 棺ᄋᆞᆯ 손소 메ᅀᆞᄫᆞ려 ⓑ ᄒᆞ시놋다 ᄒᆞ고

(B) ⓐ와 ⓑ에 실현된 선어말 어미를 그 문법적인 기능을 고려하면, 다음과 같이 형태소 단위로 분석할 수 있다.

ⓐ: ᄒᆞ(어간)- + -더- + ㉠-(   )- + ㉡-(   )- + -니
ⓑ: ᄒᆞ(어간)- + -시- + ㉮-(   )- + ㉯-(   )- + -다

13. 15세기 국어에 쓰인 선어말 어미의 기능과 관련하여, 글 (B)의 빈칸에 들어갈 형태를 쓰시오. (단, 'Ø'는 무형의 형태소를 나타낸다.)

[보기 13]

(A) ㄱ. 곳 디ᄂᆞᆫ 時節에 ᄯᅩ 너를 ⓐ맛보과라 [두언 16:52]
ㄴ. 오직 다ᄅᆞᆫ ᄀᆞ올ᄒᆡ 와 잇노니 어듸 ⓑ사ᄅᆞ미아니오 [두언 8:14]

(B) ⓐ: 맛보(어간)- + -Ø(과거 시제 선어말 어미)- + ㉠-(　　　)- + ㉡-(　　　)- + -다(평서형 종결 어미)
ⓑ: 사람(명사) + -이(서술격 조사)- + -Ø(현재 시제 선어말 어미)- + ㉮-(　　　)- + ㉯-(　　　)- + -니오(의문형 종결 어미)

(C) 15세기 국어에서는 하나의 어미 형태가 두 가지의 문법적인 기능을 나타내는 수도 있다. 이러한 경우에는 하나의 어미 형태를 두 개의 형태로 분석하여 표시할 수도 있다. 곧, 예문 (A)의 ⓐ와 ⓑ에 실현된 어미를 형태소 단위로 분석한다면, '-과-'와 '-아-'를 위의 (B)와 같이 분석할 수 있다. (B)의 ㉠~㉡과 ㉮~㉯에 들어갈 선어말 어미에 대한 명칭을 쓰시오.

ⓐ: ㉠(　　　　　)의 선어말 어미　㉡(　　　　　)의 선어말 어미
ⓑ: ㉮(　　　　　)의 선어말 머이　㉯(　　　　　)의 선어말 어미

14. 예문 (A)의 ⓐ~ⓚ에 실현된 선어말 어미에 대하여, (가)와 (나)의 물음에 답하시오.

[보기 14]

(A) ㄱ. 世間 衆生이 여러 가짓 모딘 根源을 지ᅀᅥ 한 受苦ㅣ 긋디 ⓐ아니ᄒᆞ놋다 [월석 22:27]
ㄴ. 安樂國이ᄂᆞᆫ 아비를 보라 가니 어미도 몯 보아 시르미 더욱 ⓑ깁거다 [월석 8:10]
ㄷ. 秦 ᄡᅡ해ᄂᆞᆫ 당당이 새 ⓒᄃᆞ리어니라 [두언 6:11]
ㄹ. 父母하 出家ᄒᆞᆫ 利益을 이제 ᄒᆞ마 ⓓ得ᄒᆞ과이다 [석상 11:37]
ㅁ. 그 ᄯᆞᆯ ᄒᆞᇙ 時節에 자최마다 蓮花ㅣ ⓔ나ᄂᆞ니이다 [석상 11:27]
ㅂ. 내 慈悲力으로 (提婆達多ᄅᆞᆯ) ⓕ濟渡ᄒᆞ다니라 [법언 3:196]
ㅅ. 너희ᄃᆞᆯ히 ᄆᆞᄉᆞᄆᆞᆯ ⓖ보ᄂᆞᄉᆞᆫ다 [월석 10:28]
ㅇ. 이 죠고맛 사ᄅᆞ미 제 어듸던 내 ᄠᅳ들 거슬료 당다이 文王ㅅ ⓗᄀᆡ거리샷다 (※ ᄀᆡ걸: 명령) [월석 22:30]

ㅈ. 이제 내 모미 毒龍ᄋᆡ 害호미 ᄃᆞ외면 너희 一切 衆生이 [월석 22:43]
큰 利益을 ⓘ일흐려다

ㅊ. (내) 스믈 ᄒᆡᄅᆞᆯ 조차 ᄃᆞᆫ녀 훤히 長安애셔 ⓙ醉ᄒᆞ다소라 [두언 16:18]

ㅋ. 구룸 ᄢᅵᆫ ᄀᆞᄅᆞ매ᄂᆞᆫ ᄃᆞᆳ비치 軒檻애 ⓚ오ᄅᆞ놋도다 [두언 8:25]

(가) ⓐ~ⓚ의 용언에 실현된 '시간 표현의 선어말 어미'의 형태와 그것이 나타내는 시제를 다음의 <조건>에 따라서 밝히시오.

<조건> ① 무형의 시제 선어말 어미는 '-Ø-'로 표기할 것.
② 변동된 형태는 기본 형태로 쓸 것.
③ 시제의 종류는 '과거', '회상', '현재', '미래'로 쓸 것.

ⓐ(　　　)—(　　　)　ⓑ(　　　)—(　　　)
ⓒ(　　　)—(　　　)　ⓓ(　　　)—(　　　)
ⓔ(　　　)—(　　　)　ⓕ(　　　)—(　　　)
ⓖ(　　　)—(　　　)　ⓗ(　　　)—(　　　)
ⓘ(　　　)—(　　　)　ⓙ(　　　)—(　　　)
ⓚ(　　　)—(　　　)

(나) ⓐ~ⓚ의 용언에서 '태도 표현의 선어말 어미'의 기본 형태와 그 종류를 다음의 <조건>에 따라서 밝히시오.

<조건> ① 선어말 어미가 변동된 것은 기본 형태로 쓸 것.
② '주관적 믿음 표현'은 '주믿', '객관적 믿음 표현'은 '객믿', '느낌 표현'은 '느낌'으로 쓸 것.
③ 태도 표현의 선어말 어미가 둘 이상 실현되었을 수도 있음.

ⓐ(　　　)—(　　　)　ⓑ(　　　)—(　　　)
ⓒ(　　　)—(　　　)　ⓓ(　　　)—(　　　)
ⓔ(　　　)—(　　　)　ⓕ(　　　)—(　　　)
ⓖ(　　　)—(　　　)　ⓗ(　　　)—(　　　)
ⓘ(　　　)—(　　　)　ⓙ(　　　)—(　　　)
ⓚ(　　　)—(　　　)

15. 15세기 국어의 선어말 어미의 형태 및 기능과 관련하여, (가)와 (나)의 물음에 답하시오.

[보기 15]

(A) ᄒᆞ다가 우리 큰 法 즐기는 ᄆᆞᅀᆞ미 잇던댄 부톄 우리 [월석 13:36]
為ᄒᆞ야 大乘法을 ⓐ <u>니ᄅᆞ시리라ᅀᆞ이다</u>

(B) 예문 (A)에서 서술어로 표현된 동사 ⓐ의 어미를 형태소의 단위로 다음과 같이 분석하였다.

니ᄅᆞ- + -시- + -리- + ㉠-(　　　)- + ㉡-(　　　)- + -이- + -다

(가) (B)에서 ㉠과 ㉡의 빈칸에 들어갈 선어말 어미의 형태를 쓰시오. (단, 변동된 형태는 기본 형태로 적을 것.)

㉠ (　　　　)　　　　㉡ (　　　　)

(나) (B)에서 ㉠과 ㉡의 빈칸에 들어갈 선어말 어미의 기능을 다음의 ㉮와 ㉯의 빈칸에 쓰시오. (단, 문법적 기능에 대한 명칭은 고등학교 문법(2010)에서 제시한 용어로 쓸 것.)

㉠에 들어갈 선어말 어미는 ㉮ '(　　　　)'을 표현하며, ㉡에 들어갈 선어말 어미는 ㉯ '(　　　　)'을/를 표현한다.

3.3.5. 인칭 표현과 대상 표현

1. 예문 (A)에 실현된 선어말 어미의 기능과 관련하여, 다음의 (가)와 (나)의 물음에 답하시오.

[보기 1]

(A) ㄱ. 나는 弟子 ⓐ 大目犍連이로라 [월석 23:82]
ㄴ. 人人은 ⓑ 사름마대라 [석상 서:6]

(가) (A)의 문장에서 ⓐ와 ⓑ를 다음과 같이 형태소 단위로 분석하였을 때에, ㉠~㉡과 ㉮~㉯에 들어갈 형태를 쓰시오. (단, 변동된 형태는 기본 형태로 쓰고, 시제를 나타내는 선어말 어미는 고려할 말 것.)

ⓐ: 大目犍連(명사) + ㉠ -(　　　　)- + ㉡ -(　　　　)- + -다(평서형 종결 어미)
ⓑ: 사름(명사) + ㉮ -(　　　　)- + ㉯ -(　　　　) + -다(평서형 종결 어미)

(나) (A)에서 (ㄱ)과 (ㄴ)의 문장에 나타나는 통사적인 차이를 비교하여, '문제 (가)'에 설정한 ㉡의 빈칸에 들어갈 선어말 어미의 기능을 설명하시오.

2. 글 (B)의 내용을 참조하여, 글 (C)의 빈칸에 들어갈 선어말 어미의 문법적인 명칭을 쓰시오.

[보기 2]

(A) 나는 齋米를 求ᄒᆞ야 온 디 아니라 大王을 보ᅀᆞᄫᅡ라 :오이·다 [월석 8:90]

(B) 15세기 국어에서는 성조(聲調)가 실현되었는데, 이러한 성조는 글자의 옆에 방점(傍點)을 찍어서 표기하였다. 예들 들어서 동사 '오다(來)'와 '가다(行)'는 '·오-'나 '·가-'처럼 어간이 거성(去聲)으로 표기되는 것이 원칙이었다. 그런데 (A)의 문장에 실현된 ':오이·다'의 어간에 나타나는 성조가 바뀌어서 표기된 것을 감안하면, ':오이·다'에는 문법적인 기능을 가진 '무형의 형태소'가 존재함을 알 수 있다.

(C) (A)의 문장에서 실현된 ':오이다'의 어미를 다음과 같이 형태소 단위로 분석하였다.

오(어간)- + -Ø(   )- + -Ø(과거 시제의 선어말 어미) + -이(상대 높임의 선어말 어미)- + -다(평서형의 종결 어미)

3. 예문 (A)에 실현된 어미와 관련하여, (가)와 (나)의 물음에 답하시오.

[보기 3]

(A) ㄱ. 越姬 (王씌) 술오ᄃᆡ 네 妾이 비록 이베 니ᄅᆞ디 아니ᄒᆞ나 ᄆᆞᅀᆞ매 ᄒᆞ마 ⓐ許호이다 [내훈 2상:26]

ㄴ. 그 저긔 모댓ᄂᆞᆫ 大衆이 닐오ᄃᆡ 一切 衆生이 다 解脫ᄋᆞᆯ 得과뎌 ⓑ願ᄒᆞ노이다 [월석 21:8]

(가) 예문 (A)의 ⓐ와 ⓑ를 형태소 단위로 분석할 때에, 아래의 빈칸에 들어갈 어미의 형태를 차례로 쓰시오. (단, 무형의 시제 형태소는 'Ø'로 표기하고, 변동된 형태는 기본 형태로 쓸 것.)

ⓐ: 許ᄒᆞ- + ㉠-(   )- + ㉡-(   )- + -이- + -다

ⓑ: 願ᄒᆞ- + ㉮-(   )- + ㉯-(   )- + -이- + -다

(나) 위의 '문제 (가)'에서 ㉡과 ㉯에 공통적으로 들어갈 선어말 어미가 실현된 이유를 설명하시오. (단, 예문 (A)의 (ㄱ)과 (ㄴ)에 실현된 주어의 특성을 고려할 것.)

(설명)

4. 예문 (A)의 ⓐ~ⓘ에 실현된 어미를 (C)와 같이 형태소 단위로 분석했을 때에, (C)의 빈칸에 들어갈 어미의 형태를 쓰시오. (단, (B)의 <조건>에 따를 것.)

[보기 4]

(A) ㄱ. 나ᄂᆞᆫ … ᄂᆞᆷ 더브러 ᄃᆞ토ᄃᆞᆯ ⓐ아니ᄒᆞ노이다 [석상 11:34]

ㄴ. 나ᄂᆞᆫ 渡頭ㅅ 몰애예 ⓑ자다라 [금삼 4:5]

ㄷ. 우리 무른 스싀로 두루 브터 ᄃᆞᆫ녀 世上ㅅ 이레 제여곰 ⓒ艱難ᄒᆞ소라 [두언 15:51]

ㄹ. 瞿曇ᄋᆡ 무리 尊卑 업서 五百 弟子ㅣ 各各 ⓓ第一이로라 일ᄏᆞᆮᄂᆞ니 [월석 21:199]

ㅁ. 부텨 니르시논 解脫ᄋᆞᆯ 우리도 得ᄒᆞ야 涅槃애 ᄃᆞ다론가 ⓔᄒᆞ다소니 [석상 13:43]

ㅂ. 내 이제 죠고맛 疑心 이리 이셔 世尊ᄭᅴ ⓕ묻ᄌᆞᆸ노니 願ᄒᆞᆫᄃᆞᆫ 世尊이 慈悲ᄒᆞ샤 날 爲ᄒᆞ야 펴 니ᄅᆞ쇼셔 [월석 21:115]

ㅅ. 어듸 늘근 한아비 와셔 그를 ⓖ짓가니오 [두언 14:17]

ㅇ. 우리 오ᄂᆞᆯ 이 구즌 길ᄒᆞᆯ 免ᄒᆞ야 훤히 便安호ᄆᆞᆯ ⓗ得과라 [월석 14:77]

ㅈ. 내 아랫 네 ⓘ버디라니 부텻 法 듣ᄌᆞᄫᆞᆫ 德으로 하ᄂᆞᆯ해 나아 門神이 ᄃᆞ외야 잇노니 [석상 6:19]

(B) <조건>

① 변동된 형태는 기본 형태로 쓸 것.

② 하나의 형태가 두 가지 문법적인 기능을 나타낼 때에는, 기능별로 형태를 나누어서 쓸 것.

③ 시제를 표현하는 무형의 형태소는 '-Ø-'로 표기하였다.

(C) <분석>

ⓐ아니ᄒᆞ노이다 : 아니ᄒᆞ- + ㉠-(   )- + ㉡-(   )- + -이- + -다

ⓑ자다라 : 자- + ㉠-(   )- + ㉡-(   )- + -다

ⓒ艱難ᄒᆞ소라 : 艱難ᄒᆞ- + ㉠-(   )- + ㉡-(   )- + -다

ⓓ第一이로라 : 第一 + -이- + -Ø- + ㉠-(   )- + ㉡-(   )

ⓔᄒᆞ다소니 : ᄒᆞ- + -더- + ㉠-(   )- + ㉡-(   )- + -니

ⓕ묻ᄌᆞᆸ노니 : 묻- + -ᄌᆞᆸ- + ㉠-(   )- + ㉡-(   )- + -니

ⓖ짓가니오 : 짓- + -Ø- + ㉠-(   )- + ㉡-(   )- + -니오

ⓗ得과라 : 得ᄒᆞ- + -Ø- + ㉠-(   )- + ㉡-(   )- + -다

ⓘ버디라니 : 벋 + -이- + ㉠-(   )- + ㉡-(   )- + -니

5. 글 (B)와 글 (C)의 빈칸에 들어갈 말을 쓰시오. (단, 글 (B)의 ㉠과 ㉡에는 선어말 어미의 형태를 쓰고, 글 (C)의 ㉮~㉱에는 문법 기능의 명칭을 <고등학교 문법, 2010>에 제시된 대로 쓸 것.)

[보기 5]

(A) ㄱ. 우리도 沙羅樹大王ㅅ ⓐ 夫人둘히라니 [월석 8:100]
ㄴ. 나는 내 어미 *나혼 *ᄀ외를 ⓑ 뒷가니 이 ᄒ야 므슴ᄒ료 [영남 상:31]
(*낳다 : 피륙을 짜다, *ᄀ외 : 고의, 남자의 여름 홑바지)

(B) 예문 (A)의 ⓐ와 ⓑ의 활용형에서 선어말 어미의 형태를 추출하면, ⓐ에서는 ㉠ '(　　　　)'을/를, ⓑ에서는 ㉡ '(　　　　)'을/를 추출할 수 있다.

(C) 하나의 선어말 어미가 두 가지의 문법적인 기능을 나타낼 수가 있다. 곧, 글 (B)에서 ㉠은 ㉮ (　　　　)을/를 나타내는 기능과 ㉯ (　　　　)을/를 나타내는 기능을 겸하였다. 그리고 ㉡은 ㉰ (　　　　)을/를 나타내는 기능과 ㉱ (　　　　)을/를 나타내는 기능을 겸하였다.

6. 예문 (A)에 실현된 선어말 어미의 형태 및 기능과 관련하여, (가)와 (나)의 물음에 답하시오.

[보기 6]

(A) ㄱ. 이 男子ㅣ 精誠이 至極홀씨 보비를 아니 ⓐ 앗기놋다 [월석 1:11]
ㄴ. 우리도 이 偈를 좃ᄌ바 ⓑ 외오노소라 [월석 8:100]

(B) (ㄱ)의 ⓐ와 (ㄴ)의 ⓑ에 실현된 어미의 형태를 비교하여, 용언 ⓑ에 실현된 선어말 어미를 형태소 단위로 다음과 같이 분석하였다.

외오- + ㉠ -(　　　　)- + ㉡ -(　　　　)- + ㉢ -(　　　　)- + -다

(가) 글 (B)에서 ㉠, ㉡, ㉢의 빈칸에 들어갈 선어말 어미의 형태를 쓰시오. (단, 변동된 형태소는 기본 형태로 적을 것.)

(나) 글 (B)에서 ㉠, ㉡, ㉢의 빈칸에 들어갈 선어말 어미의 기능상의 명칭을 쓰시오. (단, 각 선어말 어미가 나타내는 문법 기능의 명칭을 세부적으로 쓸 것.)
㉠ (　　　　) 표현의 선어말 어미　　㉡ (　　　　) 표현의 선어말 어미
㉢ (　　　　) 표현의 선어말 어미

7. 예문 (A)에 실현된 'ᄒᆞ노닛가'와 'ᄒᆞ뇡다'의 활용 형태와 관련하여, (가)와 (나)의 물음에 답하시오.

[보기 7]

(A) 須達이 護彌 지븨 니거늘 護彌 깃거 나아 迎逢ᄒᆞ야 지븨 드려 재더니 그 지븨셔 차반 ᄆᆡᇰᄀᆞᆯ 쏘리 워즈런ᄒᆞ거늘 須達이 護彌ᄃᆞ려 무로ᄃᆡ "主人이 므슴 차바ᄂᆞᆯ 손소 ᄃᆞᆫ녀 ᄆᆡᇰᄀᆞ노닛가 太子ᄅᆞᆯ 請ᄒᆞᅀᆞᄫᅡ 이받ᄌᆞᄫᅩ려 ⓐ ᄒᆞ노닛가 大臣ᄋᆞᆯ 請ᄒᆞ야 이바도려 ᄒᆞ노닛가" 護彌 닐오ᄃᆡ "그리 아닝다" 須達이 ᄯᅩ 무로ᄃᆡ "婚姻 위ᄒᆞ야 아ᅀᆞ미 오나ᄃᆞᆫ 이바도려 ᄒᆞ노닛가" 護彌 닐오ᄃᆡ "그리 아니라 부텨와 즁과ᄅᆞᆯ 請ᄒᆞᅀᆞᄫᅩ려 ⓑ ᄒᆞ뇡다" [석상 6:16]

(가) 용언 ⓐ에 실현된 어미를 다음과 같이 형태소 단위로 분석하였을 때에, 제기될 수 있는 통사론적인 문제점을 설명하시오.

ᄒᆞ(어간)- + -ᄂᆞ(현재 시제 표현의 선어말 어미)- + -오(인칭 표현의 선어말 어미)- + -ㅅ(상대 높임 표현의 선어말 어미)- + -니…가(의문형 종결 어미)

(설명)

(나) 예문 (A)에 실현된 서술어 ⓑ의 어미를 다음과 같이 형태소 단위로 분석하였을 때에, 아래의 빈칸에 들어갈 어미의 형태를 쓰시오. (단, 변동된 형태는 기본 형태로 쓸 것.)

ᄒᆞ(어간)- + ㉠ -(　　　　)- + ㉡ -(　　　　)- + -ㆁ- + -다

8. 15세기 국어에 쓰인 관형절의 구조와 관련하여, 글 (B)와 글 (C)의 빈칸에 들어갈 문장 성분의 명칭을 각각 쓰시오.

[보기 8]

(A) ㄱ. ᄒᆞᆫ 암사ᄉᆞ미 와 옷 ⓐᄉᆡᆫ론 므를 먹고 [석상 11:25]

ㄴ. 부텻 道理로 衆生 ⓑ濟渡ᄒᆞ시ᄂᆞᆫ 사ᄅᆞᄆᆞᆯ 菩薩이시다 ᄒᆞᄂᆞ니라 [월석 1:5]

ㄴ. 내 成佛ᄒᆞ야 나랏 菩薩이 듣고져 ⓒᄒᆞ논 法을 自然히 듣디 몯ᄒᆞ면 正覺 일우디 아니호리이다 [월석 8:68]

(B) 첫째, 관형절의 수식을 받는 중심어(피한정어)가 관형절 속의 서술어에 대하여 ㉠(　　　　)의 통사적 관계를 맺고 있을 때에는, 반드시 '-오-/-우-'가 실현된다. 둘째, ㉡(　　　　)의 통사적인 관계를 맺고 있을 때에는, 관형절 속의 서술어에 선어말 어미 '-오-/-우-'가 수의적으로 실현된다. 셋째, ㉢(　　　　)의 통사적인 관계에 있을 때에는, 관형절 속의 서술어에 선어말 어미 '-오-/-우-'가 실현되지 않는다.

(C) (A)에 제시된 ⓐ의 'ᄉᆡᆫ론'은 그 중심어(피한정어)에 대하여 ㉮(　　　　)로 기능하며, ⓑ의 '濟渡ᄒᆞ시ᄂᆞᆫ'은 ㉯(　　　　)로 기능하며, ⓒ의 'ᄒᆞ논'은 ㉰(　　　　)로 기능했다.

9. 15세기 국어에 쓰였던 선어말 어미의 형태 및 기능과 관련하여, (가)와 (나)의 물음에 답하시오.

[보기 9]

(A) 上大人이라 닐오ᄆᆞᆫ 世예셔 孔聖ᄋᆞᆯ ⓐ일ᄏᆞᆮᄌᆞᆸ논 마리니 [금삼 4:11]

(가) 예문 (A)에 실현된 ⓐ의 '일칸줍논'을 형태소 단위로 다음과 같이 분석할 때에, 빈칸에 들어갈 선어말 어미의 형태를 쓰시오.

ⓐ 일ᄏᆞᆮᄌᆞᆸ논: 일ᄏᆞᆮ- + -ᄌᆞᆸ- + ㉠ -(　　　　)- + ㉡ -(　　　　)- + -ㄴ

(나) '문제 (가)'에서 ㉠의 빈칸에 들어갈 선어말 어미에 대한 설명으로서, 다음의 ㉮와 ㉯에 들어갈 말을 쓰시오. (단, ㉮에는 체언의 형태를, ㉯에는 문장 성분의 명칭을 쓸 것.)

예문 (A)에서 관형절의 피한정어인 ㉮'(　　　　)'이/가 관형절 속의 서술어에 대하여 ㉯(　　　　)로 기능하므로, ㉠의 선어말 어미가 실현되었다.

10. 15세기 국어에 실현된 선어말 어미의 형태 및 성립 조건과 관련하여, (가)와 (나)의 물음에 답하시오.

[보기 10]

(A) 이 사ᄅᆞᆷ도 ᄯᅩ 善根因緣을 ⓐ심곤 젼ᄎᆞ로 無量 百千萬億 諸佛을 맛나ᅀᆞᄫᅡ 供養 恭敬ᄒᆞ며 [석상 13:36]

(B) 예문 (A)에 실현된 ⓐ의 용언을 다음과 같이 형태소 단위로 분석하였다.

ⓐ : ㉠(　　　　)- + ㉡-(　　　　)- + -ㄴ

(가) 글 (B)에서 제시된 ㉠과 ㉡의 빈칸에 들어갈 어간과 선어말 어미의 형태를 각각 쓰시오. (단, 변동된 형태는 기본 형태로 쓸 것.)

㉠(　　　　)　　　　㉡(　　　　)

(나) 아래의 글은 글 (B)에서 ㉡의 빈칸에 들어가는 선어말 어미가 실현되는 통사론적인 조건을 설명한 것이다. 다음의 빈칸에 들어갈 관형절의 하위 유형에 대한 명칭을 쓰시오.

글 (B)의 ㉡에 들어가는 선어말 어미는 ㉮(　　　　　) 관형절 속의 서술어로 쓰인 용언에서 수의적으로 실현된 것이다.

11. 예문 (A)의 ⓐ~ⓙ에 실현된 선어말 어미 '-오-/-우-'와 관련하여, (가)와 (나)의 물음에 답하시오.

[보기 11]

(A) ㄱ. 八婇女의 ⓐ기론 찻ᄆᆞ리 모자랄ᄊᆡ [월석 8:92]

ㄴ. 우리 녜오ᄃᆡ 本來 ⓑ求ᄒᆞ논 ᄆᆞᅀᆞᆷ 업다이다 ᄒᆞ노니 [월석 13:37]

ㄷ. 舍利佛이 須達이 ⓒᄆᆡᇰᄀᆞ론 座애 올아 앉거늘 [석상 6:30]

ㄹ. 淨飯王이 깃그샤 부텻 소늘 손소 자ᄇᆞ샤 ᄌᆞ걋 가ᄉᆞ매 다히시고 ⓓ누ᄫᅳᆫ 자리예 겨샤 [월석 10:9]

ㅁ. ᄆᆞᅀᆞ매 부텨를 ⓔᄉᆞ랑ᄒᆞᅀᆞᆸ논 젼ᄎᆞ로 나를 出家케 ᄒᆞ시니 [능언 1:86]

ㅂ. 부텻 出現ᄒᆞ샤 ⓕ說法ᄒᆞ시논 ᄠᅳ들 아ᅀᆞ와 便安ᄒᆞᆫ [법언 2:156]

利益을 求케 ᄒᆞ시니라
ㅅ. 부텻 道場애 안ᄌᆞ샤 ⓖ得ᄒᆞ샨 妙法을 닐오려 ᄒᆞ시ᄂᆞᆫ가 [석상 13:25]
ㅇ. 어린 百姓이 니르고져 ⓗᄒᆞᇙ 배 이셔도 ᄆᆞᄎᆞᆷ내 [훈언 2]
제 ᄠᅳ들 시러 펴디 몯ᄒᆞᇙ 노미 하니라
ㅈ. ᄒᆞᆫ 암사ᄉᆞ미 와 옷 ⓘ섈론 므를 먹고 [석상 11:25]
ㅊ. 이 내 아ᄃᆞ리라 내 ⓙ나호니니 [법언 2:222]
ㅋ. 이ᄂᆞᆫ 十方앳 道理 ⓚᄒᆞᆫ가지론 고ᄃᆞᆯ 니ᄅᆞ시니라 [석사 13:50]

(가) 아래의 글상자에 제시된 빈칸에 예문 (A)에 제시된 ⓐ~ⓙ의 부호를 쓰시오.

(A)에서 관형절의 서술어로 쓰인 ⓐ~ⓕ에는 선어말 어미인 '-오-/-우-'가 실현되어 있다. 이들 '-오-/-우-' 중에서 '관계 관형절'에 실현된 것으로는 ㉠(   )이/가 있으며, '동격 관형절'에 실현된 것으로는 ㉡(   )이/가 있다. 이러한 선어말 어미 '-오-/-우-'를 '대상 표현의 선어말 어미'라고 한다.

(나) 아래의 글상자에 제시된 빈칸에 예문 (A)에 제시된 ⓐ~ⓙ의 부호를 쓰시오.

관계 관형절은 그 뒤에 실현된 중심어(피한정어)와 일정한 통사적인 관계를 맺고 있는데, '목적어－서술어'나 '부사어－서술어'의 관계를 맺고 있을 때에는 관계 관형절의 서술어에 '-오-/-우-'가 실현된다. 첫째로 예문 (A)에서 ㉮(   )에 실현된 '-오-/-우-'는 관형절이 수식하는 중심어(피한정어)가 관형절 속의 서술어와 '목적어－서술어'의 관계를 맺고 있다. 둘째로 ㉯(   )에 실현된 '-오-/-우-'는 관형절의 중심어가 관형절 속의 서술어와 '부사어－서술어'의 관계를 맺고 있다.

12. 예문 (A)에서 ⓐ에 실현된 선어말 어미의 형태 및 성립 조건과 관련하여, (가)와 (나)의 물음에 답하시오.

[보기 12]

(A) 부텨 時節이 다ᄃᆞᆮ디 ⓐ몯ᄒᆞᆫ ᄃᆞᆯ 아ᄅᆞ샤 請 바ᄃᆞ시고 좀좀ᄒᆞ야 [월석 14:22]
안자 겨시니라

(가) 예문 (A)에서 ⓐ의 '몯혼'에 실현된 어미를 형태소 단위로 분석할 때에, ㉠의 빈칸에 들어갈 선어말 어미의 형태를 쓰시오.

ⓐ 몯혼 : 몯ᄒᆞ- + -Ø(과거 시제 선어말 어미) + ㉠ -(　　　　)- + -ㄴ

(나) '문제 (가)'에서 ㉠의 빈칸에 들어갈 선어말 어미가 실현된 통사론적인 조건을 다음과 같이 설명할 때에, ㉮~㉰의 빈칸에 들어갈 말을 각각 쓰시오. (단, 아래에 제시한 <조건>을 지킬 것.)

> ㉠의 빈칸에 들어갈 선어말 어미는 관형절인 ㉮ '(　　　　　　)'이/가 중심어(피한정어)인 ㉯ '(　　　　　　)'와/과 ㉰ (　　　　　　)의 통사·의미적인 관계를 형성하므로, 관형절 속의 서술어에 수의적으로 실현되었다.
>
> <조건> ㉮의 빈칸에는 ㉠의 선어말 어미가 실현되지 않은 관형절의 형태를 쓰고, ㉯의 빈칸에는 중심어(=체언)의 형태를 쓸 것. 그리고 ㉰의 빈칸에는 관형절과 중심어의 관계를 나타내는 문법 용어를 쓸 것.)

13. 예문 (A)에서 밑줄 친 ⓐ에 실현된 선어말 어미의 문법적인 기능을 고려하여서, 글 (B)의 빈칸에 들어갈 선어말 어미의 형태를 쓰시오. (단, 변동된 형태는 기본 형태로 쓸 것.)

[보기 13]

(A) 이 道士ㅣ 精誠이 ⓐ至極ᄒᆞ단 디면 하ᄂᆞᆯ히 당다이 이 피를 사ᄅᆞᆷ ᄃᆞ외에 ᄒᆞ시리라 [월석 1:7]

(B) 15세기 국어에서는 하나의 어미(형태)가 두 가지의 문법적인 기능을 수행하는 수도 있다. 이러한 사실을 감안하면, 예문 (A)에 실현된 용언 ⓐ를 아래와 같이 형태소 단위로 분석할 수 있다.

ⓐ 至極ᄒᆞ(어간)- + ㉠ -(　　　　)- + ㉡ -(　　　　)- + -ㄴ

14. 예문 (A)에 실현된 서술어 ⓐ~ⓓ의 활용 양상과 관련하여, (가)와 (나)의 물음에 답하시오.

[보기 14]

(A)	ㄱ. 大地와 山河왜 다 내 ⓐ 지소니라	[영남 상:68]
	ㄴ. 如來 ⓑ 보내샤니 아니면 能히 몯ᄒᆞ리라	[법언 4:83]
	ㄷ. 阿難 羅雲이 … ᄒᆞ마 한 사ᄅᆞᄆᆡ 보며 ⓒ 아노니로ᄃᆡ	[법언 4:49]
	ㄹ. 彌勒이 釋迦牟尼ㅅ ⓓ 授記ᄒᆞ샤니라	[법언 5:102]

(가) 예문 (A)에 실현된 ⓐ~ⓓ의 활용 형태를 다음과 같이 형태소 단위로 분석하였다. 빈칸에 들어갈 선어말 어미의 형태를 쓰시오. (단, 변동된 형태는 기본 형태로 쓸 것. '의명'은 '의존 명사'이며, #은 어절의 경계를 표시한다.)

ⓐ 지소니라 : 짓- + ㉠-(　　　)- + ㉡-(　　　) # 이(의명) + -이- + -다

ⓑ 보내샤니 : 보내- + ㉠-(　　　)- + ㉡-(　　　)- + ㉢-(　　　) # 이(의명) + -이

ⓒ 아노니로ᄃᆡ : 알- + ㉠-(　　　)- + ㉡-(　　　)- + ㉢-(　　　) # 이(의명) + -이- + -오ᄃᆡ

ⓓ 授記ᄒᆞ샤니라 : 授記ᄒᆞ- + ㉠-(　　　)- + ㉡-(　　　)- + ㉢-(　　　) # 이(의명) + -이- + -다

(나) 예문 (A)에 실현된 ⓐ~ⓓ의 용언을 현대어로 직역하여 옮기시오. (단, 한자어는 한글로 표기할 것.)

ⓐ 지소니라 : (　　　　　　　　　　　　)

ⓑ 보내샤니 : (　　　　　　　　　　　　)

ⓒ 아노니로ᄃᆡ : (　　　　　　　　　　　　)

ⓓ 授記ᄒᆞ샤니라 : (　　　　　　　　　　　　)

3.3.6. 피동 표현

1. 능동문과 피동문의 형태·통사론적인 대응 관계를 고려하여, (A)의 '능동문'을 '파생적 피동문'으로 고치고 (B)의 능동문을 '통사적 피동문'으로 고치려고 한다. 아래 예문의 ㉠과 ㉡에 들어갈 문장을 쓰시오. (단, 피동문에서 실현되는 서술어의 활용 형태는 능동문의 활용 형태를 그대로 적용할 것.)

[보기 1]

(A) · 능　동　문: "나랏 法이 有情을 자바"

· 파생적 피동문: "有情이 ㉠(　　　　　　　　　　)"

(B) · 능　동　문: "ᄇᆞᄅᆞ미 竹筍을 것고"

· 통사적 피동문: "竹筍이 ㉡(　　　　　　　　　　)"

(※ 단, '것고'는 '걹다(折)'의 활용 형태이다.)

2. 15세기 국어의에서 피동 표현이 실현되는 양상과 관련하여, (가)~(다)의 물음에 답하시오.

[보기 2]

(A) ① 七寶ㅣ 이러 ᄯᅡ 우희 차 두피고 [월석 8:18]

② 有情ᄃᆞᆯ히 … 모딘 즁싱 믈여 橫死ᄒᆞᆯ 씨오 [월석 9:58]

③ 衆生이 글ᄂᆞᆫ 鑊 소배 드러 ᄆᆞ리 ᄉᆞᆺ글혀 ᄉᆞᆱ기더니 [월석 23:81]

④ 有情이 나랏 法에 자피여 [석상 9:8]

⑤ 東門ᄋᆞ로 허위여 ᄃᆞᄅᆞ면 東門이 도로 다티고 [월석 23:80]

⑥ 그윗 것과 아ᄅᆞᇝ 거시 제여곰 이 ᄯᅡ해 브터셔 ᄌᆞᆷ겨 저저 하ᄂᆞᆳ ᄀᆞᄆᆞ리 업도다 [두언 7:36]

⑦ ᄂᆞᆽ가온닌 … 못 우묵ᄒᆞᆫ ᄃᆡ ᄃᆞᆷ기ᄂᆞᆺ다 [두언 16:66]

⑧ 발 드듫 저긔 金剛摩尼花ㅣ 一切예 ᄀᆞᄃᆞ기 ᄭᆞᆯ이ᄂᆞ니 [월석 8:36]

⑨ 밠바닶 그미 ᄯᅡ해 반ᄃᆞ기 바키시며 [월석 2:57]

⑩ ᄇᆞᄅᆞ미 아니 닐면 믈 담ᄋᆞᇙ 거시 업스릴ᄊᆡ [월석 1:39]

(가) ①~⑩의 문장에서 피동사를 찾아서, 그 기본형을 쓰시오.

①(　　　　) ②(　　　　) ③(　　　　) ④(　　　　)
⑤(　　　　) ⑥(　　　　) ⑦(　　　　) ⑧(　　　　)
⑨(　　　　) ⑩(　　　　)

(나) ①~⑩의 문장에 쓰인 피동사에서 파생 접미사의 형태를 쓰시오. (단, 변동된 형태는 기본 형태로 쓸 것.)

①(　　) ②(　　) ③(　　) ④(　　)
⑤(　　) ⑥(　　) ⑦(　　) ⑧(　　)
⑨(　　) ⑩(　　)

(다) ①~⑩의 문장에 쓰인 파생적 피동사를 '-아/-어 디다'에 의한 통사적 피동 동사로 바꾸시오. (단, 파생적 피동사가 활용한 형태를 '-아/어 디다'에 의한 통사적 피동 동사에도 그대로 반영할 것.)

①(　　　　　) ②(　　　　　) ③(　　　　　)
④(　　　　　) ⑤(　　　　　) ⑥(　　　　　)
⑦(　　　　　) ⑧(　　　　　) ⑨(　　　　　)
⑩(　　　　　)

3. 다음의 ⓐ~ⓙ에 제시된 능동사에 피동의 파생 접사를 실현하여, ⓐ~ⓙ의 능동사를 피동사로 만드시오.

[보기 3]

ⓐ 누르다(壓) —(　　　　) ⓑ 담다(貯) —(　　　　)
ⓒ 듣다(聞) —(　　　　) ⓓ 들다(擧) —(　　　　)
ⓔ 막다(防) —(　　　　) ⓕ 묶다(束) —(　　　　)
ⓖ 브르다(召) —(　　　　) ⓗ 솖다(烹) —(　　　　)
ⓘ 엱다(置) —(　　　　) ⓙ 열다(開) —(　　　　)
ⓚ 잡다(執) —(　　　　) ⓛ 좇다(從) —(　　　　)
ⓙ 웃다(執) —(　　　　) ⓚ 더럽다(汚) —(　　　　)

4. 예문 (A)에 제시된 피동 표현과 관련하여, (가)와 (나)의 물음에 답하시오.

[보기 4]

(A)	ㄱ. 내 아ᄃᆞ리 네 아ᄃᆞᄅᆡ 게 나라ᄒᆞᆯ ⓐ앗이리니	[월석 2:5]
	ㄴ. ᄯᅡ 우히 七寶애 ⓑ두피고	[월석 8:18]
	ㄷ. 岷嶓과 虞泉괘 믈바래…ⓒ블이니라	[두언 17:10]
	ㄹ. 畢凌이 가ᄉᆡ예 ⓓᄢᅵᆯ여	[능언 6:78]
	ㅁ. 衆生ᄋᆡ 覺體…無明ㅅ 대가리예 ⓔᄡᆞ일ᄊᆡ	[월석 14:7]
	ㅂ. 사ᄅᆞᄆᆡ 게 比丘ㅣ ⓕ조치여	[석상 19:31]
	ㅅ. 王이 ᄂᆞᄆᆡ 소내 ⓖ쥐ᅇᅧ	[월석 2:11]
	ㅇ. 有情이 나랏 法에 ⓗ자피여	[월석 9:25]

(가) 예문 (A)에 제시된 (ㄱ)~(ㅇ)의 피동문을 능동문으로 전환하시오.

(ㄱ) ……………………………………

(ㄴ) ……………………………………

(ㄷ) ……………………………………

(ㄹ) ……………………………………

(ㅁ) ……………………………………

(ㅂ) ……………………………………

(ㅅ) ……………………………………

(ㅇ) ……………………………………

(나) 예문 (A)에 제시된 ⓐ~ⓗ의 파생적 피동사를 '-아/어 디다'에 의한 통사적 피동 동사로 바꾸시오. (단, 파생적 피동사가 활용한 형태를 '-아/어 디다'에 의한 통사적 피동 동사에 그대로 반영할 것.)

ⓐ(   )　　ⓑ(   )

ⓒ(   )　　ⓓ(   )

ⓔ(   )　　ⓕ(   )

ⓖ(   )　　ⓗ(   )

3.3.7. 사동 표현

1. 주동문과 사동문의 형태·통사론적인 대응 관계를 고려하여, (A)의 '주동문'을 '파생적 사동문'으로, (B)의 주동문을 '통사적 사동문'으로 고치려고 한다. ㉠과 ㉡에 들어갈 용언의 활용 형태를 쓰시오. (단, 사동문에서 실현되는 서술어의 활용 형태는 능동문의 활용 형태를 그대로 적용할 것.)

[보기 1]

(A) · 주 동 문: "아ᄒᆡ 훤히 듕어리 긁고"
 · 파생적 사동문: "내 아ᄒᆡ로 훤히 듕어리 ㉠(　　　　)" [두언 15:4]

(B) · 주 동 문: "ᄂᆞᄆᆡ 어ᅀᅵ아ᄃᆞ리 여희ᄂᆞ니"
 · 통사적 사동문: "太子ㅣ ᄂᆞᄆᆡ 어ᅀᅵ아ᄃᆞᄅᆞᆯ ㉡(　　　　)" [석상 6:5]
 (*단, 사동주인 '太子'는 문장을 발화한 사람(화자)보다 상위자임)

2. 15세기 국어에서 사동 표현이 실현되는 양상과 관련하여, (가)~(나)의 물음에 답하시오.

[보기 2]

(A) ① 威化振旅ᄒᆞ시ᄂᆞ로 輿望이 다 몯ᄌᆞᄫᆞ나 至忠이실ᄊᆡ 中興主를 셰시니 [용가 11장]
 ② 西天ㄷ 字앳 經을 … 우리 나랏 말로 옮겨 써 펴면 [월석 서:23]
 ③ 王이… 比丘란 노ᄑᆡ 안치시고 王ᄋᆞᆫ ᄂᆞᆽ가ᄫᆡ 안ᄌᆞ샤 [월석 8:90-1]
 ④ 莎呵 一切 諸龍 實行力 젼ᄎᆞ로 能히 ᄲᆞᆯ리 비ᄅᆞᆯ ᄂᆞ리와 大地ᄅᆞᆯ 저지라 [월석 10:101]
 ⑤ ᄀᆞᄅᆞ매 ᄇᆡ 업거늘 얼우시고 ᄯᅩ 노기시니 [용가 20장]
 ⑥ 부톄 阿難일 시기샤 羅睺羅ᄋᆡ 머리 갓기시니 [석상 6:10]
 ⑦ 善慧 比丘ㅣ … 轉輪王이 ᄃᆞ외야 四天下ᄅᆞᆯ 다ᄉᆞ리시다가 [월석 1:19]
 ⑧ 請으로 온 예와 싸호샤 투구 아니 밧기시면 나랏 小民ᄋᆞᆯ 사ᄅᆞ시리잇가 [용가 52장]
 ⑨ 如來 소ᄂᆞᆯ 내 모매 다히샤 나ᄅᆞᆯ 便安케 ᄒᆞ쇼셔 [월석 10:8]
 ⑩ 石壁에 ᄆᆞᄅᆞᆯ 올이샤 도ᄌᆞᄀᆞᆯ 다 자ᄇᆞ시니 현 번 ᄢᅱ운ᄃᆞᆯ ᄂᆞ미 오ᄅᆞ리잇가 [용가 48장]

⑪ 흔 사르미…나히 흐마 즈라 더욱 窮困흐야 四方애 돈녀 [월석 13:7]
옷 밥 求흐야 漸漸 돈녀 믿나라흘 마초아 向흐니
⑫ 去羅는 너븐 엇게니 바룴 믈을 솟고느니라 [법언 1:51]
⑬ 衆生둘히 므슨믈 오올와 흔 고대 고즈기 머거 [월석 8:5]
⑭ 禮義를 앗기샤 兵馬를 머추어시니 [용가 54장]
⑮ 世尊하 우리…이 뜨들 불교리이다 [월석 13:6]

(가) ①~⑮의 문장에서 '파생적 피동문'을 형성하는 사동사를 찾아서, 그 기본형을 쓰시오. (단, 하나의 문장에 사동사가 두 번 실현되는 경우도 있음.)

①( ) ②( ) ③( ) ④( )
⑤( ) ⑥( ) ⑦( ) ⑧( )
⑨ ( ) ⑩( ) ⑪( ) ⑫( )
⑬( ) ⑭( ) ⑮( )

(나) '문제 (가)'에서 찾은 사동사에서 '사동의 파생 접미사'의 형태를 추출하시오. (단, 변동된 형태는 기본 형태로 쓸 것.)

①( ) ②( ) ③( ) ④( )
⑤( ) ⑥( ) ⑦( ) ⑧( )
⑨( ) ⑩( ) ⑪( ) ⑫( )
⑬( ) ⑭( ) ⑮( )

3. 예문 (A)에서 ⓐ~ⓓ의 사동사가 형성된 방법과 관련하여, (가)~(다)의 물음에 답하시오.

[보기 3]

(A) ㄱ. 明帝 佛法을 더욱 恭敬흐샤 城 밧긔 닐굽 뎔 ⓐ <u>일어</u> [월석 2:77]
쥥 ⓑ <u>살이시고</u>
ㄴ. 우리와 衆生이 다 佛道를 ⓒ <u>일워</u> 지이다 [법언 3:126]
ㄷ. 能히 子息의 善惡을 아느니 제 주기고져 흐며 [내훈 3:20]
<u>사르고져</u> 호믈 드르라

(가) 예문 (A)에 실현된 동사의 활용형인 ⓐ, ⓑ, ⓒ, ⓓ의 기본형을 밝히시오. (어간의 기본 형태에 어미인 '-다'를 실현하여 표기할 것.)

ⓐ 일어 : (　　　　　　　　)　　ⓑ 살이시고 : (　　　　　　　　)
ⓒ 일워 : (　　　　　　　　)　　ⓓ 사ᄅᆞ고져 : (　　　　　　　　)

(나) ⓐ~ⓓ에 실현된 동사의 어간을 어근과 파생 접미사로 구분하여, 그 형태를 밝히시오. (단, 변동된 형태는 기본 형태로 적을 것.)

ⓐ 일어 : [(　　　)- + -(　　)-]　　ⓑ 살이시고 : [(　　　)- + -(　　)-]
ⓒ 일워 : [(　　　)- + -(　　)-]　　ⓓ 사ᄅᆞ고져 : [(　　　)- + -(　　)-]

(다) ⓐ~ⓓ에 실현된 동사의 기본형의 의미를 현대어로 각각 기술하시오. (단, ⓐ—ⓒ, ⓑ—ⓓ의 의미 차이를 고려할 것.)

ⓐ (　　　　)　ⓑ (　　　　)　ⓒ (　　　　)　ⓓ (　　　　)

4. 예문 (A)를 참조하여, (B)에서 밑줄 친 사동문을 주동문으로 바꾸어서 (C)에 쓰시오. (단, 밑줄 친 부분만 전환하고, 주동문의 서술어는 기본형으로 쓸 것.)

[보기 4]

(A) · 사동문 : 王이 ᄒᆞᆫ 太子ᄅᆞᆯ ᄒᆞᆫ 夫人곰 맛디샤
　　· 주동문 : ᄒᆞᆫ 夫人곰 ᄒᆞᆫ 太子ᄅᆞᆯ 맜다

(B) ㄱ. 한비ᄅᆞᆯ 아니 그치샤 날므를 외오시니 [용가 68장]
ㄴ. 舍利 供養ᄒᆞᄉᆞᆸ던 사ᄅᆞ미 鬢이며 디새며 ᄒᆞᆯᄀᆞ로 塔ᄋᆞᆯ 이르ᄉᆞᆸ거나 [석상 13:15]
ㄷ. ᄇᆞᄅᆞ미 수를 씌오ᄂᆞ니 [두언 15:26]
ㄹ. ᄒᆞᆫ ᄆᆞ리 곳다온 ᄃᆡ ᄇᆡᄅᆞᆯ 도ᄅᆞ놋다 [두언 15:29]
ㅁ. 나랏 小民을 사ᄅᆞ시리잇가 [용가 52장]
ㅂ. 明帝…城 안해 세 뎔 일어 숭 살이시니라 [월석 2:77]
ㅅ. 바ᄅᆞ래 ᄇᆡ 업거늘 (바ᄅᆞᄅᆞᆯ) 녀토시고 [용가 20장]
ㅇ. 法을 닐어 沙彌ᄅᆞᆯ 들이니 [월천 기184]
ㅈ. 부텨 神足ᄋᆞᆯ 나토샤 [월석 25:32]
ㅊ. 鸚鵡ㅣ 그 穀食을 주ᅀᅥ 어ᅀᅵᄅᆞᆯ 머기거늘 [월석 2:12]

ㅋ. 이 네 天下롤 金輪王은 다 다亽리시고 [월석 1:25]

ㅌ. 轉輪은 술위를 그우릴 씨니 [월석 1:19]

ㅍ. 衆生둘히 무亽물 오올와 [월석 8:5]

ㅎ. 太子ㅣ 道理 일우샤 [용가 41장]

(C)

(ㄱ) ....

(ㄴ) ....

(ㄷ) ....

(ㄹ) ....

(ㅁ) ....

(ㅂ) ....

(ㅅ) ....

(ㅇ) ....

(ㅈ) ....

(ㅊ) ....

(ㅋ) ....

(ㅌ) ....

(ㅍ) ....

(ㅎ) ....

5. 글 (A)의 처리 방법를 참조하여, 예문 (B)에서 밑줄 친 파생적 사동문을 통사적 사동문으로 바꾸어서 (C)에 쓰시오. (단, 밑줄 그은 부분만 전환하고, 통사적 사동문에 실현되는 용언의 활용 어미를 파생적 사동문에 실현된 것과 일치시킬 것.)

[보기 5]

(A) · 파생적 사동문 : 王이 호 太子롤 호 夫人곰 맛디샤

· 통사적 주동문 : 호 夫人곰 호 太子롤 맛게 호샤

(B) ㄱ. (太祖ㅣ) 石壁에 무롤 올이샤 [용가 48장]

ㄴ. 佉羅는 닐오매 너븐 엇게니 바룴므를 솟고느니라 [법언 1:51]

ㄷ. 多寶ᄅᆞᆯ 因ᄒᆞ샤 한 사ᄅᆞᄆᆞᆯ 힘ᄡᅴ우시니라 [법언 4:136]
ㄹ. 딥동 세 무슬 어더 ᄡᅵ로 어울워 ᄆᆡ야 므레 ᄢᅵ오고 [월석 8:99]
ㅁ. 바ᄅᆞ래 ᄇᆡ 업거늘 (하ᄂᆞᆯ히 바ᄅᆞᄅᆞᆯ) 녀토시고 ᄯᅩ 기피시니 [용가 20장]
ㅂ. 甓이며 디새며 ᄒᆞᆯᄀᆞ로 塔ᄋᆞᆯ 이르ᅀᆞᆸ거나 [석상 13:51]
ㅅ. ᄂᆞᄆᆞᆫ (李穡ᄋᆞᆯ) 주규려 커늘 [용가 77장]
ㅇ. 阿彌陀佛ㅅ 變化로 法音을 너피실ᄊᆡ [월석 7:58]
ㅈ. 하ᄂᆞᆯ히 ᄆᆞᅀᆞᄆᆞᆯ 뮈우시니 [용가 102장]
ㅊ. 우디 마ᄅᆞ쇼셔 ᄆᆞᅀᆞᄆᆞᆯ 누기쇼셔 [월석 10:18]

(C)

(ㄱ) ....
(ㄴ) ....
(ㄷ) ....
(ㄹ) ....
(ㅁ) ....
(ㅂ) ....
(ㅅ) ....
(ㅇ) ....
(ㅈ) ....
(ㅊ) ....

6. 글 (B)는 15세기 국어의 사동사에 나타나는 의미적인 특징을 설명한 글이다. 글 (B)의 빈칸에 들어갈 사동사를 예문 (A)에서 찾아서 ⓐ~ⓖ의 부호로 쓰시오.

[보기 6]

(A) ㄱ. 明帝 佛法을 더욱 恭敬ᄒᆞ샤 城 밧긔 닐굽 뎔 일어 즁 ⓐ살이시고 [월석 2:77]
ㄴ. 바ᄅᆞ래 ᄇᆡ 업거늘 (하ᄂᆞᆯ히 바ᄅᆞᄅᆞᆯ) ⓑ녀토시고 [용가 20장]
ㄷ. 善男子 善女人이… 種種ㄱ 香 ⓒ퓌우고 [석상 9:22]

ㄹ. 시름 ᄆᆞᅀᆞᆷ 업스샤ᄃᆡ 이 지븨 자려 ᄒᆞ시니 하ᄂᆞᆯ히 ᄆᆞᅀᆞᄆᆞᆯ ⓓ 뮈우시니 [용가 102]

ㅁ. 아ᄎᆞ미로 훤히 둥어리 ⓔ 글키고 [두언 15:4]

ㅂ. *鸚鵡ㅣ 그 穀食을 주ᅀᅥ 어ᅀᅵᄅᆞᆯ ⓕ 머기거늘 [월석 2:12]

ㅅ. 護彌 깃거 나아 (須達ᄋᆞᆯ) *迎逢ᄒᆞ야 지븨 드려 ⓖ 재더니 [석상 6:15]

(*鸚鵡(앵무) : 앵무새이다. *迎逢(영봉) : 높은 사람을 맞이하여 만나는 것이다.)

(B) '사동(使動)'은 사동주가 피사동주의 행위에 관계하는 정도에 따라서 크게 두 가지 유형으로 나뉠 수 있다. 첫째는 사동주가 피사동주에게 강제성을 띠어서 피사동주의 행위를 구속하거나, 혹은 피사동주의 행위를 허용하는 경우이다. 예문 (A)에 실현된 ⓐ~ⓖ 중에서 이러한 사동의 뜻을 나타내는 사동사는 ㉠(　　　　　) 등이다. 둘째는 시킴을 받는 대상(피사동주)이 무정물이어서 구속이나 허용의 뜻을 나타내지 않고, 오직 어근에 타동성(他動性)만 부여하는 경우이다. (A)의 예문에 실현된 ⓐ~ⓖ 중에서 이에 해당하는 사동사는 ㉡(　　　　　) 등이다.

3.3.8. 부정 표현

1. 15세기 국어에 실현된 부정문의 유형과 관련하여, 글 (B)의 빈칸에 들어갈 문장의 번호를 쓰시오.

[보기 1]

(A) ① 勸進之日에 平生ㄱ 뜯 몯 일우시니 [용가 12장]
② 나도 現在 未來 一切 衆生ᄋᆞᆯ 시름 아니 호리라 [월석 21:130]
③ 머리 셰ᄃᆞ록 서르 ᄇᆞ리디 마쟈 ᄒᆞ더라 [두언 16:18]
④ 부텻 니ᄅᆞ샨 經엣 기픈 ᄠᅳ들 아디 몯ᄒᆞ며 [석상 9:13]
⑤ 부톄 ᄌᆞ로 니ᄅᆞ샤도 從ᄒᆞᅀᆞᆸ디 아니ᄒᆞ더니 [석상 6:10]
⑥ 불휘 기픈 남ᄀᆞᆫ ᄇᆞᄅᆞ매 아니 뮐ᄊᆡ [용가 2장]
⑦ 王師ㅣ 東郡 아ᄉᆞ몰 알외디 몯ᄒᆞ야시니 [두언 7:3]
⑧ 九重에 드르샤 太平을 누리싫제 이 ᄠᅳ들 닛디 마ᄅᆞ쇼셔 [용가 110장]
⑨ 無量 無邊 有情이 내 法 中에 修行ᄒᆞ리 잇거든 다 이저디디 아니ᄒᆞᆫ 警戒ᄅᆞᆯ 得ᄒᆞ며 [석상 9:6]

(B) '부정문(否定文)'은 문장 속에 실현되는 부정의 요소의 기능과 문법적 형식에 따라서 몇 가지 유형으로 나눌 수가 있다. 첫째로 부정문을 기능에 따라서 분류하면 예문 (A)에 제시된 문장 중에서 ㉠(　　　)의 문장은 '단순 부정'이나 '의지 부정'의 뜻을 나타내며, ㉡(　　　)의 문장은 '능력 부정'의 뜻을 나타내며, ㉢(　　　)의 문장은 '금지'의 뜻을 나타낸다. 둘째로 문법적인 형식에 따라서 분류하면, ㉮(　　　) 의 문장은 '긴 부정문'이며, ㉯ (　　　)의 문장은 실현된 '짧은 부정문'이다.

2. 15세기 국어에서 부정문이 실현된 방법과 관련하여, 글 (B)의 빈칸에 들어갈 말을 쓰시오.

[보기 2]

(A) ㄱ. (淨飯王이 부텻) 소ᄂᆞᆯ 가ᄉᆞ매 다혀 겨샤ᄃᆡ 목수믈 ⓐ머믈우들 몯ᄒᆞ시니 [월석 10:15]

ㄴ. 치마옛 아기를 빠디오 소ᄂᆞ로 얻다가 ⓑ어드란 몯고 [월석 10:24]
어분 아기를 조쳐 디오

(B) 15세기 국어에서 쓰였던 부정문(否定文)의 일반적인 형식을 고려할 때에, 예문 (A)에 제시된 (ㄱ)과 (ㄴ)의 부정문은 그 형식이 특이하다. (ㄱ)과 (ㄴ)의 문장에서 서술어로 쓰인 동사 ⓐ와 ⓑ를 어간과 어미로 분석하시오.

ⓐ 머믈우들 : ㉠ ( )- + ㉡ -( )
ⓑ 어드란 : ㉮ ( )- + ㉯ -( )

3. 15세기 국어에서 쓰인 부정 표현이 실현되는 방법과 관련하여, (가)~(나)의 물음에 답하시오.

[보기 3]

(A) 玉女寶는 … 솔히 지도 ⓐ여위도 아니ᄒᆞ니라 [월석 1:26]

(B) 예문 (A)에 제시된 부정문은 15세기 부정문에서 나타나는 일반적인 형식을 갖추지 않았다. (A)에 제시된 부정문의 형식을 일반적인 부정문의 형식에 맞추어서 학생들에게 이해시키기 위하여, 서술어로 쓰인 용언 ⓐ를 아래와 같이 형태소 단위로 분석하여서 설명하였다.

ⓐ: 여위도: 여위- + ㉠ -( ) + ㉡ -( )

(가) 글 (B)의 ㉠과 ㉡에 들어갈 형태소의 형태를 쓰시오.

㉠ ( ) ㉡ ( )

(나) 글 (B)의 ㉠과 ㉡에 들어갈 어미의 문법적인 명칭을 구체적으로 쓰시오.

㉠의 명칭 ( ) ㉡의 명칭 ( )

(다) 문제 (가)와 (나)의 내용을 참조하여, 예문 (A)의 부정문이 형성되는 과정을 간략히 설명하시오.

4. 15세기 국어에서 부정문이 실현되는 방식과 관련하여, 글 (C)의 빈칸에 들어갈 '보조적 연결 어미'의 형태를 쓰시오. (단, ㉠과 ㉡에 들어갈 연결 어미의 형태는 그 순서가 바뀔 수 있음.)

[보기 4]

(A) 건강을 위해서는 담배를 ⓐ 피우지 말아라.

(B) 부정 표현의 명령문은 본용언 뒤에 보조 용언인 '말다'가 실현되어서 성립된다. 현대 국어에서는 본용언과 보조 용언을 잇는 보조적 연결 어미로서 ⓐ처럼 '-지'가 쓰인다.

(C) 15세기 국어에서는 부정 표현의 명령문에 실현되는 보조적 연결 어미로 일반적으로 ㉠ '(　　　)'이/가 쓰였다. 그러나 ㉠의 보조적 연결 어미 이외에도 ㉡ '(　　　)'(이)나 ㉢ '(　　　)'의 보조적 연결 어미도 부정 표현의 명령문에 쓰이는 예도 있었다.

5. 15세기 국어에서 부정문을 실현하는 방법과 관련하여, 글 (C)에 제시된 ㉠~㉡의 빈칸에 들어갈 말을 쓰시오.

[보기 5]

(A) ㄱ. 邪曲ᄒᆞᆫ 마리 이셔도 받고 갑디 마라 [월석 10:20]
ㄴ. 머리 셰ᄃᆞ록 서르 ᄇᆞ리디 마져 [두언 16:18]

(B) ㄱ. 말라 말라 다시 ⓐ 니르디 마라ᅀᅡ ᄒᆞ리니 [석상 13:44]
ㄴ. (내) … ᄂᆞᄆᆡ 쁘들 ⓑ 거스디 마오져 ᄒᆞ노이다 [월석 20:63]

(C) '말다'에 의한 부정문은 일반적으로 예문 (A)처럼 명령문이나 청유문에 실현된다. 그러나 예문 (B)처럼 명령문이나 청유문이 아닌 경우에도 '말다'에 의한 부정문이 성립된다. 곧 예문 (B)에서 (ㄱ)의 ⓐ처럼 ㉠(　　　)의 뜻을 나타내거나, ⓑ처럼 ㉡ (　　　)의 뜻을 나타내는 경우에는, 화용론적으로 '금지'의 뜻을 나타내는 것으로 볼 수 있다. 따라서 (B)의 예문은 문장을 종결하는 방식으로만 보면 명령문이나 청유문이 아니지만, 기능상으로는 명령문이나 청유문과 유사하므로 '말다'가 부정문의 서술어로 쓰일 수 있다.

제4장 종합 문제

4.1. 용비어천가(龍飛御天歌)

1. <용비어천가>의 제2장에 수록된 글에 대하여, (가)~(라)의 물음에 답하시오.

[보기 1]

불휘 기픈 ⓐ남ᄀᆞᆫ ᄇᆞᄅᆞ매 ⓑ아니 뮐ᄊᆡ 곶 됴코 여름 하ᄂᆞ니
ᄉᆡ미 기픈 므른 ⓒᄀᆞᄆᆞ래 아니 그츨ᄊᆡ 내히 ①이러 ⓓ바ᄅᆞ래 가ᄂᆞ니

(가) '모음 조화' 현상과 관련하여, 다음 글의 빈칸에 들어갈 말을 쓰시오.

> 15세기의 국어에서는 조사나 용언의 어미가 그 앞 형태소의 모음과 양성은 양성끼리 음성은 음성끼리 조화를 이루었다. 곧 [보기 1]의 문장에서 ㉠'(　　)', ㉡'(　　)', ㉢'(　　)', ㉣'(　　)', ㉤'(　　)'은/는 체언과 조사가 결합하면서 모음 조화가 생겼다. 그리고 ㉥'(　　)'은/는 어간과 어미가 결합하면서 모음 조화가 생겼다.

(나) 체언과 조사의 형태 변동 현상과 관련하여, 다음 글의 빈칸에 들어갈 형태소를 쓰시오. (단, 변동된 형태는 기본 형태로 쓸 것.)

> [보기 1]에서 ⓐ의 '남ᄀᆞᆫ'을 형태소 단위로 분석하면 ㉠'(　　)'와/과 ㉡'(　　)'(으)로 분석된다.

(다) 부정문의 형식과 관련하여, 다음 글의 빈칸에 들어갈 말을 쓰시오.

> [보기 1]에서 '짧은 부정문'의 형식인 ⓑ의 '아니 뮐ᄊᆡ'를 긴 부정문의 형식으로 바꾸면 ㉠'(　　)'이/가 된다.

(라) 사동사를 형성하는 방법과 관련하여, 다음 글의 빈칸에 들어갈 말을 쓰시오. (단, ㉡과 ㉯의 빈칸에 들어갈 사동사는 기본형으로 쓸 것.)

[보기 1]에서 ① '이러'의 어근인 '일-'에 사동 접미사가 붙어서 두 가지의 사동사가 형성될 수 있다. 첫째로 '일다'의 어근인 '일-'에 사동 접미사인 ㉠'(   )'이/가 붙어서 형성된 사동사인 ㉡'(   )'이/가 있는데, 이 사동사는 '성취(成就)'의 뜻을 나타내었다. 둘째로 '일-'에 사동 접미사인 ㉮'(   )'이/가 붙어서 형성된 사동사인 ㉯'(   )'이/가 있는데, 이 사동사는 '설립(設立)'의 뜻을 나타내었다.

2. <용비어천가>의 제19장에 수록된 글에 대하여, (가)~(라)의 물음에 답하시오.

[보기 2]

구든 城을 ⓐ<u>모ᄅᆞ샤</u> 갏 길히 ⓑ<u>입더시니</u> 셴 ⓒ<u>하나비</u>ᄅᆞᆯ 하ᄂᆞᆯ히 브리시니
ᄯᅴ한 도ᄌᆞᄀᆞᆯ 모ᄅᆞ샤 ⓓ<u>:보리·라</u> 기드리시니 셴 할미ᄅᆞᆯ 하ᄂᆞᆯ히 보내시니

(가) ⓐ의 '모ᄅᆞ샤'가 활용하는 방식과 관련하여, 다음 글의 빈칸에 들어갈 말을 쓰시오. (단, ㉠과 ㉡에는 어미의 기본 형태를 쓰고, ㉮에는 어미가 변동된 형태를 쓸 것. 그리고 ㉯에는 음운 변동 현상의 명칭을 쓸 것.)

[보기 2]에 실현된 ⓐ의 '모ᄅᆞ샤'는 '모ᄅᆞ다'의 어간인 '모ᄅᆞ-'에 선어말 어미인 ㉠'(   )'이/가 실현되고 난 뒤에 어말 어미인 ㉡'(   )'이/가 실현되었다. 이러한 활용 과정에서 ㉠의 형태가 ㉮'(   )'(으)로 변동하고 ㉡의 형태는 ㉯'(   )'하였다.

(나) ⓑ의 '입더시니'를 형태소 단위로 분석하고, 그 뜻을 현대 국어로 옮기시오. (단, 변동된 형태는 기본 형태로 쓸 것.)

① 분석 : ㉠(   )- + ㉡-(   )- + ㉢-(   )- + ㉣-(   )
② 번역 : ㉮(   )

(다) [보기 2]에서 ⓒ의 '하나비'가 형성된 조어 방법과 관련하여, 다음 글의 빈칸에 들어갈 말을 쓰시오. (단, ㉠~㉢에는 형태소의 형태를 쓸 것. 그리고 ㉮에는 어근의 배열 방식에 따라서 합성어의 유형을 구분한 명칭을 쓸 것.)

> '하나비'는 앞 어근인 ㉠'( )'와/과 뒤 어근인 ㉡'( )'이/가 결합하여 형성된 합성어이다. 그리고 앞 어근인 형용사의 어간에는 어말 어미인 ㉢'( )'이/가 실현되었다. '하나비'가 형성된 이와 같은 과정을 참조하면, '하나비'는 ㉮'( ) 합성어'로 분류된다.

(라) [보기 2]에서 ⓓ의 '보리라'에서 어간의 성조(聲調)에 변화가 생겼다. 이와 관련하여 글 (B)의 빈칸에 들어갈 말을 쓰시오.

> (A) 15세기 국어에서는 문법 형태소의 기능이 성조의 변화로 실현되는 수도 있다. 예를 들어서 15세기 국어에서 '보다(見)'에서 어간인 '보-'에는 일반적으로 거성의 성조가 실현된다. 그런데 [보기 2]에서 ⓓ의 ':보리·라'에는 '보-'에 방점이 두 개 찍혀서 상성으로 실현되었다.
>
> (B) 글 (A)의 내용을 참조하여 동사인 '보리라'를 형태소 단위로 분석하였다. ㉠에 들어갈 '선어말 어미'의 형태와 명칭을 쓰시오.
>
> (분석) 보(어간)- + ㉠ -( )- + -리- + -라
>
> ① 형태 : ( )
> ② 명칭 : ( )

3. <용비어천가>의 제30장에 수록된 글에 대하여, (가)~(다)의 물음에 답하시오.

> [보기 3]
>
> ⓐ뒤헤는 모딘 도즉 ⓑ알핀는 어드븐 길헤 업던 번게를 하늘히 ⓒ불기시니
> 뒤헤는 모딘 즁싱 알핀는 기픈 모새 열븐 어르믈 하늘히 ⓓ구티시니

(가) ⓐ의 '뒤헤는'과 ⓑ의 '알핀는'을 형태소 단위로 분석하고, 각 형태소의 품사를 쓰시오. (단, 아래의 분석 방법을 따를 것.)

<현대어 예시> : 철수가 영희를 좋아한다.
<현대어 분석> : 철수(명사) + -가(주격 조사)

ⓐ 뒤헤는 : [ ]
ⓑ 알핀는 : [ ]

(나) ⓒ의 ‘ᄇᆞᆯ기시니’와 ⓓ의 ‘구티시니’를 현대어로 직역하여 옮기시오.

ⓒ ᄇᆞᆯ기시니 : (   )   ⓓ 구티시니 : (   )

(다) ⓒ의 ‘ᄇᆞᆯ기시<u>니</u>’와 ⓓ의 ‘구티시<u>니</u>’에 실현된 어미 ‘니’의 기능을 설명하시오. (단, 고등학교 문법(2010)에서 설정한 종결 어미 체계와 높임법 체계에 따라서 설명하시오.)

....

....

4. <용비어천가>의 제34장에 수록된 글에 대하여, (가)~(다)의 물음에 답하시오.

[보기 4]

城 높고 ᄃᆞ리 ⓐ <u>업건마ᄅᆞᆫ</u> 하ᄂᆞᆯ히 도ᄫᆞ실ᄊᆡ ⓑ <u>ᄆᆞᆯ 톤 자히</u> ᄂᆞ리시니이다

(가) [보기 4]의 문장을 현대 국어로 직역하여 옮기시오.(단, 생략된 격조사를 복원하여서 옮길 것.)

....

(나) ⓐ의 ‘업건마ᄅᆞᆫ’을 <예시>에서 제시한 방법으로 형태소 단위로 분석하시오. (단, 어간의 형태는 기본 형태로 쓸 것.)

<예시> 철수가 밥을 <u>먹었더라</u>.
<분석> 먹었더라 : (먹- + -었- + -더- + -라)

ⓐ 업건마ᄅᆞᆫ: (   )

(다) ⓑ의 ‘ᄆᆞᆯ 톤 자히’에 나타나는 형태 · 통사 · 의미론적인 특성과 관련하여, 다음 글의 빈칸에 들어갈 말을 쓰시오. (단, ㉠에는 선어말 어미의 형태를 쓰고, ㉡에는 통사 · 의미론적 관계를 설명하는 문법 용어를 쓰시오.)

[보기 4]의 문장에 실현된 ⓐ의 ‘ᄐᆞᆫ’은 ‘ᄐᆞ다’의 어간인 ‘ᄐᆞ-’에 관형사형 전성 어미인 ‘-ㄴ’이 붙어서 활용한 형태이다. 여기서 ‘ᄐᆞ-’와 ‘-ㄴ’의 사

이에 선어말 어미인 ㉠‘(　　　　)’이/가 실현되었다. ㉠의 선어말 어미는 관형절인 ‘ᄆᆞᆯ 톤’이 피한정어인 ‘자히’와 ㉡(　　　　)의 관계에 있기 때문에 실현된 것이다.

5. <용비어천가>의 제48장에 수록된 글에 대하여, (가)~(다)의 물음에 답하시오.

[보기 5]

굴허에 ᄆᆞᄅᆞᆯ 디내샤 도ᄌᆞ기 다 도라가니 半 길 ⓐ노ᄑᆡᆫᄃᆞᆯ ⓑ년기 디나리잇가
石壁에 ᄆᆞᄅᆞᆯ ⓒ올이샤 도ᄌᆞᄀᆞᆯ 다 자ᄇᆞ시니 현 번 ᄠᅱ운ᄃᆞᆯ ᄂᆞ미 오ᄅᆞ리잇가

(가) ⓐ의 ‘노ᄑᆡᆫᄃᆞᆯ’의 문법적인 성격과 관련하여, 다음 글의 빈칸에 들어갈 말을 쓰시오. (단, ㉠과 ㉡에는 언어 단위의 형태를 쓰되, 기본 형태로 쓸 것.)

ⓐ의 ‘노ᄑᆡᆫᄃᆞᆯ’은 체언인 ㉠‘(　　　　)’에 ㉡‘(　　　　)’이/가 결합한 형태인데, 여기서 ㉡의 품사는 ㉮(　　　　)(으)로 처리된다. 그리고 ⓐ의 ‘노ᄑᆡᆫᄃᆞᆯ’은 그것이 서술어인 ‘디나리잇가’와 맺는 통사론적인 관계를 고려할 때에, ㉯(　　　　)의 문장 성분으로 쓰인 것을 알 수 있다.

(나) ⓑ의 ‘년기’의 형태와 관련하여, 다음 글의 빈칸에 들어갈 말을 쓰시오. (단, ㉠과 ①~③에는 체언의 형태를 쓰되, 기본 형태로 쓸 것.)

ⓑ의 ‘년기’는 체언인 ㉠‘(　　　　)’에 조사인 ㉡‘(　　　　)’이/가 결합한 형태이다. 곧 ㉠의 체언과 ㉡의 조사가 결합하는 과정에서 체언인 ㉠의 형태에서 ㉮(/　　　/)의 음소가 탈락하고 ㉯(/　　　/)의 음소가 첨가되었다. 이처럼 체언과 조사가 결합하는 과정에서 체언의 형태가 불규칙적으로 변하는 예로는 ①‘(　　　　)’, ②‘(　　　　)’, ③‘(　　　　)’ 등이 있다.

(다) ⓒ의 ‘올이샤’를 형태소 단위로 분석하시오. (단, 변동된 형태는 기본 형태로 쓸 것. 그리고 [　　　]의 부호는 단어 형성법 차원의 문법적 단위임을 나타낸다.)

<분석> 올이샤 : [㉠(　　　　)- + ㉡-(　　　　)-]- + ㉢-(　　　　)- + ㉣-(　　　　)

6. <용비어천가>의 제52장에 수록된 글에 대하여, (가)~(나)의 물음에 답하시오.

[보기 6]

請 드른 *다대와 노니샤 *바늘 아니 마치시면 ㉮어비아ᄃᆞ리 ⓐ사ᄅᆞ시리잇가
請으로 온 ㉯예와 싸호샤 투구 아니 밧기시면 나랏 小民을 ⓑ사ᄅᆞ시리잇가
(*다대: 달단, 타타르 족, *바ᄂᆞᆯ: 바늘(針))

(가) ⓐ와 ⓑ에 실현된 '사ᄅᆞ시리잇가'와 관련하여, 다음 물음에 답하시오.

①: ⓐ와 ⓑ에 실현된 '사ᄅᆞ시리잇가'의 기본형을 각각 밝히시오.

ⓐ( ) ⓑ( )

②: ⓐ와 ⓑ에 실현된 '사ᄅᆞ시리잇가'의 뜻을 각각 현대어로 옮기시오.

ⓐ( ) ⓑ( )

(나) ㉮의 '어비아ᄃᆞ리'와 ㉯의 '예와'를 현대 국어로 직역하여 옮기시오.

㉮( ) ㉯( )

7. <용비어천가>의 제110장에 수록된 글에 대하여, (가)~(나)의 물음에 답하시오.

[보기 7]

四祖ㅣ 便安히 몯 겨샤 현 고ᄃᆞᆯ ㉮올마시뇨 몃 ⓐ間( ) 지븨 사ᄅᆞ시리잇고
九重에 드르샤 太平을 누리싫 제 이 ᄠᅳ들 ⓑ( )

(가) ⓐ에 빈칸에 들어갈 관형격 조사의 형태를 쓰시오. (단, 주로 <용비어천가>와 <훈민정음 언해본>에서 원칙적으로 쓰였던 관형격 조사의 형태를 쓰시오.)

ⓐ( )

(나) 문맥을 고려하여 ⓑ의 빈칸에 본용언인 '닞다(忘)'와 부정의 보조 용언인 '말다(勿)'가 이어진 형태를 쓰시오. (단, 본용언인 '닞-'은 '팔종성가족용(八終可足用)'의 규정을 적용하여 표기할 것.) ⓑ( )

(다) ㉮의 '올마시뇨'를 현대 국어로 직역하여 옮기시오.

㉮( )

4.2. 훈민정음 언해본(訓民正音 諺解本)

1. <훈민정음 언해본>의 '어제서(御製序)'와 관련하여, (가)~(바)의 물음에 답하시오.

[보기 1]

> 나랏 말ᄊᆞ미 中國에 달아 文字와로 서르 ᄉᆞᄆᆞᆺ디 아니ᄒᆞᆯᄊᆡ 이런 젼ᄎᆞ로 어린 百姓이 니르고져 ⓐᄒᆞᇙ 배 이셔도 ᄆᆞᄎᆞᆷ내 ⓑ제 ᄠᅳ들 시러 펴디 몯ᄒᆞᇙ 노미 하니라 내 이ᄅᆞᆯ 爲ᄒᆞ야 어엿비 너겨 새로 스믈 여듧 字ᄅᆞᆯ ⓒᄆᆡᇰᄀᆞ노니 사ᄅᆞᆷ마다 ⓓᄒᆡᅇᅧ 수ᄫᅵ 니겨 날로 ᄡᅮ메 便安킈 ᄒᆞ고져 ᄒᆞᇙ ᄯᆞᄅᆞ미니라

(가) [보기 1]에 실현된 문장에서 주어로 쓰인 '문장 성분'의 수와 '주격 조사'의 수를 각각 쓰시오.

① 주어의 수 : (　　) 개　　　② 주격 조사의 수 : (　　) 개

(나) [보기 1]의 글에 실현된 의존 명사를 모두 찾아서 그 형태를 쓰시오.

(　　　　　　　　　　　　)

(다) 부사의 형성 방법과 관련하여, 다음의 빈칸에 들어갈 부사를 [보기 1]의 글에서 찾아서 쓰시오.

> [보기 1]의 문장에서 실현된 부사는 그것이 형성된 방법을 기준으로 다음과 같이 분류할 수 있다. 첫째로 ㉠'(　　)'은/는 단일어인 부사이다. 둘째로 ㉡'(　　)'와/과 ㉢'(　　)'은/는 명사 어근에, ㉣'(　　)'은/는 동사 어근에, ㉤'(　　)'와/과 ㉥'(　　)'은/는 형용사 어근에 파생 접미사가 붙어서 형성된 부사이다. 셋째로 ㉦'(　　)'은/는 동사 어근에서 파생된 명사에 다시 부사 파생 접미사가 붙어서 형성된 부사다

(라) ⓐ의 'ᄒᆞᇙ'과 ⓒ의 'ᄆᆡᇰᄀᆞ노니'를 형태소 단위로 분석할 때에, 아래의 빈칸에 들어갈 형태소의 형태를 쓰시오. (단, 변동된 형태는 기본 형태로 쓸 것.)

ⓐ ᄒᆞᇙ　　: ㉠(　　)- + ㉡-(　　)- + ㉢-(　　)

ⓒ ᄆᆡᇰᄀᆞ노니 : ㉮(　　)- + ㉯-(　　)- + ㉰-(　　)- + ㉱-(　　)

(마) ⓑ의 '제'와 관련하여 다음 글의 빈칸에 들어갈 형태를 쓰시오. (단, ㉮에는 <예시>에 설정된 빈칸에 들어갈 말을 쓸 것.).

> ⓑ의 '제'는 ㉠(   )와/과 ㉡(   )의 두 가지 형태소로 분석할 수 있다. 여기서 ㉠은 낮춤의 대상을 대용할 때에 표현되는데, 만일 ㉠ 대신에 높임의 대상을 대용할 때에는, 다음의 <예시>처럼 ㉮(   )의 형태로 실현된다.
>
> <예시> 釋迦ᄂᆞᆫ ㉮(   ) ᄆᆞᅀᆞ미 다 닉디 몯ᄒᆞ샤도 弟子ᄃᆞᆯ히 ᄆᆞᅀᆞᄆᆞᆫ 다 닉고 [월석 1:51]

(바) ⓒ의 'ᄒᆡᅇᅧ'의 짜임과 관련하여 다음 물음에 답하시오.,

① 'ᄒᆡᅇᅧ'를 형태소 단위로 분석하시오. (단, 변동된 형태는 기본 형태로 쓸 것.)

ᄒᆡᅇᅧ : ㉠(   )- + ㉡-(   )- + ㉢-(   )

② 위의 '문제 ①'에 설정된 ㉡과 ㉢의 빈칸에 들어갈 형태소의 문법적인 명칭을 각각 쓰시오.

㉡(   )

㉢(   )

2. <훈민정음 언해본>의 '어제서(御製序)'와 관련하여, (가)~(바)의 물음에 답하시오.

[보기 2]

> 中國 소리옛 니ᄡᅩ리ᄂᆞᆫ ⓐ <u>齒頭와 正齒왜 ᄀᆞᆯᄒᆡ요미</u> 잇ᄂᆞ니 ᅎ ᅔ ᅏ ᄼ ᄽ 字ᄂᆞᆫ 齒頭ㅅ 소리예 ᄡᅳ고【이 소리ᄂᆞᆫ 우리 나랏 소리예셔 열ᄫᅳ니 혓 그티 웃닛 머리예 ⓑ <u>다ᄔᆞ니라</u>】 ᅐ ᅕ ᅑ ᄾ ᄿ 字ᄂᆞᆫ 正齒ㅅ 소리예 ᄡᅳᄂᆞ니【이 소리ᄂᆞᆫ 우리 나랏 소리예셔 두터ᄫᅳ니 혓 그티 아랫 닛므유메 다ᄔᆞ니라】 엄과 혀와 입시울와 목소리옛 字ᄂᆞᆫ 中國 소리예 通히 ᄡᅳᄂᆞ니라

(가) ⓐ에 쓰인 '齒頭와 正齒왜 ᄀᆞᆯᄒᆡ요미'의 문법 구조와 관련하여, 다음 글의 빈칸에 들어갈 말을 쓰시오. (단, ㉠에는 격조사의 유형을 쓰고, ㉮와 ㉯에는 ⓐ의 명사절을 현대 국어로 옮겨 쓰시오.)

(A) 15세기 국어에서 격조사 '-이/-ㅣ'는 주격 조사, 보격 조사, 관형격 조사, 부사격 조사 등으로 쓰인다.

(B) ⓐ에서 'ᄀᆞᆯ히다'는 목적어를 취하는 타동사이므로, 명사구인 '齒頭와 正齒'와 동사인 'ᄀᆞᆯ히다'는 주어-서술어의 통사론적 관계를 맺지 못한다. 따라서 '齒頭와 正齒왜'에 실현된 '-ㅣ'는 ㉠(　　　　) 조사로 처리된다.

(C) 위와 같은 형태·통사적인 특징을 감안하여 '齒頭와 正齒왜 ᄀᆞᆯ히요미'를 문법적인 형태대로 직역하면 ㉮(　　　　　　　　)(으)로 옮겨야 한다. 그러나 타동사인 'ᄀᆞᆯ히다'가 명사절 속에서 서술어로 쓰인 것을 감안하면, ㉯(　　　　　　　　)(으)로 의역하여 옮기는 것이 자연스럽다.

(나) ⓑ의 '다ᄂᆞ니라'의 형태 변동과 관련하여, 다음 글의 빈칸에 들어갈 말을 쓰시오. (단, ㉠~㉣에는 어간과 어미의 형태를 쓰고, ㉮와 ㉯에는 음운 변동 현상의 명칭을 쓸 것.)

ⓑ의 '다ᄂᆞ니라'의 어간과 어미는 다음과 같이 형태소 단위로 분석할 수 있다. (단, 변동된 형태는 기본 형태로 분석하였음.)

다ᄂᆞ니라 : ㉠(　　　)- + ㉡-(　　　)- + -(니)- + -(다)

여기서 어간인 ㉠에 선어말 어미인 ㉡이 결합하는 과정에서, 다음과 같은 변동 현상이 차례로 일어났다. 먼저 어간의 형태에 ㉮(　　　　)이/가 적용되어서, 어간인 ㉠의 형태가 ㉢'(　　　)'(으)로 변동했다. 다음으로 어간과 어미 사이에 ㉯(　　　　)이/가 적용되어서, 어간인 ㉠의 형태가 다시 ㉣'(　　　)'(으)로 변동했다.

4.3. 석보상절 (釋譜詳節)

1. <석보상절>의 3권 10장에 수록된 글과 관련하여, (가)와 (나)의 물음에 답하시오.

[보기 1]

王이 니ᄅᆞ샤ᄃᆡ ⓐ엇더늬 ᄯᆞ리ᅀᅡ 太子ㅅ 妃子ㅣ ᄃᆞ외려뇨 太子ㅣ 金으로 겨지븨 양ᄌᆞᄅᆞᆯ ᄆᆡᆼᄀᆞᄅᆞ시고 겨지븨 德을 쓰샤 이 ᄀᆞᆮᄒᆞ야ᅀᅡ ⓑ妃子ᄅᆞᆯ 사모리라 ᄒᆞ시니 王이 左右 梵志ᄅᆞᆯ 브리샤 두루 가 어드라 ᄒᆞ시니

(*妃子 : 후궁(後宮), *梵志(범지) : 바라문이 스승에게 가서 수학(修學)하는 기간으로 보통 여덟 살부터 열여섯 살까지, 또는 열한 살부터 스물두 살까지이다.)

(가) ⓐ의 '엇더늬'의 형태 및 의미와 관련하여, 다음 물음에 답하시오.

① '엇더늬'를 다음과 같이 형태소 단위로 분석했을 때에, ㉠~㉢에 들어갈 말을 쓰시오. (단, ㉠과 ㉡에는 단어의 형태를, ㉢에는 조사의 형태를 쓰되, 변동된 형태는 기본 형태로 쓸 것. 그리고 #는 어절의 경계를 나타낸다.)

㉠(   ) # ㉡(   ) + ㉢-(   )

① '엇더늬'의 의미를 현대어로 옮기시오. (단, 직역하여 옮길 것.)

(   )

(나) ⓑ의 '妃子ᄅᆞᆯ'에 실현된 조사 '-ᄅᆞᆯ'의 기능과 관련하여, 다음 글의 빈칸에 들어갈 말을 쓰시오.

고등학교 문법(2010)에 따르면, ⓑ에서 '妃子ᄅᆞᆯ'은 목적격 조사인 '-ᄅᆞᆯ'이 실현되어 있기 때문에 목적어로 처리한다. 그러나 '妃子'가 '사모리라'와 맺는 통사·의미적인 관련성을 감안하면, '妃子'는 ㉠(   )의 문장 성분으로 처리되어야 한다. 이처럼 명사항과 서술어의 통사·의미적인 관련성을 감안한다면, ⓑ의 '妃子' 뒤에는 '-ᄅᆞᆯ' 대신에 ㉡'(   )'이/가 실현되는 것이 원칙이다. 곧, ⓑ에는 목적격 조사인 '-ᄅᆞᆯ'이 강조 용법으로 문장에 실현된 것인데, 고등학교 문법(2010)에서는 '-ᄅᆞᆯ'이 나타내는 이러한 기능을 '목적격 조사의 ㉢(   )적 용법'으로 간주한다.

2. <석보상절>의 6권 3장에 수록된 글과 관련하여, (가)와 (나)의 물음에 답하시오.

[보기 2]

目連이 耶輸ㅅ 宮의 가 보니 門ᄋᆞᆯ 다 ᄌᆞᄆᆞ고 ㉮유무 ⓐ드ᄅᆞᇙ 사ᄅᆞᆷ도 업거늘 즉자히 神通力으로 樓 우희 ᄂᆞ라 올아 耶輸ㅅ 알ᄑᆡ 가 셔니 耶輸ㅣ 보시고 ⓑᄒᆞ녀ᄀᆞ론 ㉯분별ᄒᆞ시고 ᄒᆞ녀ᄀᆞ론 깃거 구쳐 니러 절ᄒᆞ시고 안ᄌᆞ쇼셔 ᄒᆞ시고 世尊ㅅ 安否 ⓒ묻(　)고 니ᄅᆞ샤ᄃᆡ 므스므라 오시니잇고 [석상 6:3]

(가) 위의 글에서 ㉮~㉯의 단어를 현대어로 직역하여 옮기시오.

㉮(　　　　　　)　　　　　㉯(　　　　　　)

(나) ⓐ와 ⓑ의 어절을 형태소 단위로 분석하시오.(단, 변동된 형태는 기본 형태로 쓸 것.)

ⓐ드ᄅᆞᇙ　　: ㉠(　　　)- + ㉡-(　　　)- + ㉢-(　　　)- + ㉣-(　　　)

ⓑᄒᆞ녀ᄀᆞ론 : ㉠(　　　) # ㉡(　　　) + ㉢-(　　　) + ㉣-(　　　)

(다) 음운론적인 환경을 고려하여, ⓒ의 빈칸에 들어갈 '객체 높임의 선어말 어미'의 형태를 쓰시오.　ⓒ(　　　)

3. <석보상절>의 6권 5장에 수록된 글과 관련하여, (가)와 (나)의 물음에 답하시오.

[보기 3]

나ᄂᆞᆫ 어버ᅀᅵ 여희오 ᄂᆞᄆᆡ ⓐ그에 브터 사로ᄃᆡ 우리 어ᅀᅵ아ᄃᆞ리 외롭고 입게 ᄃᆞ외야 人生 즐거ᄫᅳᆫ ᄠᅳ디 업고 ⓑ주구믈 기드리노니 목수미 므거ᄫᅳᆫ 거실ᄊᆡ 손ᅀᅩ 죽디 몯ᄒᆞ야 셟고 애왇ᄇᆞᆫ ᄠᅳ들 머거 갓가ᄉᆞ로 사니노니 비록 사ᄅᆞᄆᆡ 무레 사니고도 즁ᄉᆡᆼ 마도 몯호이다 셜ᄫᅳᆫ 人生이 어딋던 이 ᄀᆞᄐᆞ니 이시리잇고 이제 ᄯᅩ 내 아ᄃᆞᄅᆞᆯ ᄃᆞ려가려 ᄒᆞ시ᄂᆞ니 眷屬 ᄃᆞ외ᅀᆞᄫᅡ셔 셜ᄫᅳᆫ 일도 이러ᄒᆞᆯ쎠

(가) [보기 3]의 예문에 실현된 파생 부사의 형성 방법에 관한 설명이다. 빈칸에 들어갈 파생 부사의 형태를 쓰시오.

첫째로 ㉠(　　　)와/과 ㉡(　　　)은/는 명사 어근에서 파생된 부사이며, 둘째로 ㉢(　　　)은/는 부사 어근에서 파생된 부사이다.

(나) 주격 조사와 부사격 조사의 변이 형태와 관련하여, ㉠과 ㉡의 빈칸에 들어갈 말을 쓰시오.

> (A) 주어는 일반적으로 체언이나 체언의 역할을 하는 구나 절에 주격 조사가 붙어서 실현된다. 그런데 15세기 국어에서는 특정한 음운론적 환경에서 체언에 주격 조사의 '무형의 변이 형태'가 붙어서 주어가 성립될 수도 있다. 곧, [보기 1]의 예문에서 ㉠(　　　　)은/는 주격 조사의 '무형의 변이 형태'가 실현되어서 성립된 주어이다.
>
> (B) 부사어도 주어와 마찬가지로 체언에 무형의 변이 형태인 부사격 조사가 실현되어서 성립하는 수가 있다. 곧, [보기 1]의 예문에 실현된 부사어 중에서 ㉡(　　　　)은/는 체언에 '비교'의 뜻을 나타내는 부사격 조사의 '무형의 변이 형태'가 실현되어서 성립된 것이다.

(다) [보기 3]에서 ⓐ의 '그에'와 ⓑ의 '주굼'에 대한 품사의 명칭을 쓰시오.

ⓐ 그에 : (　　　　　　　　)　　　ⓑ 주굼 : (　　　　　　　　)

4. <석보상절>의 6권 16장에 수록된 글과 관련하여, (가)~(라)의 물음에 답하시오.

[보기 4]

> 須達이 護彌 지븨 니거늘 護彌 깃거 나아 迎逢ᄒᆞ야 지븨 드려 재더니 그 지븨셔 차반 ᄆᆡᇰᄀᆞᆯ 쏘리 워즈런ᄒᆞ거늘 須達이 護彌ᄃᆞ려 무로ᄃᆡ 主人이 ⓐ므슴 차바ᄂᆞᆯ 손소 ᄃᆞᆫ녀 ⓑᄆᆡᇰᄀᆞ노닛가 太子ᄅᆞᆯ 請ᄒᆞᅀᆞ바 ㉮(　　　　) ᄒᆞ노닛가 大臣ᄋᆞᆯ 請ᄒᆞ야 이바도려 ᄒᆞ노닛가 護彌 닐오ᄃᆡ 그리 ⓒ아닝다 須達이 ᄯᅩ 무로ᄃᆡ 婚姻 위ᄒᆞ야 아ᅀᆞ미 오나ᄃᆞᆫ 이바도려 ᄒᆞ노닛가 護彌 닐오ᄃᆡ 그리 아니라 부텨와 즁과ᄅᆞᆯ 請ᄒᆞᅀᆞ보려 ㉯(　　　　)
>
> (*迎逢(영봉) : 높은 사람을 맞이하여 만나는 것이다.)

(가) ⓐ에 쓰인 '므슴'의 품사와 관련하여, 빈칸에 들어갈 품사의 명칭을 쓰시오.

> 15세기 국어에서 '므슴'은 ㉠(　　　　), (　　　　), (　　　　)의 세 가지 품사로 통용되는 단어이다. 그런데 [보기 4]의 문맥에서, ⓐ의 '므슴'은 ㉡(　　　　)(이)나 (　　　　)의 품사의 단어로 쓰였다.

(나) 아래 글에서 (A)의 주장을 참조하여, 글 (B)의 빈칸에 갈 서술어(용언)의 형태를 쓰시오.

> (A) 15세기 국어에서는 문장에 표현된 주어가 그 문장을 발화한 사람(화자)일 때에는 용언의 종결형이나 연결형으로 실현된 서술어에 선어말 어미인 '-오-/-우-'가 실현되었다. (1인칭법, 화자 표시법)
>
> (B) 만일 글 (A)의 주장이 옳다고 가정하면, [보기 4]의 ⓑ에 실현된 '밍ᄀᆞ노닛가'의 형태는 ㉠'(　　　　)'의 형태로 바뀌어야 한다.

(다) 다음의 글 (A)의 내용을 참조하여, 글 (B)의 빈칸에 들어갈 동사 '이받다'의 활용 형태를 쓰시오.

> (A) '수달'의 이야기가 실린 <석보상절> 6권의 내용을 볼 때에, [보기 4]에 등장하는 '주인(主人)', '태자(太子)', '대신(大臣)'의 신분 관계를 다음과 같이 설정할 수 있다.
>
> **<신분 관계>**
>
> ① '태자'는 '주인'이나 '대신'보다 상위자(上位者)이다.
> ② '주인'은 '대신'과 동등한 신분이다.
>
> (B) 위의 신분 관계와 문맥을 고려하면, [보기 4]의 빈칸 ㉮에 들어갈 용언인 '이받다'는 '(　　　　)'의 활용 형태로 표현되어야 한다.

(라) [보기 4]에서 '수달'이 발화한 '밍가노닛가'와 '호미'가 발화한 '아닝다'의 활용 형태를 참조하여, ㉯의 빈칸에 보조 용언인 'ᄒᆞ다(曰)'의 활용 형태를 쓰시오. (단, 문장의 주체와 말하는 이(화자)의 관계를 고려할 것.

㉯ (　　　　　　　　)

5. <석보상절>의 6권 19장에 수록된 글과 관련하여, (가)~(마)의 물음에 답하시오.

[보기 5]

> 須達이 이 말 듣고 부텻긔 發心ᄋᆞᆯ ⓐ니르와다 언제 ①새어든 부텨를 가 ⓑ보ᅀᆞᄫᆞ려뇨 ᄒᆞ더니 精誠이 ㉮고족ᄒᆞ니 밤누니 ㉯번ᄒᆞ거늘 길흘 ᄎᆞ자 부텻긔로 가

ᄂᆞᆫ 저긔 城門애 내ᄃᆞ라 하ᄂᆞᆯ 祭ᄒᆞ던 ᄯᅡ홀 보고 절ᄒᆞ다가 忽然히 부텨 向ᄒᆞᆫ ᄆᆞᅀᆞ믈 니즈니 누니 도로 어듭거늘 제 너교ᄃᆡ 바ᄆᆡ 가다가 귓것과 모딘 ㉰<u>즁ᄉᆡᇰ</u>이 ⓒ<u>므싀엽도소니</u> ㉱<u>므스므라</u> 바ᄆᆡ ⓓ<u>나오나뇨</u> ᄒᆞ야 뉘으처 도로 오려 ᄒᆞ더니

(가) ⓐ의 '니ᄅᆞ와다'의 짜임새와 관련하여, 다음의 물음에 답하시오.

① '니ᄅᆞ와다'를 형태소 단위로 분석하여, 아래에 설정한 ㉠~㉣의 빈칸에 들어갈 형태를 각각 쓰시오.

- 니ᄅᆞ와다 : ㉠(　　　)- + ㉡-(　　　)- + ㉢-(　　　)- + ㉣-(　　　)

② '니ᄅᆞ와다'에서 용언 어간의 기본형을 쓰시오. (　　　　　　)

(나) ⓑ의 '보ᅀᆞ보려뇨'와 ⓒ의 '므싀엽도소니'에 공통적으로 실현된 어미의 형태와 기능을 밝히시오.

① 어미의 형태 : (　　　　　　)

② 어미의 기능 : (　　　　　　　　　　　　)

(다) ①의 '새어든'에 일어난 음운 변동 현상을 설명하고, 그러한 음운 변동이 일어나게 된 조건을 설명하시오.

① 음운 변동의 명칭 : (　　　　　　　)

② 음운 변동의 조건 : (　　　　　　　　　　)

(라) ⓓ의 '나오나뇨'에 나타나는 불규칙 활용의 양상을 설명하시오.

(설명)

(마) ㉮~㉱의 단어를 현대어로 옮기시오.(활용 형태의 의미를 번역에 반영할 것.)

㉮ 고죽ᄒᆞ니 : (　　　　　　)　㉯ 번ᄒᆞ거늘 : (　　　　　　)

㉰ 즁ᄉᆡᇰ : (　　　　　　)　㉱ 므스므라 : (　　　　　　)

6. <석보상절>의 11권 26장에 수록된 글과 관련하여, (가)~(바)의 물음에 답하시오.

[보기 6]

波羅㮈王이 한 사ᄅᆞᆷ 더블오 그 뫼해 ①山行 가샤 北堀애 仙人 잇ᄂᆞᆫ ᄃᆡ 가 보시니 蓮花ㅣ 堀ᄋᆞᆯ 둘어 ㉮느러니 ⓐ냇거늘 大王이 ㉯과ᄒᆞ샤 讚嘆ᄒᆞ샤ᄃᆡ 됴ᄒᆞᆯ쎠 됴ᄒᆞᆯ쎠 大德 大仙이 福德이 노ᄑᆞ샤 ⓑ이러ᄒᆞ샷다 ᄒᆞ야시ᄂᆞᆯ 仙人이 王ᄭᅴ ᄉᆞᆯ보ᄃᆡ 大王하 아ᄅᆞ쇼셔 이 蓮花ᄂᆞᆫ ⓒ내ᄋᆡ 어디로미 아니니이다 王이 니ᄅᆞ샤ᄃᆡ 大師 ᄒᆞ샨 일 아니면 뉘 ᄒᆞᆫ 거시잇고 仙人이 ᄉᆞᆯ보ᄃᆡ 大王하 이 南堀ㅅ 仙人이 ᄒᆞᆫ ᄯᆞᄅᆞᆯ ⓓ길어 내니 양ᄌᆡ 端正ᄒᆞ야 世間애 쉽디 몯ᄒᆞ니 그 ᄯᆞᆯ ㉰ᄒᆞᄂᆡᇙ 時節에 자최마다 蓮花ㅣ 나ᄂᆞ니이다

(가) ①에 실현된 '山行'의 어휘와 관련하여, 다음 글의 빈칸에 들어갈 말을 쓰시오.

> ①의 '山行'은 편찬자들이 순우리말인 어휘를 한자말인 것으로 잘못 알고, 한자로 표기한 것으로 보인다. 곧, ①의 '山行'을 문맥에 맞게 순우리말 어휘로 교체하면, ㉠'(　　　　)'으로 표현해야 하는데, ㉠의 어휘에 대응되는 현대어의 어휘는 ㉡'(　　　　)'이다.

(나) ㉮~㉰에 실현된 어휘의 뜻을 현대어로 옮기시오. (단, 용언은 활용 형태의 뜻을 반영할 것.)

㉮(　　　　　　)　㉯(　　　　　　)　㉰(　　　　　　)

(다) ⓐ의 '냇거늘'을 형태소 단위로 분석하였을 때에, 아래에 설정한 ㉠~㉣의 빈칸에 들어갈 형태를 쓰시오. (단, 변동된 형태는 기본 형태로 쓰고, #은 어절의 경계를 나타낸다.)

- 냇거늘 : ㉠(　　　　)- + ㉡-(　　　　) # ㉢(　　　　)- + ㉣-(　　　　)

(다) ⓑ의 '이러ᄒᆞ샷다'를 형태소 단위로 분석하였을 때에, 아래에 설정한 ㉠~㉣의 빈칸에 들어갈 형태를 쓰시오. (단, 변동된 형태는 기본 형태로 쓰고, 무형의 시제 형태소는 표기하지 말 것.)

- 이러ᄒᆞ샷다 : 이러ᄒᆞ(어간)- + ㉠-(　　　) + ㉡-(　　　) + -다

(라) ⓒ의 '내ᄋᆡ'의 형태가 실현된 양상과 관련하여 다음 글의 빈칸에 들어갈 말

을 쓰시오. (단, ㉠에서 문법적인 단위의 명칭을 쓰고, ㉡에는 문장 성분의 명칭을 쓸 것. 그리고 ㉮~㉯에는 조사의 형태를 쓰시오.)

> ⓒ의 '내ᄋᆡ'는 ㉠(　　　　) 속에서 의미상으로 ㉡(　　　　)(으)로 쓰이는 말이 관형어의 형태로 실현된 특수한 예이다. 여기서 ⓒ의 '내ᄋᆡ'는 체언인 '나'에 ㉯ '(　　　　)'와/과 ㉯ '(　　　　)'이/가 겹쳐서 실현된 형태이다.

(마) ⓓ의 '길어'의 단어 형성 방법 및 활용 양상과 관련하여, 다음 글의 빈칸에 들어갈 말의 형태를 쓰시오.

> '길어'는 어근인 ㉠ '(　　　　)'에 파생 접미사인 ㉡ '(　　　　)'이/가 붙어서 동사의 어간인 ㉢ '(　　　　)'이/가 형성되었다. 그리고 이렇게 형성된 파생 동사의 어간인 ㉢에 연결 어미인 ㉣ '(　　　　)'이/가 붙어서 활용한 형태이다.

7. <석보상절>의 11권 28장에 수록된 글과 관련하여, (가)~(다)의 물음에 답하시오.

> [보기 7]
>
> 王이 드르시고 즉자히 南堀애 가샤 뎌 仙人ᄋᆞᆯ 보샤 禮數ᄒᆞ시고 니ᄅᆞ샤ᄃᆡ ᄯᆞᄅᆞᆯ ⓐ<u>두겨시다</u> 듣고 婚姻ᄋᆞᆯ 求ᄒᆞ노이다 仙人이 ᄉᆞᆯᄫᆞᄃᆡ 내 ᄒᆞᆫ ᄯᆞᄅᆞᆯ ⓑ(　　　　) 져머 어리오 아히 ⓒ<u>ᄢᅵ브터</u> 深山애 이셔 사ᄅᆞᄆᆡ 이리 ㉮<u>설우르고</u> 플옷 닙고 나못 여름 먹ᄂᆞ니 王이 므슴 호려 ㉯<u>져주시ᄂᆞ니잇고</u> ᄯᅩ 이 ᄯᆞᄅᆞᆫ 畜生ᄋᆡ 나ᄒᆞᆫ 거시이다 ᄒᆞ고 根源을 다 ᄉᆞᆯᄫᅡᄂᆞᆯ 王이 니ᄅᆞ샤ᄃᆡ 그러ᄒᆞ야도 ㉰<u>므던ᄒᆞ니</u> 이제 어듸 잇ᄂᆞ니잇고 ᄉᆞᆯᄫᆞᄃᆡ 이 堀애 잇ᄂᆞ니이다
>
> (*南堀(남굴) : 남쪽에 위치한 동굴. *禮數(예수) : 주인과 손님이 서로 만나 인사함.)

(가) 글 (A)의 내용을 참조하여, [보기 7]에서 ⓑ의 빈칸에 본용언인 '두다'와 보조 용언인 '이시다'가 결합한 형태를 쓰시오.(단, 글 (B)에 제시된 <조건>을 지킬 것.)

> (A) 15세기 국어에서는 본용언과 본용언과 보조 용언이 이어지는 과정에서 두 단어가 축약되는 경우가 있다. 예를 들어서 [보기 7]에서 ⓐ의 '두겨시다'는 본용언인 '두-(置)'와 주체 높임의 뜻을 나타내는 보조

용언인 '겨시-'가 결합하여 줄어지는 과정에서, 보조적 연결 어미인 '-어'가 탈락한 형태이다.

(B) <조건>

① 본용언인 '두-'와 보조 용언인 '이시-'가 축약된 형태를 쓸 것.
② '이시-'에 연결 어미인 '-오ᄃᆡ'가 붙어서 활용한 형태로 쓸 것.
③ '이시-'에는 선어말 어미를 실현하지 말 것.

(나) ⓒ의 'ᄢᅴ브터'의 짜임과 관련하여, 글 (B)의 빈칸에 들어갈 말을 쓰시오. (단, 각 단어의 형태는 기본 형태로 쓸 것.)

(A) ㄱ. 이 ᄢᅵ 부텻 나히 닐흔 ᄒᆞ나히러시니 [석상 13:1]
ㄴ. 오래 안자셔 곳다온 ᄢᅳᆯ 앗씨노라 [두언 23:32]
ㄷ. 밤낫 여슷 ᄢᅳ로 더 藥師瑠璃光如來를 저ᅀᆞ바 供養ᄒᆞᅀᆞᆸ고 [석상 6:32]

(B) 예문 (A)에서 밑줄 그은 말의 형태를 감안하면, [보기 7]에 실현된 ⓒ의 'ᄢᅴ브터'는 다음과 같이 분석되는 것으로 보아야 한다. 곧, 'ᄢᅴ브터'는 명사인 ㉠(　　　)에 부사격 조사인 ㉡(　　　)이/가 결합한 뒤에, 다시 보조사인 ㉢(　　　)이/가 실현되었다. 이렇게 명사에 조사가 결합하는 과정에서 명사의 형태에서 ㉣(/　　/)의 음소가 탈락하였다.

(다) ㉮~㉰에 실현된 어휘의 뜻을 현대 국어로 옮기시오. (단, 용언은 활용 형태의 뜻을 반영하여, 현대 국어로 옮길 것.)

㉮ (　　　　　　)　㉯ (　　　　　　)　㉰ (　　　　　　)

4.4. 월인천강지곡 (月印千江之曲)

1. <월인천강지곡>의 '其二'에 수록된 글과 관련하여, (가)~(다)의 물음에 답하시오.

[보기 1]

世尊ㅅ 일 ⓐ ᄉᆞᆯᄫᅩ리니 萬里外ㅅ 일이시나 눈에 ⓑ 보논가 ⓒ 너기ᅀᆞᄫᆞ쇼셔
世尊ㅅ 말 ᄉᆞᆯᄫᅩ리니 千載上ㅅ 말이시나 귀예 듣논가 너기ᅀᆞᄫᆞ쇼셔

(가) <월인천강지곡>에는 동시대에 간행된 문헌에 쓰인 일반적인 표기법과 다른 표기법을 시도하였다. [보기 1]에서 그러한 표기 방법이 적용된 표현(어절)을 찾아서 모두 쓰시오. (   )

(나) [보기 1]에서 ⓐ의 'ᄉᆞᆯᄫᅩ리니'와 ⓑ의 '보논가'를 형태소 단위로 분석하였을 때에, 다음의 빈칸에 들어갈 형태를 쓰시오. (단, 변동된 형태는 기본 형태로 쓸 것.)

ⓐ : ㉠ (   )- + ㉡ -(   )- + ㉢ -(   )- + ㉣ -(   )
ⓑ : ㉮ (   )- + ㉯ -(   )- + ㉰ -(   )- + ㉱ -(   )

(다) 위의 '문제 (나)'에서 ㉡과 ㉰에 들어갈 선어말 어미의 기능과 관련하여, 다음의 빈칸에 들어갈 말을 쓰시오.

'문제 (나)'에서 ㉡의 빈칸에 실현될 선어말 어미는 어간인 'ᄉᆞᆲ다'의 행위가 ①(   )의 행위임을 나타낸다. 반면에 ⓒ의 '너기ᅀᆞᄫᆞ쇼셔'를 고려하면 ㉰의 빈칸에 실현될 선어말 어미는 어간인 '보다'의 행위가 실제로는 ②(   )의 행위임을 나타낸다.

2. <월인천강지곡>의 '其四'에 수록된 글과 관련하여, (가)~(다)의 물음에 답하시오.

[보기 2]

兄님ᄋᆞᆯ 모ᄅᆞᆯᄊᆡ 발자ᄎᆞᆯ ㉮ 바다 남ᄀᆡ ⓐ ᄢᅦ여 性命을 ㉯ ᄆᆞᄎᆞ시니
子息 업스실ᄊᆡ ㉰ 몸앳 필 뫼화 그르세 담아 남녀를 ⓑ 내ᅀᆞᄫᆞ니

(가) ㉮~㉰에 실현된 어휘의 뜻을 현대 국어로 옮기시오. (단, 용언은 활용된 형태의 뜻과 기능을 반영하여 직역하여 옮길 것.)

㉮ (　　　　　　)　㉯ (　　　　　　)　㉰ (　　　　　　)

(나) ⓐ의 '뼤여'의 문법적인 특성과 관련하여, 글 (B)와 글 (C)의 빈칸에 들어갈 말을 쓰시오. (단, 글 (B)의 ㉠~㉢과 글 (C)의 ㉣에는 통사적인 특성에 따른 동사의 유형에 대한 명칭 쓰고, (C)의 ㉤에는 '뼤여'를 현대 국어로 직역하여 옮길 것.)

(A) ㄱ. 沸星 도ᄃᆞᇙ 제 白象ᄋᆞᆯ ᄐᆞ시니 ᄒᆡᆺ 光明을 ① 뼤시니이다 [월천 기14]
ㄴ. ᄭᅩ리예 구스리 ② 뼤오 히미 常例ㅅ 一百象두고 세며 [월석 1:28]

(B) 예문 (A)에서 ①의 '뼤시니이다'의 품사는 ㉠(　　　　)이며, ②의 '뼤오'의 품사는 ㉡(　　　　)이다. ①과 ②와 같은 통사론적인 특성을 감안할 때에, 기본형인 '뼤다'는 ㉢(　　　　)로 처리된다.

(C) [보기 2]에 실현된 ⓐ의 '뼤여'는 ㉣(　　　　)(으)로 쓰였으므로, 현대 국어로는 ㉤'(　　　　)'(으)로 직역하여 옮길 수 있다.

(다) ⓑ의 '내ᅀᆞᄫᆞ니'를 형태소 단위로 분석로 분석할 때에, 다음의 빈칸에 들어갈 형태소를 쓰시오.

<조건> ① [　　]는 단어 형성법의 단위이다.
② 무형의 시제 형태소는 'Ø'로 표시하고, 변동된 형태소는 변동된 대로 쓸 것.

- 내ᅀᆞᄫᆞ니 : [㉠(　　　)- + ㉡-(　　　)-] + ㉢-(　　　)- + ㉣-(　　　)

3. <월인천강지곡>의 '其十'에 수록된 글과 관련하여, (가)~(나)의 물음에 답하시오.

[보기 3]

衆生이 ᄃᆞ톨씨 平等王ᄋᆞᆯ ⓐ 셰ᅀᆞᄫᆞ니 瞿曇氏 그 姓이시니
겨지비 ⓑ 하라ᄂᆞᆯ 尼樓ㅣ 나가시니 釋迦氏 ㉮ 일로 나시니

(가) ⓐ의 '셰ᄉᆞᄫᆞ니'와 ⓑ의 '하라ᄂᆞᆯ'의 기본형을 추출하고, 기본형의 뜻을 현대어로 직역하여 옮기시오.

ⓐ (기본형 :) — (현대어 :)
ⓑ (기본형 :) — (현대어 :)

(나) ㉮의 '일로'를 형태소 단위로 분석하고, 형태소의 결합에서 나타나는 음운 변동 현상의 명칭을 쓰시오. (단, 각각의 형태소는 기본 형태로 쓸 것.)

① 형태소 단위로 분석 : ㉠( ) + ㉡-( )
② 변동 현상의 명칭 : ( )

4. [보기 4]는 <월인천강지곡>의 其二十三의 내용으로서, '태자(=석가모니)'가 탄생했을 때에 일어난 일을 노래한 것이다. 이와 관련하여 (가)~(다)의 물음에 답하시오.

[보기 4]

婇女ㅣ 기베 안ᄉᆞ바 어마닚긔 ⓐ오ᄉᆞᆸ더니 大神ᄃᆞᆯ히 ⓑ뫼시ᄉᆞᄫᆞ니
靑衣 긔별을 ⓒᄉᆞᆯ바ᄂᆞᆯ ⓓ아바님 깃그시니 宗親ᄃᆞᆯᄒᆞᆯ ᄃᆞ려가시니

(가) [보기 4]의 첫 번째 문장을 현대 국어로 직역하여 옮기시오.

( )

(나) ⓐ의 '오ᄉᆞᆸ더니'와 ⓒ의 'ᄉᆞᆯ바ᄂᆞᆯ'의 용언을 통해서 높여서 표현하는 대상을 각각 쓰시오.

ⓐ 오ᄉᆞᆸ더니 : ( ) ⓑ ᄉᆞᆯ바ᄂᆞᆯ : ( )

(다) ⓑ의 '뫼시ᄉᆞᄫᆞ니'의 형태 및 기능과 관련하여, 빈칸에 들어갈 말을 쓰시오. (단, ㉡에는 높임의 대상을 나타내는 문법 용어를 쓰고, ㉢에는 높임의 대상인 인물의 명칭을 쓸 것.)

'뫼시ᄉᆞᄫᆞ니'에서 어간의 형태는 ㉠'( )'인데, 이 단어에는 그 자체로 ㉡( )을/를 높이는 기능이 있다. 그리고 '뫼시ᄉᆞᄫᆞ니'에 실현되는 선어말 어미인 '-ᄉᆞᆸ-'은 ㉢'( )'을/를 높였다.

(라) ⓓ에 실현된 '아바님'의 단어가 형성된 방법을 참조할 때에, 다음의 빈칸에 들어갈 파생어의 형태를 쓰시오.

> '아자비(叔不)'와 '아자미(叔母)'에 존칭의 파생 접미사인 '-님'이 붙어서, 새로운 단어가 파생될 수 있다. 이 경우에 '아자비'는 ㉠'(　　　　)'의 형태로, '아자미'는 ㉡'(　　　　)'의 형태로 파생어가 형성된다.

5. <월인천강지곡>의 '其百二十'과 '其百二十一'에 수록된 내용과 관련하여, (가)~(마)의 물음에 답하시오.

[보기 5]

(A) ㄱ. 오ᄉᆞᆯ ⓐ비ᇫ이샤ᄃᆡ 七寶로 ᄡᅮ미실ᄊᆡ 고ᄫᆞ시고 쳔쳔ᄒᆞ더시니
ㄴ. 마리ᄅᆞᆯ 갓ᄀᆞ시고 누비옷 니브샤 붓그료미 엇뎨 ⓑ업스신가

(B) ㄱ. ᄆᆞᅀᆞᆷᄋᆞ란 아니 닷고 오ᄉᆞ로 비ᇫ오ᄆᆞᆯ ㉮이ᄅᆞᆯᅀᅡ ⓒ붓그리다니
ㄴ. 현마 七寶로 ᄡᅮ며도 됴타 호리잇가 法엣 ㉯오시ᅀᅡ 眞實ㅅ 오시니

(C) 예문 (A)와 (B)는 석가모니가 성불(成佛)하고 난 뒤 그 아버지인 정반왕(淨飯王)에게 돌아와서 두 사람이 나눈 대화이다. 글 (A)는 정반왕이 한 말인데, 여기서 정반왕은 석가모니의 모습이 옛날과 많이 달라졌다고 하였다. 그리고 글 (B)는 석가모니가 정반왕에게 대답한 말인데, 자신이 정신의 안정과 해탈을 추구하여 물질에 대한 욕심을 완전히 버렸다고 하였다.

(가) 예문 (A)의 (ㄴ) 문장을 현대 국어로 직역하여 옮기시오.(단, 생략된 격조사는 복원하여 옮길 것.)　(　　　　　　　　　　　　　　　　　　　　)

(나) 예문 (A)에 실현된 ⓐ의 '비ᇫ이샤ᄃᆡ'와 관련하여, 다음 글의 빈칸에 들어갈 말을 쓰시오. (단, ㉠의 빈칸에는 어근의 기본 형태를 쓰고, ㉮의 빈칸에는 활용 어미의 뜻을 반영하여 직역할 것.)

> '비ᇫ이샤ᄃᆡ'는 어근인 ㉠'(　　　　)'에 파생 접미사인 ㉡'(　　　　)'이/가 붙어서 된 파생 동사이다. 이처럼 어근과 파생 접미사가 결합하여 파생 동사가 형성되는 과정에서 어근의 끝 음소인 ㉢(/　　/)이/가 탈락했다. 그리고 '비ᇫ이샤ᄃᆡ'를 현대 국어로 직역하면 ㉮(　　　　)로 옮길 수 있다.

(다) (A)의 (ㄴ) 문장에 나타난 통사적인 환경을 고려할 때에, ⓑ의 '업스신가'는 일반적으로 실현되어야 할 의문형 종결 어미의 활용 방식과는 다르게 활용하였다. 이와 관련하여 다음의 두 가지 물음에 답하시오.

① (ㄴ) 문장의 통사론적 환경을 고려할 때에, ⓑ의 '없다'가 취해야 할 원칙적인 활용 형태를 쓰시오. (단, 의문형 어미의 형태를 수정할 것.)

(　　　　　　　)

② (ㄴ)의 문장에서 의문형 어미가 ⓑ의 '업스신가'의 형태로 실현된 이유를 '의문문의 기능'과 관련하여 설명하시오.

....

....

(라) ⓒ의 '붓그리다니'에서 선어말 어미인 '-다-'가 나타내는 두 가지의 문법적인 기능을 기술하시오.

① (　　　　　　　　　　　　　　　　　　　　)
② (　　　　　　　　　　　　　　　　　　　　)

(마) ㉮의 '이를ᅀᅡ'와 ㉯의 '오시ᅀᅡ'를 형태소 단위로 분석하고, 각 형태소의 품사를 쓰시오. (단, 조사는 '격조사', '접속 조사', '보조사'로 구분하여 쓸 것.)

㉮ 이를ᅀᅡ : ㉠(　　:　　) + ㉡ -(　　:　　) + ㉢ -(　　:　　)
㉯ 오시ᅀᅡ : ㉠(　　:　　) + ㉡ -(　　:　　) + ㉢ -(　　:　　)

6. [보기 6]은 <월인천강지곡>의 '其百二十三'에 수록된 내용인데, 이는 석가모니의 아버지인 '정반왕'과 석가모니의 대화이다. (가)~(마)의 물음에 답하시오.

[보기 6]

(A) ㄱ. 三時殿 ᄭᅮ미고 婇女ㅣ ⓐ조ᄍᆞᆸ더니 深谷深山애 언마 ⓑ저프거시뇨
　　ㄴ. ㉮주굼 사로ᄆᆞᆯ 더라 시름이 업거니 저픈 ᄠᅳ디 어느 이시리잇고

(가) ⓐ의 '조ᄍᆞᆸ더니'의 활용 형태와 의미에 관하여, 다음 글의 빈칸에 들어갈 말을 쓰시오. (단, 어간과 어미 중에서 변동된 형태는 기본 형태로 쓸 것.)

> '조ᄍᆞᆸ더니'는 어간인 ㉠ '(　　　　)'에 선어말 어미인 ㉡ '(　　　　)'와/과 ㉢ '(　　　　)'이/가 붙어서 활용한 형태이다. 이러한 형태를 고려하여 '조ᄍᆞᆸ더니'를 현대 국어로 옮기면 ㉮ '(　　　　　)'이/가 된다.

(나) ⓑ의 '저프거시뇨'의 짜임새와 관련하여, 다음 글의 빈칸에 들어갈 말을 쓰시오. (단, 파생 접사의 기능상의 유형을 쓸 것.)

> '저프거시뇨'의 어간인 ㉠ '(　　　　)'은/는 어근인 ㉡ '(　　　　)'에 파생 접미사인 ㉢ '(　　　　)'이/가 붙어서 형성된 파생어이다. 여기서 어근인 ㉠의 품사는 ㉮ (　　　　)인데, 파생 접미사인 ㉡이 붙어서 형성된 어간의 품사는 ㉯ (　　　　)이다. 그러므로 ㉡의 파생 접미사를 기능상의 유형으로 분류하면, ㉡의 파생 접사는 ① '(　　　　)적 접사'이다.

(다) 15세기 국어에서는 체언에 조사가 결합하거나 어간에 어미가 결합할 때에는, 대체로 '모음 조화 현상'이 지켜졌다. 그런데 [보기 6]의 글에서 모음 조화 현상에 어긋나게 실현된 어절이 있는데, 그 어절을 찾아서 모음 조화 규칙에 맞게 쓰시오.

(　　　　　　　　)

(라) ㉮에 실현된 '주굼'에 대한 품사의 명칭을 쓰시오. (　　　　　)

(마) (A)의 (ㄴ) 문장을 현대어로 직역하여 옮기시오.

(　　　　　　　　　　　　　　　　　　　　　　　　　　)

7. [보기 7]은 <월인천강지곡>의 '其一百六十二'에 수록된 내용이다. 예문 (A)는 석가모니의 제자인 '사리불(舍利佛)'과 외도인(外道人)인 '노도차(勞度差)'가 신력(神力)으로 대결을 벌이는 장면을 묘사한 글이다. (가)~(다)의 물음에 답하시오.

[보기 7]

> (A) ㄱ. 한 쇼ᄅᆞᆯ 내니 몸 크고 다리 크고 두 ᄲᅳᆯ이 갈 ⓐ ᄀᆞᆮ ⓑ ᄂᆞᆯ캅고
> ㄴ. ⓒ 소리코 ᄡᅡ *허위여 드리ᄃᆞ라 오더니 獅子ㅣ 나아 자바 다 머그니
>
> (*허위다: 허비다. 손톱이나 날카로운 물건 따위로 긁어 파다.)

(가) 예문 (A)에 실현된 (ㄱ)의 문장을 현대 국어로 직역하여 옮기시오. (단, 생략된 격조사를 복원하여 쓸 것.)

( )

(나) 다음은 ⓐ'곧'의 단어 형성 방법에 대한 내용이다. 다음 물음에 답하시오.

①: ⓐ에 쓰인 '곧'의 품사와 의미를 쓰시오. ㉠( ), ㉡( )

②: ⓐ에 쓰인 파생어 '곧'의 어근의 기본 형태와 품사를 각각 쓰시오.

㉠ 기본 형태 : ( ) ㉡ 품사 : ( )

③: ⓐ에 쓰인 '곧'의 단어가 형성된 과정을 설명하시오.

(다) ⓑ에 실현된 '늘캅고'의 단어 형성 방법과 관련하여, 다음 물음에 답하시오.

① '늘캅고'를 다음과 같이 형태소 단위로 분석하였을 때에, ㉠과 ㉡에 들어갈 형태를 쓰시오. (단, 변동된 형태는 기본 형태로 쓸 것. 그리고 [ ]는 단어 형성법의 단위이다.)

-늘캅고 : [㉠( ) + ㉡-( )-] + -고

② '문제 ①'에서 ㉠의 빈칸에 들어갈 말에 대한 품사의 명칭을 쓰시오.

( )

③ 위의 ㉠과 ㉡의 형태가 결합하는 과정에서 일어난 음운 변동 현상의 명칭을 쓰시오. ( )

(라) ⓒ에 실현된 '소리코'의 형태와 관련하여, 다음 빈칸에 들어갈 말을 쓰시오.

ⓑ 의 '소리코'는 어간인 ㉠( )에 어미인 ㉡( )이/가 붙어서 활용한 형태이다. 이와 같이 활용하는 과정에서 어간의 끝 음소인 ㉢(/ /)이/가 수의적으로 탈락하였는데, 그 결과로 어간의 끝 소리와 어미의 첫 소리가 하나의 음소로 축약되었다.

4.5. 월인석보(月印釋譜)

1. <월인석보>의 1권 4장에 수록된 내용과 관련하여, (가)와 (나)의 물음에 답하시오.

[보기 1]

녯 阿僧祇 劫 時節에 ⓐ ᄒᆞᆫ 菩薩이 王 ᄃᆞ외야 겨샤 나라ᄒᆞᆯ 아ᅀᆞ 맛디시고 道理 ᄇᆡ호라 나아가샤 瞿曇 婆羅門을 맛나샤 ⓑ ᄌᆞ갸 오ᄉᆞ란 밧고 瞿曇ᄋᆡ 오ᄉᆞᆯ 니브샤 深山애 드러 果實와 믈와 좌시고 坐禪ᄒᆞ시다가 나라해 빌머그라 오시니 다 몰라보ᅀᆞᆸ더니 小瞿曇이라 ᄒᆞ더라

(가) [보기 1]에서 사동문인 "ᄒᆞᆫ 菩薩이…나라ᄒᆞᆯ 아ᅀᆞ 맛디시고"에 대응되는 주동문을 <예시>처럼 설정하려고 한다. (단, 서술어로 쓰인 용언의 어간의 형태는 변동된 대로 적을 것.)

<예시>	할머니가 아이에게 빵을 먹이셨다.	<사동문>
	아이가 빵을 먹었다.	<주동문>

사동문 : "ᄒᆞᆫ 菩薩이…나라ᄒᆞᆯ 아ᅀᆞ 맛디시고"
주동문 : (　　　　　　　　　　　　　　　　)

(나) ⓑ의 'ᄌᆞ갸'가 지시하는 대상과 'ᄌᆞ걋'에 대응되는 낮춤 표현을 쓰시오.

① 'ᄌᆞ갸'의 지시 대상 : (　　　　　　　　　　)
② 'ᄌᆞ걋'에 대응되는 낮춤 표현 : (　　　　　　　　　　)

2. <월인석보>의 1권 6장에 수록된 내용과 관련하여, (가)~(마)의 물음에 답하시오.

[보기 2]

ⓐ 이틄나래 ⓑ 나라해 이셔 자최 바다 가아 그 菩薩ᄋᆞᆯ 자바 남ᄀᆡ 모ᄃᆞᆯ ㉮ ᄢᅦᅀᆞᄫᅡ ⓒ 뒷더니 大瞿曇이 天眼ᄋᆞ로 보고 虛空애 ᄂᆞ라 와 ㉯ 묻ᄌᆞᄫᆞᄃᆡ 그듸 子息 업더니 므슷 罪오 菩薩이 對答ᄒᆞ샤ᄃᆡ ᄒᆞ마 주글 ⓓ 내어니 子孫ᄋᆞᆯ 議論ᄒᆞ리여

(가) ⓐ의 '이틄날'의 형태가 통시적으로 변화하는 과정을 다음과 같이 가정했을

때에, 다음의 빈칸에 들어갈 형태를 쓰시오. (단, 'A > B'는 A의 형태가 B의 형태로 변화하였음을 나타낸다.)

이튼날 > ㉠(　　　　　) > 이튿날

(나) ⓑ의 '나라해 이셔'를 문맥을 고려하여서, 현대 국어로 직역하여 옮기시오.

(　　　　　　　　　　　　　　　　)

(다) ⓒ의 '뒷더니'의 형태의 변화 과정에 관련하여, 다음 글에 설정된 빈칸에 들어갈 말의 형태를 쓰시오.

> ⓒ의 '뒷더니'는 보조 용언인 '두다'와 '잇다'가 겹쳐서 실현된 형태이다. 이렇게 두 보조 용언이 겹쳐지는 과정에서 축약 현상이 일어났는데, 15세기 국어에서 일어난 통시적인 변화 과정을 다음처럼 설정할 수 있다.
>
> ㉠(　　　　　) > 뒷더니 > ㉡(　　　　　)

(라) ㉮의 'ᄢᅦᅀᆞᄫᅡ'와 ㉯의 '묻ᄌᆞᄫᆞᄃᆡ'에 실현된 '-ᅀᆞᆸ-'과 '-ᄌᆞᆸ-'으로써 높이는 대상과 관련하여, 다음 글의 빈칸에 들어갈 말을 쓰시오.

> ㉮의 'ᄢᅦᅀᆞᄫᅡ'에 실현된 '-ᅀᆞᆸ-'은 직접적으로는 ㉠'(　　　)'을/를 높였는데, 이를 통해서 간접적으로 ㉡'(　　　)'을/를 높였다. 그리고 ㉯의 '묻ᄌᆞᄫᆞᄃᆡ'에 실현된 '-ᄌᆞᆸ-'은 ㉢'(　　　)'을/를 높였다.

(마) ⓓ의 '내어니'를 다음과 같이 형태소 단위로 분석하였을 때에, ㉠과 ㉡의 빈칸에 들어갈 형태를 쓰시오. (단, 변동된 형태는 기본 형태로 쓸 것.)

- 내어니 : 나(체언) + ㉠-(　　)- + ㉡-(　　)- + -니

3. <월인석보>의 2권 37장에 수록된 내용과 관련하여, (가)~(다)의 물음에 답하시오.

> [보기 3]
>
> 菩薩이 ᄀᆞᆺ 나샤 ㉮<u>자ᄇᆞ리</u> 업시 四方애 닐굽 ㉯<u>거름곰</u> 거르시니 自然히 蓮花ㅣ 나아 바ᄅᆞᆯ ㉰<u>받ᄌᆞᆸ더라</u> ⓐ<u>올ᄒᆞᆫ소ᄂᆞ로</u> 하ᄂᆞᆯ ᄀᆞᄅᆞ치시며 왼소ᄂᆞ로 ᄯᅡ ᄀᆞᄅᆞ치시고 獅子 목소리로 니ᄅᆞ샤ᄃᆡ 하ᄂᆞᆯ 우콰 하ᄂᆞᆯ 아래 나 ᄲᅮᆫ 尊호라 三界 다 受苦ᄅᆞᄫᆡ니 내 便安케 호리라 ᄒᆞ시니 즉자히 天地 ㉱<u>ᄀᆞ장</u> 震動ᄒᆞ고 三千 大千 나라

> 히 다 ᄀᆞ장 붉더라
>
> (*獅子(사자) : 사자. 고양이과 맹수의 이름.)

(가) [보기 3]에 실현된 관형절과 부사절을 찾아서 각각 쓰시오.

① 관형절 : (   )

② 부사절 : (   )

(나) ⓐ의 '올ᄒᆞᆫ소ᄂᆞ로'를 형태소 단위로 분석할 때에, 다음의 빈칸에 들어갈 형태를 쓰시오. (단, [   ]은 단어 형성법의 단위이다.)

ⓐ 올ᄒᆞᆫ소ᄂᆞ로 : [㉠(   )- + ㉡-(   ) + ㉢(   )] + -(   )

(다) ㉮~㉱를 현대 국어로 직역하여 옮기시오.

㉮ (   ) ㉯ (   ) ㉰ (   ) ㉱ (   )

4. <월인석보>의 8권 8장에 수록된 내용과 관련하여, (가)~(다)의 물음에 답하시오.

[보기 4]

> 夫人이 ᄯᅩ 니ᄅᆞ샤ᄃᆡ ⓐ ᄇᆡ욘 ⓑ 아기 ⓒ 비디 ᄯᅩ 二千斤ㅅ 金이니이다
>
> (*斤(근) : 무게의 단위이다.)

(가) [보기 4]의 문장을 현대 국어로 직역하여 옮기시오. (단, 한자어는 한글이나 한자로 쓸 것.)

(   )

(나) ⓐ의 'ᄇᆡ욘'에 실현된 선어말 어미의 형태 및 기능과 관련하여, 다음 글의 빈칸에 들어갈 말을 쓰시오. (단, ㉠에는 선어말 어미의 형태를 쓰되, 변동된 형태는 기본 형태로 쓸 것.)

> ⓐ의 'ᄇᆡ욘'에는 선어말 어미인 ㉠'(   )'이/가 실현되어 있다. 이 선어말 어미는 관형절의 수식을 받는 중심어(피한정어)가 관형절 속의 서술어에 대하여, ㉡(   )의 문장 성분으로 기능하고 있음을 나타낸다.

(다) ⓑ의 '아ᄀᆡ'에 실현된 두 형태소의 형태와 그 과정에서 일어나는 변동과 관련하여, 아래 글의 빈칸에 들어갈 말을 쓰시오. (단, ㉠과 ㉡에는 명사와 조사의 기본 형태를 쓰고, ㉯에는 의미적인 특성으로 분류한 명사의 유형을 쓸 것.)

> ⓑ의 '아ᄀᆡ'는 명사인 ㉠ '(　　　　)'에 조사인 ㉡ '(　　　　)'이/가 실현된 형태이다. 이처럼 명사와 조사가 결합하는 과정에서 명사의 기본 형태에 실현된 ㉮ (/　　　/)의 음소가 탈락하였는데, 이러한 현상은 명사가 ㉯ (　　　　)의 명사인 경우에 잘 나타난다.

5. <월인석보>의 8권 93장에 수록된 내용과 관련하여, (가)~(다)의 물음에 답하시오.

[보기 5]

> 이틄날 아ᄎᆞᄆᆡ 길 나아가싫 時節에 鴛鴦夫人이 울며 比丘ᄭᅴ 닐오ᄃᆡ 王과 즁님과ᄂᆞᆫ 남편 氣韻이실ᄊᆡ 길흘 ㉮ (　　　　) 아니커시니와 나ᄂᆞᆫ 宮中에 이싫 제 두ᅀᅥ 거르메셔 너무 ㉯ <u>아니 걷다니</u> 오ᄂᆞᆳ날 두 나랏 ᄉᆞᅀᅵ예 허튀동* 긴 ᄀᆞ티 붓고 바리 ⓐ <u>알ᄑᆞᆯᄊᆡ</u> 길흘 몯 ⓑ <u>녀리로소이다</u> 이 ᄯᅡ히 ⓒ <u>어드메잇고</u>
>
> (*허튀동: 사람의 '다리'의 아랫동강이 부분. *氣韻(기운): 글이나 글씨, 그림 따위에서 표현된 풍격과 정취. *比丘(비구): 출가한 남자 승려.)

(가) ㉮의 빈칸에 동사인 'ᄌᆞᆶ다(= 힘겨워하다)'의 활용 형태를 쓰되, 변동된 형태는 변동된 대로 표기하시오. ㉮ (　　　　　　)

(나) ㉯에 실현된 '짧은 부정문'을 '긴 부정문'으로 바꾸시오. (단, '걷다니'에 실현된 어미를 긴 부정문에도 그대로 실현할 것.) ㉯ (　　　　　　)

(다) ⓐ~ⓒ에 실현된 서술어를 다음과 같이 분석하였을 때에, 빈칸에 들어갈 형태를 쓰시오. (단, [　　]은 단어 형성법의 단위이다. 변동된 형태는 기본 형태로 쓰고, 종결형에 쓰인 무형의 현재 시제의 형태소는 '-Ø-'로 표시할 것.)

ⓐ 알ᄑᆞᆯᄊᆡ　: [㉠ (　　)- + ㉡ -(　　)-] + ㉢ -(　　)
ⓑ 녀리로소이다 : ㉠ (　　)- + ㉡ -(　　)- + ㉢ -(　　)- + ㉣ -(　　)- + -다
ⓒ 어드메잇고　: ㉠ (　　) + ㉡ -(　　)- + ㉢ -(　　)- + ㉣ -(　　)

6. <월인석보>의 13권 10장에 수록된 내용과 관련하여, (가)~(바)의 물음에 답하시오.

[보기 6]

ᄒᆞᆫ 사ᄅᆞ미 나히 져머셔 아비 ᄇᆞ리고 逃亡ᄒᆞ야 가 다ᄅᆞᆫ 나라해 오래 이셔 열 ᄒᆡ 스믈 ᄒᆡ 쉰 ᄒᆡ예 니르더니…(중략)…아비 每常 아ᄃᆞᄅᆞᆯ 念호ᄃᆡ 아ᄃᆞᆯ와 여희연디 ⓐ쉬나ᄆᆞᆫ ①ᄒᆡ어다 호ᄃᆡ ᄂᆞᆷᄃᆞ려 이런 이ᄅᆞᆯ 잢간도 니르디 아니ᄒᆞ고 오직 제 ᄉᆞ랑ᄒᆞ야 ᄆᆞᅀᆞ매 ⓑ뉘읏브며 애왇부믈 머거 제 念호ᄃᆡ 늙고 쳔랴ᇰ이 만ᄒᆞ야 金銀 珍寶ㅣ 倉庫애 ᄀᆞᄃᆞᆨᄒᆞ야 ⓒ넚듀ᄃᆡ 子息이 업수니 ᄒᆞᄅᆞᆺ 아ᄎᆞᄆᆡ 주그면 쳔랴ᇰᄋᆞᆯ 일허 ⓓ맛듏 ᄯᅡ히 업스리로다 ᄒᆞ야 ᄇᆞᄌᆞ러니 每常 아ᄃᆞᄅᆞᆯ ᄉᆡᇰ각ᄒᆞ야 ᄯᅩ 너교ᄃᆡ ᄒᆞ다가 아ᄃᆞᄅᆞᆯ 어더 쳔랴ᇰᄋᆞᆯ 맛디면 훤히 快樂ᄒᆞ야 ᄂᆞ외야 分別 업스리로다 ᄒᆞ더니

(*쉬나ᄆᆞᆫ : 쉰남은, *뉘읏브며 : 후회스러우며, *넚듀ᄃᆡ : 넘치되, *맛듏 : 맡길)

(가) [보기 1]에서 인용절을 모두 찾아서, 그 인용절에 실현된 첫 어절과 끝 어절을 쓰시오.

(나) [보기 1]의 어휘 중에는 현대 국어와는 그 의미가 달리 쓰이는 것이 있다. 이와 관련하여 아래 글 (A)와 (B)의 빈칸에 들어갈 말을 쓰시오.

(A) [보기 1]에 쓰인 순우리말의 어휘 중에서, ㉠ '(　　　)'은/는 15세기 국어에서는 ㉡ '(　　　)'와/과 ㉢ '(　　　)'의 두 가지 뜻으로 쓰였으나, 현대 국어에서는 ㉢ '(　　　)'의 뜻으로만 쓰인다.

(B) [보기 1]에 쓰인 한자어 어휘 중에서, ㉮ '(　　　)'은/는 15세기 국어에서는 ㉯ '(　　　)'와/과 ㉰ '(　　　)'의 두 가지 뜻으로 쓰였으나, 현대 국어에서는 ㉰ '(　　　)'의 뜻으로만 쓰인다.

(다) ⓐ의 '쉬나ᄆᆞᆫ'과 ⓑ의 '뉘읏브며'의 단어 형성 방법과 관련하여, 다음과 같이 형태소의 단위로 분석하였다. 빈칸에 들어갈 형태를 쓰시오. (단, [　　　]은 단어 형성법의 단위이다. 변동된 형태는 기본 형태로 쓸 것.)

ⓐ 쉬나ᄆᆞᆫ : [㉠(   ) + ㉡(   )- + ㉢ -(   )]
ⓑ 뉘읏브며 : [㉠(   ) + ㉡ -(   )-] + -며

(라) ⓒ의 '넚듀ᄃᆡ'와 ⓓ의 '맛듫'의 단어가 형성된 방법과 관련하여, 다음 글의 빈칸에 들어갈 말을 쓰시오.

> (A) ⓒ의 '넚듀ᄃᆡ'에서 어간인 ㉠'(   )'은/는 어근인 ㉡(   )'에 파생 접미사인 ㉢'(   )'이/가 붙어서 형성된 파생어이다. 그리고 ⓓ의 '맛듫'에서 어간인 ㉮'(   )'은/는 어근인 ㉯(   )'에 파생 접미사인 ㉰'(   )'이/가 붙어서 형성된 파생어이다.
>
> (B) 파생 접사는 어근의 문법적 성격을 바꿀 수 있는 것과 어근의 문법적 성격을 바꾸지 못하는 것이 있다. 이런 기능을 기준으로 ㉢과 ㉰의 빈칸에 들어갈 파생 접사의 유형을 구분하면, ㉢은 ①'(   )적 접사'에 해당하며 ㉰은 ②'(   )적 접사'에 해당한다.

(마) ①의 'ᄒᆡ어다'에는 '-어-'가 실현되었다. 이 선어말 어미의 형태가 실현되는 조건과 관련하여, 다음 글의 빈칸에 들어갈 말을 쓰시오.

> (A) ①에 실현된 선어말 어미인 '-어-'는 ㉠(   )의 어간 뒤에 실현되었다. 이러한 점을 감안하면 선어말 어미인 '-어-'의 기본 형태는 ㉡'(   )'이었는데, ㉠의 어간 뒤에서 ㉢(/   /)의 음소가 탈락된 형태로 처리한다.

7. <월인석보>의 23권 73장에 수록된 내용과 관련하여, (가)~(다)의 물음에 답하시오

[보기 7]

> 羅卜이 一千 貫ㅅ 도ᄂᆞ로 三 年을 홍졍ᄒᆞ야 三千 貫이 ᄃᆞ외어늘 ㉮믿나라해 도라와 제 지블 즘게 남ᄀᆞ기 두고 ㉯잣 西ㅅ녁 버드나모 미틔 쉬더니 益利ᄅᆞᆯ 몬져 보내야 ⓐ어믜 손ᄃᆡ 닐오ᄃᆡ 어마니미 善事ᄅᆞᆯ ᄒᆞ시단 ⓑ디면 내 이 도ᄂᆞᆯ 가져가 어마니ᄆᆞᆯ 供養ᄒᆞᅀᆞᆸ고 ㉰ᄒᆞ다가 모딘 業 지ᅀᅳ시단 디면 내 이 도ᄂᆞ로 어마님 爲ᄒᆞ야 布施호리이다 ᄒᆞ야ᄂᆞᆯ

(가) [보기 6]의 예문에서 ㉮~㉰의 표현을 현대 국어로 직역하여 옮기시오.

㉮ (   )
㉯ (   )
㉰ (   )

(나) [보기 7]에 실현된 ⓐ~ⓒ를 다음과 같이 형태소 단위로 분석하였을 때에, 빈칸에 들어갈 말을 쓰시오. (단, 변동된 형태는 기본 형태로 쓸 것. 그리고 # 은 어절의 경계를 나타낸다.)

ⓐ 어믜 손ᄃᆡ : ㉠ (   ) + ㉡ -(   ) # 손ᄃᆡ
ⓑ 디면 : ㉠ (   ) + ㉡ -(   )- + -면

(다) [보기 7]에 실현된 의존 명사의 형태를 모두 찾아서, 다음의 ①~③과 같이 분류하시오. (단, 복합어에서 어근으로 실현된 의명 명사도 포함시키고, 같은 형태가 여러 번 실현된 것은 한 번만 쓸 것. 그리고 변동된 형태는 기본 형태로 쓸 것.)

① 보편성 의존 명사: (   )
② 부사어성 의존 명사: (   )
③ 단위성 의존 명사: (   )

8. <월인석보>의 23권 75장에 수록된 내용과 관련하여, (가)~(다)의 물음에 답하시오

[보기 8]

羅卜이 그 말 듣고 ㉮ <u>모ᄆᆞᆯ ᄯᅡ해 ᄇᆞᄃᆞ텨 디니</u> 터럭 ⓐ <u>구무마다</u> 피 흐르더니 ᄯᅡ해 ⓑ <u>것ᄆᆞᄅᆞ주거</u> 오래 잇거늘 그 어미 아ᄃᆞᆯ 마ᄌᆞ라 나와 아ᄃᆞᄅᆞᆯ 보니 ᄯᅡ해 디옛거늘 아ᄃᆞ릐 소ᄂᆞᆯ 자바 닐오ᄃᆡ 네 내 盟誓 드르라 ᄒᆞ고 닐오ᄃᆡ ᄀᆞᄅᆞᆷ므리 넙고 커 우희 흐를 믌겨리 잇ᄂᆞ니 사ᄅᆞᆷ 일우린 젹고 ㉯ <u>사ᄅᆞᆷ ᄒᆞ야ᄇᆞ리린 하도다</u> 나옷 너 나간 後에 너 爲ᄒᆞ야 날마다 五百 僧齋 ㉰ <u>아니 ᄒᆞ단 디면</u> 지븨 도라가 큰 病을 어더 닐웨 ⓒ <u>몯 디나셔</u> 주거 阿鼻大地獄애 드로리라

(*五百 僧齋(오백승재) : 오백 명의 승려를 집에 불러, 제사를 지내기 전에 하는 공양이다. *阿鼻大地獄(아비지옥) : 팔열 지옥(八熱地獄)의 하나.)

(가) [보기 8]에서 ㉮~㉰의 표현을 현대 국어로 직역하여 옮기시오. (단, 문맥에

생략된 격조사를 복원하여 옮길 것.)

㉮ (　　　　　　　　　　　　　　　　)
㉯ (　　　　　　　　　　　　　　　　)
㉰ (　　　　　　　　　　　　　　　　)

(나) ⓐ의 '구무마다'에서 일어나는 체언의 형태 변동 양상과 관련하여, 다음의 빈칸에 들어갈 말을 쓰시오. (단, 체언에 조사가 결합한 형태를 쓸 것.)

> (A) '구무마다'는 체언인 '구무'에 보조사인 '-마다'가 실현되었다. '구무마다'가 문장의 서술어인 '흐르더니'와 맺는 통사적인 관계를 감안하면, '구무마다'는 ㉡(　　　　)의 문장 성분으로 쓰였다.
>
> (B) 만일 '구무'에 보조사인 '-마다' 대신에 격조사를 실현한다면, 부사격 조사인 '-의셔'로 표현될 가능성이 있다. 이처럼 '구무'에 '-의셔'가 결합하면, ㉠(　　　　)의 형태로 실현되는 것이 일반적이다.

(다) ⓑ에 실현된 '것ᄆᆞᄅᆞ주거'의 단어가 형성된 방법과 관련하여, 다음의 빈칸에 들어갈 말을 쓰시오.

> ⓑ의 '것ᄆᆞᄅᆞ주거'는 어근인 ㉠'(　　　)'에 파생 접사인 ㉡'(　　　)'이/가 붙어서 형성되었는데, '것ᄆᆞᄅᆞ주거'는 ㉮의 '(　　　　　)'의 뜻을 나타낸다.

(라) ⓒ에 실현된 '몯 디나셔'를 긴 부정문의 형식으로 표현하시오.

(　　　　　　　　　　　　　　　　)

4.6. 두시언해 (杜詩諺解)

1. <두시언해> 초간본의 6권 2장에 수록된 내용과 관련하여, (가)~(바)의 물음에 답하시오.

[보기 1]

玉華宮

ⓐ<u>고온</u> 사ᄅᆞ미 누른 ᄒᆞᆰ기 ᄃᆞ외니 ⓑ(　　　) 粉黛ᄅᆞᆯ 비러 ᄡᅳ던 ⓒ<u>거시ᄯᆞ녀</u>
그 時節에 金輿ᄅᆞᆯ 侍衛ᄒᆞ던 녯 거슨 ᄒᆞ올로 ⓓ<u>잇ᄂᆞ닌</u> 돌 ᄆᆞ리로다
시름 오매 프를 ⓔ<u>지즐</u> 안자셔 훤히 놀애 ⓕ<u>블로니</u> 눉므리 소내 ᄀᆞᄃᆞᆨᄒᆞ도다
어른어른 녀ᄂᆞᆫ 긼 ᄉᆞᅀᅵ예 뉘 이 나ᄒᆞᆯ 기리 살 ⓖ사ᄅᆞᆷ(　　　)

美人爲黃土　　況乃粉黛假　　當時侍金輿　　故物獨石馬
憂來藉草坐　　浩歌淚盈把　　冉冉征途間　　誰是長年者

(*이 노래는 두보가 당 태종(唐太宗) 때에 지은 퇴락한 옛 궁전을 보고 인생의 무상함을 느껴 읊은 것이다.)

(*粉黛(분대) : 분을 바른 얼굴과 먹으로 그린 눈썹이다. 화장한 여인들의 모습을 비유했다. *金輿(금여) : 예전에 임금이 타던 수레이다. *侍衛(시위) : 임금이나 어떤 모임의 우두머리를 모시어 호위하는 것이다.

(가) ⓐ의 '고온'이 15세기 중반의 세종 시절에 실현되었던 형태를 추정하여서 쓰시오.

ⓐ(　　　　　　　)

(나) ⓒ의 '거시ᄯᆞ녀'에 필수적으로 호응하는 부사를 ⓑ에 설정된 빈칸에 쓰시오.

ⓑ(　　　　　　　)

(다) ⓓ의 '잇ᄂᆞ닌'을 형태소 단위로 분석하였을 때에, 다음의 빈칸에 들어갈 형태를 각각 쓰시오. (단, 변동된 형태는 변동된 대로 쓸 것. 그리고 #은 어절의 경계를 나타낸다.)

ⓓ 잇ᄂᆞ닌 : 잇- + ㉠-(　　　)- + ㉡-(　　　) # ㉢(　　　) + ㉣-(　　　)

(라) ⓔ에 실현된 '지즐'의 단어 형성 방법과 관련하여, 다음 글의 빈칸에 들어갈 말을 쓰시오. (단, ㉠에는 어근의 형태를 쓰고, ㉡에는 품사의 명칭을 쓸 것.)

> '지즐'은 동사 어근인 ㉠'(　　　　　)'에 무형의 파생 접미사가 붙어서 형성된 ㉡(　　　　　)이다. 이처럼 어근에 무형의 파생 접미사가 붙어서 실현되는 단어 형성 방법을 ㉮(　　　　　)(이)라고 한다.

(마) ⓕ의 '블로니'의 활용 형태와 관련하여, 다음 글의 빈칸에 들어갈 말을 쓰시오.

> '블로니'의 기본형은 '브르다'인데, 이는 어간인 ㉠'(　　　　　)'에 선어말 어미인 ㉡'(　　　　　)'와/과 어말 어미인 ㉢'(　　　　　)'이/가 붙어서 활용한 형태이다.

(바) 한문 원문과 언해문의 문맥을 고려하여, ⓖ의 빈칸에 들어갈 보조사의 형태를 쓰시오. (　　　　　)

2. <두시언해> 초간본의 7권 3장의 내용과 관련하여, (가)~(마)의 물음에 답하시오

[보기 2]

江村

ᄆᆞᆯᄀᆞᆫ ᄀᆞᄅᆞᇝ ᄒᆞᆫ 고ᄇᆡ ᄆᆞᅀᆞᆯᄒᆞᆯ 아나 흐르ᄂᆞ니 긴 ㉮녀ᄅᆞᇝ 江村애 일마다 幽深ᄒᆞ도다

ⓐ절로 가며 절로 오ᄂᆞ닌 집 우흿 ㉯져비오 서르 親ᄒᆞ며 서르 ⓑ갓갑ᄂᆞ닌 믌 가온ᄃᆡᆺ ᄀᆞᆯ며기로다

늘근 겨지븐 죠ᄒᆡᄅᆞᆯ 그려 쟝긔파ᄂᆞᆯ ᄆᆡᇰᄀᆞᆯ어ᄂᆞᆯ 져믄 아ᄃᆞᄅᆞᆫ 바ᄂᆞᄅᆞᆯ 두드려 고기 ⓒ낫ᄀᆞᆯ ⓓ낙ᄉᆞᆯ ᄆᆡᇰᄀᆞᄂᆞ다

한 病에 얻고져 ᄒᆞ논 바ᄂᆞᆫ 오직 藥物이니 져구맛 모미 이 밧긔 다시 므스글 求ᄒᆞ리오

清江一曲抱村流　長夏江村事事幽　自去自來梁上燕　相親相近水中鷗
老妻畵紙爲棋局　稚子敲針作釣鉤　多病所須唯藥物　微軀此外更何求

(*幽深(유심) : 그윽하고 깊다.)

(가) ㉮의 '녀름'의 의미와 관련하여, 다음 글의 빈칸에 들어갈 말을 쓰시오. (단, ㉢에는 어휘 사이의 의미 관계를 나타내는 용어를 쓸 것.)

> 15세기 국어에서 '녀름'은 ㉮에서처럼 ㉠'(   )'의 뜻을 나타내는 '녀름$_1$'과, ㉡'(   )'의 뜻을 나타내는 '녀름$_2$'가 쓰였다. 그런데 '녀름$_1$'과 '녀름$_2$'의 형태가 의미적인 관련성이 있는 것으로 판단한다면, '녀름$_1$'과 '녀름$_2$'는 의미적으로 ㉢'(   ) 관계'를 맺고 있는 것이다.

(나) ⓐ에 실현된 '절로'의 단어가 형성된 방법과 관련하여, 다음 글의 빈칸에 들어갈 말을 쓰시오. (단, ㉠과 ㉡에는 각 형태소의 기본 형태를 쓰고, ㉮와 ㉯에는 품사의 명칭을 쓸 것. 그리고 ㉢에는 구체적인 음소를 쓸 것.)

> '절로'는 대명사 어근인 ㉠(   )에 파생 접사인 ㉡(   )이/가 붙어서 형성된 단어이다. 여기서 ㉡의 본디 품사는 ㉮(   )이었는데, '절로'에서는 대명사를 ㉯(   )(으)로 파생하는 기능을 한다. 그리고 '절로'는 어근과 접사가 결합하면서 ㉢(/   /)의 음소가 첨가되었다.

(다) ⓑ의 '갓갑ᄂᆞ닌'을 아래와 같이 형태소 단위로 분석하였을 때에, ①과 ②의 물음에 답하시오. (단, '#'은 어절의 경계를 나타낸다.)

> <분석> ㉠(   )- + ㉡-(   )- + ㉢-(   ) # ㉣(   ) + ㉤-(   )

① 위의 <분석>에서 ㉠~㉤의 빈칸에 들어갈 형태를 쓰시오. (단, 변동된 형태는 변동된 대로 쓸 것.)

② ㉠의 빈칸에 들어갈 단어의 뜻과 품사의 명칭을 쓰고, 그렇게 판단한 형태론적인 근거를 쓰시오. (단, 품사의 명칭은 고등학교 문법에서 설정한 9품사의 명칭으로 쓸 것.)

- 의미 : (   )
- 품사 : (   )
- 근거 : (   )

(라) ㉯의 '져비오'에 나타난 음운 변동의 명칭을 쓰고, '져비오'에서 음운 변동이 일어난 조건을 설명하시오.

① 변동의 명칭 : (   )

② 변동의 조건 : (   )

(마) ⓒ의 '낫ᄀᆞᆯ'과 ⓓ의 '낙ᄉᆞᆯ'의 형태와 관련하여, 다음 글의 빈칸에 들어갈 말을 쓰시오. (단, 예문 (A)에서 밑줄 친 '낛구믈'의 형태를 참조할 것.)

(A) 錦水에셔 고기 낛구믈 時로 와 보ᄃᆡ [두언 24:21]

(B) [보기 2]의 '낫ᄀᆞᆯ'과 '낙ᄉᆞᆯ'은 다음과 같이 형태소 단위로 분석된다.

① 낫ᄀᆞᆯ : ㉠(   ) + ㉡-(   )
② 낙ᄉᆞᆯ : ㉢(   ) + ㉣-(   )

(C) 어간인 ㉠과 체언인 ㉢의 사이에서 나타나는 형태·의미적인 유사성을 감안하면, 어간인 ㉠과 체언인 ㉢에 공통적으로 실현되는 어근의 형태를 ㉮ '(   )'(으)로 설정할 가능성이 있다.

3. <두시언해> 초간본의 7권 66장에 수록된 내용과 관련하여, (가)~(다)의 물음에 답하시오.

[보기 3]

村夜

蕭蕭ᄒᆞᆫ ᄇᆞᄅᆞᆷ 빗 ⓐ 나조ᄒᆡ
ᄀᆞᄅᆞᇝ 그테 사ᄅᆞ미 녀디 아니ᄒᆞᄂᆞ다
ᄆᆞᅀᆞᆳ 방핫소리ᄂᆞᆫ 비 오ᄂᆞᆫ 밧긔셔 ᄲᆞᄅᆞ고
이웃짓 브른 바미 깁ᄃᆞ록 ⓑ 블갯도다

蕭蕭風色暮　江頭人不行　村舂雨外急　隣火夜深明

(*蕭蕭(소소) : 바람이나 빗소리 따위가 쓸쓸하다.)

(가) ⓐ의 '나조ᄒᆡ'를 형태소 단위로 분석할 때에, 다음의 빈칸에 들어갈 형태를 쓰시오.

ⓐ 나조ᄒᆡ : ㉠(   ) + ㉡-(   )

(나) [보기 1]에서 체언과 관형격 조사가 결합하는 과정에서, 체언의 기본 형태가 달라진 어절을 찾아서 모두 쓰시오. (   )

(다) ⓑ의 '블갯도다'의 형태가 통시적으로 변화하는 과정을 기술했을 때에, ㉠과 ㉡의 빈칸에 들어갈 어형을 쓰시오. (단, ㉠에는 본용언과 보조 용언이 구분된 형태를 쓸 것. 그리고 '밝았도다'는 현대어의 표기법으로 적은 것이다.)

㉠(   ) 〉 블갯도다 〉 ㉡(   ) 〉 밝았도다

4. <두시언해> 초간본의 10권 17장에 수록된 내용과 관련하여, (가)~(라)의 물음에 답하시오.

[보기 4]

絶句二數

(A) 긴 ᄒᆡ예 ᄀᆞᄅᆞᆷ과 뫼쾌 빗나니 ᄇᆞᆷᄇᆞᄅᆞ매 곳과 플왜 ⓐ곳답도다
ᄒᆞᆯᄀᆡ 노ᄀᆞ니 져비 ᄂᆞᆯ오 몰애 더우니 鴛鴦이 ⓑᄌᆞ오ᄂᆞᆺ다

一. 遲日江山麗 春風花草香 泥融飛燕子 沙暖睡鴛鴦

(B) ᄀᆞᄅᆞ미 ᄑᆞᄅᆞ니 새 더욱 ᄒᆡ오 뫼히 퍼러ᄒᆞ니 곳 비치 블븐ᄂᆞᆫ ᄃᆞᆺ도다
옰 보미 본ᄃᆡᆫ ᄯᅩ 디나가ᄂᆞ니 어느 나리 이 도라갈 ⓒᄒᆡ(   )

二. 江碧鳥逾白 山青花欲燃 今春看又過 何日是歸年

(가) 15세기 국어에서 나타나는 'ㅇ' 글자의 음가와 관련하여, 다음의 글의 빈칸에 들어갈 말을 쓰시오. (단, ㉠~㉣은 작품에 실현된 순서로 쓰고, ㉮에는 'ㅇ' 글자의 음가에 대한 명칭을 한글로 쓰고, ㉯에는 국제 음성 부호로 쓸 것.)

(A) 15세기 국어에서는 'ㅇ'은 대체로 음가가 없는 글자로 쓰였는데, 일부의 예를 보면 'ㅇ'을 무음가의 글자로 볼 수 없는 예들도 있다. 곧 'ㅇ'이 /ㄹ/, /ㅿ/, /ㅣ/, /j/와 그에 뒤따르는 모음 사이에서 실현될 때에는 무음가의 글자로 보기 어렵다.(고등학교 문법 2010:282)

(B) [보기 4]의 작품에서 표현된 ㉠(   ), ㉡(   ), ㉢(   )의 어절은 이러한 음가를 나타내는 'ㅇ' 글자가 실현된 예이다. 이들 어절에 쓰인 'ㅇ'의 음가는 ㉮(   )(으)로서, 국제 음성 부호(I.P.A)로 표기하면 ㉯([   ])로 표기한다.

(나) ⓐ의 '곳답도다'와 ⓑ의 'ᄌᆞ오ᄂᆞᆺ다'에서 문법적으로 동일하게 기능을 하는

선어말 어미의 형태를 찾아서 각각 쓰시오. (단, 변동된 형태는 기본 형태로 쓸 것.)

ⓐ (　　　　)　　　　　　ⓑ (　　　　)

(다) 위 작품에서 실현된 단어 중에서, 한시 원문에 강조 용법으로 쓰인 특정한 한자를 직역하여 표현한 것을 고르시오.

- (　　　　　　)

(라) 한문 원문을 참조하여, ⓒ에 설정된 빈칸에 들어갈 형태소의 형태를 쓰시오. (단, 변동된 형태는 기본 형태로 쓸 것.)

ⓒ (　　　　　　)

5. <두시언해> 초간본의 25권 26장에 수록된 내용과 관련하여, (가)~(라)의 물음에 답하시오.

[보기 5]

寓居同谷縣

나그내 나그내 字ㅣ 子美니
셴 머리예 어즈러운 터리 드리여 귀예 ㉮(　　　　)
ᄒᆡ마다 도ᄐᆞᆯ왐 주ᅀᅮ믈 나ᄇᆡ 조차 ⓐ ᄃᆞᆫ뇨니
하ᄂᆞᆯ히 칩고 ᄒᆡ 졈근 ⓑ 묏곬 소기로다
中原에 音書ㅣ 업서 도라가ᄆᆞᆯ 得디 몯호니
ⓒ ᄉᆞᆫ바리 어러 ᄠᅳ고 갓과 ᄉᆞᆯ쾌 주게라
슬프다 첫 놀애 블로매 놀애 ᄒᆞ마 슬프니
슬픈 ᄇᆞᄅᆞ미 날 爲ᄒᆞ야 하ᄂᆞᆯ로브터 오ᄂᆞ다

有客有客字子美　白頭亂髮垂過耳　歲拾橡栗隨狙公　天寒日暮山谷裏
中原無書歸不得　手脚凍皴皮肉死　嗚呼一歌兮歌已哀　悲風爲我從天來

(가) 본용언인 '디나다'와 보조 용언인 '잇도다'가 축약된 형태로서, [보기 5]에 제시된 ㉮의 빈칸에 들어갈 말을 쓰시오. (단, 본용언와 보조 용언의 축약되는 통시적인 과정을 고려하여, ㉮에 들어갈 말을 쓸 것.)

- 디나 잇도다 > 디냇도다 > ㉮ (　　　　　)

(나) ⓐ의 '돋뇨니'와 관련하여, 다음의 물음에 답하시오.

① '돋뇨니'를 다음과 같이 형태소 단위로 분석하였을 때에, ㉠~㉢에 들어갈 형태를 쓰시오.(단, 변동된 형태는 기본 형태로 쓸 것.)

[㉠(　　　)- + ㉡(　　　)-] + ㉢-(　　　)- + -니

② 위의 '문제 ①'에서 ㉢에 들어갈 형태소의 기능을 설명하시오.

(　　　　　　　　　　　　)

③ '돋뇨니'의 어간 내부에서 일어난 음운 변동의 명칭 두 가지를 쓰시오.

㉠(　　　　　)　　㉡(　　　　　)

(다) ⓑ의 '뫼곬'의 형태와 관련하여, 다음 글의 빈칸에 들어갈 말을 쓰시오.(단, (B)의 ㉮와 ㉯에는 표기나 문법적 단위를 나타내는 용어를 쓸 것.

(A) '뫼곬'은 ㉠'(　　　)'와/과 ㉡'(　　　)'의 두 어근이 결합하여서 형성된 합성 명사인데, 합성어가 형성되는 과정에서 어근 ㉠의 끝소리인 ㉢(/　　/) 음소가 탈락하였다.

(B) 15세기 국어에서 실현되었던 'ㅅ'은 두 가지의 기능을 한다. 곧, '뫼곬'에 실현된 두 개의 'ㅅ' 중에서 어근과 어근 사이에 실현된 'ㅅ'은 ㉮(　　　)이며, 합성 명사의 뒤에 실현된 'ㅅ'은 ㉯(　　　)이다.

(라) ⓒ에 밑줄 친 부분을 하나의 문장으로 가정하고, 다음 물음에 답하시오.

① 문장 ⓒ를 현대 국어로 직역하여 옮기시오.

(　　　　　　　　　　　　　　　　)

② 문장 ⓒ에서 '주게라'에 실현된 어미 '-게-'의 문법적인 기능과 관련하여, 글 (A)에 설정된 ㉠과 ㉡의 빈칸에 들어갈 말을 쓰시오.

(A) ⓒ 문장의 문장은 평서형 종결 어미인 '-라'가 문장의 끝에 실현되었지만, 의미나 기능적인 특징을 보면 감탄문으로 처리된다. 이는 문장의 서술어로 쓰인 동사의 어간인 '주-'에 ㉠(　　　)의 뜻을 표현하는 선어말 어미인 ㉡'(　　　)'이/가 실현되어 있기 때문이다.

(마) 15세기 국어에서 감탄문을 형성하는 방법과 관련하여, 글 (B)의 빈칸에 들어갈 선어말 어미의 형태를 쓰시오. (단, 변동된 형태는 기본 형태로 쓸 것.)

(A) ㄱ. 그듸내 貪心이 하도다 [석상 23:46]
ㄴ. 새 그를 어제 브텨 보내돗더라 [두언 23:29]
ㄷ. 이 男子ㅣ 精誠이 至極홀씨 보비를 아니 앗기놋다 [월석 1:11]
ㄹ. 우리둘토… 供養ᄒᆞᅀᆞᄫᅳ려 ᄒᆞ야 머리셔 오소이다 [석상 23:53]

(B) 15세기 국어에서는 현대 국어와는 달리, 서술어에 선어말 어미를 실현됨으로써 감탄문이 성립하는 경우가 있다. 곧, 예문 (A)에 실현된 ㉠ '( )', ㉡ '( )', ㉢ '( )', ㉣ '( )' 등의 선어말 어미는 그것이 실현된 문장을 감탄문으로 만드는 특징이 있다.

6. <두시언해> 초간본의 16권 52장에 수록된 내용과 관련하여, (가)~(다)의 물음에 답하시오.

[보기 6]

江南逢李龜年

ⓐ 岐王ㅅ 집 안해 샹녜 ㉮ 보다니 ⓑ 崔九의 집 알픽 몃 디윌 ㉯ 드러뇨
正히 이 江南애 風景이 됴ᄒᆞ니 곳 디는 時節에 ᄯᅩ 너를 ⓒ 맛보과라

岐王宅裏尋常見　崔九堂前幾度聞
正時江南好風景　洛花時節又逢君

(가) ⓐ의 '-ㅅ'과 ⓑ의 '-의'가 실현된 형태론적인 조건을 설명하시오. (단, ⓐ와 ⓑ에 나타나는 형태론적 조건에 한정하여 설명할 것.)

① '-ㅅ'이 실현된 조건 : ( )
② '-의'가 실현된 조건 : ( )

(나) ㉮에 실현된 '보다니'의 활용 형태를 고려하여, ㉯의 '드러뇨'의 활용 형태를 문법 규칙에 맞게 수정하고 '드러뇨'를 현대 국어로 직역하여 옮기시오.

① 활용 형태 : ( )
② 현대어 직역 : ( )

(다) ⓒ의 '맛보과라'의 어미와 관련하여, 다음 글의 빈칸에 들어갈 말을 쓰시오.

> '맛보과라'에서 선어말 어미인 '-과-'는 문법적으로 두 가지 기능을 한다. 곧, '-과-'는 ㉠(　　　　　)을/를 표현하는 기능과 ㉡(　　　　　)을/를 표현하는 기능을 함께 담당하고 있다.

7. 다음은 1632년에 간행된 <두시언해> 중간본의 3권 25장에 수록된 내용이다. 이와 관련하여 (가)~(마)의 물음에 답하시오.

[보기 7]

遣義

가지예셔 우ᄂᆞᆫ 곳고리ᄂᆞᆫ ⓐ갓가이 잇고
믌 ⓑᄀᆞ의 ①ᄠᅥᆺᄂᆞᆫ ᄀᆞᆯ며기ᄂᆞᆫ 가ᄇᆡ얍도다
ᄒᆞᆫ 길헨 ᄆᆡ햇 고지 뎻고
외로온 ⓒᄆᆞᄋᆞᆯ힌 봄 므리 나ᄂᆞᆺ다
늘근 나해 기장ᄋᆞ로 술 비주믈 ㉮뵈야고
ᄀᆞᄂᆞᆫ 비옌 ㉯가ᄉᆞ야 橙子ᄅᆞᆯ 옮겨 ②심교라
漸漸 사괴야 노ᄂᆞᆫ 사ᄅᆞ미 그추믈 ③깃노니
幽隱히 사로매 일후믈 ⓓ쓰디 아니ᄒᆞ노라

囀枝黃鳥近　泛渚白鷗輕　一徑野花落　孤村春水生
衰年催釀黍　細雨更移橙　漸喜交遊絶　幽居不用名

(가) ⓐ의 '갓가이'를 훈민정음이 창제된 당시(15세기 초중반)의 형태로 바꾸어 쓰시오. ⓐ(　　　　　)

(나) ⓑ의 'ᄀᆞ의', ⓒ의 'ᄆᆞᄋᆞᆯ힌', ⓓ의 '쓰디'가 1481년에 간행된 초간본에 표기되었을 형태를 추정하여 쓰시오.

ⓑ(　　　　　)　　ⓒ(　　　　　)　　ⓓ(　　　　　)

(다) ㉮의 '뵈야고'를 현대 국어로 직역하여 옮기시오. ㉮(　　　　　)

(라) ㉯의 '가ᄉᆞ야'의 품사의 명칭을 쓰고, 그 뜻을 현대 국어로 옮기시오.

㉠품사의 명칭 : (　　　　　)　㉡현대어 직역 : (　　　　　　　)

(마) ①~③의 용언에서 어간의 형태를 추출하여 쓰고, ①~③의 기본형을 현대어로 직역하여 옮기시오. (단, 변동된 어간의 형태는 기본 형태로 쓸 것.)

① 형태 : (　　　　　　) — 직역 : (　　　　　　)
② 형태 : (　　　　　　) — 직역 : (　　　　　　)
③ 형태 : (　　　　　　) — 직역 : (　　　　　　)

8. <두시언해> 중간본의 10권 6장에 수록된 내용과 관련하여, 다음의 물음에 답하시오.

[보기 8]

春望

나라히 破亡ᄒᆞ니 뫼콰 ᄀᆞᄅᆞᆷ ᄲᅮᆫ 잇고
잣 앉 보ᄆᆡ 플와 나모 ᄲᅮᆫ 기펫도다
時節을 感嘆호니 고지 ᄂᆞᆫ믈ᄅᆞᆯ ᄲᅳ리게 코
ⓐ여희여슈믈 슬호니 새 ⓑᄆᆞᄋᆞᄆᆞᆯ 놀래노다
烽火ㅣ 석 ᄃᆞᄅᆞᆯ ⓒ니어시니
지빗 音書ᄂᆞᆫ 萬金이 ㉮ᄉᆞ도다·
셴 머리ᄅᆞᆯ 글구니 ᄯᅩ ㉯뎌르니
다 빈혀ᄅᆞᆯ 이긔디 몯홀 ᄃᆞᆺ ᄒᆞ도다

國破山河在　城春草木深　感時花濺淚　恨別鳥驚心
烽火連三月　家書抵萬金　白頭搔更短　渾欲不勝簪

(가) 위 글에서 활용 형태를 잘못 표기한 용언을 찾아서, 올바르게 고쳐 쓰시오.

(　　　　　　)

(나) ⓐ의 '여희여슈믈'의 활용 양상과 관련하여, 글 (A)의 내용을 참조하여 ㉠의 빈칸에 들어갈 형태를 쓰시오. (단, 변동된 형태는 변동된 대로 쓸 것.)

(A) ⓐ의 '여희여슈믈'은 원래는 본용언과 보조 용언의 형태였다. 그러다가 15세기 후반 이후부터 차차로 본용언과 보조 용언의 형태가 하나의 어형으로 축약됨으로써, 근대 국어의 시기에는 '완료 지속'의 뜻을 나타내는 새로운 선어말 어미가 나타나게 되었다.

(B) ㉠ (　　　　　　) ＞ 여희여슈믈

(다) ⓑ의 'ᄆᆞᄋᆞᆯ'과 ⓒ의 '니어시니'가 <두시언해>의 초간본(1481년 간행)에 쓰인 형태를 쓰시오.

ⓑ ᄆᆞᄋᆞᆯ : (   )
ⓒ 니어시니 : (   )

(라) ㉮의 'ᄉᆞ도다'와 ㉯의 '뎌르니'를 각각 현대 국어로 직역하여 옮기시오.

㉮ ᄉᆞ도다 : (   )
㉯ 뎌르니 : (   )

제Ⅱ부 풀 이

제1장 훈민정음의 글자와 소리

1.1. <훈민정음 해례본>의 체제

1. (풀이)

㉠(종성법/終聲法)　　㉡(부서법/附書法)

2. (풀이)

㉠(제자해/制字解)　　㉡(합자해/合字解)　　㉢(용자례/用字例)

3. (풀이)

㉠(월인석보/月印釋譜)

4. (풀이)

(가) ㉠(쾌) ㉡(뀨) ㉢(볃)
(나) ㉠(쾌ᇰ) ㉡(뀨ᇹ) ㉢(벼ᇙ)

(다) <해례본>의 한자음 표기는 '동국정운식 한자음'이 표기에 반영되지 않았으나, <언해본>에서는 '동국정운식 한자음'이 표기에 반영되어 있다.

5. (풀이)

㉠(치두음/齒頭音)　　㉡(정치음/正齒音)

1.2. <훈민정음 해례본>의 내용

1.2.1. <훈민정음>의 '예의'

1. (풀이)

㉠(ㄲ, ㄸ, ㅃ, ㅉ, ㅆ, ㆅ) ㉡(전탁 / 全濁) ㉢(각자 병서 / 各自竝書)

2. (풀이)

㉠(ㆆ, ㆅ, ㅎ, ㅇ) ㉡(ㄹ) ㉢(ㅿ)

3. (풀이)

㉠(ㅗ, ㅏ, ㅜ, ㅓ) ㉡(ㅛ, ㅑ, ㅠ, ㅕ)

4. (풀이)

ⓐ(구축 / 口蹙) ⓑ(구장 / 口張)

5. (풀이)

(가) **초성 글자를 배열한 원리**: 첫째로 초성이 발음이 되는 '조음 위치(聲音, 七音)'에 따라서 '아음－설음－순음－치음－후음－반설음－반치음'의 순서로 배열하였다. 둘째로 동일한 조음 위치에서 나는 글자들을 배열하되, '소리 내는 방법(淸濁)'에 따라서 '전청 글자－병서(전탁) 글자－차청 글자－불청불탁 글자의 순서로 배열하였다.

(나) **중성 글자를 배열한 원리**: 첫째, 상형자(象形字)인 'ㆍ ㅡ ㅣ'를 양성, 음성, 중성의 순서로 배열하였다. 둘째, 초출자 'ㅗ ㅏ ㅜ ㅓ'와 재출자 'ㅛ, ㅑ, ㅠ, ㅕ'를 먼저 양성과 음성의 순으로 배열하였다. 그리고 이러한 조건하에서 초출자와 재출자는 '구축(口蹙)'의 글자를 먼저 배치하고, '구장(口張)'의 글자를 나중에 배치하였다.

6. (풀이)

㉠(연서법 / 連書法) ㉡(병서법 / 竝書法) ㉢(성음법 / 成音法)
㉣(부서법 / 附書法) ㉤(사성법 / 四聲法)

7. (풀이)

① 종성(終聲)은 초성(初聲)을 다시 쓴다.
② ㅇ를 입술소리(脣音)의 아래에 이어 쓰면 '입술 가벼운 소리(脣輕音)'가 된다.
③ 초성을 합쳐서 사용(合用)하려면 나란히 쓴다. 종성도 같다.
④ 'ㆍ, ㅡ, ㅗ, ㅜ, ㅛ, ㅠ'는 초성의 아래에 붙여 쓰고(附書), 'ㅣ, ㅏ, ㅓ, ㅑ, ㅕ'는 (초성의) 오른쪽에 붙여 쓴다.
⑤ 무릇 글자는 반드시 합쳐져야 소리(音)를 이룬다.
⑥ 왼쪽에 한 점(點)을 찍으면 거성(去聲)이요, 둘이면 상성(上聲)이요, (점이) 없으면 평성(平聲)이다. 입성(入聲)은 점을 찍는 것은 같으나 촉급(促急)하다.

1.2.2. <훈민정음>의 '해례'

1.2.2.1. 제자 원리

1. (풀이)

㉠(음양 / 陰陽) ㉡(오행 / 五行)

2. (풀이)

ⓐ(象) ⓑ(形)

3. (풀이)

㉠(가획 / 加劃) ㉡(합성 / 合成)

4. (풀이)

훈민정음에서 글자를 만드는 제자 원리로서 상형(象形)을 택한 것은 한자를 만든 기본 원리인 '육서(六書)'의 원리와 관련이 있다. 그런데 육서의 원리 중에서 상형이 가장 기본이 되는 제자 원리였으므로, 훈민정음에서도 글자를 만드는 원리로 상형을 기본으로 삼았다.

5. (풀이)

표의 문자인 한자가 실제 사물의 모양을 상형한 데에 반해서, 표음 문자인 훈민정음의 글자는 그 상형의 대상을 한자와는 다르게 했다. 곧 훈민정음의 상형자는 그것을 발음할 때의 발음 기관의 모양을 본떠서 'ㄱ, ㄴ, ㅁ, ㅅ, ㅇ'을 만들었다. 그리고 중성(모음)의 상형자는 우주와 인간 세계의 기본적인 구성 요소이면서 그 변화의 동인(動因)으로 작용하는 '하늘, 땅, 사람'의 '삼재(三才)'의 모양을 추상적으로 본떠서 만들었다.

1.2.2.2. 초성해

1. (풀이)

(가) ㉠(ㄱ) ㉡(ㄴ) ㉢(ㅁ) ㉣(ㅅ) ㉤(ㅇ)

(나) ㉠(ㄴ) ㉡(ㅁ) ㉢(ㅇ)

(다) ㉮(불청불탁 / 不淸不濁)

(라) ㉠ (ㆁ) ㉡ (ㄱ) ㉢ (ㅿ) ㉣ (ㅅ)

(마) 'ㆁ'과 'ㅿ' 글자가 나타내는 소리는 초성의 자리에서 실현될 때에, 동일한 위치에서 발음되는 'ㄱ'이나 'ㅅ'의 소리에 비하여 분포적인 제약이 컸다. 그러므로 쓰이는 빈도가 적어서 'ㆁ'과 'ㅿ'의 글자를 상형 글자로 잡지 않았다.

2. (풀이)

㉠(순음) ㉡(아음) ㉢(설음) ㉣(치음) ㉤(후음)

3. (풀이)

ⓐ(ㆁ) ⓑ(ㅌ) ⓒ(ㄹ) ⓓ(ㅍ) ⓔ(ㅈ) ⓕ(ㅿ)
ⓖ(ㅇ) ⓗ(ㆆ)

4. (풀이)

㉠(ㄴ) ㉡(ㅁ) ㉢(ㅇ) ㉮(불청불탁)
㉣(ㄱ) ㉤(ㅅ) ㉯(전청)

5. (풀이)

(가) ⓐ(ㅋ) ⓑ(ㆁ) ⓒ(ㄸ) ⓓ(ㅂ) ⓔ(ㅊ)
ⓕ(ㆆ) ⓖ(ㆅ) ⓗ(ㄹ) ⓘ(ㅿ)

(나) ㉠ 전청 : (예사소리 / 軟音) ㉡ 차청 : (거센소리 / 激音)
㉢ 전탁 : (된소리 / 硬音) ㉣ 불청불탁 : (울림소리 / 響音)

(다) [표 5]의 초성의 소리 체계에는 전탁의 /ㄲ, ㄸ, ㅃ, ㅉ, ㅆ, ㆅ/의 소리가 포함되어서 23자가 제시되었다. 반면에 [표 3]의 초성의 기본 글자 체계에는 'ㄲ, ㄸ, ㅃ, ㅉ, ㅆ, ㆅ'의 글자는 제외되어서 17자의 글자 체계를 이루었다.(이들 글자는 '각자 병서'의 글자로 처리되었다.)

6. (풀이)

㉠(ㄲ) ㉡(ㄸ) ㉢(ㅃ) ㉣(ㆆ) ㉮(동국정운식 한자음)

7. (풀이)

㉠(음절) ㉡(유성 후두 마찰음 / 후두 유성 마찰음)

8. (풀이)

㉠(ㆁ) ㉡(ㄹ) ㉢(ㅿ) ㉮(이체 / 異體)

9. (풀이)

㉠ (상형 / 象形) ㉡(가획 / 加劃)

10. (풀이)

(가) ⓐ(ㄲ) ⓑ(ㄸ) ⓒ(ㅃ) ⓓ(ㅉ) ⓔ(ㅆ) ⓕ(ㆀ)

(나) ㉠ (ㆅ)

11. (풀이)

㉠(ㅆ) ㉡(ㆅ)

12. (풀이)

(가) ⓐ(ㅸ, ㅱ, ㅹ, ㆄ)

(나) ㉠(ㅸ) ㉡(/β/)

(다) ‘ㅸ’은 유성음과 유성음 사이에서만 실현된다.

【참고】 ‘ㅸ’은 유성음과 유성음 사이에만 쓰여서 분포가 극히 제한적이다. 예를 들어서, ‘ᄀᆞᄅᆞᄫᅵ’에서는 모음과 모음 사이에 쓰였고, ‘열ᄫᅳᆫ’에서는 /ㄹ/과 모음 사이에 쓰였고, ‘우ᇫᄫᅳ니’에서는 /ㅿ/과 모음 사이에 쓰였고, ‘斗둫ᄫᆼ字’에서는 /ㅱ/ 다음에 실현되는 사잇소리 글자나 관형격 조사를 적는 글자로 쓰였다.

(라) ㉮(ㅱ)

【참고】 ‘ㅸ’은 한자음과 순우리말을 적는 데에 두루 쓰였으며, ‘ㅹ’과 ‘ㆄ’은 실제로 쓰인 예가 없다. 그리고 ‘ㅱ’은 ‘동국정운식 한자음’을 적는

데에만 쓰였다.

13. (풀이)

㉠(자모/字母, 성모/聲母) ㉡(운모/韻母) ㉮(ㆁ) ㉯(ㅓㅂ)

【참고】 운서(韻書)에서 한자의 음인 자운(字韻)을 성모(聲母)와 운모(韻母)로 구분하여 2분법으로 인식하고 있었다. 예를 들어서, '業(업)'은 성모인 'ㆁ'과 운모인 'ㅓㅂ'으로 구분된다. 그리고 '자모(字母)'란 중국 음운학에서 동일한 성모(聲母)를 가진 글자들 가운데에서 한 글자를 골라 그 대표로 삼은 글자이다. 곧 자모(字母)는 한자의 절음(切音)을 보이는 36글자인데, 예를 들어서 '見'으로써 /ㄱ/을, '端'으로써 /ㄷ/을, '疑'으로써 /ㆁ/을 나타내는 것과 같다.

14. (풀이)

㉠(설음/舌音) ㉡(치음/齒音) ㉢(반설(음)/半舌(音))
㉣(반치(음)/半齒(音))

15. (풀이)

㉠(17) ㉡(23) ㉮(동국정운/東國正韻)

16. (풀이)

㉠(ㆁ) ㉡(ㅿ) ㉢(ㆆ)
㉮(ㅇ) ㉯(ㅈ) ㉰(ㅊ)

17. (풀이)

㉠(ㆁ) ㉡(16) ㉢(16)

18. (풀이)

㉠(입성 /入聲) ㉡(이영보래/以影補來) ㉢(원각경언해/圓覺經諺解)

19. (풀이)

㉠(/ㅅ/)　　㉡(관형격 조사/ 사잇소리)

20. (풀이)

㉠(후음/ 喉音)　㉡(불청불탁/ 不淸不濁)
㉮(유성 후두 마찰음/ 후두 유성 마찰음/ 有聲喉頭摩擦音)　　㉯([ɦ])

21. (풀이)

㉠(치음/ 齒音)　㉡(/ts/)　　㉢(/dz/)

22. (풀이)

㉠(ㆆ)　　㉡(ㅸ)

【참고】 'ㆆ'은 단일 글자에 속하기는 했지만, 주로 '동국정운식 한자음'을 적는 데에 쓰였다. 그리고 초성의 자리에서는 순우리말의 단어를 적은 예가 없었기 때문에 용자례에서 제외되었다. 반면에 연서 글자인 'ㅸ'은 비록 단일 글자는 아니었지만, /ㅸ/이 음소의 자격을 갖추고 있었고 우리말을 표기하는 데에 널리 쓰였다는 점에서 '용자례'에 포함시켰다.

1.2.2.3. 중성해

1. (풀이)

㉠(합성/ 合成)　　㉡(합성/ 合成)　　㉢(합용/ 合用)

2. (풀이)

㉠(초출자/ 初出字)　　㉡(재출자/ 再出字)

3. (풀이)

㉠(단모음/ 單母音) ㉡(이중 모음 / 二重母音)

4. (풀이)

㉠(/ㅗ/) ㉡(/ㅏ/) ㉢(/ㅜ/) ㉣(/ㅓ/)

5. (풀이)

ⓐ 설축(舌縮) ㉠ 성심(聲深) ㉮ 후설 모음
ⓑ 설소축(舌小縮) ㉡ 불심불천(不深不淺) ㉯ 중설 모음
ⓒ 설불축(舌不縮) ㉢ 성천(聲淺) ㉰ 전설 모음

6. (풀이)

㉠(후설 저모음) ㉡(/ʌ/)

7. (풀이)

㉠(/ㅡ/) ㉡(/ㅏ/)

8. (풀이)

ⓐ(/ㅗ/) ⓑ(/ㅏ/) ⓒ(/ㅜ/) ⓓ (/ㅓ/)

9. (풀이)

㉠(합성 / 合成) ㉡(초출자 / 初出字)

10. (풀이)

ⓐ[ㅛ] ⓑ[ㅗ] ⓒ[ㅏ] ⓓ[ㅑ]
ⓔ[ㅠ] ⓕ[ㅜ] ⓖ[ㅓ] ⓗ[ㅕ]

11. (풀이)

(가) ⓐ(·) ⓑ(ㅣ) ⓒ(ㅡ)

(나) ⓐ(ㅏ) ⓑ(ㅗ) ⓒ(ㅓ) ⓒ(ㅜ)

(다) ⓐ(ㅑ) ⓑ(ㅛ) ⓒ(ㅕ) ⓓ(ㅠ)

12. (풀이)

ⓐ (성모/聲母, 자모/字母) ⓑ(운모/韻母)
㉠(초성) ㉡(중성) ㉢(종성)
㉮(음소 글자/음소 문자)

13. (풀이)

㉠(ㅗ, ㅏ, ㅜ, ㅓ) ㉡(ㅛ, ㅑ, ㅠ, ㅕ) ㉢(ㅘ, ㅝ, ㆇ, ㆊ)

14. (풀이)

㉠(·) ㉡(ㅣ) ㉢(ㅡ) ㉣(ㅣ)

15. (풀이)

①(ㆎ, ㅢ) ②(ㅚ, ㅐ, ㅟ, ㅔ) ③(ㅘ, ㅝ)
④(ㆉ, ㅒ, ㆌ, ㅖ) ⑤(ㆇ, ㆊ) ⑥(ㅙ, ㅞ) ⑦(ㆈ, ㆋ)

16. (풀이)

㉠(ㆎ, ㅢ, ㅚ, ㅐ, ㅟ, ㅔ, ㆉ, ㅒ, ㆌ, ㅖ) ㉡(ㅙ, ㅞ, ㆈ, ㆋ)

17. (풀이)

㉠(ㅐ, ㅒ, ㅔ, ㅖ, ㅘ, ㅚ, ㆇ, ㆉ, ㅝ, ㅟ, ㆊ, ㆌ, ㅢ, ㆎ)
㉡(ㅙ, ㅞ, ㆈ, ㆋ)

18. (풀이)

㉠/ ʌj / ㉡/ ɨj / ㉢/ oj / ㉣/ aj / ㉤/ uj / ㉥/ əj /
㉮/ joj / ㉯/ jaj / ㉰/juj/ ㉱/ jəj / ㉲/ waj / ㉳/ wəj /

1.2.2.4. 종성해

1. (풀이)

㉠(종성부용초성 / 終聲復用初聲)

2. (풀이)

㉠ 가ᇹ, 각, 갇, 갑, 갓, 갖 ; 갗, 갘, 같, 갚, 갛
㉡ 가ᇫ, 가ᇰ, 간, 갈, 감, 강

3. (풀이)

㉠(용비어천가 / 龍飛御天歌) ㉡(월인천강지곡 / 月印千江之曲)
㉮(팔종성가족용 / 八終聲可足用)

4. (풀이)

ⓐ(곳비) ⓑ(빗나시니이다) ⓒ(깁고)
ⓓ(낟) ⓔ(나랏 일훔)

5. (풀이)

ⓐ(빗곶) ⓑ(엿의갗)

6. (풀이)

ⓐ(낮과) ⓑ(앉거늘) ⓒ(곶) ⓓ(놓숩고)
ⓔ(곶비) ⓕ(높고) ⓖ(밭) ⓗ(좇거늘)

ⓘ(딮동)　ⓙ(깊고)　ⓚ(낯)　ⓛ(앉이)
ⓜ(손ᄋᆞ로)　ⓝ(안아)　ⓞ(숢을)　ⓟ(담아)

【참고】 '個'의 뜻을 나타내는 체언은 '낯'과 '낱'의 두 가지 기본 형태가 쓰였다. 여기서 팔종성법을 적용하면, 기본 형태가 '낯(個)'일 때에는 '낫'으포 표기했고, 기본 형태가 '낱(個)'일 때에는 '낟'으로 표기했다.

7. (풀이)

ⓐ(ㄱ)　ⓑ(ㄴ)　ⓒ(ㅂ)　ⓓ(ㅿ)　ⓔ(ㆆ)

8. (풀이)

㉠(/ㄷ/)　㉡(ㆆ)　㉢(ㅭ)

9. (풀이)

㉠(ㆆ)　㉡(ㄹ)　㉢(입성 / 入聲)

10. (풀이)

㉠(s˺)　㉡(16)　㉢(16)

1.2.2.5. 합자해

1. (풀이)

(가) ⓐ(ㆍ, ㅡ, ㅗ, ㅜ, ㅛ, ㅠ)
ⓑ(ㅣ, ㅓ, ㅏ, ㅕ, ㅑ)

(나) (成音)

【참고】 음소 글자인 훈민정음의 낱글자를 음절 단위로 모아서 쓰는 법을 '성음법(成音法)'이라고 한다. 이렇게 낱글자를 음절 단위로 모아서 쓰는 방법

으로써 초성에 중성에 붙여 쓰는 방법을 부서법(符書法)이라고 한다. 따라서 [보기 1]에서 제시된 부서법은 성음법에 따라서 실제로 글자를 모아서 표기하는 방법을 제시한 것이다.

2. (풀이)

㉠(병서 / 竝書)　　㉡(연서 / 連書)

3. (풀이)

㉠(ㄲ, ㄸ, ㅃ, ㅉ, ㅆ, ㆅ, ㆀ, ㅥ)　㉡(ㆀ)　　㉢(ㅥ)

4. (풀이)

(B)　㉠(ㄲ)　　㉡(ㄸ)　　㉢(ㅃ)　　㉣(ㅉ)　　㉤(ㅆ)
(C)　㉮(ㆅ)　　㉯(ㆀ)

【참고】 'ㆀ'는 / i /나 반모음인 / j / 앞에서만 실현되었다. 이 글자는 자음의 'ㅇ'의 된소리가 아니라, 중성인 / i /나 / j /를 긴장되게(된소리로) 발음하는 소리를 표기하였다. 그리고 'ㅥ'은 'ㄴ'이 길게 발음되는 [n :]의 소리를 나타내었다. (예) : 히ᅇᅧ, 미ᅇᅬᆫ, 믜ᅇᅵᆫ, 쥐ᅇᅧ ; 다ᄔᆞ니라, 슬ᄔᆞ니

5. (풀이)

(가) ①(ㅳ)　　②(ㅄ)　　③(ㅶ)　　④(ㅷ)
(나) ①(ㅺ)　　②(ㅻ)　　③(ㅼ)　　④(ㅽ)
(다) ①(ㅴ)　　②(ㅵ)

6. (풀이)

(가) ①(/ pts /)　　②(/sk/)　　③(/pst/)
(나) ①(/ ps /)　　②(/t'/)　　③(/pk'/)
(다) ①(ㅺ)—(ㄲ)　　②(ㅼ)—(ㄸ)　　③(ㅽ)—(ㅃ)
(라) ㉠(ㅻ)　　㉡(/ sn /)

7. (풀이)

㉠(붋- + -디)　　㉡(쉽- + -디)　　㉢(/pt/)

8. (풀이)

㉠(ᄡᆞᆯ)

㉮(ᄠ)　　㉯(ᄡ)　　㉰(ᄧ)　　㉱(ᄩ)

9. (풀이)

ⓐ(성음법 / 成音法)

【참고】 한자어를 훈민정음의 글자로 표기할 때에는, '凡字必合而成音'으로 기술된 '성음법(成音法)'의 규정에 따라서 반드시 초성, 중성, 종성을 갖추어서 적도록 하였다. 그런데 <훈민정음>의 '합자해'에서는 (A)의 규정으로 한자와 우리말을 섞어서 적는 경우에는, 예외적으로 중성이나 종성의 낱글자를 따로 적을 수도 있다고 하였다. 결과적으로 'ㅣ'와 'ㅅ'의 글자는 한 글자가 단독으로 쓰이게 되었는데, 이와 같은 표기는 성음법의 규정에서 벗어난 예외적 표기이다. 예를 들어서 한자어 '孔子'의 '子(ᄌᆞᇹ)'가 중성으로 끝난 음절이므로, 그 뒤에 반모음인 /j/로 소리 나는 주격 조사 '-ㅣ'가 결합하면 하나의 음절인 /ᄌᆡ/로 소리난다. 이렇게 '孔子'와 주격 조사인 '-ㅣ'가 결합된 음절인 /ᄌᆡ/를 소리대로 적으려면 '子ㅣ'로 적을 수밖에 없는데, 결과적으로 모음 'ㅣ'가 단독으로 쓰이게 되었다. 그리고 한자어 '魯'도 중성으로 끝난 음절이므로, 그 뒤에 관형격 조사인 '-ㅅ'이 결합하면 하나의 음절인 /롯/으로 소리난다. 이렇게 '魯'와 관형격 조사인 '-ㅅ'이 결합한 음절인 /롯/을 소리 나는 대로 적으려면 '魯ㅅ'으로 적어야만 했다.

10. (풀이)

(가) ①(ⓓ)　②(ⓒ)　③(ⓑ)　④(ⓐ)

(나) ⑤(ⓖ)　⑥(ⓗ)　⑦(ⓔ)　⑧(ⓕ)

【참고】 '녑(脅)'은 평성적 입성이며, ':돌(石)'은 상성이며, '벼(稻)'는 평성이며, '·키(箕)'는 거성이다.

11. (풀이)

①(ⓔ) ②(ⓒ) ③(ⓕ) ④(ⓓ) ⑤(ⓑ) ⑥(ⓐ)

12. (풀이)

㉠(ⓒ) ㉡(ⓐ) ㉢(ⓑ)

13. (풀이)

ⓐ(안이화) ⓑ(화이거) ⓒ(거이장) ⓓ(촉이색)

【참고】 <훈민정음 해례본>의 '합자해'에서는 사성에 따른 음성적 특징을 '安, 和, 擧, 壯, 促, 塞' 등의 한자로써 풀이하였다. 여기서 '평성, 상성, 거성'은 소리의 특징이 '安而和(안이화)－和而擧(화이거)－擧而壯(거이장)'으로 서로 관련을 지어서 기술하였으나, '입성'만은 '促而塞(촉이색)'으로 별도로 기술하였다. 이는 '평성, 상성, 거성'이 높낮이에 바탕을 둔 성조인 데에 반해서, 입성은 빨리 끊어지는 소리로서 음절의 길이에 바탕을 두었기 때문이다.

14. (풀이)

㉠(촉급 / 促急)
㉮(/ㄱ/) ㉯(/ㄷ/) ㉰(/ㅂ/)

15. (풀이)

㉠(반설 중음 / 半舌重音) ㉡(반설 경음 / 半舌輕音) ㉮(ᄛ)

16. (풀이)

'훈민정음'을 창제한 이들은 언어 현실에서 쓰이지 않았지만 'ᄼ'와 'ᄽ'와 같은 실험적인 글자를 만들었다. 'ᅟᆜ'나 'ᅟᆝ'와 같은 글자를 통하여 훈민정음이 조선의 국어나 한자의 표준 발음을 적는 데에 쓸 뿐만 아니라, 특수한 계층어나 지역 방언의 말소리도 다 적을 수 있는 실용적인 문자 체계라는 점을 과시하였다.

【참고】 이들 소리는 우리말에는 쓰이지 않으나, 간혹 아이들이나 시골 사람들의 말에서 이러한 소리를 간혹 들을 수 있는데, 'ㅣ'와 'ㆍ'의 글자를 합치거나 'ㅣ'와 'ㅡ' 글자를 합쳐서 'ᅟᆜ'나 'ᅟᆝ'처럼 적는다고 하였다. 그러나 이러한 소리가 당대의 현실 발음으로 존재했는지도 의문이며, 'ᅟᆜ'나 'ᅟᆝ'의 글자가 실제로 쓰인 예도 발견할 수 없다. 따라서 이 규정은 훈민정음 글자가 활용성이 높다는 것을 과시하는 선언적인 의미만 있다.

17. (풀이)

㉠ (부:톄) ㉢ (다:리)

1.3. 훈민정음의 표기법

1. (풀이)

㉠(ㅅ) ㉡(ㅿ , ㄱ , ㄷ , ㅂ , ㅸ , ㆆ)

2. (풀이)

①(ㄱ) ②(ㅂ) ③(ㆆ) ④(ㅿ) ⑤(ㅸ)
⑥(ㄷ) ⑦(ㆆ) ⑧(ㅿ)

【참고】 <월인천강지곡>에 쓰인 사잇소리 표기 글자는 앞말의 끝소리가 유성음일 때 나타나는데, 앞말의 끝소리의 종류와 뒷말의 첫소리의 종류에 따라서 'ㅿ, ㄱ, ㄷ, ㅂ, ㅸ, ㆆ' 등의 사잇소리 표기 글자가 선택되었다. 첫째, 뒷말의 첫소리가 유성음(모음, /ㄴ/, /ㄹ/, /ㅁ/)일 때는 유성 자음인 'ㅿ'을 사잇소리 글자로 사용하였다. 둘째, 뒷말의 첫소리가 무성의 예사소리(/ㄱ/, /ㄷ/, /ㅂ/, /ㅅ/, /ㅈ/)일 때는, 앞말의 끝소리와 동일한 조음 위치에서 발음되는 전청(全淸, 예

사소리)의 자음 글자인 'ㄱ, ㄷ, ㅂ, ㅸ, ㆆ' 등을 사잇소리를 표기하는 글자로 사용하였다. 곧 앞말의 끝소리가 아음(牙音)인 /ㆁ/일 때는 사잇소리를 표기하는 글자로서 아음의 전청 글자인 'ㄱ'을 사용하였고, 설음(舌音)인 /ㄴ/일 때에는 설음의 전청 글자인 'ㄷ'을, 순음(脣音)인 /ㅁ/일 때에는 순음의 전청 글자인 'ㅂ'을, 순경음 /ㅱ/일 때에는 순경음 'ㅸ'을, 모음이나 /ㄹ/일 때에는 후음의 전청 글자인 'ㆆ'을 사용했다.

3. (**풀이**)

㉠(ㄹ) ㉡(ㅿ)

【참고】 <석보상절>에는 아래의 (1)과 (2)처럼 8종성의 글자 이외에도 'ㄺ, ㄼ, ㄻ' 등의 'ㄹ' 겹받침이 쓰였으며, 'ㅿ' 글자가 종성에 쓰인 예가 있다.

(1) ㄱ. ᄒᆞᆰ과, 뭇ᄃᆞᆰᄒᆞᆫ 며느리
ㄴ. 엷디 아니ᄒᆞ며, 볿디 말라, 몬 숣뇌, 앏境
ㄷ. 옮겨, 옮디 아니호리니

(2) ㄱ. 아ᇫᄋᆞᆫ, 아ᇫ이, 아ᇫᄋᆡ, 아ᇫᄋᆞᆯ
ㄴ. ᄀᆞ장 ᄇᆡᇫ어, 우ᇫ브니

4. (**풀이**)

㉠(음소적) ㉡(형태 음소적)

5. (**풀이**)

㉠(ㄴ) ㉡(ㅁ) ㉢(ㄹ) ㉣(ㆁ) ㉤(ㅿ)
㉮(ㄴ) ㉯(ㅁ)

【참고】 <월인천강지곡>에는 8종성의 글자 이외에도 다음과 같은 글자가 종성의 자리에 쓰였다. 첫째, 기본 형태의 /ㅈ, ㅍ, ㅌ, ㅿ/ 따위가 종성의 자리에 쓰일 때에는 그 원형을 밝혀서 적었다.(보기 : 다ᄉᆞᆺ 곶 두 고지, 깊거다, 세 낱 붚, 우ᇫ노이다) 둘째, 체언과 조사가 결합할 때에 체언의 기본 형태의 종성이

유성 자음인 /ㄴ, ㅁ, ㄹ, ㆁ, ㅿ/인 것은, 이 소리들이 조사의 초성으로 발음될 경우에도 체언의 받침으로 표기하는 경우가 있다. 이에 따라서 체언과 조사의 경계를 구분하여 표기하였다.(보기 : 눈에, 믄님을, 일을, 죵ᄋᆞᆯ, 즛을) 셋째, 용언에서 어간의 종성이 /ㄴ, ㅁ/인 것은, 그것이 어미의 초성으로 소리나더라도 종성의 자리에 표기하는 경우가 있다. 이에 따라서 어간과 어미의 경계를 구분하여 표기하였다.(보기 : 안아, 안ᄋᆞ시니이다, 좀ᄋᆞ며, 담아)

6. (풀이)

㉠(낫과)　　㉡(낟과)

㉮(좇거늘)　　㉯(놉거늘)

1.4. <훈몽자회>의 '범례'

1. (풀이)

㉠(반절 / 半切)　　㉡(ㆆ)

【참고】 'ㆆ'의 글자는 '훈민정음'을 창제한 때부터 아주 제한된 환경에서만 쓰이다가 1465년(세조 11년)에 간행된 <원각경언해, 圓覺經諺解>에서부터 쓰이지 않았다. 따라서 16세기 초에 간행된 <훈몽자회>에서는 'ㆆ'를 자모 체계에서 제외하였다.

2. (풀이)

(가) ㉠(초성종성통용팔자 / 初聲終聲通用八字)
㉡(초성독용팔자 / 初聲獨用八字)
㉢(중성독용십일자 / 中聲獨用十一字)

(나) ⓐ 초성 자모 : (ㄱ, ㄴ, ㄷ, ㄹ, ㅁ, ㅂ, ㅅ, ㆁ)
ⓑ 초성 자모 : (ㅋ, ㅌ, ㅍ, ㅈ, ㅊ, ㅿ, ㅇ, ㅎ)

ⓒ중성 자모 : (ㅏ, ㅑ, ㅓ, ㅕ, ㅗ, ㅛ, ㅜ, ㅠ, ㅡ, ㅣ, ㆍ)

3. (풀이)

'초성종성통용팔자'인 'ㅂ' 글자의 명칭을 '非邑'처럼 두 음절의 글자로써 정했는데, 이는 이들 글자가 초성과 종성에서 다 쓰였기 때문이다. 반면에 '초성독용팔자'인 'ㅍ'은 초성으로만 쓰이므로, '皮'처럼 한 음절의 한자로 이름을 정했다.

【참고】 '非邑'에서 첫 글자인 '非'는 초성으로 쓰일 때의 글자의 음가를 나타내고, 두 번째 글자인 '邑'는 종성으로 쓰일 때의 글자의 음가를 나타낸다.

4. (풀이)

㉠(귿)　　㉡(옷)　　㉢(키)

5. (풀이)

㉠(초성종성통용)　　㉡(초성독용)

㉮(아음)　㉯(설음)　㉰(순음)　㉱(치음)　㉲(후음)

6. (풀이)

<훈민정음 해례본>에서는 입성에 대한 방점은 따로 규정하지 않았다. 따라서 입성 중에서 거성적 입성은 방점을 1개, 상성적 입성에는 점을 2개 찍었고, 평성적 입성에는 점을 찍지 않았다. 반면에 <훈몽자회>의 '범례'에서는 입성에 한 점을 찍게 한 것이 다르다.

【참고】 이러한 차이는 최세진의 <훈몽자회> 범례에서는 기본적으로 중국어를 기준으로 하여 한자의 성조를 설명했기 때문에 생긴 것으로 보인다. 곧 당시 중국 한자음의 입성은 거성의 높낮이를 가진 한자 중에서 음절의 끝소리가 /k, t, p/인 한자의 성조였으므로, <훈몽자회>의 '범례'에서는 중국 한자음에 따라서 거성과 입성은 모두 한 점을 찍어서 표기하도록 규정한 것이다.

제2장 단어

2.1. 형태소와 단어

1. (풀이)

(가) (혀), (-ㅅ), (긑), (-이), (우 : ←우ㅎ), (-ㅅ), (니), (-ㅅ), (머리),
(-예 : ←-에), (단 : ←닿-), (-ᄂᆞ-), (-니-), (-라 : ←-다)

(나) ①(혀), (긑), (우 : ←우ㅎ), (니), (머리)
②(단- : ←닿-)
③(없음)
④(-ㅅ), (-이), (-ㅅ), (-ㅅ), (-예 : ←-에), (-ᄂᆞ-), (-니-), (-라 : ←-다)

2. (풀이)

(가) ①

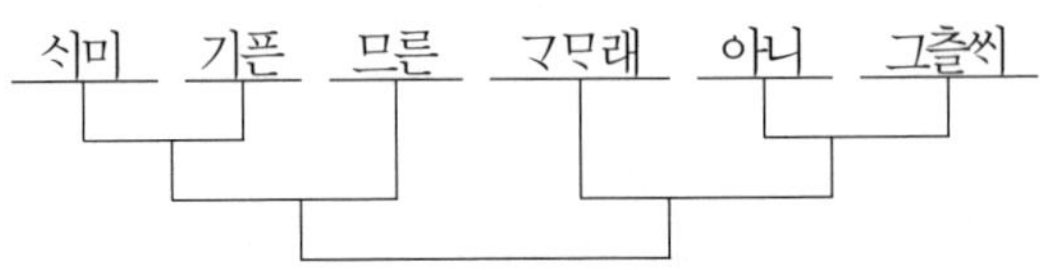

②

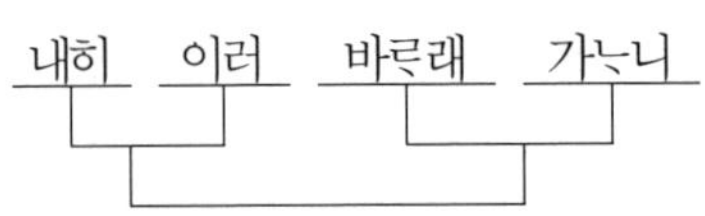

(나)

① 절[1] : ㉠(싀미 기픈 ᄆᆞᄅᆞᆫ ᄀᆞᄆᆞ래 아니 그츨씨)－(이어진 문장의 앞절)

---

1) '불휘 기픈 남ᄀᆞᆫ'에서는 속구조로 '(남기) 불휘 깊(다)'를 성립시켰으므로 '불휘'에 대한 서술절이 들어 있는 것으로 보았다. 그러나 '싀미 기픈'에서는 속구조에서 '*(ᄆᆞ리) 싀미 깊(다)'를 형성하지 못하므로, 생략된 주어인 'ᄆᆞ리'에 대한 서술절은 성립하지 않는다.

ⓛ(내히 이러 바르래 가ᄂᆞ니) —(이어진 문장의 뒷절)
ⓒ(식미 기픈) —(관형절)
ⓔ(내히 이러) —(이어진 문장의 앞절)

② 구: ㉠(식미 기픈 믈) —(명사구)
ⓛ(아니 그츨씨) —(동사구)
ⓒ(ᄀᆞᄆᆞ래 아니 그츨씨) —(동사구)
ⓔ(바ᄅᆞ래 가ᄂᆞ니) —(동사구)

③ 어절[2] : (식미), (기픈), (므른), (ᄀᆞᄆᆞ래), (아니), (그츨씨), (내히), (이러), (바ᄅᆞ래), (가ᄂᆞ니)

④ 단어 : (심: 명사), (-이: 조사), (기픈 : 형용사), (믈: 명사), (-은: 조사), (ᄀᆞᄆᆞᆯ : 명사), (-애: 조사), (아니: 부사), (그츨씨: 동사), (내ㅎ: 명사), (-이: 조사), (이러: 동사), (바ᄅᆞᆯ : 명사), (-애: 조사), (가ᄂᆞ니: 동사)

(다) (심), (-이), (깊-) , (-은), (믈), (-은), (ᄀᆞᄆᆞᆯ), (-애), (아니), (긏-), (-을씨), (내ㅎ), (-이), (일-), (-어), (바ᄅᆞᆯ), (-애), (가-) , (-ᄂᆞ-), (-니)

(라) ① 자립 형태소: (심), (믈), (ᄀᆞᄆᆞᆯ), (아니), (내ㅎ), (바ᄅᆞᆯ)
② 의존 형태소: (-이), (깊-), (-은), (-은), (-애), (긏-), (-을씨), (-이), (일-), (-어), (-애), (가-), (-ᄂᆞ-), (-니)
③ 실질 형태소: (심), (깊-), (믈), ᄀᆞᄆᆞᆯ, 아니, 긏-, 내ㅎ, 일-, 바ᄅᆞᆯ, 가-,
④ 형식 형태소: (-이), (-은), (-은), (-애), (-을씨), (-이), (-어), (-애), (-ᄂᆞ-), (-니)

3. **(풀이)**

(가) ㉠(건너셨습니다)
(나) ㉮(무형의 형태소)

---

2) 어절은 '최소 자립 형식(minimal free form)'이다. 곧 그 자체로는 자립 형식(free form)이지만, 그것을 '직접 성분'으로 분석하면 '의존 형식(bound form)'이 생기는 언어 형식이다.

【참고】 동사가 문장의 서술어로 쓰일 때에, 서술어에 시제 형태소가 실현되어 있지 않으면, 과거 시제의 선어말 어미가 '무형의 형태소'로 실현된 것이다. 따라서 '건너시니이다'에는 과거 시제의 선어말 어미인 '-Ø-'가 실현된 것으로 처리한다.

4. (풀이)

㉠(-고) ㉡(-ᄂᆞ-) ㉢(-니) ㉣(-음)

5. (풀이)

㉠(옳-) ㉡(넘-) ㉢(비릇-) ㉣(ᄂᆞ외-) ㉤(고초-)
㉮(-이) ㉯(-우)

6. (풀이)

(가) ①(-ㅣ, -를, -ᄅᆞᆯ)
②(-야, -어, -ᄂᆞ-, -오-, -니)

(나) ①(爲ᄒᆞ야) ⓐ(-ᄒᆞ-) ㉠(동사)
②(어엿비) ⓑ(-이) ㉡(부사)
③(새로) ⓒ(-로) ㉢(부사)

【참고】 '爲ᄒᆞ야, 어엿비, 새로'는 다음과 같이 형태소 단위로 분석된다.

① 爲ᄒᆞ야: 爲ᄒᆞ[위하다: 爲(불어) + -ᄒᆞ(동접)-]- + -야(←-아: 연어)
② 어엿비: [불쌍히(부사): 어엿브(불쌍하다: 형사)- + -이(부접)]
③ 새로: [새로(부사): 새(새것: 명사) + -로(부조▷부접)]

7. (풀이)

㉠(-이) ㉡(-ㅣ) ㉢(-Ø-) ㉣(니-)
㉮(음운론적 변이 형태) ㉯(형태론적 변이 형태)

【참고】 'ᄒᆞ니다(動)'나 'ᄃᆞ니다'에서 어근인 '니-'는 '녀-'가 변동된 형태이다.

2.2. 품사

2.2.1. 품사 분류의 기준

1. (풀이)

㉠(기능/형태) ㉡(형태/기능) ㉢(의미)
㉮(수사) ㉯(대명사) ㉰(명사)

2. (풀이)

㉠(서술어) ㉮(의미) ㉯(형태)

3. (풀이)

(B) ㉠(-ᄂᆞ-) ㉮(동사) ㉯(형용사)
(C) ①(가까워지는 것은) ②(가까우니라)

【참고】 동사에는 현재 시제의 선어말 어미인 '-ᄂᆞ-'가 실현될 수 있지만, 형용사에는 현재 시제의 선어말 어미로 무형의 형태소인 '-Ø-'가 실현된다. ⓐ의 'ᄀᆞᆺ갑ᄂᆞ닌'에는 현재 시제의 선어말 어미인 '-ᄂᆞ-'가 실현되었으므로, 이때의 'ᄀᆞᆺ갑다'은 동사로서 현대어로 '가까워지다'의 뜻을 나타낸다. 반면에 ⓑ의 'ᄀᆞᆺ가ᄫᆞ니라'는 무형의 형태소 '-Ø-'가 실현되어서 현재 시제를 표현하였다. 그러므로 이때의 'ᄀᆞᆺ갑다'는 형용사로서, 현대어로 '가깝다'의 뜻을 나타낸다. 참고로 'ᄀᆞᆺ갑ᄂᆞ닌'은 'ᄀᆞᆺ갑(가까워지다 : 형사)- + -ᄂᆞ(현시)- + -ㄴ(관전) # 이(의명) + -ㄴ(← -ᄂᆞᆫ : 보조사, 주제)'로 분석된다.

4. (풀이)

ⓐ(업수미) ⓑ (ᄠᅳᆮ) ㉮(부사) ㉯(관형사)

【참고】 ⓐ의 '진딧(= 진짜로)'은 형용사 '없다'의 명사형인 '업숨'을 수식하므로 부사로 처리된다. 그리고 '믈읫(= 모든)'은 명사인 'ᄠᅳᆮ'을 수식하므로 관형사

로 처리된다.

5. (풀이)

말ᄊᆞᆷ(체언, 명사) # -이(관계언, 조사) # 中國(체언, 명사) # -에(관계언, 조사) # 달아(용언, 형용사) # 文字(체언, 명사) # -와로(관계언, 조사) # 서르(수식언, 부사) # ᄉᆞᄆᆞᆺ디(용언, 동사) # 아니ᄒᆞᆯᄊᆡ(용언, 동사) # 이런(수식언, 관형사) # 젼ᄎᆞ(체언, 명사) # -로(관계언, 조사) # 어린(용언, 형용사) # 百姓(체언, 명사) # -이(관계언, 조사) # 니르고져(용언, 동사) # ᄒᆞᇙ(용언, 동사) # 바(체언, 명사) # -ㅣ(관계언, 조사) # 이셔도(용언, 동사) # ᄆᆞᄎᆞᆷ내(수식언, 부사) # 저(체언, 대명사) # -ㅣ(관계언, 조사) # ᄠᅳᆮ(체언) # -을(관계언, 조사) # 시러(수식언, 부사) # 펴디(용언, 동사) # 몯ᄒᆞᇙ(용언, 동사) # 놈(체언, 명사) # -이(관계언, 조사) # 하니라(용언, 형용사) 나(체언, 대명사) # -ㅣ(관계언, 조사) # 이(체언, 대명사) # -ᄅᆞᆯ(관계언, 조사) # 爲ᄒᆞ야(용언, 동사) # 어엿비(수식언, 부사) # 너겨(용언, 동사) # 새로(수식언, 부사) # 스믈(수식언, 관형사) # 여듧(수식언, 관형사) # 字(체언, 명사) # -ᄅᆞᆯ(관계언, 조사) # ᄆᆡᇰᄀᆞ노니(용언, 동사) # 사ᄅᆞᆷ(체언, 명사) # -마다(관계언, 조사) # ᄒᆡᅇᅧ(용언, 동사) # 수ᄫᅵ(수식언, 부사) # 니겨(용언, 동사) # 날로(수식언, 부사) # ᄡᅮᆷ(용언, 동사) # -에(관계언, 조사) # 便安킈(용언, 형용사) # ᄒᆞ고져(용언, 동사) # ᄒᆞᇙ(용언, 동사) # ᄯᆞᄅᆞᆷ(체언, 명사) # -이니라(관계언, 조사)

6. (풀이)

㉠(관형사) ㉡(부사) ㉢(부사) ㉣(감탄사) ㉤(명사)

【참고】 현대 국어에서 '새(新)'는 현대어에서는 관형사로만 쓰이지만, 15세기 국어에서는 쓰이는 환경에 따라서 '관형사(= 새), 부사(새로), 명사(= 새 것)'으로 쓰였다. ⓐ에서 '새'는 서술어인 '죽은'은 수식하기 때문에 '부사'로 처리된다. 그리고 현대 국어에서 '아니(不)'는 부사나 감탄사로 쓰이지만, 15세기 국어에서는 부사와 감탄사, 명사로 쓰인다. ⓑ에서 '아니'는 그 뒤에 목적격 조사인 '-ᄅᆞᆯ'이 쓰인 것을 감안하면 명사(= 아닌 것)로 쓰였다. "<u>아니</u> 이 行者 아니아 [육언 상:41]"에서 '아니'는 감탄사로 쓰인 예이다.

7. **(풀이)**

㉠(체언/명사) ㉡(용언) ㉢(부사)

2.2.2. 체언

1. **(풀이)**

ⓐ(관형어) ⓑ(목적어) ⓒ(주어) ⓓ(서술어) ⓔ(부사어)

2. **(풀이)**

(가) ①(어버ᅀᅵ, 놈, 그에, 어ᅀᅵ아ᄃᆞᆯ, 人生, ᄠᅳᆮ, 목숨, 것, ᄠᅳᆮ)
②(나, 우리)
(나) ① 자립 명사: (어버ᅀᅵ, 놈, 아ᅀᅵ아ᄃᆞᆯ, 人生, ᄠᅳᆮ, 목숨, ᄠᅳᆮ)
② 의존 명사: (그에, 것)

3. **(풀이)**

㉠(/ㄱ/) ㉡(/ㄷ/)

4. **(풀이)**

㉠(낡) ㉡(남기) ㉢(남ᄀᆞ로)
㉮(불무/붊) ㉯(녀느/녀) ㉰(구무/굶)

5. **(풀이)**

㉠(놀ㅇ) ㉡(놀ᄋᆞᆯ) ㉢(놀ᄋᆡ)

【참고】 '놀ㅇ'의 형태에서 [ㅇ]은 '유성 후두 마찰음'이다. 따라서 '놀ᄋᆞᆯ'이나 '놀ᄋᆡ'에서 제1 음절의 종성인 /ㄹ/이 둘째 음절로 연음되지 않았다.

6. (풀이)

㉠(흘르)   ㉡(흘리다)   ㉢(흘른)

7. (풀이)

㉠(앗이)   ㉡(앗이)

8. (풀이)

㉠(아비) ㉡(어미) ㉢(늘그늬) ㉣(아가) ㉮(유정 / 有情)

9. (풀이)

㉠(海東, 慶興) ㉡(바, 자히)

10. (풀이)

㉠(阿難이)   ㉡(-이)

11. (풀이)

① 보편성 : (㉢의 '바', ㉡의 '닷' ㉧의 '놈')
② 주어성 : (㉠의 '슻', ㉨의 '디')
③ 부사어성 : (㉣의 '거긔', ㉤의 '다비', ㉩의 '자히')
④ 단위성 : (㉥의 '셤', ㉦의 '낱', ㉪의 '홉', ㉫의 '디위')

【참고】 (ㅇ)에서 경과를 나타내는 의존 명사 '디(=지)'는 보편성 의존 명사인 'ᄃᆞ(=것, 까닭)'에 주격 조사인 '-ㅣ'가 결합된 '디'와는 그 뜻이 다르다. 또 '디'가 대상 표현의 선어말 어미인 '-오-/-우-'를 가지지 않은 관형사형에 실현되는 것도 'ᄃᆞ+-ㅣ'가 결합된 '디'와는 다르다. 따라서 시간이 경과를 나타내는 '디'는 'ᄃᆞ'와는 별도의 의존 명사로 처리한다.(허웅 1975:995)

12. (풀이)

(가) ⓐ 띠니라 : ㉠(ᄃᆞ) + ㉡(-이-) + ㉢(-니-) + ㉣(-다)
ⓑ 디 : ㉠(ᄃᆞ) + ㉡(-이)
③ 씨 : ㉠(ᄉᆞ) + ㉡(-이)
④ 씨라 : ㉠(ᄉᆞ) + ㉡(-이-) + ㉢(-다)

(나) 의존 명사인 'ᄃᆞ'와 'ᄉᆞ'의 뒤에 주격 조사인 '-이'와 서술격 조사인 '-이다'가 실현되었을 때에, 'ᄃᆞ'와 'ᄉᆞ'의 모음(중성)인 /ㆍ/가 탈락하였다.

【참고】

① 띠니라 : ᄃᆞ(것 : 의명) + -ㅣ(←-이- : 서조) + -니(객민)- + -라(←-다 : 평종)
② 디 : ᄃᆞ(것 : 의명) + -ㅣ(←-이 : 주조)
③ 씨 : ᄉᆞ(것 : 의명) + -ㅣ(주조)

13. (풀이)

㉠(ᄀᆞ장, 손ᄃᆡ, 이, 게)
㉮(ᄀᆞ장, 이) ㉯ (손ᄃᆡ, 게)

【참고】

① 나랏ᄀᆞ자ᅌᆞᆫ : 나라(명사) + -ㅅ(관조) # ᄀᆞ장(의명) + -ᄋᆞᆫ(보조사)
② 사ᄅᆞ미손ᄃᆡ : 사ᄅᆞᆷ(명사) + -ᄋᆡ(관조) # 손ᄃᆡ(의명)
③ 더ᄫᅳ니로 : 더ᄫᅳ(←덥다, ㅂ불 : 덥다, 暑)- + -은(관전) # 이(의명) + -로(부조)
④ ᄎᆞᆫ게 : ᄎᆞ(차다, 寒)- + -ㄴ(관전) # 게(의명)

'ᄀᆞ장'과 '이'는 문장 속에서 여러 가지 문장 성분으로 두루 쓰이므로 '보편성 의존 명사'이다. 반면에 '손ᄃᆡ'와 '게'는 부사어로만 쓰이므로 '부사어성 의존 명사'이다.

14. (풀이)

㉠(ᄃᆞ) ㉡(-ㅣ)
㉮(보편성) ㉯(부사어성)

【참고】 ⓐ에서 ‘디의’는 의존 명사인 ‘ᄃᆞ’와 조사인 ‘-ㅣ’로 분석되므로, 여기서 ‘ᄃᆞ’는 보편성 의존 명사이고 ‘-ㅣ’는 주격 조사이다. 반면에 ⓑ의 ‘디’는 부사어성 의존 명사로 처리한다.

15. (풀이)

㉠(셤)　㉡(가지)　㉢(되)　㉮(디위)　㉯(낟/낱)

16. (풀이)

(가)

	1인칭	2인칭	3인칭			
			정칭	미지칭	부정칭	재귀칭
단수				누	아모	ᄌᆞ갸
복수	우리	너희				

[표 16-1. 인칭 대명사의 종류]

(나)

	화자에 가까울 때	청자에 가까울 때	둘 다에 멀 때	미지칭	부정칭
사물	이	그	뎌	므슥, 어느, 현마	아모것
처소	이어긔, 이에	그어긔	뎡어긔, 뎌에	어드메	아모ᄃᆡ

[표 16-2. 지시 대명사의 종류]

17. (풀이)

㉠ (거성)　㉡ (상성)　㉢ (거성)　㉣ (상성)

18. (풀이)

㉠ (한/1)　㉡ (두/2)　㉢ (두/2)　㉣ (한/1)　㉤(두/2)

【참고】 ‘인칭 대명사’인 ‘나, 너, 저, 누’에 방점이 실현되는 양상은 다음과 같다.

대명사	주격	관형격	기타
나 (1인칭)	·내	내	나·와
너 (2인칭)	:네	네	너·를
저 (재귀칭)	:제	제	저·도
누 (미지칭)	·뉘	:뉘	누·고

19. (풀이)

㉠(주어) ㉮(저) ㉯(ᄌᆞ갸)

【참고】 'ᄌᆞ갸'는 '저(자기)'의 높임말인데, 현대 국어로는 재귀칭 대명사인 '당신'에 해당한다. <현대어 보기> 할아버님께서는 <u>당신</u>의 신념을 굽히지 않으셨다.

20. (풀이)

㉠(이) ㉡(그) ㉢(뎌)

21. (풀이)

㉠(날와) ㉡(눌와) ㉢(날로) ㉢(눌로)

【참고】 체언과 조사가 결합될 때에 /ㄹ/이 불규칙하게 덧난 예는 다음과 같다.

㉠ 四衆이 울워러 仁과 <u>날</u>와 보ᄂᆞ니 [석상 13:25]
㉡ 世間앳 이른 <u>눌</u>와 다ᄆᆞᆺ 議論ᄒᆞᄂᆞ뇨 [두언 21:23]
㉢ 엇뎨 <u>날</u>로 이에 니르러뇨 [법언 2:240]
㉣ 내 <u>눌</u>로 다ᄆᆞᆺᄒᆞ야 노니려 [두언 24:35]

22. (풀이)

㉠(다ᄉᆞᆺ) ㉡(다ᄉᆞᆺ차히) ㉯(-차히)

【참고】 서수사 중에서 '第一'에 대응되는 'ᄒᆞ나차히'의 형태는 15세기 문헌에서 발견되지 않는다. 그러나 '제11'과 '제12'의 뜻을 나타내는 '열ᄒᆞ나차히, 스믈ᄒᆞ나차히'의 서수사가 문헌에서 발견되므로, '第一'의 뜻을 나타내는 서수사

로서 '하나차히'를 설정할 수 있다.(월인석보 2:55 참조.) 또한 16세기 말에 간행된 <소학언해, 小學諺解>에서 'ᄒᆞ낫재'가 쓰인 것을 감안하면, 'ᄒᆞ나차히'가 15세기에 실제로 쓰였을 가능성이 아주 높다. 반면에 현대 국어에서는 양수사에 접미사인 '-째'가 붙어서 형성된 *하나째'라는 단어가 없고, 대신에 관형사인 '첫'에 '-째'를 붙여서 형성된 '첫째'가 쓰이고 있다.(보충법)(이기문 1998:159와 고영근 2010:84 참조.)

23. **(풀이)**

(가) ①(그듸내 : -내) ②(저희 : -희)
③(너희돌ㅎ : -희, -돌ㅎ) ④(門돌ㅎ : -돌ㅎ)
⑤(너희 : -희) ⑥(어마님내 : -내)
⑦(우리 : -Ø) ⑧(우리돌ㅎ : -Ø, -돌ㅎ)

(나) ('-내')

【참고】 ①의 '그듸내'와 ⑥의 '어마님내'에 실현된 파생 접사 '-내'는 반드시 높임의 대상에만 실현되는 특징이 있다.

(다) (보충법 / 補充法)

【참고】 특정한 단어의 '어형 변화 틀'에 빈칸이 생겼을 때에, 어원이 다른 단어의 형태를 빌려와서 빈칸을 메우는 문법적인 현상을 '보충법(補充法, suppletion)'이라고 한다. 예를 들어서 대명사의 복수 형태에 빈칸이 생겼을 때에 보충법이 적용되어서 메워질 수가 있다. 현대 국어의 대명사의 복수 표현에서 '저'와 '너'에는 접미사 '-희'를 실현시켜서 '저희, 너희'와 같은 복수 표현을 만든다. 하지만 '나'에는 '*나희'와 같은 어형이 나타나지 않으므로, 대신에 복수의 뜻을 나타내는 대명사인 '우리'로써 '어형 변화 틀'의 빈칸('*나희')을 메운다.

24. **(풀이)**

(가) 현대어의 공시태적인 관점에서는 ①과 ②의 현상을 다음과 같이 설명한다. 체언으로 된 어근인 '안'과 '밖', 그리고 '머리'와 '가락'이 합쳐서 합성어가

되면, 합성어의 두 어근 사이에 /ㅎ/이 첨가되어서 각각 '안팎'과 '머리카락'으로 실현되는 것으로 설명한다. 다만, 현대어의 공시적인 관점에서는 이들 합성어에 /ㅎ/이 첨가되는 현상을 적절하게 설명할 수 없다.

(나) 현대어의 '안'와 '머리'의 형태는 15세기 국어에서는 '안ㅎ'과 '머리ㅎ'이 었다. 따라서 '안ㅎ'과 '밖'이 합쳐져서 합성어가 될 때에는 '안팎'으로, '머리ㅎ'과 '가락'이 합쳐져서 합성어가 될 때에는 '머리카락'으로 실현된다. 현대어에서는 합성어인 '안팎'과 '머리카락'의 형태는 그대로 유지되었지만, '안ㅎ'과 '머리ㅎ'은 /ㅎ/이 탈락하여 각각 '안'과 '머리'로 형태가 바뀌었다. 그 결과 현대어에서는 '안'과 '밖'이 결합하여 '안팎'으로, '머리'와 '가락'이 결합하여 '머리카락'으로 실현되는 것이다.

【참고】 위의 내용을 다음과 같이 요약할 수 있다.

15세기 국어:	안ㅎ	+	밖	→	안팎	머리ㅎ	+	가락	→	머리카락
	⇩		⇩		⇩	⇩		⇩		⇩
현대 국어:	안	+	밖	→	안팎	머리	+	가락	→	머리카락

25. (풀이)

①(관형사)

②(현행의 <고등학교 문법(2010)>에서는 '품사의 통용'을 설정하고, 수량(數量)을 나타내는 말을 그 기능에 따라서 수사와 관형사로 구분한다. 곧, 그 뒤에 체언이 실현되면 '수 관형사'로 처리하며, 그 앞에 관형어 없이 단독으로 실현되면 수사로 처리한다. 이러한 처리 방식에 따르면 [보기 25]에 실현된 '스믈 여듧'은 체언인 '字'을 수식하고 있으므로, '관형사'로 처리하여야 한다.)

26. (풀이)

①(ᄢᅴ)

②('ᄢᅴ'는 명사인 'ᄢᅳ(때, 時)'에 부사격 조사인 '-의'가 결합하는 과정에서, 명사의 끝 모음인 /ㅡ/가 탈락하였다.)

2.2.3. 관계언

1. (풀이)

(가) (-ㅣ, -ᄅᆞᆯ, -ᄅᆞᆯ, -마다, -에, -이니라)

【참고】 -ㅣ(나+-ㅣ), -ᄅᆞᆯ(이+-ᄅᆞᆯ), -ᄅᆞᆯ(字+-ᄅᆞᆯ), -마다(사ᄅᆞᆷ+-마다), -에(ᄧᅳᆷ+-에), -이니라(ᄯᆞᄅᆞᆷ+-이니라)

(나) (부사 파생 접미사)

【참고】 '-로'는 원래는 '방편, 도구' 등의 뜻을 나타내는 부사격 조사였으나, '새로'와 '날로'에서는 부사를 파생하는 접미사로 쓰였다. 따라서 '새로'와 '날로'의 '-로'는 조사로 분석하지 않는다.

2. (풀이)

(가) 녯(녜+-ㅅ), 時節에(時節+-에), 菩薩이(菩薩+-이), 나라ᄒᆞᆯ(나라ㅎ+-ᄋᆞᆯ), 婆羅門을(婆羅門+-을), ᄌᆞ걋(ᄌᆞ갸+-ㅅ), 瞿曇ᄋᆡ(瞿曇+-ᄋᆡ), 오ᄉᆞᆯ(옷+-ᄋᆞᆯ), 深山애(深山+-애), 나라해(나라ㅎ+-애), 小瞿曇이라(小瞿曇+-이라)

(나) -ㅅ(관형격 조사), -에(부사격 조사), -이(주격 조사), -ᄋᆞᆯ(목적격 조사), -을(목적격 조사), -ㅅ(관형격 조사), -ᄋᆡ(관형격 조사), -ᄋᆞᆯ(목적격 조사), -애(부사격 조사), -애(부사격 조사), -이라(서술격 조사)

(다) 果實와(果實+-와), 믈와(믈+-와)

(라) 오ᄉᆞ란(옷+-ᄋᆞ란)

3. (풀이)

ⓐ: (ᄠᅳᆮ) + (-이라)　ⓑ: (ᄉᆞ) + (-ㅣ라)　ⓒ: (소리) + (-Ø라)

4. (풀이)

㉠(-이)　㉡(-Ø)　㉢(-ㅣ)　㉮(음운론적 변이 형태)

5. (풀이)

(-ㅅ : 관형격 조사), (-Ø : 주격 조사), (-ㅣ : 주격 조사), (-올 : 목적격 조사)
(-에 : 부사격 조사)

【참고】 ① 넷 : 네(예전 : 명사) + -ㅅ(관조)
② 가히 : 가히(개 : 명사) + -Ø(주조) ※ '가히(개, 犬)'는 끝 음절이 /ㅣ/로 끝났으므로, 주격 조사의 무형의 변이 형태로서 '-Ø'를 설정한다.
③ 내 : 나(나 : 인대) + -ㅣ(주조)
④ 도라오몰 : 도라오(돌아오다 : 동사)- + -옴(명전) + -올(목조)
⑤ 기슬게 : 기슭(기슭 : 명사) + -에(부조)

6. (풀이)

ⓐ(긔벼를) ⓑ(나라홀) ⓒ(法을) ⓓ(太子룰)
㉠(가칠) ㉡(位ㄹ)

7. (풀이)

(가) ⓐ(仙人이) ⓑ (軍馬ㅣ) ⓒ(일히) ⓓ(벼스리) ⓔ(가지)

(나) ①(-이 : 앞 체언의 끝소리가 자음일 때에 실현된다.)
②(-ㅣ : 앞 체언의 끝소리가 /ㅣ/, /j/ 이외의 모음일 때에 실현된다.)
③(-Ø : 앞 체언의 끝소리가 /ㅣ/, /j/일 때에 실현된다.)

8. (풀이)

㉠(할믹) ㉡(그려긔)

【참고】 ㉠ 핢(← 할미 : 할머니) + -익(관조)
㉡ 그력(← 그려기 : 기러기) + -의(관조

9. (풀이)

㉠(무정 명사) ㉡(유정 명사) ㉮(유성음)

10. (풀이)

㉠(관형절) ㉮(명사절) ㉡(주어) ㉯(목적어)

11. (풀이)

(가) ⓐ(-예) ⓑ(-에) ⓒ(-애)

(나) ⓐ: (앞 체언에 실현된 끝 음절의 중성이 /ㅣ/나 /j/일 때)
ⓑ: (앞 체언에 실현된 끝 음절의 중성이 '양성 모음'일 때)
ⓒ: (앞 체언에 실현된 끝 음절의 중성이 '음성 모음'일 때)

12. (풀이)

㉠(ⓑ, ⓓ) ㉡(ⓐ, ⓒ, ⓔ)
㉮(유정 체언) ㉯(무정 체언)

13. (풀이)

㉠(조사) ㉡(조사) ㉢(명사) ㉮(연결형)

【참고】 '-씌'와 '-ᄃᆞ려'는 부사격 조사이다. '-씌'는 관형격 조사인 '-ㅅ'에 부사성 의존 명사인 '긔'가 붙어서 형성되었으며, '-ᄃᆞ려'는 동사인 'ᄃᆞ리다'의 어간에 연결 어미인 '-어'가 붙어서 조사로 파생되었다.

14. (풀이)

㉠(-아/-야) ㉡(-이여/-ㅣ여/ -여) ㉢(-하)

15. (풀이)

(가) ⓐ(-아) ⓑ(-아/-야)

(나) 15세기 국어에서 호격 조사인 '-아'는 자음과 모음으로 끝나는 체언 뒤에 두루 실현되는 반면에, '-야'는 모음으로 끝나는 체언에만 실현된다. 반면에 현대 국어에서는 '-아'는 자음으로 끝나는 체언 뒤에만 실현되고, '-야'는 모음

으로 끝나는 체언에만 실현된다.

16. (풀이)

㉠(-ㅣ여) ㉡(-여) ㉢(-이여)

17. (풀이)

ⓐ(-와) ⓑ(-와) ⓒ(-과) ⓓ(-왜)
㉠(-콰) ㉡(-콰를)
㉮(-과) ⓑ(-와로)

18. (풀이)

㉠(부사격) ㉡(접속 조사) ㉮(비교) ㉯(명사구)

19. (풀이)

ⓐ(자음/모음) ⓑ(모음/자음) ⓒ(양성 / 음성) ⓓ(음성 / 양성)
㉠(음운론적) ㉡(수의적/임의적)

20. (풀이)

ⓐ: (ᄀᆞᄅᆞ치) + (ᄂᆞ) + (ㄴ) # (이) + (ᄂᆞᆫ)
ⓑ: (니를) + (이) + (ᄂᆞᆫ)
ⓒ: (이시) + (어) + (ᄂᆞᆫ)

【참고】 위의 ⓐ, ⓑ, ⓒ의 형태소 분석 방법을 부연하여 설명하면 다음과 같다.

ⓐ ᄀᆞᄅᆞ치ᄂᆞ닌: ᄀᆞᄅᆞ치(가르치다: 어간)- + -ᄂᆞ(현재 시제 선어말 어미)- + -ㄴ(관형사형 전성 어미) # 이(의존 명사) + -ㄴ(←-ᄂᆞᆫ : 보조사)
ⓑ 니르리ᄂᆞᆫ : 니를(이르다: 어간)- + -이(부사 파생 접미사) + -ᄂᆞᆫ(보조사)
ⓒ 이션: 이시(있다: 어간)- + -어(연결 어미) + -ㄴ(←-ᄂᆞᆫ : 보조사)

21. (풀이)

㉠(보조적 연결 어미/연결 어미) ㉡(-디)

22. (풀이)

(가) ⓐ(부텨+-ㅣ-+-ᅀᅡ) ⓑ(놈+-ᄋᆞ란)
ⓒ(잡-+-아+-다가) ⓓ(다시+-곰)

(나) ⓐ(조사) ⓑ(명사) ⓒ(용언의 연결형) ⓓ(부사)

【참고】ⓐ~ⓓ를 형태소 단위로 분석하고 각 형태소의 명칭을 구체적으로 밝히면 다음과 같다.

ⓐ 부톄ᅀᅡ: 부텨(명사)+-ㅣ(주격 조사)-+-ᅀᅡ(보조사)
ⓑ ᄂᆞᄆᆞ란: 놈(대명사)+-ᄋᆞ란(보조사)
ⓒ 잡아다가: 잡(어간)-+-아(연결 어미)+-다가(보조사)
ⓓ 다시곰: 다시(부사)+-곰(보조사)

23. (풀이)

(가) ①: (ⓑ, ⓔ) ②: (ⓐ, ⓒ, ⓓ, ⓕ, ⓖ)

(나) ①: (체언) ②: ('부사' 혹은 '용언의 연결형')

24. (풀이)

㉠(ᄒᆞ물며)

25. (풀이)

ⓐ(-가) ⓑ(-오) ⓒ(-고) ⓓ(-가) ⓔ(-아)

26. (풀이)

㉠(부사어) ㉡(주어) ㉢(목적어) ㉣(보조사)

27. (풀이)

(가) ㄱ. 얻는 藥이 무엇인가 (현대 국어의 번역)
ㄴ. 이 딸이 너희의 종인가 (현대 국어의 번역)

(나) 첫째, 현대어에서는 체언 뒤에는 반드시 서술격 조사 '-이다'의 어간이 실현된 다음에 의문형 어미 '-ㄴ가'가 실현된다. 반면에 15세기 국어에서는 '므스것고'나 '죵가'처럼 체언에 의문 보조사인 '-고'와 '-가'가 직접 붙어서 실현된다. 둘째, 현대 국어에서는 판정 의문문이나 설명 의문문에 관계없이 의문형 어미의 형태가 동일하다. 반면에 15세기 국어에서는 '설명 의문문'에서는 '-고'가 쓰이고 '판정 의문문'에서는 '-가'가 쓰여서 의문문의 형태가 구분된다.

28. (풀이)

(ㄱ) [가ᄉᆞᆷ과애 : -과(접속 조사) + -애(부사격 조사)]
(ㄴ) [님과ᄂᆞᆫ : -과(접속 조사) + -ᄂᆞᆫ(보조사)]
(ㄷ) [부텨왜ᅀᅡ : -와(접속 조사) + -ㅣ(주격 조사) + -ᅀᅡ(보조사)]
(ㄹ) [法엣 : -에(부사격 조사) + -ㅅ(관조), 오시ᅀᅡ : -이(주격 조사) + -ᅀᅡ(보조사)]
(ㅁ) [나라해션 : -애(부사격 조사) + -셔(보조사) + -ㄴ(보조사)]
(ㅂ) [德괘 : -과(접속 조사) + -ㅣ(주격 조사)]
(ㅅ) [아ᄌᆞ마닚긔와 : -ᄭᅴ(부사격 조사) + -와(접속 조사)]
(ㅇ) [中國애션 : -애(부사격 조사) + -셔(보조사) + -ㄴ(보조사)]
(ㅈ) [ᄀᆞᅀᆡ다가 : -애(부사격 조사) + -다가(보조사)]
(ㅊ) [ᄯᅡ쾌여 : -과(접속 조사) + -ㅣ여(호격 조사)]
(ㅋ) [오ᄂᆞᆯ왜 : -와(접속 조사) + -ㅣ(주격 조사)]

29. (풀이)

(ㄱ) [두고ᅀᅡ : 두(어간)- + -고(연결 어미) + -ᅀᅡ(보조사)]
(ㄴ) [빅호다가도 : 빅호(어간)- + -다가(연결 어미) + -도(보조사)]
(ㄷ) [니르러ᄂᆞᆫ : 니를(어간)- + -어(연결 어미) + -ᄂᆞᆫ(보조사)]
(ㄹ) [救티옷 : 救ᄒᆞ(어간)- + -디(연결 어미) + -옷(보조사)]

(ㅁ) [ᄇᆞ리고브터 : ᄇᆞ리(어간)- + -고(연결 어미) + -브터(보조사)]

(ㅂ) [가져다가 : 가지(어간)- + -어(연결 어미) + -다가(보조사)]

(ㅅ) [우러곰 : 울(어간)- + -어(연결 어미) + -곰(보조사)]

30. (풀이)

㉠(관형절) ㉡(명사절) ㉮(유정 명사)

ⓐ(轉輪王이) ⓑ(父母ㅣ) ⓒ(부톄)

【참고】 '轉輪王, 父母, 부텨'가 명사절이나 관형절 속에서 의미상으로 주어로 쓰이므로, 명사에 주격 조사를 결합하면 각각 '轉輪王이', '父母ㅣ', '부톄'의 형태로 실현된다.

31. (풀이)

ⓐ(-마른)

32. (풀이)

ⓐ(안좀과) ⓑ(겨지비) ⓒ(고매)

【참고】 ⓐ에서 접속 조사인 '-과'가 생략되었으며, ⓑ와 ⓒ에는 보격 조사의 변이 형태인 '-이'와 '-ㅣ'가 생략되었다.

33. (풀이)

(가) ㉠(ᄣᅳ) ㉡(-의)

(나) ㉮(명사) ㉯(조사)

(다) (/으/ 탈락)

【참고】 예를 들어서 "밤낫 여슷 ᄣᅳ로 和雅ᄒᆞᆫ 소리를 내ᄂᆞ니 [월석 7:66]"에서 'ᄣᅳ로'는 명사인 'ᄣᅳ'에 부사격 조사인 '-로'가 결합된 형태이다. 따라서 [보기 31]에 제시된 'ᄣᅴ'는 명사인 'ᄣᅳ'에 부사격 조사인 '-의'가 결합하는 과정에서 명사 'ᄣᅳ'의 중성인 /ㅡ/가 탈락한 형태이다.

2.2.4. 용언

1. (풀이)

(가) ① 달아 : 다ᄅᆞ(어간)- + -아(어미)
② ᄉᆞᄆᆞᆺ디 : ᄉᆞᄆᆞᆾ(어간)- + -디(어미)
③ 아니ᄒᆞᆯ씨 : 아니ᄒᆞ(어간)- + -ㄹ씨(어미)
④ 어린 : 어리(어간)- + -ㄴ(어미)
⑤ 니르고져 : 니르(어간)- + -고져(어미)
⑥ 호ᇙ : ᄒᆞ(어간)- + -오ᇙ(어미)
⑦ 이셔도 : 이시(어간)- + -어도(어미)
⑧ 펴디 : 펴(어간)- + -디(어미)
⑨ 몯ᄒᆞᆯ : 몯ᄒᆞ(어간)- + -ㄹ(어미)
⑩ 하니라 : 하(어간)- + -니라(어미)
⑪ 爲ᄒᆞ야 : 爲ᄒᆞ(어간)- + -야(어미)
⑫ 너겨 : 너기(어간)- + -어(어미)
⑬ ᄆᆡᇰᄀᆞ노니 : ᄆᆡᇰᄀᆞᆯ(어간)- + -노니(어미)
⑭ 니겨 : 니기(어간)- + -어(어미)
⑮ ᄡᅮᆷ : ᄡᅳ(어간)- + -움(어미)
⑯ 便安킈 : 便安ᄒᆞ(어간)- + -긔(어미)
⑰ ᄒᆞ고져 : ᄒᆞ(어간)- + -고져(어미)
⑱ 호ᇙ : ᄒᆞ(어간)- + -ㅭ(어미)
⑲ (ᄯᆞᄅᆞᆷ)이니라 : -이(어간)- + -니라(어미)

(나) ① 달아 : -아(어말)
② ᄉᆞᄆᆞᆺ디 : -디(어말)
③ 아니ᄒᆞᆯ씨 : -ㄹ씨(어말)
④ 어린 : -ㄴ(어말)
⑤ 니르고져 : -고져(어말)
⑥ 호ᇙ : -오(선어말)- + -ㅭ(어말)
⑦ 이셔도 : -어도(어말)
⑧ 펴디 : -디(어말)
⑨ 몯ᄒᆞᆯ : -ㄹ(어말)
⑩ 하니라 : -니(선어말)- + -라(어말)
⑪ 爲ᄒᆞ야 : -야(어말)
⑫ 너겨 : -어(어말)
⑬ ᄆᆡᇰᄀᆞ노니 : -ᄂᆞ(선어말)- + -오(선어말)- + -니(어말)
⑭ 니겨 : -어(어말)
⑮ ᄡᅮᆷ : -움(어말)
⑯ 便安킈 : -긔(어말)
⑰ ᄒᆞ고져 : -고져(어말)
⑱ 호ᇙ : -ㅭ(어말)
⑲ 이니라 : -니(선어말)- + -라(어말)

2. (풀이)

㉠ (-ᄂᆞ-) ㉡ (-다) ㉢ (-라) ㉮ (지정사/ 잡음씨)

3. (풀이)

ⓐ(-어-) ⓑ(-러-) ⓒ(-오-) ⓓ(-ᄂᆞ-)
ⓔ(-롬) ⓕ(-라ᅀᅡ)

4. (풀이)

㉠(다ᄋᆞ거다) ㉡(일허다)

【참고】 주관적 믿음 표현의 선어말 어미는 타동사의 어간 뒤에서는 '-아-/-어-'로 실현되고, 자동사의 어간 뒤에서는 '-거-'로 실현된다. 그리고 '오다'의 어간 뒤에는 '-나-'로 실현된다. 이들 변이 형태는 모두 형태론적 변이 형태이다.

5. (풀이)

(가) ⓐ(흩어져야) ⓑ(흩어)

(나) ㉠(자동사) ㉡(타동사) ㉢(능격 동사, 能格動詞)

6. (풀이)

(가) ⓐ(비취다), (비치다) ⓑ(닫다), (닫다)
ⓒ(겄다), (걱다) ⓓ(겄다), (꺾이다/ 꺾어지다)
ⓔ(비취다), (비추다) ⓕ(닫다), (닫히다/ 닫아지다)

(나) ①(ⓐ, ⓓ, ⓕ)
②(ⓒ, ⓑ, ⓔ)

7. (풀이)

(가) ㉠(븕다) ㉡(모딜다) ㉢(다ᄅᆞ다) ㉣(알ᄑᆞ다)

(나) ㉮(이러ᄒᆞ다) ㉯(그러ᄒᆞ다) ㉰(뎌러ᄒᆞ다) ㉱(엇더ᄒᆞ다)
㉲(아ᄆᆞ라ᄒᆞ다)

8. (풀이)

㉠(이시다) ㉡(잇다)

9. (풀이)

㉠(니를다) ㉡(니르다)

10. (풀이)

㉠(-아/-어/-여/-야) ㉡(-게/-긔/-에/-의) ㉢(-고/-오)
㉮(-디) ㉯(-돌)
①(ᄒᆞ다)

11. (풀이)

(가) (아니ᄒᆞᆯ씨), (ᄒᆞᇙ), (몯ᄒᆞᇙ), (ᄒᆞ고져), (ᄒᆞᇙ)

(나) ① 보조 동사: (아니ᄒᆞᆯ씨, ᄒᆞᇙ, 몯ᄒᆞᇙ, ᄒᆞ고져, ᄒᆞᇙ)
② 보조 형용사: (해당하는 단어가 없음)

12. (풀이)

ⓐ: [病ᄒᆞ(어간)- + -야(어미) # 잇(어간)- + -거늘(어미 부분)]
ⓑ: [두르(어간)- + -어(어미) # 잇(어간)- + -ᄂᆞ니라(어미 부분)]

13. (풀이)

㉠(숨다) ㉡(이시다) ㉮(/이/)

14. (풀이)

㉠(두다) ㉡(잇다) ㉮(-어)

15. (풀이)

㉠(두어 잇논) ㉡(뒷논)

【참고】 '두어 잇다'가 축약되면 어미 '-어'가 탈락하여 '뒷다'의 형태가 되고, 그 이후에 다시 반모음 /j/가 탈락하여 '둣다'의 형태로 실현된다.

16. (풀이)

㉠(어) ㉡(이시) ㉮(-어)

17. (풀이)

ⓐ(몰랫다) ⓑ(머것다) ⓒ(뷔옛다) ⓓ(ᄒᆞ얏다)

18. (풀이)

ⓐ [분석]: 밍ᄀᆞᆯ(어간)- + -ᄂᆞ다(어미)
[설명]: /ㄹ/로 끝나는 용언의 어간에 /ㄴ/으로 시작하는 어미가 붙어서 활용하면, 어간의 끝소리인 /ㄹ/이 탈락한다.

ⓑ [분석]: 다ᄅᆞ(어간)- + -아(어미)
[설명]: /ㆍ/로 끝나는 용언의 어간에 /ㅏ/로 시작하는 어미가 붙어서 활용하면, 어간의 끝소리인 /ㆍ/가 탈락하고 홀로 남은 /ㄹ/은 앞 음절의 종성의 자리로 옮긴다.

ⓒ [분석]: 없(어간)- + -던(어미)
[설명]: /ㅄ/으로 끝나는 용언의 어간에 자음으로 시작하는 어미가 붙어서 활용하면, 겹받침 중에서 /ㅅ/이 탈락하여 /ㅂ/으로 실현된다.

ⓓ [분석]: 비ᅀᅳ(어간)- + -어(어미)
[설명]: /ᅀᅳ/로 끝나는 용언의 어간에 /ㅓ/로 시작하는 어미가 붙어서 활용하면, 어간의 끝소리인 /ㅡ/가 탈락하고 홀로 남은 /ㅿ/은 앞 음절의 종성의 자리로 옮긴다.

ⓔ [분석]: 녇(어간)- + -디(어미)

[설명]: /ㅌ/으로 끝나는 용언의 어간에 자음으로 시작하는 어미가 붙어서 활용하면, 어간의 끝소리인 /ㅌ/이 /ㄷ/으로 바뀐다.

ⓕ [분석]: 모ᄅᆞ(어간)- + -아(어미)

[설명]: /ㆍ/로 끝나는 용언의 어간에 /ㅏ/로 시작하는 어미가 붙어서 활용하면, 어간의 끝소리인 /ㆍ/는 탈락하고 홀로 남은 /ㄹ/이 앞 음절의 종성의 자리로 옮기는 동시에 뒤 음절에 /ㄹ/이 새롭게 첨가된다.

ⓖ [분석]: ᄑᆞ(어간)- + -아(어미)

[설명]: /ㆍ/로 끝나는 용언의 어간에 /ㅏ/로 시작하는 어미가 붙어서 활용하면, 어간의 끝소리인 /ㆍ/가 탈락한다.

ⓗ [분석]: 더으(어간)- + -어(어미)

[설명]: /ㅡ/로 끝나는 용언의 어간에 /ㅓ/로 시작하는 어미가 붙어서 활용하면, 어간의 끝소리 /ㅡ/가 탈락한다.

19. (**풀이**)

ⓐ [분석]: 긷(어간)- + -어(어미)

[설명]: /ㄷ/으로 끝나는 일부 용언의 어간에 모음으로 시작하는 어미가 붙어서 활용하면, 어간의 끝소리인 /ㄷ/이 /ㄹ/로 불규칙하게 바뀜.

ⓑ [분석]: 낫(어간)- + -아(연어)

[설명]: /ㅅ/으로 끝나는 일부 용언의 어간에 모음으로 시작하는 어미가 붙어서 활용하면, 어간의 끝소리인 /ㅅ/이 /ㅿ/으로 불규칙하게 바뀜.

ⓒ [분석]: 이시(어간)- + -고(어미)

[설명]: '이시다'의 어간인 '이시-'에 자음으로 시작하는 어미가 붙어서 활용하면, 어간이 '잇-'으로 불규칙하게 바뀜.

ⓓ [분석]: 시므(어간)- + -어(어미)

[설명]: '시므다'의 어간인 '시므-'에 모음으로 시작하는 어미가 붙어서 활용하면, 어간의 끝소리인 /ㅡ/가 탈락하고 동시에 /ㄱ/이 첨가됨.

ⓔ [분석]: 녀(어간)- + -거라(어미)

[설명]: '녀다'의 어간인 '녀-'에 어미인 '-거-'와 '-거'가 붙어서 활용하면, 어간 '녀-'가 '니-'로 불규칙하게 바뀜.

ⓕ [분석]: 곱(어간)- + -ᄋᆞ샤(어미)

[설명]: /ㅂ/으로 끝나는 일부 용언의 어간에 모음으로 시작하는 어미가 붙어서 활용하면, 어간의 끝소리인 /ㅂ/이 /ㅸ/으로 불규칙하게 바뀜.

ⓖ [분석]: ᄌᆞᄆᆞ(어간)- + -아(어미)

[설명]: 'ᄌᆞᄆᆞ다'의 어간인 'ᄌᆞᄆᆞ-'에 모음으로 시작하는 어미가 붙어서 활용하면, 어간의 끝소리인 /ㆍ/가 탈락하고 동시에 /ㄱ/이 첨가됨.

20. (풀이)

(가) ㉠(도) ㉡(고) ㉢(오) ㉣(아)
㉤(오) ㉥(아)

(나) ㉠(느낌 표현의 선어말 어미) ㉡(연결 어미)
㉢(대상 표현의 선어말 어미) ㉣(주관적 믿음 표현의 선어말 어미)
㉤(인칭 표현의 선어말 어미) ㉥(연결 어미)

21. (풀이)

(가) ㉠(닿) ㉡(ᄂᆞ) ㉢(니) ㉣(다)

(나) ㉮(음절 끝소리 규칙 / 일곱 끝소리 되기) ㉯(자음 동화 / 비음화)

【참고】 '다ᄂᆞ니라'는 어간인 '닿-'과 어미인 '-ᄂᆞ니라'가 결합하는 과정에서, 음절 끝소리 규칙(일곱 끝소리 되기)이 적용되어서 '닫ᄂᆞ니라'로 변동하였다. 그 다음에 자음 동화(비음화)가 적용되어서 '단ᄂᆞ니라'로 변동했는데, '단ᄂᆞ니라'를 '다ᄂᆞ니라'로 표기했다.

22. (풀이)

(ㄱ) ⓐ[일(어간)- + -어] ⓑ[ᄃᆞ외(어간)- + -리- + -러- + -라]

(ㄴ) ⓐ[넚(어간)- + -을] ⓑ[ᄀᆞᆽ(어간)- + -게]
ⓒ[ᄒᆞ(어간)- + -시- + -ᄂᆞ- + -ㄴ] ⓓ[엇더ᄒᆞ(어간)- + -잇- + -니 … 고]

(ㄷ) ⓐ[여희(어간)- + -ㄴ- + -오- + -라]

(ㄹ) ⓐ [엇뎨ᄒᆞ(어간)- + -야ᅀᅡ]　　ⓑ [잇(어간)- + -ᄂᆞ- + -ㄴ]
ⓒ [가(어간)- + -리- + -잇- + -고]

(ㅁ) ⓐ [信ᄒᆞ(어간)- + -ᄂᆞ- + -ㄴ다]

(ㅂ) ⓐ [살(어간)- + -면]　　ⓑ [이시(어간)- + -ㄹ씨]
ⓒ [늙(어간)- + -ᄂᆞ- + -니- + -라]

(ㅅ) ⓐ [ᄉᆞᆲ(어간)- + -오- + -리- + -니]　　ⓑ [보(어간)- + -ㄴ- + -오- + -ㄴ가]
ⓒ [너기(어간)- + -ᅀᆞᇦ- + -ᄋᆞ쇼셔]

(ㅇ) ⓐ [ᄉᆞᆲ(어간)- + -Ø- + -을써]　　ⓑ [正ᄒᆞ(어간)- + -Ø- + -ㄴ]
ⓒ [잃(어간)- + -Ø- + -어- + -다]

(ㅈ) ⓐ [짓(어간)- + -Ø- + -우- + -ㄴ]　　ⓑ [들- + -으시- + -며]

(ㅊ) ⓐ [알(어간)- + -리- + -롯- + -오니여]

(ㅋ) ⓐ [일우(어간)- + -샤- + -ㅁ]　　ⓑ [뵈(어간)- + -샤- + -Ø]

(ㅌ) ⓐ [-이(어간)- + -Ø- + -라]　　ⓑ [ᄒᆞ(어간)- + -Ø- + -오- + -ㄴ]
ⓒ [나ᅀᆞ(어간)- + -라]　　ⓓ [오(어간)- + -Ø- + -ᄉᆞ- + -오- + -이- + -다]

【참고】 (ㄱ)~(ㄷ)의 용언은 다음과 같이 형태소 단위로 분석할 수 있다.

(ㄱ) ⓐ 일(일어나다)- + -어(연어)
ⓑ ᄃᆞ외(되다)- + -리(미시)- + -러(← -더- : 회상)- + -라(← -다 : 평종)

(ㄴ) ⓐ 닛(닛다, ㅅ불 : 잇다)- + -을(관전, 미시)
ⓑ 긋(긋다)- + -게(연어)
ⓒ ᄒᆞ(하다, 보용, 사동)- + -시(주높)- + -ᄂᆞ(현시)- + -ㄴ(관전)
ⓓ 엇더ᄒᆞ(어떠하다)- + -잇(상높, 아주 높임)- + -니 … 고 (의종, 비인칭, 설명)

(ㄷ) ⓐ 여희(여의다, 이별하다)- + -ㄴ(← -ᄂᆞ- : 현시)- + -오(인칭)- + -라(← -다 : 평종)

(ㄹ) ⓐ 엇뎨ᄒᆞ(어찌하다)- + -야ᅀᅡ(← -아ᅀᅡ : 연어)
ⓑ 잇(← 이시다 : 있다)- + -ᄂᆞ(현시)- + -ㄴ(관전)
ⓒ 가(가다)- + -리(미시)- + -잇(상높, 아주 높임)- + -고(의종, 비인칭, 설명)

(ㅁ) ⓐ 信ᄒᆞ(믿다)- + -ᄂᆞ(현시)- + -ㄴ다(의종, 2인칭)

(ㅂ) ⓐ 살(살다)- + -면(연어, 조건)

ⓑ 이시(있다)- + -ㄹ씨(연어, 이유)

ⓒ 늙(늙다)- + -ᄂᆞ(현시)- + -니(객믿)- + -라(←-다 : 평종)

(ㅅ) ⓐ ᄉᆞᆲ(← ᄉᆞᆲ다, ㅂ불 : 아뢰다)- + -오(인칭)- + -리(미시)- + -니(연어)

ⓑ 보(보다)- + -ㄴ(←-ᄂᆞ- : 현시)- + -오(인칭)- + -ㄴ가(의종, 1·3인칭, 판정)

ⓒ 너기(여기다)- + -ᅀᆞᆸ(←-ᄉᆞᆸ- : 객높)- + -ᄋᆞ쇼셔(명종, 아주 높임)

(ㅇ) ⓐ 셟(← 셟다, ㅂ불 : 섧다, 서럽다)- + -Ø- + -을쎠(감종)

ⓑ 正ᄒᆞ(정하다, 바르다)- + -Ø(현시)- + -ㄴ(관전)

ⓒ 잃(잃다)- + -Ø(과시)- + -어(주믿)- + -다(평종)

(ㅈ) ⓐ 짓(짓다, ㅅ불 : 짓다)- + -Ø(과시)- + -우(대상)- + -ㄴ(관전)

ⓑ 들(들다)- + -으시(주높)- + -며(연어, 계기, 나열)

(ㅊ) ⓐ 알(알다)- + -리(미시)- + -롯(←-돗- : 느낌)- + -오니여(←-ᄋᆞ니여 : 의종, 비인칭, 판정)

(ㅋ) ⓐ 일우(이루다)- + -샤(←-시- : 주높)- + -ㅁ(←-옴 : 명전)

ⓑ 뵈(보이다)- + -샤(←-시- : 주높)- + -Ø(←-아 : 연어)

(ㅌ) ⓐ -이(서조)- + -Ø(현시)- + -라(←-다 : 평종)

ⓑ ᄒᆞ(← ᄒᆞ다 : 하다, 말하다)- + -Ø(과시)- + -오(대상)- + -ㄴ(관전)

ⓒ 나ᅀᆞ(나아가게 하다, 바치다, 獻)- + -라(-러 : 연어, 목적)

ⓓ 오(오다)- + -Ø(과시)- + -ㅅ(느낌)- + -오(인칭)- + -이(상높, 아주 높임)- + -다(평종)

23. (풀이)

㉠(-이-) ㉡(-잇-) ㉢(-ㅇ-) ㉣(-ㅅ-)

24. (풀이)

(가) ㉠(-ᅀᆞᆸ-) ㉡(-ᄉᆞᆸ-) ㉢(-ᅀᆞᆸ-) ㉣(-ᄉᆞᆸ-)
㉤(-ᅀᆞᆸ-) ㉥(-ᄌᆞᆸ-) ㉦(-ᄉᆞᆸ-)

(나) ㉮(ᄀᆞ초ᅀᆞ바) ㉯(노ᄊᆞᆸ고) ㉰(돕ᄉᆞᄫᆞ니) ㉱(막ᄉᆞᆸ거늘)
㉲(삼ᅀᆞ보리라) ㉳(좃ᄌᆞᆸ고져) ㉴(빗ᄉᆞᆸ더니)

【참고】 '-ᄉᆞᆸ-'은 /ㄱ, ㅂ, ㅅ, (ㅎ)/의 뒤에 실현되며, '-ᄌᆞᆸ-'은 /ㄷ/의 뒤에 실현되며, '-ᅀᆞᆸ-'은 유성음 뒤에서 실현된다. 그리고 '-ᄉᆞᆸ-/-ᄌᆞᆸ-/-ᅀᆞᆸ-'의 뒤에 모음으로 시

작되는 어미가 실현되면, '-숩-/-줍-/-숩-'의 종성 /ㅂ/이 /ㅸ/으로 변하여 '-ᄉᆞᄫ-/-ᄌᆞᄫ-/-ᅀᆞᄫ-'의 형태로 바뀐다.

25. (풀이)

㉠(가샴)　　㉡(오샤ᄃᆡ)　　㉢(미드샷다)　　㉣(定ᄒᆞ샨)

【참고】 '-시-'의 뒤에 모음으로 시작하는 어미가 결합하면 '-시-'가 '-샤-'로 변동하고, 그 뒤에 실현되는 어미의 모음은 탈락한다.

26. (풀이)

ⓐ(-ᄂᆞ-)　ⓑ(-Ø-)　ⓒ(-Ø-)　ⓓ(-ᄂᆞ-)　ⓔ(-Ø-)

【참고】 ⓐ~ⓔ는 다음과 같이 형태소 단위로 분석할 수 있다.

ⓐ ᄉᆞ랑ᄒᆞ시논: ᄉᆞ랑ᄒᆞ(어간) + -시(주높)- + -ᄂᆞ(현시)- + -오(대상)- + -ㄴ(관전)
ⓑ 金이라: 金 + -이(서조)- + -Ø(현시)- + -라(←-다: 평종)
ⓒ ᄀᆞᆮᄒᆞ다: ᄀᆞᆮᄒᆞ(어간) + -Ø(현시)- + -다(평종)
ⓓ 여희노라: 여희(어간)- + -ᄂᆞ(현시)- + -오(인칭)- + -라(←-다: 평종)
ⓔ 프른: 프르(어간)- + -Ø(현시)- + -ㄴ(관전)

27. (풀이)

ⓐ(-Ø-)　　ⓑ(-Ø-)　　ⓒ(-더-)

【참고】 ⓐ~ⓒ의 용언을 형태소 단위로 분석하면 다음과 같다.

ⓐ 죽다: 죽(어간) + -Ø(과시)- + -다(평종)
ⓑ 밍ᄀᆞ론: 밍ᄀᆞᆯ(서조)- + -Ø(과시)- + -오(인칭)- + -ㄴ(관전)
ⓒ 이러라: -이(어간) + -러(←-더-: 회상)- + -라(←-다: 평종)

28. (풀이)

㉠(많-)　　㉡(-다-)　　ⓒ(-더-)

29. (풀이)

ⓐ(-라-) ⓑ(-러-) ⓒ(-다-) ⓓ(-더-)

【참고】 '-더-'의 변이 형태가 실현되는 환경은 다음과 같다.

ⓐ 夫人ᄃᆞᆯ히라니: 1인칭 화자가 주어인 환경, 서술격 조사 뒤인 환경
ⓑ 모ᄅᆞ리러라: 선어말 어미인 '-리-' 뒤인 환경
ⓒ 모ᄅᆞ다이다: 1인칭 화자가 주어인 환경
ⓓ ᄃᆞ외더라: 기본 형태

30. (풀이)

ⓐ(다ᄃᆞᆮ거다) ⓑ(일허다) ⓒ(이긔여다) ⓓ(오나다)
ⓓ(니를어다)

31. (풀이)

㉠(잇) ㉡(시) ㉢(ᄂᆞ) ㉣(ㅅ) ㉤(시)
㉮(니…고) ㉯(거…ᄂᆞᆯ) ㉰(니…가) ㉱(거…든)

32. (풀이)

ⓐ: (듣-), (-돗-) ⓑ: (-이-), (-도-) ⓒ: (없-), (-옷-)
ⓓ: (앗기-), (-옷-) ⓔ: (오-), (-ㅅ-) ⓕ: (외-), (-옷-)

【참고】 ⓐ~ⓕ를 형태소 단위로 분석하면 그 결과는 다음과 같다.

ⓐ 듣(어간)- + -Ø(과시)- + -돗(느낌)- + -오(인칭)- + -이(상높)- + -다(평종)
ⓑ 일(명사) + -이(서조)- + -Ø(현시)- + -로(← -도- : 느낌)- + -다(평종)
ⓒ 없(어간)- + -으샤(← -으시- : 주높)- + -Ø(현시)- + -ㅅ(← -옷- : 느낌)- + -다(평종)
ⓓ 앗기(어간)- + -ᄂᆞ(현시)- + -옷(느낌)- + -다(평종)
ⓔ 오(어간)- + -Ø(과시)- + -ㅅ(느낌)- + -오(인칭)- + -이(상높)- + -다(평종)
ⓕ 외(어간)- + -다(← -더- : 회상)- + -ㅅ(← -옷- : 느낌)- + -ᄋᆞ이(상높)- + -다(평종)

33. (풀이)

ⓐ: ㉠(더) — ㉮(회상의 선어말 어미)

ⓑ: ㉡(옷) — ㉯(느낌 표현의 선어말 어미)

ⓒ: ㉢(오) — ㉰(인칭 표현의 선어말 어미)

ⓓ: ㉣(니) — ㉱((종속적) 연결 어미)

【참고】 ᄒᆞ다소니: ᄒᆞ(하다, 思, 念)-+-다(←-더-: 회상)-+-ㅅ(←-옷-: 느낌)-+-오(인칭)-+-니(연어, 설명의 계속, 이유)

34. (풀이)

㉠(-어-) ㉡(-더-)

【참고】 ⓐ와 ⓑ의 용언을 형태소 단위로 분석하면 그 결과는 다음과 같다.

ⓐ 得과이다: 得(←得ᄒᆞ다: 얻다)-+-Ø(과시)-+-과(←-아-: 주믿)-+-Ø(←-오-: 인칭)-+-이(상높)-+-다(평종)

ⓑ 모ᄅᆞ다이다: 모ᄅᆞ(모르다)-+-다(←-더-: 주믿)-+-Ø(←-오-: 인칭)-+-니(연어)

35. (풀이)

(가) ㉠(오) ㉡(다)

(나) 문장에서 주어로 표현되는 대상(= 주체)이 화자일 때에 실현된다.

(다) 선어말 어미인 '-오-'가 서술격 조사의 어간인 '-이-' 뒤에서 '-로-'로 변동했다.

36. (풀이)

(가) '-아-'

【참고】 타동사에 실현되는 주관적 믿음 표현의 선어말 어미의 기본 형태는 '-아-'이다.

(나) 문장의 주어로 표현되는 대상이 1인칭 화자(= 나)일 때, 주관적 믿음 표현의 선어말 어미의 기본 형태인 '-아-'가 비기본 형태인 '-가-'로 변동하였다.

37. (풀이)

ⓐ(지손/지순) ⓑ(出家혼)

【참고】 ⓐ에는 어간 '짓-'에 대상 표현의 선어말 어미인 '-오-/-우-'가 실현된 형태인 '지손/지순'의 형태로 실현된다. 이에 반하여 ⓑ에는 대상 표현의 선어말 어미가 실현되지 않았으므로, '出家혼'의 형태로 실현된다.

38. (풀이)

(가) ㉠(오)

(나) 관형절인 '바루 北이 이 長安이론'의 전체 내용이 관형절의 중심어인 '곧'과 동격 관계에 있다. 따라서 관형절 속에 서술어로 쓰인 '長安이다'에 대상 표현의 선어말 어미인 '-오-'가 실현되었다.

(다) 대상 표현의 선어말 어미 '-오-'는 서술격 조사인 '-이다'의 어간 뒤에서 '-로-'로 불규칙하게 변동하였다.

39. (풀이)

(가) ('주체 높임'의 기능과 '대상 표현'의 기능)

(나) ㉠(ᄋᆞ시) ㉡(오)

【참고】 '-ᄋᆞ시-'는 주체 높임의 선어말 어미이며, '-오-'는 대상 표현의 선어말 어미이다.

(다) 주체 높임의 선어말 어미인 '-ᄋᆞ시-' 뒤에 모음으로 시작하는 어미 '-오-'가 결합하면, '-ᄋᆞ시-'가 '-ᄋᆞ샤-'로 변동하고 선어말 어미 '-오-'는 탈락한다.

40. (풀이)

(가) '(과거) 회상 표현'의 기능과 '대상 표현'의 기능

(나) ㉠(더) ㉡(오)

【참고】 '-더-'는 회상 표현의 선어말 어미이며, '-오-'는 대상 표현의 선어말

어미이다.

41. (풀이)

㉠(일) ㉡(바) ㉮(자리) ㉯(믈) ①(ᄆᆞᅀᆞᆷ) ②(ᄠᅳᆮ)

【참고】 관형절의 서술어로 실현된 용언의 관형사형을 형태소 단위로 분석하면 다음과 같다.

(ㄱ) 모롤: 몰ㄹ(←모ᄅᆞ다: 모르다)-+-오(대상)-+-ㄹ(관전, 미시)
(ㄴ) 爲혼: 爲ᄒᆞ(위하다)-+-오(대상)-+-Ø(과시)-+-ㄴ(관전)
(ㄷ) 누분: 눕(←눕다, ㅂ불: 눕다)-+-Ø(과시)-+-우(대상)-+-ㄴ(관전)
(ㄹ) 願ᄒᆞ논: 願ᄒᆞ(원하다)-+-ᄂᆞ(현시)-+-오(대상)-+-ㄴ(관전)
(ㅁ) ᄲᅡᆯ론: ᄲᅡᆯ(빨다)-+-Ø(과시)-+-오(대상)-+-ㄴ(관전)
(ㅂ) 說法ᄒᆞ시논: 說法ᄒᆞ(설법하다)-+-시(주높)-+-ᄂᆞ(현시)-+-ㄴ(관전)

42. (풀이)

① '-다': (ⓒ, ⓔ, ⓖ, ⓗ, ⓘ, ⓚ)
② '-라': (ⓐ, ⓑ, ⓓ, ⓕ, ⓙ, ⓛ, ⓜ)

43. (풀이)

주관적인 믿음 표현의 선어말 어미인 '-과-'는 주어로 표현되는 대상(주체)가 화자일 때에 실현되는 형태이므로, '-과-'에는 인칭 표현의 선어말 어미인 '-오-'의 기능이 반영되어 있다. 곧 ⓓ에서 평서형 종결 어미 '-라'는 인칭 표현의 선어말 어미인 '-오-' 뒤에서 '-다'가 변동한 것이다.(고등학교 문법 2010:293 참조.)

【참고】 得과라: 得(←得ᄒᆞ다: 얻다)-+-과(←-아-: 주민)-+-Ø(←-오-: 인칭)-+-라(←-다: 평종)

44. (풀이)

(가) 형태: (-오-)
(나) 기능: (주어로 표현되는 대상(주체)이 화자임을 나타냄.)

【참고】 '약속'의 기능을 나타내는 종결 어미인 '-마'가 실현되는 문장에서는 항상 화자가 주어로 실현된다. 따라서 '호마'는 '인칭 표현의 선어말 어미인 '-오-'가 실현된 다음에 평서형 종결 어미인 '-마'가 실현된 것이다.(허웅 1975:493). 반면에 고영근(2010:308)에서는 '마' 앞에는 '오'가 필수적으로 실현되는 것으로 보아서, '-오마'를 하나의 평서형 종결 어미로 처리하였다.

45. (풀이)

(가) ㉠(Ø) ㉡(ㄴ다) ㉮(ᄂᆞ) ㉯(ㄴ고)
①(ㄹ) ②(가)

(나) ① 물음말(의문사)이 실현된 '의문문(설명 의문문)'에서는, 의문형 어미로서 '-고'가 선택된다.
② 물음말(의문사)이 실현되지 않은 '의문문(판정 의문문)'에서는, 의문형 어미로서 '-가'가 선택된다.

【참고】 ⓐ 든다 : 들(들다, 入간)- + -Ø(과시)- + -ㄴ다(의종, 2인칭)
ⓑ 보ᄂᆞᆫ고 : 보(보다, 見)- + -ᄂᆞ(현시)- + -ㄴ고(의종, 비인칭, 설명)
ⓒ 몯ᄒᆞᆯ가 : 몯ᄒᆞ(못하다, 不能)- + -ㄹ(미시)- + -가(의종, 비인칭, 판정)

46. (풀이)

㉠(-잇-) ㉡(-니…고) ㉮(-ㅅ-) ㉯(-니…가)

【참고】 의문형 종결 어미인 '-니…고'와 '-니…가'는 하나의 어미 사이에 다른 선어말 어미 '-잇-'과 '-ㅅ-'이 개입되는데, 이러한 어미를 '불연속 형태'나 '잘린 형태'라고 한다. 그리고 의문문에 예사 높임의 상대 높임 선어말 어미인 '-ㅅ-'이 실현되면, 물음말의 실현 여부에 관계없이, '-니…고'로만 실현된다.

ⓐ 엇더ᄒᆞ니잇고 : 엇더ᄒᆞ(어떠하다)- + -Ø(현시)- + -잇(상높, 아주 높임)- + -니…고(의종, 비인칭, 설명)

ⓑ ᄒᆞᄂᆞ닛가 : ᄒᆞ(하다, 말하다)- + -ᄂᆞ(현시)- + -ㅅ(상높, 예사 높임)- + -니…가(의종, 비인칭, 판정)

47. (풀이)

(가) ㉡(더) ㉡(ㄴ다) ㉢(ᄂᆞ) ㉣(ㄴ다)
㉤(ㅭ) ㉥(다) ㉦(Ø) ㉧(ㄴ다)

(나) ⓐ(하더냐) ⓑ(하느냐) ⓒ(하겠느냐) ⓓ(하였느냐)

【참고】 '-은다'로 실현되는 2인칭 의문문의 의문형 종결 어미는 직접 의문문에 쓰이므로, 현대어로는 '-느냐/-으냐'로 옮기는 것이 자연스럽다.

48. (풀이)

㉠((ㅁ), (ㅂ)) ㉮(간접 의문문)

【참고】 의문형 종결 어미인 '-은고/-은가'나 '-읈고/-읈가'가 실현된 의문문은 '간접 의문문'으로 쓰일 수 있다. 이처럼 15세기 국어의 간접 의문문은 현대어로는 '-은가'로 옮기는 것이 자연스럽다.

49. (풀이)

㉠ (/ㅏ/) ㉡ (/ㅓ/) ㉢ (/ㅚ/)

50. (풀이)

㉠(-다) ㉡(-ᄉᆞ-)

【참고】 예사 높임의 선어말 어미 '-ᄉᆞ-'이 '-니…가'에 실현되면, 의문사(= 무슴, 엇뎨)가 실현된 설명 의문문에서도 반드시 '-닛가'의 형태'로만 실현되고 '-닛고'의 형태로는 실현되지 않는 것이 특징이다.

51. (풀이)

(가) ㉠(의문) ㉡(평서) ㉢(반말)

(나) ①(오리) ②(굳히셨으니)

【참고】 ⓐ 오ᅀᆞᄫᆞ리 : 오(오다)- + -ᅀᆞᇦ(←-ᅀᆞᆸ- : 객높)- + -ᄋᆞ리(의종, 반말, 미시)

ⓑ 구티시니 : 구티[굳히다 : 굳(굳다)- + -히(사접)-]- + -시(주높)- + -Ø(과시)- + -니(평종, 반말)

52. (풀이)

ⓐ(-쇼셔)—(아주 높임) ⓑ(-라)—(낮춤)
ⓒ(-어쎠)—(예사 높임) ⓓ(-오라)—(반말)

【참고】 '-(ᄋᆞ)쇼셔'는 아주 높임 등분의 'ᄒᆞ쇼셔체', '-(으)라'는 낮춤의 'ᄒᆞ라체', '-아셔/-어셔'는 예사 높임의 ᄒᆞ야쎠체, '-고라'는 높임과 낮춤이 중간 등급인 '반말체'이다. 그리고 ⓑ의 '보아라'에서는 어간인 '보-'에 주관적 믿음 표현의 선어말 어미인 '-아-'와 명령형 종결 어미인 '-라'가 실현되었다. 그리고 ⓓ의 '말오라'에서는 반말체의 명령형 어미인 '-고라'가 /ㄹ/로 끝나는 어간에 결합하는 과정에서, 첫소리인 /ㄱ/이 탈락하였다.

53. (풀이)

(가) ⓐ : (어) ⓑ : (야) ⓒ : (거) ⓓ : (나)

(나) ⓐ : ('-어-'는 타동사에 실현된다.)
ⓑ : ('-야-'는 '～ᄒᆞ다'에 실현된다.)
ⓒ : ('-거-'는 형용사, 자동사, 서술격 조사에 실현된다.)
ⓓ : ('-나-'는 '오다'에 실현된다.)

54. (풀이)

㉠(청유문) ㉡(아주 높임) ㉮ (명령문) ㉯(아주 높임)

55. (풀이)

㉠(-ᄋᆞ라) ㉡(-아쎠) ㉢(-ᄋᆞ쇼셔) ㉣(-고라)
㉮(-져/-져라) ㉯(-사이다)

56. (풀이)

(가) ⓐ (-아) ⓑ (-곡) ⓒ (-(ᄋᆞ)나) ⓓ (-ᄃᆞᆯ) ⓔ (-게)
ⓕ (-거든) ⓖ (-(ᄋᆞ)니) ⓗ (-으란) ⓘ (-ᄋᆞᆫᄃᆞᆯ/-ㄴᄃᆞᆯ) ⓙ (-으라)

(나) ① 대등적 연결 어미 : (ⓑ, ⓒ, ⓖ)
② 종속적 연결 어미 : (ⓕ, ⓘ, ⓙ)
③ 보조적 연결 어미 : (ⓐ, ⓓ, ⓔ, ⓗ)

57. (풀이)

ⓐ(ᄃᆞ외요미) ⓑ(일우샤ᄆᆞᆯ) ⓒ(ᄒᆞᆫ가지로ᄆᆞᆯ) ⓓ(아니로미)

58. (풀이)

(-디)

59. (풀이)

(가) ㉠ (ᄒᆞ) ㉡ (오) ㉢ (ㄴ) ㉣ (ᄋᆞᆯ)
ⓐ (ᄒᆞ) ⓑ (오) ⓒ (ㄴ)

【참고】 ⓐ 호ᄂᆞᆯ : ᄒᆞ(하다, 謂)- + -오(대상)- + -ㄴ(관전) + -ᄋᆞᆯ(목조)
ⓑ 혼 : ᄒᆞ(하다, 爲)- + -오(대상)- +-ㄴ(관전)

(나) (관형사형 전성 어미)의 (명사적) 용법

60. (풀이)

(가) ⓐ : (즐기- + -리- + -이- + -가)
ⓑ : (죽- + -움)
ⓒ : (기드리 + -ᄂᆞ- + -오- + -니)
ⓓ : (므겁- + -어)
ⓔ : (죽- + -ᄂᆞ- + -오- + -이- + -다)

【참고】 평서형 종결 어미 앞에서 실현되는 상대 높임 표현의 선어말 어미인 '-

이-'가 의문형 종결 어미 앞에서 '-잇-'으로 변동하였다.

(나) ①: ⓐ의 (-가), ⓔ의 (-다)
②: ⓒ의 (-니), ⓓ의 (-어)
③: ⓑ의 (-움)

(다) ①: ⓐ의 (-리-), ⓒ의 (-ᄂᆞ-), ⓔ의 (-ᄂᆞ-)
②: ⓒ의 (-오-), ⓔ의 (-오-)
③: ⓐ의 (-이-), ⓔ의 (-이-)

(라) (므거버)

【참고】 '므겁-'이 모음으로 시작하는 어미 '-어' 앞에서 '므겋-'으로 불규칙하게 변동하였다.('ㅂ' 불규칙 활용)

61. **(풀이)**

(가) ⓐ 便安케 : (便安ᄒᆞ- + -게)
ⓑ ᄒᆞ시ᄂᆞᆫ : (ᄒᆞ- + -시- + -ᄂᆞ- + -ㄴ)
ⓒ 거시어늘 : ((것) + -이- + -거늘)
ⓓ 여희에 : (여희- + -게)
ⓔ ᄒᆞ시ᄂᆞ니 : (ᄒᆞ- + -시- + -ᄂᆞ- + -니)
ⓕ 셜본 : (셟- + -Ø- + -은)
ⓖ ᄀᆞᄐᆞ니 : (ᄀᆞᇀ- + -Ø- + -ᄋᆞᆫ)
ⓗ 업스니 : (없- + -으니)
ⓘ 혜여 : (혜- + -어)
ⓙ 보건덴 : (보- + -건덴)
ⓚ 겨시거뇨 : (겨시- + -거- + -뇨)

(나) ①: (-뇨)
②: (-거늘, -게, -니, -으니, -어, -건덴)
③: (-ㄴ, -은, -ᄋᆞᆫ)

(다) ①: (-ᄂᆞ-, -ᄂᆞ-, -Ø-, -Ø-) ②: (-시-, -시-)

(라) ⓒ 거시어늘: 서술격 조사의 어간인 '-이-'에 연결 어미인 '-거늘'이 실현되는 과정에서 어미의 첫소리 /ㄱ/이 탈락했다.(혹은 후두 유성 마찰음으로 교체되었다.) 어미의 불규칙 활용.

ⓓ 여희에: 어간인 '여희-'에 연결 어미인 '-게'가 실현되는 과정에서 어미의 첫소리 /ㄱ/이 탈락하였다. 어미의 불규칙 활용.

ⓕ 셜븐: 어간인 '셟다'에 모음으로 시작하는 어미인 '-은'이 실현되는 과정에서 어간의 /ㅂ/이 /ㅸ/으로 바뀌었다. 어간의 불규칙 활용.

ⓚ 겨시거늘: 자동사인 '겨시다'의 어간에 주관적 믿음 표현의 선어말 어미인 '-아-'가 결합될 때에 어미 '-아-'가 '-거-'로 바뀌었다. 어미의 불규칙 활용.

2.2.5. 수식언과 독립언

1. **(풀이)**

㉠: (ⓒ, ⓔ, ⓖ)　㉡: (ⓐ, ⓑ, ⓓ, ⓘ, ⓙ)　㉢: (ⓕ, ⓗ, ⓚ, ⓛ)
㉮: (ⓑ, ⓘ)　㉯: (ⓐ, ⓙ)　㉰: (ⓓ)

2. **(풀이)**

(가) ①: (ⓒ, ⓔ, ⓗ, ⓜ)　②: (ⓓ, ⓕ, ⓘ, ⓚ)
③: (ⓐ, ⓝ)　④: (ⓢ, ⓙ)
⑤: (ⓑ, ⓛ, ⓞ)

(나) ①: (ⓓ, ⓕ)　②: (ⓘ)　③: (ⓚ)

3. **(풀이)**: ※ 편의상 '문제 (가)'와 '문제 (나)'의 '풀이' 내용을 함께 싣는다.

(ㄱ) ① '幸히': 양태 부사, '文殊를 맛나 날로 解脫케 ᄒᆞ니'를 수식.

② '날로': 성상 부사, '解脫케 ᄒᆞ니'를 수식.

【참고】 '날로'는 명사 어근인 '날(日)'에 부사 파생 접미사인 '-로'가 붙어서 된 파생 부사이다.

(ㄴ) ① '몯': 성상 부사, '몬져'를 수식.

② '몬져' : 성상 부사, '救ᄒᆞ시니'를 수식.

(ㄷ) 'ᄌᆞ로' : 성상 부사, '니ᄅᆞ샤도'를 수식.

(ㄹ) '眞實로' : 성상 부사, '어위크도다'를 수식.

【참고】 '眞實로'는 명사 어근인 '眞實'에 부사 파생 접미사인 '-로'가 붙어서 된 파생 부사이다.

(ㅁ) ① 'ᄒᆞ다가' : 양태 부사, '제 ᄠᅳ데 몯 마자도'를 수식.

② '몯' : 부정 부사, '마자도'를 수식.

(ㅂ) '다' : 성상 부사, '來라'를 수식.

(ㅅ) 'ᄀᆞ장' : 성상 부사, '믹ᄫᆞᆫ'을 수식.

(ㅇ) '오직' : 성상 부사, '世人'을 수식.

【참고】 부사(= 오직)가 체언(= 世人)을 꾸미는 특수한 용법이다.

(ㅈ) ① 'ᄆᆞᆺ' : 성상 부사, '처섬'을 수식.

② '몬져' : 성상 부사, '드뇨'를 수식.

(ㅊ) '어느' : 지시 부사, '듣ᄌᆞᄫᆞ리잇고'를 수식.

4. (풀이)

㉠(아으) ㉡(아소) ㉢(엥) ㉣(ᅌᅵ)

㉮(감정) ㉯(의지)

2.2.6. 품사의 통용

1. (풀이)

(가) ⓐ(부사) ⓑ(명사) ⓒ(감탄사)

(나) ⓐ: 단독으로 동사인 '오리라'를 수식하므로, 부사(= '아니')로 처리된다.

ⓑ: 그 뒤에 격조사인 '-를'이 실현되었으므로, 명사(= '아닌 것')로 처리된다.

ⓒ: 뒤의 문장의 성분과 통사론적인 관계를 맺지 않으며, 단독으로 '놀람'의 뜻을 나타내므로, 감탄사로 처리된다.

2. (풀이)

ⓐ: (부　사), ('어느(= 어찌)'는 동사구인 '다 ᄉᆞᆯᄫᆞ리'를 직접적으로 수식.)

ⓑ: (명　사), ('새(= 새것)'은 무형의 부사격 조사인 '-Ø'와 결합하여 형용사인 'ᄀᆞᆮᄒᆞ리니'를 수식.)

ⓒ: (관형사), ('어느(= 어느)'는 단독으로 체언인 '나라ㅎ'을 직접적으로 수식.)

ⓓ: (대명사), ('므슴(= 무엇)'은 그 뒤에 조사가 붙을 수 있는 것이 특징인데, 목적격 조사 '-ᄋᆞᆯ'이 생략되고 목적어로 쓰임.)

ⓔ: (관형사), ('새(= 새)'는 단독으로 체언인 '竹筍'을 직접적으로 수식.)

ⓕ: (부　사), ('므슴(= 어찌)'이 동사구인 '어즈러이 偈ᄅᆞᆯ 지ᅀᅳ리오'를 수식.)

ⓖ: (대명사), ('어느(= 어느 것)'에 목적격 조사 '-을'이 실현됨.)

ⓗ: (관형사/ 부사), ('므슴'이 체언인 '慈悲'를 직접적으로 수식하는 것으로 보면 관형사(= 무슨)로 처리된다. 반면에 '므슴'이 '겨시거뇨'를 수식하는 것으로 보면 부사(= 어찌)로 처리된다.)

ⓘ: (부　사), ('새(= 새로)'는 용언인 '出家ᄒᆞᆫ'을 직접적으로 수식.)

3. (풀이)

(가) ㉠(ⓐ, ⓓ, ⓕ)　　㉡(ⓑ, ⓒ, ⓔ)

(나) ①(의존 명사)　　②(대명사)

4. (풀이)

(가) ⓐ: ㉠(둏)　㉡(Ø)　㉢(ᄋᆞ니)　㉣(다)

ⓑ: ㉮(둏)　㉯(ᄂᆞ)　㉰(니)　㉱(다)

(나) ⓐ 품사: (형용사),　현대어의 뜻: (좋으니라)

ⓑ 품사: (동사),　현대어의 뜻: (가깝다)

(다) ⓐ: 동사에는 현재 시제의 선어말 어미로 '-ᄂᆞ-'가 실현될 수 있다.

ⓑ: 형용사에는 현재 시제의 선어말 어미로 '-ᄂᆞ-'가 실현될 수 없고, 대신에 무형의 선어말 어미인 '-Ø-'로 실현된다.

5. (풀이)

ⓐ (명사) ⓑ (관형사) ⓒ (관형사) ⓓ (부사)
ⓔ (수사) ⓕ (형용사) ⓖ (부사) ⓗ (부사)
ⓘ (관형사) ⓙ (동사)

2.3. 단어의 형성

2.3.1. 단어의 짜임새

1. (풀이)

(가) ① 통사적 합성어 : (ⓒ, ⓓ, ⓘ, ⓚ, ⓜ, ⓝ, ⓟ)
② 비통사적 합성어 : (ⓕ, ⓞ, ⓤ)

(나) ① 접두 파생어 : (ⓐ, ⓗ, ⓛ, ⓡ, ⓢ)
② 접미 파생어 : (ⓑ, ⓔ, ⓖ, ⓙ, ⓠ, ⓣ)

【참고】 [보기 1]의 단어를 형태소 단위로 분석하여 그 짜임새를 보이면 다음과 같다. (형태소는 기본 형태로 쓰고, 용언의 기본형에서 '-다'는 분석하지 않음.)

ⓐ ᄀᆞᆯ가마괴 : [갈가마귀 : ᄀᆞᆯ(갈- : 접두)- + 가마괴(까마귀, 烏)]
ⓑ ᄂᆞᆯ개 : [날개, 翼 : ᄂᆞᆯ(날다, 飛)- + -개(명접)]
ⓒ ᄡᆞᆯ밥 : [쌀밥 : ᄡᆞᆯ(쌀, 米) + 밥(밥, 飯)]
ⓓ ᄒᆞᆫᄃᆡ : [함께(부사) : ᄒᆞᆫ(한, 一 : 관사) + ᄃᆡ(데 : 의명)]
ⓔ 검듸영 : [검댕 : 검(검다, 黑)- + -듸영(접미)]
ⓕ 검븕다 : 검븕[검붉다 : 검(검다, 黑)- + 븕(붉다, 赤)-]- + -다(어미)
ⓖ 골ᄑᆞ다 : 골ᄑᆞ[고프다 : 곯(곯다, 飢)- + -ᄇᆞ(형접)-]- + -다(어미)
ⓗ 니ᄡᆞᆯ : [입쌀 : 니(접두)- + ᄡᆞᆯ(쌀, 米)]
ⓘ 맛보다(嘗) : 맛보[맛보다, 嘗 : 맛(맛, 味 : 명사) + 보(보다, 見)-]- + -다(어미)
ⓙ 불무질 : [풀무질 : 불무(풀무, 冶) + -질(명접)

ⓚ 불뭇골 : [풀뭇골 : 불무(풀무, 冶) + -ㅅ(관조, 사잇) + 골(골짜기, 谷)]
ⓛ 싀어미 : [시어머니, 姑 : 싀(시-, 媤 : 접두)- + 어미(어머니, 母)]
ⓜ 어ᅀᅵ아ᄃᆞᆯ : [어미와 아들, 母子 : 어ᅀᅵ(어머니, 母) + 아ᄃᆞᆯ(아들, 子)]
ⓝ 업시너기다 : 업시너기[업신여기다 : 없(없다, 無)- + -이(부접) + 너기(여기다, 思)-]- + -다(어미)
ⓞ 오ᄅᆞᄂᆞ리다 : 오ᄅᆞᄂᆞ리[오르내리다 : 오ᄅᆞ(오르다, 登)- + ᄂᆞ리(내리다, 降)-]- + -다(어미)
ⓟ 요ᄉᆞᅀᅵ : [요사이 : 요(요 : 관사) + ᄉᆞᅀᅵ(사이, 間 : 명사)]
ⓠ 울에(雷) : [우레, 雷 : 울(← 우르다 : 소리치다, 叫)- + -에(명접)]
ⓡ 이듬ᄒᆡ : [이듬(다음, 次 : 접두)- + ᄒᆡ(해, 年)]
ⓢ 져ᄇᆞ리다 : [저버리다 : 져(저- : 접두)- + -ᄇᆞ리(버리다, 棄)-]- + -다(어미)
ⓣ 처ᅀᅥᆷ : [처음 : 처ᇫ(← 첫 : 첫, 初, 관사) + -엄(명접)]
ⓤ 맛보다(遇) : [만나 보다 : 맛(← 맞다 : 맞다, 迎)- + 보(보다, 見)-]- + -다(어미)

2.3.2. 합성법

1. (풀이)

(가) ⓐ ᄃᆞᆯᄀᆡ알 : [ᄃᆞᆰ + -ᄋᆡ + 알]
ⓑ 떠디다 : [ᄣᅳ- + -어 + 디-]-
ⓒ ᄢᅱ놀다 : [ᄢᅱ- + 놀-]-
ⓓ 쇠고기 : [쇼 + -ㅣ + 고기]
ⓔ ᄉᆞᆯ지다 : [ᄉᆞᆯ + 지-]- + -다
ⓕ ᄌᆞ믈쇠 : [ᄌᆞᄆᆞ- + -ㄹ + 쇠]
ⓖ ᄒᆞᆫ두 : [ᄒᆞᆫ + 두]
ⓗ 것곶다 : [겄- + 곶-]-
ⓘ 나ᅀᅡ가다 : [낫- + -아 + 가]-
ⓙ 됴쿶다 : [둏- + 궂-]-
ⓚ 두ᅀᅥ : [두 + 세]
ⓛ 묏기ᄉᆞᆰ : [뫼 + -ㅅ + 기ᄉᆞᆰ]
ⓜ 믌결 : [믈 + -ㅅ + 결]
ⓝ 사나ᄋᆞᆯ : [사ᄋᆞᆯ- + 나ᄋᆞᆯ]
ⓞ 애ᄀᆞᆽ다 : [애 + ᄀᆞᆽ-]-
ⓟ 어위크다 : [어위- + 크-]-
ⓠ 업시너기다 : [없- + -이 + 너기-]-
ⓡ 여라ᄆᆞᆫ : [열ㅎ + 남- + -ᄋᆞᆫ]
ⓢ 엳아홉 : [여듧 + 아홉]
ⓣ 져므니 : [졈- + -은 + 이]
ⓤ 하나비 : [하- + -ㄴ + 아비]

(나) ① (ⓐ, ⓑ, ⓓ, ⓔ, ⓕ, ⓖ, ⓘ, ⓚ, ⓛ, ⓜ, ⓝ, ⓞ, ⓠ, ⓡ, ⓢ, ⓣ, ⓤ)
② (ⓒ, ⓗ, ⓙ, ⓟ)

2. (풀이)

㉠(ⓐ, ⓖ) ㉡(ⓑ, ⓒ, ⓓ)
㉢(ⓔ, ⓗ) ㉣(ⓕ, ⓘ)

【참고】 [보기 3]의 합성 명사를 형태소 단위로 분석하면 다음과 같다.

ⓐ 공쟝바치 : [기술자, 장인 : 공쟝(工匠) + 바치(←바지 : 기술자, 匠)]
ⓑ 귀옛골회 : [귀고리 : 귀(귀, 耳) + -예(←-에 : 부조, 위치) + -ㅅ(관조, 사잇) + 골회(고리, 環)]
ⓒ 돌기똥 : [닭똥 : 돍(닭, 鷄) + -ᄋᆡ(관조) + 똥(똥, 便)]
ⓓ 곳믈 : [콧물 : 고(←고ㅎ : 코, 鼻) + -ㅅ(관조, 사잇) + 믈(물, 液)]
ⓔ 뎌즈슴 : [저쯤 : 뎌(저 : 관사) + 즈슴(즈음 : 명사)]
ⓕ 드르리(聽者) : [들을이, 聽者 : 들(←듣다, ㄷ불(듣다, 聽)- + -을(관전) + 이(이, 者 : 의명)]
ⓖ 어비몬 : [귀족, 고관 : 어비(←아비 : 아버지, 父) + 몬(맏이, 昆)]
ⓗ 외짝 : [외짝 : 외(외 : 관사) + 짝(짝 : 명사)]
ⓘ 한비 : [큰비 : 하(크다, 大)- + -ㄴ(관전) + 비(비, 雨)]

3. (풀이)

(가) ⓐ: ㉠ (ᄒᆞ오사 : 부사) ㉡ (ㅅ : 관형격 조사/사이시옷)
㉢ (말 : 명사)
ⓑ: ㉮ (뿣 : 동사) ㉯ (돌ㅎ : 명사) ㉰ (애 : 조사)

(나) 15세기 국어에서 합성 명사는 거의 대부분 통사적 합성어이다. 그러나 (A)에서 'ᄒᆞ오삿말'과 '뿣돓'의 명사는 모두 비통사적 합성어라는 특징이 있다.

【참고】 'ᄒᆞ오삿말'은 부사에 관형격 조사가 붙었다는 점에서, '뿣돌ㅎ'은 용언의 어간인 '뿣(←뿣다)-'이 명사인 '돌ㅎ'에 직접적으로 결합되었다는 점에서 비통사적 합성어이다.

4. (풀이)

㉠(ⓓ, ⓖ, ⓗ, ⓚ) ㉡(ⓐ, ⓛ)
㉢(ⓒ, ⓕ, ⓘ, ⓙ, ⓜ) ㉣(ⓑ, ⓔ)

5. (풀이)

(가) ㉠(살) ㉡(ᄋᆞ) ㉢(잡) ㉣(디)
(나) ㉠(어근) ㉡(파생 접사) ㉢(어근) ㉣(굴절 접사)

6. (풀이)

㉠(부사) ㉡(형용사) ㉢(관형사) ㉣(명사)
㉤(대명사) ㉥(동사) ㉦(관형사)

7. (풀이)

㉠(부사) ㉡(부사) ㉢(명사) ㉣(명사)
㉤(관형사) ㉥(부사) ㉦(부사)

8. (풀이)

① 가막가치 [어근]: 가마괴 + 가치 [변동] 탈락: /외/ 탈락
② 가ᄉᆞ며살다 [어근]: 가ᄉᆞ멸- + 살다 [변동] 탈락: /ㄹ/ 탈락
③ ᄀᆞᄅᆞᄫᅵ [어근]: ᄀᆞᄅᆞ + 비 [변동] 교체: /ㅂ/ → /ㅸ/
④ 나ᅀᅡ가다 [어근]: 낫- + (-아) + 가- [변동] 교체: /ㅅ/ → /ㅿ/
⑤ 녀나ᄆᆞᆫ [어근]: 녀느 + 남- [변동] 탈락: /ㅡ/, /ㄴ/ 탈락
⑥ 대ᄫᅡᆮ [어근]: 대(竹) + 밭 [변동] 교체: /ㅂ/→/ㅸ/, /ㅌ/→/ㄷ/
⑦ 대ᄫᅥᆷ [어근]: 대(大) + 범 [변동] 교체: /ㅂ/ → / ㅸ/
⑧ 됴쿶다 [어근]: 둏- + 궂다 [변동] 축약: /ㅎ/ + /ㄱ/ → /ㅋ/
⑨ 드나ᄃᆞᆯ다 [어근]: 들- + 나- + 들- [변동] 탈락, 교체: /ㄹ/ 탈락, /ㅡ/ → /ㆍ/
⑩ ᄃᆞ라들다 [어근]: ᄃᆞᆮ- +(-아) + 들- [변동] 교체: /ㄷ/ → /ㄹ/
⑪ 메ᄫᅡᆺ다 [어근]: 메- + 밧다 [변동] 교체: /ㅂ/ → /ㅸ/

⑫ 므너흘다 [어근]: 믈- + 너흘- [변동] 탈락: /ㄹ/ 탈락
⑬ 믓결 [어근]: 믈 + (-ㅅ) + 결 [변동] 탈락: /ㄹ/ 탈락
⑭ 바룻믈 [어근]: 바ᄅᆞᆯ + (-ㅅ) + 믈 [변동] 탈락: /ㄹ/ 탈락
⑮ 빗나다 [어근]: 빛 + 나- [변동] 교체: /ㅊ/→/ㅅ/
⑯ 빅술ㅎ [어근]: 빅 + 술ㅎ [변동] 교체: /ㅅ/→/ㅿ/
⑰ 사나올 [어근]: 사올 + 나올 [변동] 탈락: /올/ 탈락
⑱ 아라우ㅎ [어근]: 아래 + 우ㅎ [변동] 탈락: /j/ 탈락
⑲ 암돌마기 [어근]: 암ㅎ + 돌마기 [변동] 탈락: /ㅎ/ 탈락
⑳ 여닐굽 [어근]: 여슷 + 닐굽 [변동] 탈락: /슷/ 탈락
㉑ 여나믄 [어근]: 열 + 남- [변동] 탈락: /ㄹ/ 탈락
㉒ 한숨 [어근]: 한 + 숨 [변동] 교체: /ㅅ/→/ㅿ/
㉓ 어버ᅀᅵ [어근]: 아비 + 어ᅀᅵ [변동] 탈락, 교체: /ㅣ/ 탈락, /ㅏ/→/ㅓ/

2.3.3. 파생법

1. **(풀이)**

(가) ⓐ: (어비믄내) ⓑ: (너희돌ㅎ)
(나) ⓐ: ㉠(어비: 어근) ㉡(믄: 어근) ㉢(-내: 파생 접사)
ⓑ: ㉮(너: 어근) ㉯(-희: 파생 접사) ㉰(-돌ㅎ: 파생 접사)

2. **(풀이)**

㉠(명사) ㉡(부사) ㉢(명사)
㉮(지배적 / 통사적)

3. **(풀이)**

ⓐ(춤) ⓑ(우숨) ⓒ(우룸)

【참고】 ⓐ 춤: [츠(추다: 동사)- + -움(명접)]

ⓑ 우숨 : [웃(웃다, ㅅ불 : 동사)- + -움(명접)]
ⓒ 우룸 : [울(울다)- + -움(명접)]

4. (풀이)

(가) ⓐ (아자바님내) ⓑ (아즈마님)

(나) ⓐ : ㉠(아자바) + ㉡(-님) + ㉢(-내)
ⓑ : ㉮(아즈마) + ㉯(-님)

(다) ㉡(높임) ㉢(복수)
(라) ⓐ(아자비) ⓑ(아즈미)

【참고】 '아자바'와 '아즈미'는 기본 형태인 '아자비'와 '아즈미' 뒤에 높임의 파생 접미사인 '-님'이 붙은 과정에서, '아자비'와 '아즈미'의 끝 모음 /ㅣ/가 /ㅏ/로 바뀌었다.

5. (풀이)

(B) ㉠(-ᄋᆞ-) ㉡(-혀-) ㉢(도ᄅᆞ혀-) ㉣(-어)
(C) ㉮(-ᄋᆞ-) ㉯(-혀-) ㉰(-어)

6. (풀이)

ⓐ(얼이-) ⓑ(흘리-) ⓒ(믈리-) ⓓ(올이-)

【참고】 용언의 어근이 /ᄅᆞ/나 /르/로 끝날 때에 접미사 '-이-'가 결합되면, 다음의 두 가지 형태로 파생한다. 첫째, '얼이-'와 '올이-'처럼 /ㄹ/이 접미사 '-이'-'와 끊어 적히면서 유성 후두 마찰음인 [ɦ]을 남기는 것이 있다. 둘째, '흘리-'나 '믈리-'처럼 /ㄹ/이 첨가되어서 /ㄹㄹ/로 되는 것이 있다.

7. (풀이)

ⓐ(일우-) ⓑ(이ᄅᆞ-) ⓒ(살이-) ⓓ(사ᄅᆞ-)
ⓔ(길우-) ⓕ(기ᄅᆞ-)

8. (풀이)

(가) ⓐ(채우시니)　　ⓑ(알리고자)

(나) ㉠(ᄎᆞ)　㉡(이)　㉢(오)　㉣(시)　㉤(니)

㉮(알)　㉯(오)　㉰(이)　㉱(고져)

9. (풀이)

(가) ⓐ(일어)　ⓑ(일으켜)

(나) ㉠(닐-)　㉡(-ᄋᆞ-)　㉢(-왇-)　㉣(니ᄅᆞ왇-)　㉤(-아)

10. (풀이)

(가) ㉠(되다)　㉡(동사)

(나) ⓑ의 '되다'는 명사인 '되'에 무형의 파생 접미사인 '-Ø-'가 붙어서 동사로 파생되었다.

11. (풀이)

ⓐ(고치다)　ⓑ(ᄀᆞᆯ이다)　ⓒ(다티다)　ⓓ(담기다)

ⓔ(뭇기다)　ⓕ(숢기다)　ⓖ(알히다)　ⓗ(연치다)

【참고】 첫째, 어근이 /ㄱ, ㄷ, ㅂ, ㅈ/과 같은 거센소리의 짝이 있는 예사소리로 끝날 때에는 피동의 파생 접미사로 '-히-'가 실현된다. 둘째, 어근이 /ㅁ/으로 끝날 때에는 '-기-'가 실현된다. 셋째, 나머지 소리로 끝나는 어근 다음에는 '-이-'가 실현된다.

12. (풀이)

(가) ⓐ(ᄆᆡᅇᅵ-) + (-ᄋᆞᆫ)　ⓑ(ᄒᆡ-) + (-ᅇᅧ)　ⓒ(쥐ᅇᅵ-) + (-어)

(나) ⓐ(ᄆᆡ-) + (-ᅇᅵ-)　ⓑ(ᄒᆞ-) + (-ㅣ-)　ⓒ(쥐-) + (-ᅇᅵ-)

(다) ① 기본 형태 : (-이-)

② 기능 : (피동사를 형성하는 기능)

(라) ⓐ 피동 접미사 '-이-'가 반모음 /j/로 끝나는 어근 뒤에서 '-ᅇᅵ-'로 변동했다.
ⓑ 피동 접미사 '-이-'가 어근 'ᄒᆞ-' 뒤에서 반모음 /j/로 변동했다.
ⓒ 피동 접미사 '-이-'가 반모음 /j/로 끝나는 어근 뒤에서 '-ᅇᅵ-'로 변동했다.

【참고】

ⓐ ᄆᆡᅇᅬᆫ: ᄆᆡᅇᅵ[← ᄆᆡ이다(매이다): ᄆᆡ(매다, 繫)- + -ᅇᅵ(← -이-: 피접)-]- + -오(대상)- + -Ø(과시)- + -ㄴ(관전)

ⓑ ᄒᆡ여: ᄒᆡ[← ᄒᆡ다(하게 하다, 시키다, 使): ᄒᆞ(하다, 爲)- + -ㅣ(사접)-]- + -ᅇᅧ(← -여 ← -어: 연어)

ⓒ 쥐ᅇᅧ: 쥐ᅇᅵ[쥐이다, 쥠을 당하다: 쥐(쥐다, 執)- + -ᅇᅵ(← -이-: 피접)-]- + -어(연어)

13. (풀이)

(가) ⓐ(골ᄑᆞ다) ⓑ(믭다) ⓒ(앗갑다) ⓓ(깃브다)

(나) ⓐ(곯-) + (-ᄇᆞ-) ⓑ(믜-) + (-ㅂ-)
ⓒ(앗기-) + (-압-) ⓓ(깄-) + (-브-)

14. (풀이)

(가) ㉠(ᄉᆞ랑) ㉡(ᄒᆞ) ㉢(ㅂ) ㉣(ㄷ ㅣ)

(나) ㉮(명사) ㉯(동사) ㉰(동사) ㉱(형용사)

15. (풀이)

㉠(/ㄹ/) ㉡(자음) ㉢(/ㄹ/) ㉣(모음) ㉮(-ᄅᆞᆸ-)

【참고】 '겨르ᄅᆞᆸ다'는 명사인 '겨를(暇)'에 파생 접미사인 '-ᄅᆞᆸ-'이 붙으면서 앞 어근인 '겨를'의 종성 /ㄹ/이 탈락하였다.

16. (풀이)

(가) ⓐ(관형사) ⓑ(관형사)

(나) ㉠(몯) ㉡(온)
㉮(오올) ㉯(ㄴ)

(다) ⓐ(동사) ⓑ (형용사)

17. (풀이)

(가) ①: ㉠(-ᄒᆞ-) ㉡(훤츨ᄒᆞ-) ㉢(-이)
②: ㉮(-ᄒᆞ-) ㉯(ᄀᆞᄃᆞᆨᄒᆞ-) ㉰(-이)

(나) ①: (어간의 끝 음절에서 실현된 모음 /ㆍ/의 탈락)
②: (어간의 끝 음절인 /ᄒᆞ/의 탈락)

18. (풀이)

(가) ⓐ: ㉠(본ᄃᆡ) ㉡(-로)
ⓑ: ㉮(몿-) ㉯(-옴) ㉰(-내)
ⓒ: ①(다ᄅᆞ-) ②(-이)

(나) ⓐ: ㉠(부사)— ㉡(어휘적)
ⓑ: ㉮(동사)— ㉯(통사적)
ⓒ: ①(형용사)— ②(통사적)

19. (풀이)

(가) ①: ㉠(새) ㉡(-롭-) ㉢(-이)
②: ㉮(맞-) ㉯(-호-) ㉰(-아)

(나) ①(명사) ②(동사)

(다) ①(명사를 형용사로 파생하는 기능)
②(형용사를 부사로 파생하는 기능)
③(주동사(자동사)를 사동사(타동사)로 파생하는 기능)
④(동사를 부사로 파생하는 기능)

20. (풀이)

(가) ①(같이) ②(부사)

(나) ①(ᄀᆞᇀ-) ②(형용사)

(다) (형용사 어근인 'ᄀᆞᇀ-'에 무형의 파생 접사인 '-Ø'가 붙어서 부사로 파생됨.)

21. (풀이)

㉠(니를-) ㉡ (-이) ㉮(좇-) ㉯(-오-)
①(부사절)

22. (풀이)

(가) ⓐ(부사) ⓑ(동사) ⓒ(부사) ⓓ(동사)

(나) ⓐ(그르-) —(형용사) ⓑ(ᄀᆞᄆᆞᆯ)—(명사)
ⓒ(거싀-) —(동사) ⓓ(씌) —(명사)

(다) ⓐ(형용사 어근을 부사로 파생함.)
ⓑ(명사 어근을 동사로 파생함.)
ⓒ(동사 어근을 부사로 파생함.)
ⓓ(명사 어근을 동사로 파생함.)

【참고】 ⓐ~ⓓ의 단어는 모두 어근에 무형의 파생 접미사(= Ø)가 실현되어서 형성된 파생어이다.
ⓐ 그르: [잘못(부사): 그르(형용사, 誤)- + -Ø(부접)]
ⓑ ᄀᆞᄆᆞ라: ᄀᆞᄆᆞᆯ[가물다(동사): ᄀᆞᄆᆞᆯ(가물, 旱: 명사)- + -Ø(동접)-]- + -아(연어)
ⓒ 거싀: [거의(부사): 거싀(거의 가까게 되다: 동사)- + -Ø(부접)]
ⓓ 씌여: 씌[띠다(동사): 씌(띠, 帶: 명사)- + -Ø(동접)-]- + -여(←-어: 연어)

23. (풀이)

(가) ㉠(더으-) ㉡(-어) ㉮(다ᄋᆞ-) ㉯(-아)

(나) ①(/ㅡ/ 탈락), (모음 탈락)
②(/ㆍ/ 탈락), (모음 탈락)

【참고】 첫째, '더으다'의 어근인 '더으-'에 연결 어미(파생 접사)인 '-어'가 결합하는 과정에서 어근의 끝소리인 /ㅡ/가 탈락했으며, 어근인 '더'의 /ㅓ/와 연결 어미(파생 접사)인 '-어'의 /ㅓ/가 탈락하였다. 둘째, '다ᄋᆞ다'의 어근인 '다ᄋᆞ-'에 연결 어미(파생 접사)인 '-아'가 결합하는 과정에서 어근의 끝소리인 /ㆍ/가 탈락했으며, 어근인 '더'의 /ㅏ/와 연결 어미(파생 접사)인 '-어'의 /어/가 탈락하였다. 이 경우에 연결 어미인 '-어'와 '-아'는 부사 파생 접미사로 기능했다.(허웅 1975:251의 내용 참조)

24. (풀이)

(가) ⓐ(보조사) ⓑ(부사격 조사)
ⓒ(부사격 조사) ⓓ(접속 조사)

(나) ⓐ: ㉠ (븥-) ㉡(-어)
ⓑ: ㉢ (ᄃᆞ리-) ㉣(-어)
ⓒ: ㉤ (두-) ㉥(-고)
ⓓ: ㉦ (ᄒᆞ-) ㉧(-고)

25. (풀이)

㉠(서술격 조사) ㉡(보조사)

26. (풀이)

ⓐ 곳답다 : [곶(어근 : 명사) + -답(파생 접사)-]- + -다
ⓑ 그듸내 : [그(어근 : 대명사) + -듸(파생 접사)- + -내(파생 접사)]
ⓒ 깃브다 : [깄(어근 : 동사)- + -브(파생 접사)-]- + -다
ⓓ 깃비 : [깄(어근 : 동사)- + -브(파생 접사)- + -이(파생 접사)]
ⓔ ᄂᆞᆽ가이 : [ᄂᆞᆽ(어근 : 형용사)- + -갑(파생 접사)- + -이(파생 접사)]
ⓕ 녀토다 : [녙(어근 : 형용사)- + -오(파생 접사)-]- + -다

ⓖ 녇갑다 : [녙(어근 : 형용사)- + -갑(파생 접사)-]- + -다
ⓗ 니르받다 : [닐(어근 : 동사)- + -으(파생 접사)- + -받(파생 접사)-]- + -다
ⓘ 달이 : [다ᄅᆞ(어근 : 형용사)- + -이(파생 접사)]
ⓙ 더위잡다 : [더위(파생 접사)- + 잡(어근)-]- + -다
ⓚ 마ᄆᆞᄅᆞ다 : [마(파생 접사)- + ᄆᆞᄅᆞ(어근)-]- + -다
ⓛ 머추다 : [멎(어근 : 동사)- + -후(파생 접사)-]- + -다
ⓜ 비르수 : [비릇(어근 : 동사)- + -우(파생 접사)]
ⓝ 버히다 : [벟(어근 : 동사)- + -이(파생 접사)-]- + -다
ⓞ 受苦ᄅᆞᄫᅵ : [受苦(어근 : 명사) + -ᄅᆞᆸ(파생 접사)- + -이(파생 접사)]
ⓟ 슬피 : [슳(어근 : 동사)- + -브(파생 접사)- + -이(파생 접사)]
ⓠ ᄲᆞᆯ리 : [ᄲᆞᄅᆞ(어근 : 형용사)- + -이(파생 접사)]
ⓡ 에굳다 : [에(파생 접사)- + 굳(어근 : 형사)-]- + -다
ⓢ 이바디 : [이받(어근 : 동사)- + -이(파생 접사)]
ⓣ 프ᅀᅥᆼ귀 : [플(어근 : 명사) + -ᅀᅥᆼ귀(파생 접사)]

【참고】 위의 ⓐ~ⓣ를 형태소 단위로 분석하고, 각 형태소의 문법적 단위의 명칭을 보이면 다음과 같다.

ⓐ 곳답다[향기롭다(형사) : 곳(← 곶 : 꽃, 명사) + -답(형접)-]- + -다
ⓑ 그듸내[그대들(인대) : 그(그 : 지대) + -듸(높접)- + -내(복접)]
ⓒ 깃브다 : 깃브[기쁘다 : 깃(← 깄다 : 기뻐하다 : 동사)- + -브(형접)-]- + -다
ⓓ 깃비 : [기쁘게 : 깃(← 깄다 : 기뻐하다, 동사)- + -브(형접)- + -이(부접)]
ⓔ ᄂᆞᆽ가이 : [낮게 : ᄂᆞᆽ(← ᄂᆞᆽ다 : 낮다, 형사)- +-가(← -갑- : 형접)- + -이(부접)]
ⓕ 녀토다 : 녀토[얕게 하다 : 녙(얕다 : 형사)- + -오(사접)-]- + -다
ⓖ 녇갑다 : 녇갑[여트막하다 : 녙(얕다 : 형사)- + -갑(형접)-]- + -다
ⓗ 니르받다 : 니르받[받아 일으키다 : 닐(일어나다 : 동사)- + -으(사접)- + -받(강접)-]- + -다
ⓘ 달이 : [달리 : 달ㄹ(← 다ᄅᆞ다 : 다르다, 형사)- + -이(부접)]
ⓙ 더위잡다 : 더위잡[더위잡다 : 더위(위쪽으로 : 접두)- + 잡(잡다)-]- + -다
ⓚ 마ᄆᆞᄅᆞ다 : 마ᄆᆞᄅᆞ[메마르다 : 마(메- : 여위다, 접두)- + ᄆᆞᄅᆞ(마르다)-]- + -다
ⓛ 머추다 : 머추[멈추다 : 멎(멎다 : 동사)- + -후(사접)-]- + -다

ⓜ 비르수 : [비로소 : 비릇(비롯하다 : 동사)- + -우(부접)]
ⓝ 버히다 : 버히[베다 : 벟(베어지다 : 동사)- + -이(사접)-]- + -다
ⓞ 受苦ᄅᆞᄫᅵ : [수고로이 : 受苦(수고 : 명사) + ᄅᆞᄫ(←-롭 : 형접)- + -이(부접)]
ⓟ 슬피 : [슬피 : 슳(슬퍼하다 : 동사)- + -브(형접)- + -이(부접)]
ⓠ 섈리 : [빨리 : 섈ᄅ(←ᄲᆞᄅᆞ다 : 빠르다, 형사)- + -이(부접)]
ⓡ 에굳다 : 에굳[몹시 굳다, 완고하다(형사) : 에(세기만 한 : 접두)- + 굳(굳다 : 형사)-]- + -다
ⓢ 이바디 : [잔치 : 이받(대접하다 : 동사)- + -이(명접)]
ⓣ 프싕귀 : [푸성귀 : 플(풀어근 : 명사) + -싕귀(명접)]

27. (풀이)

ⓐ 고ᄫᆡ : (명사), [곱(어근 : 동사)- + -ᄋᆡ(통사적 접사)]
ⓑ 과ᄀᆞᆯ이 : (부사), [과ᄀᆞᄅᆞ(어근 : 동사)- + -이(통사적 접사)]
ⓒ 기동 : (명사), [긷(어근 : 명사) + -옹(어휘적 접사)]
ⓓ ᄀᆞᆱ다 : (동사), [ᄀᆞᆱ(어근 : 명사)- + -Ø(통사적 접사)] + -다
ⓔ ᄀᆞᆺᄀᆞᆺᄒᆞ다 : (형용사), [ᄀᆞᆺᄀᆞᆺ(어근 : 불완전 어근)- + -ᄒᆞ(통사적 접사)-]- + -다
ⓕ ᄀᆞᆺᄇᆞ다 : (형용사), [ᄀᆞᆺ(어근 : 동사)- + -ᄇᆞ(통사적 접사)-]- + -다
ⓖ 남ᄌᆞ기 : (부사), [남ᄌᆞᆨ(어근 : 불완전 어근)- + -이(통사적 접사)]
ⓗ 두려디 : (부사), [두렫(어근 : 형용사)- + -이(통사적 접사)]
ⓘ 므겁다 : (형용사), [믁(어근 : 형용사)- + -업(어휘적 접사)-]- + -다
ⓙ ᄆᆞᄎᆞᆷ : (명사), [ᄆᆞᆾ(어근 : 동사)- + -ᄋᆞᆷ(통사적 접사)]
ⓚ 브즈런ᄒᆞ다 : (형용사), [브즈런(어근 : 명사) + -ᄒᆞ(통사적 접사)-]- + -다
ⓛ 세우 : (부사), [세(어근 : 형용사)- + -우(통사적 접사)]
ⓜ 수ᄫᅵ : (부사), [쉽(어근 : 형용사)- + -이(통사적 접사)]
ⓝ 아오로 : (부사), [아올(어근 : 동사)- + -오(통사적 접사)]
ⓞ 연치다 : (동사), [엱(어근 : 동사)- + -히(통사적 접사)-]- + -다
ⓟ 저프다 : (형용사), [젛(어근 : 동사)- + -브(통사적 접사)-]- + -다
ⓠ ᄌᆞ올아ᄫᅵ : (부사), [ᄌᆞ올(어근 : 불완전 어근)- + -갑(통사적 접사)- + -이(통사적 접사]
ⓡ 치ᄫᅱ : (명사), [칩(어근 : 형용사)- + -의(통사적 접사)]

【참고】 위의 ⓐ~ⓡ은 다음과 같이 형태소 단위로 분석할 수 있다.

ⓐ 고ᄫᅵ : [구비(명사) : 곱(굽다 : 동사)- + -ᄋᆡ(명접)]
ⓑ 과ᄀᆞᆯ이 : [갑자기, 급하게(부사) : 과ᄀᆞᄅᆞ(급하다 : 동사)- + -이(부접)]
ⓒ 기ᄃᆞᆼ : [기둥 : 긷(기둥 : 명사) + -ᄋᆞᆼ(명접)]
ⓓ ᄀᆞᆲ다 : ᄀᆞᆲ[가루다(동사) : ᄀᆞᆲ(갈피, 겹 : 명사)- + -Ø(동접)] + -다
ⓔ ᄀᆞᆽᄀᆞᆽᄒᆞ다 : ᄀᆞᆽᄀᆞᆽᄒᆞ[깨끗하다(형사) ᄀᆞᆽᄀᆞᆽ(깨끗 : 불어)- + -ᄒᆞ(형접)-]- + -다
ⓕ ᄀᆞᆺᄇᆞ다 : ᄀᆞᆺᄇᆞ[가쁘다(형사) : ᄀᆞᆶ(애쓰다, 힘쓰다 : 동사)- + -ᄇᆞ(형접)-]- + -다
ⓖ 남ᄌᆞ기 : [남짓이(부사) : 남ᄌᆞᆨ(불어)- + -Ø(← -ᄒᆞ(형접)- + -이(부접)]
ⓗ 두려디 : [둥글게(부사) : 두렫(둥글다 : 형사)- + -이(부접)]
ⓘ 므겁다 : 므겁[무겁다(형사) : 믁(불어)- + -업(형접)-]- + -다
ⓙ ᄆᆞᄎᆞᆷ : [마지막(명사) : ᄆᆞᆾ(끝나다 : 동사)- + -ᄋᆞᆷ(명접)]
ⓚ 브즈런ᄒᆞ다 : 브즈런ᄒᆞ[부지런하다(형사) : 브즈런(부지런 : 명사) + -ᄒᆞ(형접)-]- + -다
ⓛ 세우 : [세게, 몹시(부사) : 세(세다 : 형사)- + -우(부접)]
ⓜ 수ᄫᅵ : [쉽게(부사) : 수ᇦ(← 쉽다, ㅂ불 : 쉽다, 형사)- + -이(부접)]
ⓝ 아ᅀᆞ로 : [아울러(부사) : 아ᅀᆞᆯ(아우르다, 합치다 : 동사)- + -오(부접)]
ⓞ 연치다 : 연치[얹히다(동사) : 엱(얹다 : 동사)- + -히(피접)-]- + -다
ⓟ 저프다 : 저프[두렵다(형사) : 젛(두려워하다 : 동사)- + -브(형접)-]- + -다
ⓠ ᄌᆞ올아ᄫᅵ : [친밀하게(부사) : ᄌᆞ올(불어)- + -아ᇦ(← -갑-, ㅂ불 : 형접)- + -이(부접]
ⓡ 치ᄫᅱ : [추위(명사) : 치ᇦ(← 칩다, ㅂ불 : 춥다, 형사)- + -위(← -의 : 명접)]

28. (풀이)

ⓐ (분석) : [ᄀᆞᄃᆞᆨ(어근) + -ᄒᆞ(파생 접사)- + -이(파생 접사)]
(변동) : 파생 접사인 '-ᄒᆞ-'가 탈락함.

ⓑ (분석) : [구믈(어근) + -거리(파생 접사)-]- + -다
(변동) : 파생 접사인 '-거리-'에서 /ㄱ/이 탈락함.(유성 후두 마찰음으로 교체.)

ⓒ (분석) : [구짇(어근) + -암(파생 접사)]
(변동) : 어근의 끝소리인 /ㄷ/이 /ㄹ/로 바뀜.

ⓓ (분석) : [늘(어근) + -애(파생 접사)]
(변동) : 파생 접사의 첫소리인 /ㄱ/이 탈락됨.(유성 후두 마찰음으로 교체.)

ⓔ (분석) : [덥(어근) + -의(파생 접사)]
(변동) : 어근의 끝소리인 /ㅂ/이 /ㅸ/로 바뀌고 파생 접사인 '-의'가 '-위'로 바뀜.)

ⓕ (분석) : [븟(어근) + -이(파생 접사)-]- + -다
(변동) : 어근의 끝소리인 /ㅅ/이 /ㅿ/로 바뀌고, 유성 후두 마찰음이 첨가됨.)

ⓖ (분석) : [어렵(어근) + -이(파생 접사)]
(변동) : 어근의 끝소리인 /ㅂ/이 /ㅸ/로 바뀜.

ⓗ (분석) : [첫(어근) + -엄(파생 접사)]
(변동) : 어근의 끝소리인 /ㅅ/이 /ㅿ/로 바뀜.

ⓘ (분석) : [뭘(어근) + -아지(파생 접사)]
(변동) : 어근의 끝소리인 /ㄹ/이 탈락하고, 파생 접사의 '-아지'의 /아/가 /야/로 바뀜.

ⓙ (분석) : [오ᄅᆞ(어근) + -이(파생 접사)-]- + -다
(변동) : 어근의 끝소리인 /ㆍ/가 탈락하고 '오ᄅᆞ-'이 '올ㅇ-'으로 바뀜.

ⓚ (분석) : [웃(어근) + -브(파생 접사)-]- + -다
(변동) : 어근의 끝소리인 /ㅅ/가 /ㅿ/으로 바뀌고, 파생 접사인 '-브-'의 /ㅂ/이 /ㅸ/로 바뀜.

ⓛ (분석) : [출(파생 접사)- + 빨(어근)]
(변동) : 파생 접사인 '출-'의 끝소리 /ㄹ/이 탈락함.

29. (풀이)

㉠(맞-) ㉡(-즙-) ㉢(-이)
㉮(객체 높임) ㉯(동사) ㉯(명사)

2.3.4. 합성법과 파생법의 겹침

1. (풀이)

(가) ① [모(어근 : 명사) + 시므(어근 : 동사)- + -이(파생 접사)]
② [코ㅎ(어근 : 명사) + 길(어근 : 동사)- + -이(파생 접사)]

(나) ① (/ㅡ/의 탈락'과 '/ㄱ/의 첨가')
② ('자음 축약'(거센소리되기/유기음화)

【참고】 '모심기'에서 어근인 '시므-'에 모음으로 시작하는 파생 접사가 붙을 때에는, /ㅡ/가 탈락하고 /ㄱ/이 첨가되어서 어근의 형태가 '심-으로 변동한다.

2. (풀이)

①(ⓔ) ②(ⓖ) ③(ⓓ) ④(ⓐ)
⑤(ⓒ) ⑥(ⓕ) ⑦(ⓑ) ⑧(ⓗ)

3. (풀이)

ⓐ ᄀᆞᆺ블기 : { [ᄀᆞᆺ(어근 : 부사) + ᄇᆞᆰ(어근 : 형용사)-]- + -이(명사 파생 접사) }
ⓑ 갈ᄡᅳ기 : { [갈ㅎ(어근 : 명사) + ᄡᅳ(어근 : 동사)-]- + -기(명사 파생 접사) }
ⓒ 겨스사리 : { [겨슬(어근 : 명사) + 살(어근 : 동사)-]- + -이(명사 파생 접사) }
ⓓ 긋업시 : { [긑(어근 : 명사) + 없(어근 : 형용사)-]- + -이(부사 파생 접사) }
ⓔ 낫나치 : { [낮(어근 : 명사) + 낯(어근 : 명사)-]- + -이(부사 파생 접사) }
ⓕ 녀름지ᅀᅵ : { [녀름(어근 : 명사) + 짓(어근 : 동사)-]- + -이(명사 파생 접사) }
ⓖ 놉ᄂᆞᆽ가ᄫᅵ : { [높(어근 : 형용사) + ᄂᆞᆽ(어근 : 형용사)- + -갑(파생 접사)-]- + -이(명사 파생 접사) }
ⓗ 댱가드리 : { 댱가(어근 : 명사) + 들(어근 : 동사)- + -이(명사 파생 접사)]
ⓘ 머리갓기 : { [머리(어근 : 명사) + 갔(어근 : 동사)-]- + -이(명사 파생 접사) }
ⓙ 뫼ᅀᅡ리 : { [뫼(어근 : 명사) + 살(어근 : 동사)-]- + -이(명사 파생 접사) }
ⓚ 므ᄌᆞ미 : { [믈(어근 : 명사) + ᄌᆞᆷ(어근 : 동사)-]- + -이(명사 파생 접사) }
ⓛ ᄡᅳᅀᅥ리 : { [ᄡᅳᆯ(어근 : 동사) + 설(어근 : 동사)-]- + -이(명사 파생 접사) }
ⓜ 일져므리 : { 일(어근 : 부사) + 져믈(어근 : 동사)-]- + -이(부사 파생 접사) }

ⓝ 거름거리 : { [걷(어근 : 동사) + -음(파생 접사) + 걷(어근 : 동사)-]- + -이(명사 파생 접사)] }
ⓞ ᄒᆡ도디 : { [ᄒᆡ(어근 : 명사) + 돋(어근 : 동사)-]- + -이(명사 파생 접사) }

【참고】 위의 ⓐ~ⓞ의 단어를 형태소 단위로 분석하면 다음과 같다.

ⓐ ᄀᆞᆺᄇᆞᆯ기 : [밝을 녘, 첫새벽 : [ᄀᆞᆺ(갓) + ᄇᆞᆰ(밝다)- + -이(명접)]
ⓑ 갈ᄡᅳ기 : [칼쓰기 : 갈(← 갈ㅎ : 칼) + ᄡᅳ(쓰다)- + -기(명접)]
ⓒ 겨ᅀᅳ사리 : [겨우살이 : [겨ᅀᅳ(← 겨ᅀᅳᆯ : 겨울) + 살(살다 : 동사)- + -이(명접)]
ⓓ 귿업시 : [끝없이 : [귿(← 긑 : 끝) + 없(없다)- + -이(부접)]
ⓔ 낫나치 : [낱낱이 : 낫(← 낯 : 낱) + 낯(낱)- + -이(부접)]
ⓕ 녀름지ᅀᅵ : [농사짓기 : [녀름(농사) + 지ᇫ(← 짓다, ㅅ불 : 짓다)- + -이(명접)]
ⓖ 놉ᄂᆞᆽ가ᄫᅵ : [높낮이 : [놉(← 높다 : 높다) + ᄂᆞᆽ(← ᄂᆞᆽ다 : 낮다)- + -가ᇦ(← -갑- : 형접) + -이(명접)]
ⓗ 댱가드리 : [장가들기 : 댱가(장가 : 장가) + 들(들다 : 들다, 入)- + -이(명접)]
ⓘ 머리갓기 : [머리깎기 : 머리(머리) + 갃(깎다)- + -이(명접)]
ⓙ 뫼ᅀᅡ리 : [메아리 : 뫼(산) + ᅀᅡᆯ(← 살다 : 살다)- + -이(명접)]
ⓚ 므ᄌᆞ미 : [무자맥질 : 므(← 믈 : 물) + ᄌᆞᆷ(잠그다)- + -이(명접)]
ⓛ ᄡᅳᅀᅥ리 : [쓰레질 : ᄡᅳ(← ᄡᅳᆯ다 : 쓸다, 掃) + ᅀᅥᆯ(← 설다 : 치우다, 정리하다, 걷다)- + -이(명접)]
ⓜ 일져므리 : [일찍부터 늦게까지 : [일(일찍, 早) + 져믈(저믈다, 暮)- + -이(부접)]
ⓝ 거름거리 : [걸음걸이 : 걸(← 걷다, ㄷ불 : 걷다) + -음(명접) + 걸(← 걷다, ㄷ불 : 걷다)- + -이(명접)]
ⓞ ᄒᆡ도디 : [해돋이 : ᄒᆡ(해) + 돋(돋다)- + -이(명접)

4. (풀이)

㉠(ⓒ, ⓗ) ㉡(ⓐ, ⓓ, ⓔ) ㉢(ⓑ, ⓕ, ⓖ)

5. (풀이)

ⓐ : ㉠(웃) ㉡(음) ㉢(웃) ㉣(이)
ⓑ : ㉮(걷) ㉯(옴) ㉰(걷) ㉱(이)

3. 문장

3.1. 문장 성분

1. (풀이)

(가) ㉠주 성 분 : (ⓐ, ⓒ, ⓕ, ⓖ, ⓗ, ⓜ, ⓝ)
㉡부속 성분 : (ⓑ, ⓓ, ⓔ, ⓘ, ⓛ)
㉢독립 성분 : (ⓙ, ⓚ)

(나) ⓐ(보어) ⓑ(부사어) ⓒ(보어) ⓓ(부사어)
ⓔ(관형어) ⓕ(주어) ⓖ(보어) ⓗ(목적어)
ⓘ(관형어) ⓙ(독립어) ⓚ(독립어) ⓛ(부사어)
ⓜ(서술어) ⓝ(주어)

【참고】

ⓑ '各別히 勞心호ᄆᆞ론' : 명사절인 '各別히 勞心홈'에 '비교'의 뜻을 나타내는 부사격 조사인 '-ᄋᆞ론'이 실현되었으므로, 명사절이 부사어로 쓰였다.

ⓓ '새' : 명사인 '새(= 새 것)'에 비교를 나타내는 부사격 조사인 '-이'가 무형의 변이 형태 '-Ø'로 실현되었으므로, '새'는 부사어로 쓰였다.

ⓜ '사ᄂᆞᆫ' : '사ᄂᆞᆫ''은 관형절인 '(얼우니며 아ᄒᆡ며) 이 지븨 <u>사ᄂᆞ다</u>' 속에서 서술어로 쓰였다.

ⓝ '妻眷 ᄃᆞ외얀 디' : 관형절인 '妻眷 ᄃᆞ외얀'이 주어성 의존 명사인 '디'를 수식하고 있으므로, 그 전체 구성인 '妻眷 ᄃᆞ외얀 디'는 주어로 쓰였다.

2. (풀이)

(가) (ㄱ) : ㉠(님금 지ᅀᆞ샨 글) ㉡(서술어)
(ㄴ) : ㉠(山ᄋᆡ 草木) ㉡(주어)

(나) ①(님금 지ᄉᆞ샨) ②(관형어)

【참고】(ㄱ)의 문장에서 '님금 지ᄉᆞ샨'은 관형절이며 '님금 지ᄉᆞ샨 글'은 관형절을 안고 있는 명사구이다. 여기서 '님금 지ᄉᆞ샨'은 관형절이 관형어로 쓰였으며, '님금 지ᄉᆞ샨 그리라'는 관형절을 안고 있는 명사구가 서술어로 쓰였다. 그리고 (ㄴ)의 문장에서 '山ᄋᆡ 草木'은 명사구인데, '山ᄋᆡ 草木이'는 명사구가 주어로 쓰였다.

3. (풀이)

(가) (ㄱ) (ᄀᆞ장 다ᄋᆞᆯ 씨) (ㄴ) (내히) (ㄷ) (밧긧 그르메)

(나) (ㄱ) (ㅣ) (ㄴ) (이) (ㄷ) (Ø)

【참고】(ㄱ)에서 'ᄀᆞ장 다ᄋᆞᆯ 씨'는 '관형절을 안은 명사구'인 'ᄀᆞ장 다ᄋᆞᆯ ᄊᆞ(←ᄉᆞ : 의명)' 에 주격 조사인 '-ㅣ'가 붙어서 주어로 쓰였다. (ㄴ)에서 '내히'는 명사인 '내ㅎ'에 주격 조사인 '-이'가 붙어서 주어로 쓰였다. (ㄷ)에서 '밧긧 그르메'는 명사구인 '밧긧 그르메'에 주격 조사의 무형의 형태인 '-Ø'가 붙어서 주어로 쓰였다.

4. (풀이)

㉠(부사격 조사) ㉡(단체)

【참고】'-애 이셔'와 부사격 조사인 '-라셔'가 체언에 붙어서 주어로 쓰이는 특수한 예가 있다. 곧, (ㄱ)의 '有蘇氏라셔'는 체언에 출발점을 나타내는 부사격 조사인 '-라셔'가 붙어서 주어로 쓰였다. 그리고 (ㄴ)의 '나라해 이셔'는 단체의 뜻을 나타내는 무정 명사인 '나라ㅎ'에 '-애 이셔'가 붙어서 주어로 쓰였는데, 이 경우에 문장에는 동작성의 서술어가 실현된다.

5. (풀이)

㉠(-시-) ㉡(ᄌᆞ갸) ㉢(-오-)

【참고】(ㄱ)에서 ⓑ에 실현된 'ᄌᆞ갸'는 재귀칭의 인칭 대명사이다. 그리고 (ㄴ)에

서 '大目犍連이로라'는 '大目犍連(명사) + -이(서조)- + -로(← -오- : 인칭)- + -라(← -다 : 평종)'로 분석된다. 여기서 '-오-'는 문장의 주어로 표현되는 대상(주체)가 화자일 때에 실현되는 선어말 어미이다.

6. (풀이)

㉠(아니) ㉡(가) ㉢(ᄂᆞ미란 분별 아니코 제 몸 쏀 됴히 츄)
㉣(이라)

【참고】 (ㄱ)의 문장에서 '아니가'는 명사인 '아니(아닌 것)'에 의문 보조사인 '-가'가 붙어서 서술어로 쓰였다. 그리고 (ㄴ)의 문장에서는 'ᄂᆞ미란 분별 아니코 제 몸 쏀 됴히 츄미라'는 명사절인 'ᄂᆞ미란 분별 아니코 제 몸 쏀 됴히 츄'에 서술격 조사인 '-이라'가 붙어서 서술어로 쓰였다.

7. (풀이)

(가) ⓐ(두) ⓑ(세) ⓒ(두) ⓓ(두)

(나) ⓐ — [ᄒᆞᆫ 菩薩이(주어), 王(보어)]
ⓑ — [ᄒᆞᆫ 菩薩이(주어), 나라ᄒᆞᆯ(목적어), 아ᅀᆞ(부사어)]
ⓒ — [ᄒᆞᆫ 菩薩이(주어), 瞿曇 婆羅門을(목적어)]
ⓓ — [ᄒᆞᆫ 菩薩이(주어), ᄌᆞ갸 오ᅀᆞ란(목적어)]

8. (풀이)

ⓐ(부사어) ⓑ(주어) ⓒ(주어) ⓓ(부사어)

9. (풀이)

(가) (네 이 世界며 다른 世界옛 諸佛 … 鬼神ᄋᆞᆯ 數를 알리로소니여 모ᄅᆞ리로소니여)

(나) (-ᄋᆡ / -의)

(다) (보조사적)

10. (풀이)

㉠(沙門) ㉡(-의) ㉢(헌) ㉣(너비 光明이 비취다)
㉤(-ㅅ) ㉥(사름 가도는)

11. (풀이)

(가) [나(대명사) + -ㅣ(조사) + -익(조사)]
(나) ㉠(관형절) ㉮(관형어) ㉯(주어)

12. (풀이)

㉠(아빅 / 아븨) ㉡(아비익 / 아비의)

【참고】 (ㄱ)의 '아비'처럼 /ㅣ/로 끝나는 유정 명사에 관형격 조사인 '-익/-의'가 붙을 때에는 유정 명사의 끝 모음 /ㅣ/가 탈락하여서 '아빅'나 '아븨'로 실현되는 것이 원칙이다. 그러나 (ㄴ)처럼 관형어가 그것이 실현된 관형절의 서술어에 대하여 속뜻으로 주어가 될 경우에는, 유정 명사의 끝모음인 /ㅣ/가 탈락되지 않고 원래의 형태를 유지하여서 '아비익'나 '아비의'로 실현된다.

13. (풀이)

ⓐ(尊ᄒᆞ시닷) ⓑ(ᄐᆞ고졋)

【참고】 [보기 13]에 실현된 '世界예 ᄆᆞᆺ 尊ᄒᆞ시닷'이나 '죠고맛 빅 ᄐᆞ고졋'은 문장이나 절의 형식에 관형격 조사인 '-ㅅ'이 붙어서 형성된 관형절이다.

14. (풀이)

(가) (ㄱ)((百姓이) 져재 가ᄃᆞᆺ, 져재, 모다)
(ㄴ)(子息이 아비 본 ᄃᆞ시)
(ㄷ)((ᄒᆞᆫ) 夫人곰) (ㄹ)(키)

(나) ①[(ㄱ), (ㄹ)] ②[(ㄱ), (ㄷ)] ③[(ㄴ)] ④[(ㄱ)]

【참고】 (ㄱ)~(ㄹ)에서 부사어는 다음과 같은 문법적 방법으로 쓰였다.

(ㄱ) : '져재 가둣'은 부사절이, '져재'는 체언이, '모다'는 부사가 부사어로 쓰였다.

(ㄴ) : '子息이 아비 본 드시'는 관형절인 '子息이 아비 본'이 부사성 의존 명사인 '드시'를 수식하면서 그 전체(명사구)가 부사어로 쓰였다.

(ㄷ) : 'ᄒᆞᆫ 夫人곰'은 서술어인 '맛디샤(= 맡기시어)'에 대하여 상대를 나타내는 부사어로 기능한다. 곧 보조사인 '-곰(-씩)'이 붙는 과정에서 'ᄒᆞᆫ 夫人ᄭᅴ'의 '-ᄭᅴ(= -께)'가 생략된 것이다.

(ㄹ) : '키'는 부사가 그대로 부사어로 쓰였다.

15. (풀이)

㉠(ⓑ, ⓓ)   ㉡(ⓐ, ⓒ)   ㉮(서술어)   ㉯(부사어)

【참고】 ⓐ~ⓓ의 짜임을 분석하면 다음과 같다.

ⓐ 너ᄃᆞ려 : 너(너 : 인대) + -ᄃᆞ려(-더러, -에게 : 부조, 상대)
ⓑ 나를 ᄃᆞ려 : 나(나 : 인대) + -를(목조) # ᄃᆞ리(데리다 : 동사)- + -어(연어)
ⓒ 사ᄅᆞᆷᄃᆞ려 : 사ᄅᆞᆷ(사람 : 명사) + -ᄃᆞ려(-더러, -에게 : 부조, 상대)
ⓓ 臣下ᄃᆞᆯ ᄃᆞ려 : 臣下ᄃᆞᆯ(신하들 : 명사) + ᄃᆞ려(데리다 : 동사) + -어(연어)

16. (풀이)

(가) (ㄱ) (엥)   (ㄴ) (ᄋᆡ, 迷人아)   (ㄷ) (아소, 님하)   (ㄹ) (目連아)

(나) (ㄱ) [엥(감탄사)]
(ㄴ) [ᄋᆡ(감탄사), 迷人(명사) + -아(호격 조사)]
(ㄷ) [아소(감탄사), 님(명사) + -하(호격 조사)]
(ㄹ) [目連(명사) + -아(호격 조사)]

17. (풀이)

ⓐ(부사어)   ⓑ(부사어)   ⓒ(주어)   ⓓ(목적어)
ⓔ(주어)   ⓕ(부사어)   ⓖ(관형어)

【참고】 예문 (A)에 제시된 문장 성분은 모두 체언 뒤에 보조사가 실현된 것이다. 이처럼 격조사가 실현되지 않은 문장 성분을 종류를 결정하기 위해서는 해당 체언과 서술어 사이에 성립하는 통사·의미적인 관계를 검토하여야 한다. 예를 들어서 ⓐ의 '죵'은 '주다'의 행위에 대한 상대가 되므로 부사어가 되며, ⓑ의 '아니'는 '먹다' 수식하므로 부사어가 된다. ⓒ의 '각시'는 '맞다'에 대한 주체가 되므로 주어가 되며, ⓓ의 '보ᄇᆡ'는 '가지다'의 행위의 대상이 되므로 목적어가 된다.

ⓐ 죵으란 : 죵(종, 僕 : 명사) + -으란(보조사, 대조)
ⓑ 아니옷 : 아니옷 : 아니(아니 : 부사, 부정) + -옷(←-곳 : 보조사, 한정 강조)
ⓒ 각시ᅀᅡ : 각시(여자, 女 : 명사) + -ᅀᅡ(-야 : 보조사, 한정 강조)
ⓓ 보ᄇᆡ옷 : 보ᄇᆡ(보배, 寶) + -옷(←-곳 : 보조사, 한정 강조)
ⓔ 衆生이나 : 衆生(중생 : 명사) + -이나(보조사, 강조)
ⓕ 알ᄑᆡᅀᅡ : 앒(앞, 前) + -ᄋᆡ(부조, 위치) + -ᅀᅡ(보조사, 한정 강조)
ⓖ 사ᄅᆞᆷ과 손ᄂᆡ : 사람(사람, 人 : 명사) + -과(접조) # 손(손님, 客) + -ᄋᆡ(관조)

18. **(풀이)**

(가) ① 내 : (주어) ② 이ᄅᆞᆯ : (목적어)
③ 爲ᄒᆞ야 : (서술어) ④ 어엿비 : (부사어)
⑤ 너겨 : (서술어) ⑥ 새로 : (부사어)
⑦ 스믈여듧 : (관형어) ⑧ 字ᄅᆞᆯ : (목적어)
⑨ ᄆᆡᇰᄀᆞ노니 : (서술어)

(나) ① ᄉᆡ미 : (주어) ② 기픈 : (서술어)
③ ᄆᆞᄅᆞᆫ : (주어) ④ ᄀᆞᄆᆞ래 : (부사어)
⑤ 아니 : (부사어) ⑥ 그츨씨 : (서술어)
⑦ 내히 : (주어) ⑧ 이러 : (서술어)
⑨ 바ᄅᆞ래 : (부사어) ⑩ 가ᄂᆞ니 : (서술어)
⑪ ᄉᆡ미 기픈 : (관형어) ⑫ ᄉᆡ미 기픈 ᄆᆞᄅᆞᆫ (주어)

【참고】 (나)에서 ②의 '기픈'은 주어인 'ᄉᆡ미'에 대하여 서술어로 쓰였다. 그리고 이 문장에서 '기픈'이 '그 뒤의 피한정어 'ᄆᆞᆯ'을 수식하는 것이 아

니라 관형절인 '식미 기픈'이 '믈'을 수식한다. 그리고 ⑪의 '식미 기픈'은 관형절이 관형어로 쓰였으며, ⑫의 '식미 기픈 므른'은 '관형절을 안은 명사구'가 주어로 쓰였다.

19. (풀이)

ⓐ (부사어), (명사+부사격 조사)
ⓑ (관형어), (문장+관형격 조사)
ⓒ (관형어), (명사+관형격 조사)
ⓓ (부사어), (부사절)
ⓔ (부사어), (명사+관형격 조사+의존 명사)
ⓕ (부사어), (부사)
ⓖ (관형어), (관형절)
ⓗ (독립어), (명사+호격 조사)
ⓘ (관형어) (명사+부사격 조사+관형격 조사)
ⓙ (관형어), (관형절)
ⓚ (독립어), (명사+호격 조사)
ⓛ (주 어), (명사구+주격 조사)
ⓜ (독립어), (명사구+호격 조사)

【참고】 ⓒ의 '平生ㄱ'은 체언에 관형격 조사인 '-ㄱ'이 붙어서 관형어로 쓰였다. ⓓ의 '피 나게'는 '피 나-'에 연결 어미인 '-게'가 붙어서 형성된 부사절이다. ⓔ에서 'ᄂᆞᄆᆡ 그에'는 'ᄂᆞᆷ(명사)+-ᄋᆡ(관조)#그에(부사어성 의존 명사)'로 분석되는데, 'ᄂᆞᄆᆡ 그에'의 전체 구성이 부사어로 쓰였다. ⓚ의 아가'는 명사인 '아기'에 호격 조사인 '-아'가 실현되었는데, 이 경우에는 '아기'의 끝모음 /ㅣ/가 탈락하였다. ⓛ의 '녯 가히'는 명사구인 '녯 가히'에 주격 조사의 변이 형태인 '-Ø'가 실현되었다. ⓜ의 '부텨 니ᄅᆞ샨 배여'은 관형절인 '부텨 니ᄅᆞ샨'에 의존 명사인 '바'가 결합하여서 형성된 명사구에 호격 조사인 '-ㅣ여'가 실현되었다. 그리고 원래의 문장은 '부텨 니ᄅᆞ샨 배여, 올ᄒᆞ시다'였는데, 주어와 서술어의 어순이 바뀌었다.

3.2. 문장의 짜임새

1. (풀이)

(가) ① 주어인 '부톄'와 서술어인 '니ᄅ시ᄂ고'를 갖추고 있음.
② 주어인 '諸佛이ᅀᅡ'와 서술어인 '아ᄅ시리라'를 갖추고 있음.

(나) ① 서술어로 쓰인 용언에 종결 어미인 '-ㄴ고'가 실현되어 있음.
② 서술어로 쓰인 용언에 종결 어미인 '-라'가 실현되어 있음.

2. (풀이)

ⓐ (명사절) ⓑ (관형절) ⓒ (인용절) ⓓ (서술절) ⓔ (부사절)

【참고】 (ㄱ)에서는 '(내 ᄆᅀᆞᄆᆞᆯ) 가져가디'가 명사절로 안겨 있으며, (ㄴ)에서는 '이 ᄧᅡ해 精舍 이르ᅀᆞᄫᆞᆯ'이 관형절로 안겨 있으며, (ㄷ)에서는 '올타 올타 네 말 ᄀᆞᄐᆞ니라'가 인용절로 안겨 있으며, (ㄹ)에서는 '남기 됴ᄒᆞᆯ씨'가 서술절로 안겨 있으며, (ㅁ)에서는 '바미 깁ᄃᆞ록'이 부사절로 안겨 있다.

3. (풀이)

(가) (ㄱ): (기픈) — (관형절)
(ㄴ): (우리ᄅᆞᆯ 아ᄃᆞ리라) — (인용절)
(ㄷ): (性 고ᄫᆞ샤) — (서술절)
(ㄹ): (이 ᄆᆞᅀᆞᆷ 업시) — (부사절)
(ㅁ): (根源은 업스샴, ᄃᆞᆯ 그림제 眞實ㅅ ᄃᆞᆯ 아니롬) — (명사절)

(나) ㉮: (-ㄴ) — (관형사형 전성 어미)
㉯: (-이) — (부사 파생 접미사)
㉰: (-ㅁ, -롬) — (명사형 전성 어미)

【참고】 명사형 전성 어미인 '-롬'은 '-옴'이 서술격 조사인 '-이-'나 형용사 '아니-' 뒤에서 실현될 때 나타나는 형태이다.

(다) ①: 如來가 늘 우리를 아들이라고 이르셨습니다.

②: 인용절은 15세기 국어에서는 절의 표지가 없이 형성되었지만, 현대 국어에서는 절의 표지인 '-고'나 '-라고'를 실현하여서 인용절이 형성된다.

4. (풀이)

㉮(-기)　㉯(-옴)　㉰(-디)　㉱(-ᄃᆞᆯ)

5. (풀이)

(ㄱ): 차반 밍ᄀᆞᆯ　(ㄴ): 내 이제 得ᄒᆞᆫ

(ㄷ): 부텻 이베셔 난　(ㄹ): ᄠᅵ 무든

(ㅁ): (鹿母夫人ᄋᆡ) 나ᄒᆞᆫ　(ㅂ): ᄇᆡ욘

【참고】 (ㅁ)에서 형식상의 관형절은 '나ᄒᆞᆫ'이다. 그런데 '나ᄒᆞᆫ'의 앞에 실현된 '鹿母夫人ᄋᆡ'은 의미상으로 관형절의 주어 역할을 하므로, '鹿母夫人ᄋᆡ'을 관형절의 주어로 처리하였다.

6. (풀이)

㉮ 관계 관형절: (ㄱ, ㄹ, ㅂ)　㉯ 동격 관형절: (ㄴ, ㄷ, ㅁ, ㅅ)

【참고】 글 (A)에 제시된 예문에서 관형절의 수식을 받는 피한정어(중심어)는 모두 의존 명사이다. (ㄱ)에서는 의존 명사인 '이'가 관형절 속에서 주어로, (ㄹ)에서는 의존 명사인 '것'이 목적어로, (ㅂ)에서는 의존 명사인 '바'가 목적어로 기능한다. 따라서 (ㄱ), (ㄹ), (ㅂ)의 관형절은 관계 관형절이다. 반면에 (ㄴ)의 '양', (ㄷ)의 '곧', (ㅁ)의 '닷', (ㅅ)의 'ᄃᆞ'의 의존 명사는 관형절 속에서 특정한 문장 성분으로 기능하지 못한다. 따라서 (ㄴ), (ㄷ), (ㅁ), (ㅅ)에 안겨 있는 관형절은 동격 관형절이다.

7. (풀이)

㉮ [(ㄹ), (ㅂ)]　㉯ [(ㄴ), (ㅁ)]　㉰ [(ㄱ), (ㄷ)]

【참고】 예문 (A)에서 실현된 관형절의 짜임새와 유형은 다음과 같다.

(ㄱ): 아비 (城에) 住ᄒᆞ다 —부사어가 빠져나간 관계 관형절
(ㄴ): 제 (法을) 알다 —목적어가 빠져나간 관계 관형절
(ㄷ): 一切 罪苦 衆生ᄋᆞᆯ (方便으로) 度脫ᄒᆞ다— 부사어가 빠져나간 관계 관형절
(ㄹ): (ᄃᆡ) 어듭다 —주어가 빠져나간 관계 관형절
(ㅁ): 나랏 菩薩이 (法을) 듣고져 ᄒᆞ다—목적어가 빠져나간 관계 관형절
(ㅂ): (남기) 불휘 깊다 —주어가 빠져나간 관계 관형절

8. (풀이)

(가) ①[(ㄱ), (ㄷ), (ㅂ), (ㅅ), (ㅇ)] ②[(ㄴ), (ㄹ), (ㅁ), (ㅈ)]

(나) ①[(ㅅ), (ㅇ)] ②[(ㄱ), (ㄷ)] ③[(ㅂ)]

【참고】 예문 (A)에서 실현된 관형절의 짜임새와 유형은 다음과 같다.

(ㄱ): 鹿母夫人ᄋᆡ (고줄) 나혼 —목적어가 빠져나간 관계 관형절
(ㄴ): 부톄… 說法ᄒᆞ시논 —동격 관형절
(ㄷ): (즁싱ᄋᆞᆯ) ᄀᆞᆺ 주균 —목적어가 빠져나간 관계 관형절
(ㄹ): 須達ᄋᆡ 버릇 업순 —동격 관형절
(ㅁ): 須達이… 精舍 지ᅀᅮᆯ —동격 관형절
(ㅂ): (믈로) 옷 셜론 —부사어가 빠져나간 관계 관형절
(ㅅ): (거시) 싸홀 從ᄒᆞ야 잇ᄂᆞᆫ —주어가 빠져나간 관계 관형절
(ㅇ): (겨집ᄃᆞ히) 아기 낳다 —주어가 빠져나간 관계 관형절
(ㅈ): 衆生ᄋᆞᆯ 便安케 ᄒᆞ시ᄂᆞᆫ —동격 관형절

9. (풀이)

①: ㉮(無色界天에 니르리) — ㉯(-이)
②: ㉰(크게) — ㉱(-게)
③: ㉲(져재 가ᄃᆞᆺ) — ㉳(-ᄃᆞᆺ)
④: ㉴(바미 깁도록) — ㉵(-도록)

【참고】 ㉯의 '-이'는 부사 파생 접미사이며, ㉱, ㉳, ㉵의 '-게, -ᄃᆞᆺ, -도록'은 연결

어미이다.

10. (풀이)

①(일홈난) — (관형절)
②(됴흔) — (관형절)
③(비디 千萬이 ᄊᆞ며) — (서술절)
④(千萬이 ᄊᆞ며) — (서술절)

【참고】 (A)에 제시된 문장은 [오시 [[비디] 千萬이 ᄊᆞ며]]]의 모습으로 짜여 있는 문장이다. 따라서 이 문장에서 서술절은 주어 '오시'에 대하여 '비디 千萬이 ᄊᆞ며'가 서술절이 되며, 주어 '비디'에 대하여 '千萬이 ᄊᆞ며'가 서술절이 된다. 그리고 관형절인 '일홈난'과 '됴흔'은 각각 체언인 '옷'을 수식하는 관계 관형절이 된다.

11. (풀이)

(가) ㄱ. (우리를 아ᄃᆞ리라)—(간접 인용절)
ㄴ. (제 올호라)—(간접 인용절)
ㄷ. (내 노포라)—(직접 인용절)
ㄹ. (經이 이쇼ᄃᆡ 일후미 法華ㅣ니 ᄒᆞᆫᄃᆡ 가 듣져)—(직접 인용절)
ㅁ. (네 어느 고대 난다)—(직접 인용절)
ㅂ. (내 無上涅槃ᄋᆞᆯ 得호라)—(직접 인용절)
ㅅ. (내… 너희ᄃᆞᆯᄒᆞᆯ 업시우디 아니ᄒᆞ노니 너희ᄃᆞᆯ히 당다이 부톄 ᄃᆞ외리라)
—(직접 인용절)

(나)

예문 부호	성분절의 형태
(ㄱ)	너희 내 아ᄃᆞ리라
(ㄴ)	내 올호라

12. (풀이)

① 대등적 연결 어미: [ⓐ, ⓒ, ⓓ, ⓗ, ⓘ, ⓛ]
② 종속적 연결 어미: [ⓑ, ⓔ, ⓕ, ⓖ, ⓙ, ⓚ, ⓜ]

【참고】 고등학교 문법(2010)에 따르면, '대등적 연결 어미'는 '나열, 대조, 선택' 등의 의미적인 관계를 나타낸다. 반면에 '종속적 연결 어미'는 '나열, 대조, 선택' 이외의 의미적인 관계를 나타낸다. 그리고 동일한 형태의 연결 어미도 이어진 문장의 문맥에 따라서 대등적 연결 어미와 종속적 연결 어미로 쓰일 수가 있다. 따라서 개개의 이어진 문장에서 '의미적 대칭성(對稱性)'과 '교호성(交互性)'의 기준을 적용하여, 대등과 종속의 의미 관계를 판단해야 한다.

13. (풀이)

㉮(-니) ㉯(-거-) ㉰(엇던) ㉱(ᄒᆞ물며)
㉲(-디ᄫᅵ)

3.3. 문법 요소

3.3.1. 종결 표현

1. (풀이)

①[(ㄱ), (ㄷ), (ㅊ)] ②[(ㅁ), (ㅂ), (ㅋ)] ③[(ㅅ), (ㅌ)]
④[(ㄹ), (ㅈ)] ⑤[(ㄴ), (ㅇ)]

2. (풀이)

(가) ①: ㉠(ᄒᆞ) ㉡(오) ㉢(마)
②: ㉮(듣) ㉯(오) ㉰(마)

(나) 종결 어미인 '-마'는 말하는 이(=화자)가 주어로 쓰이는 문장에서만 실현된

다. 따라서 -'마'가 실현되는 문장에는 인칭 표현의 선어말 어미인 '-오-'가 반드시 실현된다.

【참고】 허웅(1975:493)과 안병희 · 이광호(1993:248)에서는 약속의 뜻을 나타내는 종결 어미로 '-마'를 설정하고 '-오-'는 인칭 표현의 선어말 어미로 처리하였다. 반면에 고영근(2010:308)에서는 '-오-'와 '-마'를 분리하지 않고 약속의 뜻을 나타내는 평서형 종결 어미의 형태를 '-오마'로 설정하고 있다.

3. (풀이)

(가) (미래 시제 (표현)의 선어말 어미)

【참고】 (A)에서 (ㄱ)의 'ᄉᆞ랑ᄒᆞᅀᆞᄫᅳ리'는 'ᄉᆞ랑ᄒᆞᅀᆞᄫᅳ리잇고'를 운문 문장으로 표현하는 과정에서, 미래 시제의 선어말 어미인 '-리-' 뒤에 실현될 '-잇고'를 생략하고 표현한 것이다. 그리고 (B)의 '가시리'는 '가시리잇고'에서 '-리-'의 뒤에 실현될 '-잇고'를 생략하고 표현한 것이다. 'ᄉᆞ랑ᄒᆞᅀᆞᄫᅳ리'와 '가시리'의 이러한 형태는 모두 운문의 자수율을 맞추기 위한 제약과 관계가 있다.

(나) 미래 시제의 선어말 어미 '-리-' 뒤에 실현되는 선어말 어미와 종결 어미를 생략하고 표현함으로써, '리'로 끝나는 특수한 형태의 의문문이 성립되었다.

4. (풀이)

㉠(우)　　㉡(ᄃᆞ)　　㉢(이)

【참고】 'ᄡᅮᇙ디니라'를 형태소 단위로 분석하면 다음과 같다.

ᄡᅳ(쓰다, 用)- + -우(대상)- + -ᇙ(관전) # ᄃᆞ(것 : 의명) + -ㅣ(←-이- : 서조)- + -니(객믿)- + -라(←-다 : 평종)

5. (풀이)

ⓐ(오)　ⓑ(가)　ⓒ(아)　ⓓ(고)　ⓔ(가)

6. (풀이)

㉠ (1) ㉡ (3) ㉢ (2) ㉮ (판정) ㉯ (설명)

7. (풀이)

㉠ (리아) ㉡ (리야) ㉢ (리여) ㉣ (려)

【참고】 미래 시제의 판정 의문문에서 실현되는 의문형 어미는 다음과 같이 변동된다.

① -리- + -가 : -리아 → -리야 / -리여 → -려
② -니- + -가 : -니아 → -니야 / -니여 → -녀

(예) ㄱ. ᄒᆞ물며 그듸 ᄒᆞ마 位ㅣ 노ᄑᆞ니 ᄀᆞ올 ᄒᆞ요ᄆᆞᆯ 시러곰 구디 <u>마라리아</u> [두언 22:23]
ㄴ. 뉘 ᄯᆞᄅᆞᆯ 골ᄒᆡ야ᅀᅡ (그 ᄯᆞ리) 며늘이 ᄃᆞ외야 <u>오리야</u> [월천 기36]
ㄷ. ᄒᆞ마 주글 내어니 (내) 子孫ᄋᆞᆯ <u>議論ᄒᆞ리여</u> [두언 6:36]
ㄹ. 아모 사ᄅᆞ미나 이 良醫의 虛妄ᄒᆞᆫ 罪ᄅᆞᆯ 能히 <u>니ᄅᆞ려</u> [월석 17:22]

8. (풀이)

(B) ㉠ (관형사형 (전성) 어미) ㉡ (조사 / (의문) 보조사)

(C) ㉮ (ᄒᆞ라) ㉯ (의문사 / 물음말)

9. (풀이)

ⓐ (사람인가) ⓑ (도라오겠느냐) ⓒ (들었는가)

【참고】 ⓐ～ⓒ에서 서술어로 쓰인 용언의 활용 형태를 분석하면 다음과 같다.

ⓐ 사ᄅᆞ민다 : 사ᄅᆞᆷ(사람, 人)- + -이(서조)- + -Ø(현시)- + -ㄴ다(의종, 2인칭)
ⓑ 도라올다 : 돌아오(돌아오다, 歸)- + -ㄹ(미시)- + -다(의종, 2인칭)
ⓒ 든다 : 들(들다, 入)- + -Ø(과시)- + -ㄴ다(의종, 2인칭)

10. (풀이)

(가) ㉠(ㄷ, ㅇ, ㅊ) ㉡(ㄴ, ㅌ)
㉢(ㄹ, ㅁ, ㅅ, ㅈ, ㅋ) ㉣(ㄱ, ㅂ)

(나) ㉮(ㄱ, ㄷ, ㄹ, ㅅ, ㅇ, ㅊ, ㅋ, ㅌ)
㉯(ㄴ, ㅁ, ㅂ, ㅈ, ㅊ) ㉰(ㅌ)

【참고】 (ㅌ)의 의문문에서 'ᄒᆞᄂᆞ닛가'는 'ᄒᆞ야쎠체'의 상대 높임의 선어말 어미인 '-ㅅ-'이 실현되었다. 이렇게 의문문에 선어말 어미인 '-ㅅ-'이 실현되면, 문장에 의문사(물음말)이 실현되는 여부와 관계없이 의문형 어미가 '-니…가'의 형태로만 실현된다.

11. (풀이)

㉠(간접 의문문) ㉮((ㄱ), (ㄹ))

12. (풀이)

㉠(-라) ㉡(-아쎠) ㉢(-쇼셔) ㉣(-고라)

【참고】 (ㄱ)의 '-쇼셔'는 아주 높임의 등분인 'ᄒᆞ쇼셔체'이며, (ㄴ)의 '-라'는 낮춤의 등분인 'ᄒᆞ라체'이다. 그리고 (ㄷ)의 '-아쎠'는 예사 높임의 등분인 'ᄒᆞ야쎠체'이며, (ㄹ)의 '-고라'는 높임과 낮춤의 중간 등분인 '반말체'이다. (ㄹ)에 실현된 '-오라'는 '-고라'가 어간의 끝소리인 반모음 /j/ 뒤에서 /ㄱ/이 탈락한 형태이다.

13. (풀이)

㉠(-어-) ㉡(-ㅅ-) ㉢(-ᄌᆞ오-) ㉣(-야-)

【참고】 예문 (A)에서 용언 ⓐ~ⓒ의 활용 형태를 형태소 단위로 분석하면 다음과 같다.

ⓐ 힘뻐ᄉᆞ라: 힘ᄡᅳ[힘쓰다, 力: 힘(힘, 力) + ᄡᅳ(쓰다, 用: 타동)-]- + -어(주민)- + -ㅅ(느낌)- + -ᄋᆞ라(명종)

ⓑ 일ᄏᆞᆮᄌᆞ오라: 일ᄏᆞᆮ(일컫다, 曰)- + -ᄌᆞ오(←-ᄌᆞᆸ-: 객높)- + -라(←-ᄋᆞ라: 명종)
ⓒ ᄒᆞ야라: ᄒᆞ(하다, 爲: 타동)- + -야(←-아-: 주민)- + -라(명종)

14. (풀이)

㉠(ᄒᆞ져)　　　㉡(ᄒᆞ져라)　　　㉢(一定ᄒᆞ사이다)

15. (풀이)

㉮(-ㄴ뎌)　　　㉯(-ㄹ셔)

【참고】 '몯ᄒᆞᄂᆞᆫ뎌'와 '됴ᄒᆞ실셔'의 어미를 형태소 단위로 분석하면 다음과 같다.

(ㄱ) 몯ᄒᆞᄂᆞᆫ뎌: 몯ᄒᆞ(못하다)- + -ᄂᆞ(현시)- + -ㄴ뎌(감종)
(ㄴ) 됴ᄒᆞ실셔: 둏(좋다, 好)- + -Ø(현시)- + -ᄋᆞ시(주높)- + -ㄹ셔(감종)

16. (풀이)

ⓐ(-돗-)　　　ⓑ(-에-)　　　ⓒ(-옷-)　　　ⓓ(-게-)

【참고】 15세기 국어에서 감탄문은 일반적으로 감탄형의 종결 어미인 '-은뎌'나 '-을셔'에 의해서 실현된다. 반면에 (ㄱ)~(ㄹ)의 문장은 그 의미나 기능상으로 볼 때에 감탄문으로 처리되는데, 이들 문장은 느낌 표현의 선어말 어미인 '-도-/-돗-/-옷-/-ㅅ-' 등과 '-애-/-에-/-게-/-얘-' 등으로써 실현되는 것이 특징이다.

ⓐ 듣도소이다: 듣(듣다)- + -Ø(과시)- + -돗(느낌)- + -오(인칭)- + -이(상높)- + -다(평종)
ⓑ 업세이다: 없(없다)- + -Ø(현시)- + -에(느낌)- + -이(상높)- + -다(평종)
ⓒ 앗기놋다: 앗기(아끼다)- + -ᄂᆞ(현시)- + -옷(느낌)- + -다(평종)
ⓓ 몯게라: 몯(←몯ᄒᆞ다: 못하다)- + -Ø(과시)- + -게(느낌)- + -라(←-다: 평종)

17. (풀이)

(ㄱ) (평서문)— (-리)　　　(ㄴ) (명령문)— (-아쎠)
(ㄷ) (평서문)— (-다)　　　(ㄹ) (감탄문)— (-애-)

(ㅁ) (의문문)— (-고)　　(ㅂ) (명령문)— (-라)
(ㅅ) (감탄문)— (-ㄴ뎌/-은뎌)　　(ㅇ) (의문문)— (-가)
(ㅈ) (명령문)— (-ᄋᆞ쇼셔)　　(ㅊ) (의문문)— (-료)
(ㅋ) (평서문)— (-다)　　(ㅌ) (청유문)— (-져)
(ㅍ) (의문문)— (-ㄴ다/-은다)　　(ㅎ) (감탄문)— (-옷-)

【참고】 각 문장에서 서술어로 쓰인 말은 다음과 같이 분석할 수 있다.

(ㄱ) 웃ᄫᅳ리: 웃ᄫᅳ(우습다)-+-리(평종, 반말, 미시)
(ㄴ) ᄉᆞᆯᄫᅡ쎠: ᄉᆞᆲ(←ᄉᆞᆲ다, ㅂ불: 아뢰다, 奏)-+-아쎠(-으오: 명종, 예사 높임)
(ㄷ) 便安ᄒᆞ리라: 便安ᄒᆞ(편안하다)-+-리(미시)-+-라(←-다: 평종)
(ㄹ) ᄒᆞ애라: ᄒᆞ(하다)-+-Ø(현시)-+-애(←-애-: 느낌)-+-라(←-다: 평종)
(ㅁ) 나시리잇고: 나(나다, 태어나다)-+-시(주높)-+-리(미시)-+-잇(←-이-: 상높, 아주 높임)-+-고(-니까: 의종, 비인칭, 설명)
(ㅂ) 니거라: 니(가다, 行)-+-거(주믿)-+-라(명종)
(ㅅ) 몯ᄒᆞᄂᆞᆫ뎌: 몯ᄒᆞ(못하다)-+-ᄂᆞ(현시)-+-ㄴ뎌(-구나: 감종)
(ㅇ) 항것가: 항것{주인, 상전, 主)+-가(-이냐: 보조사, 의문, 판정)
(ㅈ) 마ᄅᆞ쇼셔: 말(말다, 勿: 보용)-+-ᄋᆞ쇼셔(-으소서: 명종, 아주 높임)
(ㅊ) 가료: 가(가다, 去)-+-료(-겠느냐, -랴: 의종, 비인칭, 판정, 미시)
(ㅋ) 잇ᄂᆞ니라: 잇(있다, 有)-+-ᄂᆞ(현시)-+-니(객믿)-+-라(←-다: 평종)
(ㅌ) ᄒᆞ져: ᄒᆞ(하다, 爲)-+-져(-자: 평종)
(ㅍ) 든다: 드(←들다: 들다, 入)-+-Ø(과시)-+-ㄴ다(-는가: 의종, 2인칭)
(ㅎ) 듣ᄌᆞ오샷다: 듣(듣다, 聞)-+-ᄌᆞ오(←-잡-: 객높)-+-샤(←-ᄋᆞ시-: 주높)-+-Ø(과시)-+-ㅅ(←-옷-: 느낌)-+-다(평종)

3.3.2. 높임 표현

1. (풀이)

㉠(-ᄉᆞᆸ-)　　㉡(-ᄋᆞ시-)　　㉢(-잇-)

㉮(如來)　　　㉯(摩耶夫人)　　　㉰(世尊)

2. (풀이)

㉠(-ᅀᆞᇦ-)　　　㉡(-ᄋᆞ시-)　　　㉢(-이-)
㉮(부텨)　　　㉯(大愛道)　　　㉰(부텨)

3. (풀이)

㉠(③, ⑤, ⑪, ⑭)　　　㉡(⑧, ⑨, ⑩)
㉢(④, ⑥, ⑦, ⑫)　　　㉣(①, ②, ⑬)

4. (풀이)

㉠(②, ③, ⑤)　　　㉡(①, ④, ⑥)

5. (풀이)

㉠(닐어쎠 / 닐아쎠)

【참고】 '니ᄅᆞ다(曰, 謂)'의 어간인 '니ᄅᆞ-'에 예사 높임 등분의 명령형 어미인 '-아쎠/-어쎠'가 붙어서 활용하면, '닐어쎠'나 '닐아쎠'의 형태로 실현된다.

6. (풀이)

㉠(ᄒᆞᄂᆞ니잇가)　　　㉡(ᄒᆞᄂᆞᆼ다)　　　㉢(ᄒᆞ야쎠)

7. (풀이)

(가) <고등학교 문법(2010:300)>에서는 문장의 끝에 실현되어서 문장을 끝맺는 '리'와 '니'를 반말의 종결 어미로 처리한다. 따라서 <고등학교 문법>에 따르면, ⓐ의 '리'는 반말의 평서형 종결 어미로 처리된다.

(나) (ㄱ)의 운문 문장은 (ㄴ)의 산문 문장을 기반으로 지은 것이다. 이를 감안하면 ⓐ의 '일우시리'는 ⓑ의 '일우시리로소이다'를 운문 문장으로 표현하는

과정에서, '-리-'의 뒤에 실현될 어미 '-로소이다'를 생략하고 표현한 것이다.

【참고】 <가시리>에서는 동일한 내용을 '가시리'와 '가시리잇고'로 표현하고 있고, <청산별곡>에서는 '살어리'와 '살어리랏다'로 표현하고 있다.

(A) 가시리 가시리잇고 나는 ᄇᆞ리고 가시리잇고 [악장가사, 가시리]
(B) 살어리 살어리랏다靑山애 살어리랏다 [악장가사, 청산별곡]

(A)의 <가시리>에서 에서 동일하게 반복되는 내용을 '가시리'와 '가시리잇고'로 표현하였고, (B)의 <청산별곡>에서도 동일하게 반복되는 내용을 '살어리'와 '살어리랏다'로 표현하였다. 이러한 표현을 볼 때에, '가시리'와 '살어리'는 선어말 어미인 '-리-' 뒤에 실현되는 '-잇고'나 '-랏다' 등의 어미를 생략하고 표현한 것임을 알 수 있다.

8. (풀이)

(가) ㉠(ᄂᆞ) ㉡(오) ㉢(ㅅ)
㉮(ᄂᆞ) ㉯(오) ㉰(ㆁ)

(나) ㉠(현재 시제를 표현함)
㉡(문장에서 주어로 표현된 대상이 말하는 이(화자)임을 표현함.)
㉢(의문문에서 듣는 이(청자, 상대)를 예사로 높여서 표현함.)
㉮(현재 시제를 표현함)
㉯(문장에서 주어로 표현된 대상이 말하는 이(화자)임을 표현함.)
㉰(평서문에서 듣는 이(청자, 상대)를 예사로 높여서 표현함.)

9. (풀이)

① 낮 춤: (ᄒᆞᄂᆞ니라) ② 예사 높임: (ᄒᆞᄂᆞᆼ다)
③ 아주 높임: (ᄒᆞᄂᆞ니이다) ④ 반 말: (ᄒᆞᄂᆞ니)

10. (풀이)

㉠(-다-) ㉡(-ㆁ-)

【참고】 'ᄒᆞ댕다'는 어간인 'ᄒᆞ-'에 회상의 선어말 어미인 '-다-'와 예사 높임의 상대 높임 선어말 어미인 '-ㆁ-'에 평서형의 종결 어미인 '-다'가 실현된 형태이다.(ᄒᆞ-+-다-+-ㆁ-+-다) 여기서 회상의 선어말 어미인 '-다-'에는 주어가 화자임을 나타내는 1인칭법이 반영되었으며, '-다-'는 그 뒤 음절인 '-이-'의 /ㅣ/ 모음에 역행 동화가 일어난 형태이다. 그 변동 과정을 보이면 다음과 같다. {(ᄒᆞ-+-다-+-이-+-다)→(ᄒᆞ-+-대-+-이-+-다) →(ᄒᆞ-+-대-+-ㆁ-+-다) →ᄒᆞ댕다)}

11. (풀이)

ⓐ(소사나니잇고)

【참고】 이 문장은 '엇던'이라는 의문사가 실현되어 있어서 설명 의문문이므로 의문형 어미는 '-니…고'의 형태가 되어야 한다. 그리고 화자인 미륵보살보다 청자인 세존에게 '世尊하'라고 불렀는데, 아주 높임의 호격 조사인 '-하'가 쓰였다. 따라서 이에 호응하는 서술어인 '소사나다'는 아주 높임의 선어말 어미인 '-잇-'이 실현되어서 '-니잇고'로 표현되어야 한다. 그리고 문장의 시제가 과거이므로 동사인 '소사나다'에 무형의 과거 시제 선어말 어미인 '-Ø-'가 실현되어야 한다. 이와 같은 조건을 모두 반영하여, '소사나다'의 활용 형태를 정하면 '소사나니잇고'의 형태가 되어야 한다.

12. (풀이)

ⓐ(마ᄅᆞ쇼셔)

【참고】 문맥을 감안하면 서술어로서 '말다(勿)'의 명령형이 실현되어야 한다. 그리고 부름말인 '世尊하'에 아주 높임의 호격 조사인 '-하'가 쓰였고, 그 뒤에 실현된 문장의 서술어에도 아주 높임의 상대 높임의 선어말 어미인 '-이-'가 쓰였다. 이러한 사실을 감안하면, ⓐ에는 '말다'에 'ᄒᆞ쇼셔체'의 명령형 종결 어미가 실현된 '마ᄅᆞ쇼셔'가 들어가야 한다.

13. (풀이)

ⓐ(ᄃᆞ외오라)

【참고】 (A)에서 밑줄 그은 인용문은 문맥상 명령문이다. 서술어로 쓰인 'ᄃᆞ외다'에 반말의 명령형 종결 어미인 '-고라'를 실현하면, 어미의 초성인 /ㄱ/이 탈락하여 'ᄃᆞ외오라'의 형태로 실현된다.

14. (풀이)

ⓐ(나사이다)

【참고】 [보기 14]에서 밑줄 그은 문장은 문맥에 제시된 부사 'ᄒᆞᆫᄃᆡ(함께)'를 볼 때에, 화자인 '원앙부인(鴛鴦夫人)'이 청자인 '사라수대왕(沙羅樹大)'에게 정토(淨土)에 가서 나는 것을 청유(請誘)하는 문장이다. 따라서 원앙부인과 대왕의 상하 관계를 고려하면, 서술어로 쓰인 용인 아주 높임의 청유형인 '나사이다'의 형태로 실현되어야 한다. 참고로 원앙부인과 대왕의 상하 관계는 '大王ᄭᅴ'의 '-ᄭᅴ'와 'ᄉᆞᆯᄫᅡ샤ᄃᆡ'를 표현을 통해서 짐작할 수 있다.

15. (풀이)

(가) ⓐ(서술자) ⓑ(王) ⓒ(서술자) ⓓ(서술자)

(나) ⓐ(太子) ⓑ((우리) 祖上) ⓒ(王) ⓓ(太子)

16. (풀이)

(가) ㉠(世尊) ㉡(百千 化佛) ㉢(百千 化佛)

17. (풀이)

ⓐ(妙法 智力) ⓑ(如來) ⓒ(스승)

【참고】 의미적으로 볼 때에 (ㄱ)은 '妙法 智力이 化ᄒᆞ시다'로 해석되며, (ㄴ)은 '如來 五色雲ㅅ 가온ᄃᆡ 瑞相ᄋᆞᆯ 뵈시ᄂᆞ다'로 해석되며, (ㄷ)은 '스승이 크시다'로 해석된다. 따라서 ⓐ의 '-시-'는 '妙法 智力'을 높였으며, ⓑ의 '-시-'는 '如來'를 높였으며, ⓒ의 '-시-'는 '스승'을 높였다. (ㄷ)의 '크신 길 앗외시ᄂᆞᆫ'에서 '크신'과 '길 앗외시ᄂᆞᆫ'은 둘 다 '스승'을 수식한다.

18. (풀이)

(가) ㉠(ᄋᆞ시)　　　㉡(이)

(나) ㉮(이)

【참고】 '道理로 몸 사ᄆᆞ시니'는 관형절을 안은 명사구인데, 이를 속구조로 돌이키면 '이 道理로 몸 사ᄆᆞ시다'가 된다. 따라서 ⓐ의 '-시-'는 주어인 '이(사람, 의존 명사)'를 높였다. 그리고 '사ᄆᆞ시니'는 [삼(어간)- + -ᄋᆞ시(주높)- + -Ø(과시)- + -ㄴ(관전) # 이(의명) + -Ø(주조)]와 같이 형태소 단위로 분석된다.

19. (풀이)

ⓐ(술ᄫᆞ샤ᄃᆡ)　ⓑ(니ᄅᆞ샴)　ⓒ(定ᄒᆞ샨)　ⓓ(奇特ᄒᆞ샷다)

【참고】 주체 높임의 선어말 어미인 '-으시-'의 뒤에 모음으로 시작하는 어미가 결합하면, '-으시-'가 '-으샤-'로 변동하고 뒤 모음의 모음은 탈락한다.

20. (풀이)

㉠(목적어 / 부사어)　　㉡(부사어 / 목적어)

㉮(부사어)　㉯(부사어)　㉰(목적어)　㉱(부사어)

21. (풀이)

ⓐ(안ᅀᆞᄫᆞ)　ⓑ(듧ᄌᆞᆸ고)　ⓒ(보ᅀᆞᆸ고)　ⓓ(듣ᄌᆞᆸ고)

ⓔ(돕ᄉᆞᄫᆞ)　ⓕ(얻ᄌᆞᄫᆞ)

【참고】 '-ᅀᆞᆸ-'은 /ㄱ, ㅂ, ㅅ, (ㅎ)/의 뒤에 실현되며, '-ᄌᆞᆸ-'은 /ㄷ/의 뒤에 실현되며, '-ᅀᆞᆸ-'은 유성음 뒤에서 실현된다. 그리고 '-ᅀᆞᆸ-/-ᄌᆞᆸ-/-ᅀᆞᆸ-'의 뒤에 모음으로 시작되는 어미가 실현되면, '-ᅀᆞᆸ-/-ᄌᆞᆸ-/-ᅀᆞᆸ-'의 종성 /ㅂ/이 /ㅸ/으로 변하여 '-ᅀᆞᄫᆞ-/-ᄌᆞᄫᆞ-/-ᅀᆞᄫᆞ-'의 형태로 바뀐다.

22. (풀이)

㉠(목적어)　㉮(梵音)

23. (풀이)

㉠(부텨)　　　㉮(목적어)

【참고】 (A)의 문맥에 실현된 '나를 보숩게 ᄒᆞ쇼셔'는 의미적으로 보면 '내 그에 (부텨를) 보숩게 ᄒᆞ쇼셔(나에게 (부처를) 보게 하소서)'의 문장이 변형된 것이다. 여기서 '나를'의 '-를'은 목적격 조사의 보조사적인 용법으로 쓰인 예이다. 따라서 '보숩게'에 실현된 '-숩-'은 목적어인 '부텨'를 높였다.

24. (풀이)

㉠(부텨)　　　㉡(金像)　　　㉢(金像)　　　㉣(부텨)

【참고】 ⓐ의 '조ᅀᆞᄫᅡ' 앞에는 부사어인 '부텻긔(부처께)'가 생략되었는데, 객체 높임의 선어말 어미인 '-ᅀᆞᆸ-'은 생략된 '부텨'를 높였다. 참고로 '조ᅀᆞᄫᅡ'는 '좆(조아리다)- + -ᅀᆞᆸ(객높)- + -아(연어)'로 분석된다. 그리고 ⓓ의 '마쫍더니'의 앞에서는 목적어로 쓰이는 '부텨를'이 생략되었는데, '-줍-'은 생략된 '부텨'를 높였다. 참고로 '마쫍더니'는 '맞(맞이하다)- + -줍(객높)- + -더(회상)- + -니(연어)'로 분석된다.

25. (풀이)

㉠(쁟)　　　㉡(말)　　　㉢(命)　　　㉣(精舍)
㉮(般若)　　　㉯(부텨)　　　㉰(太子)　　　㉱(如來)

【참고】 (ㄹ)의 '이ᄅᆞᅀᆞᄫᅡ'의 '-ᅀᆞᆸ-'은 직접적으로는 목적어인 '精舍(정사)'를 높였다. 여기서 '精舍'는 '如來'가 계실 장소이기 때문에, '精舍'을 높임으로써 '如來'를 간접적으로 높인 표현이다.

26. (풀이)

㉠(진지)　　　㉡(-님)　　　㉢(-내)　　　㉣(-ᄭᅴ)

【참고】 '-내'는 복수(複數)를 나타내는 파생 접미사이며, '-ᄭᅴ'는 상대(相對)를 나타내는 부사격 조사이다. 이들 접미사 '-내'와 부사격 조사 '-ᄭᅴ'는 모두 높임

의 뜻을 나타내는 체언 뒤에 실현된다.

27. (풀이)

ⓐ(밥) ⓑ(이) ⓒ(너) ⓓ(밥) ⓔ(저)

【참고】 'ᄌᆞ갸ᇝ'은 대명사인 'ᄌᆞ갸'에 관형격 조사인 '-ㅅ'이 결합된 형태이다.

28. (풀이)

㉠(맞-) ㉡(-잡-) ㉢(-이)

29. (풀이)

(B) ㉠ (ⓓ, ⓗ) ㉡(ⓐ, ⓑ, ⓒ, ⓔ, ⓕ, ⓖ, ⓘ)

(C) ⓐ(無上尊) ⓑ(太子) ⓒ(波事匿王) ⓓ(武王) ⓔ(王)
ⓕ(님금) ⓖ(太子) ⓗ(丈六像) ⓘ(比丘)

30 (풀이)

㉠(ᄉᆞᆸ) ㉡(ᄋᆞ시) ㉢(니) ㉣(이) ㉤(다)
㉮(부텨) ㉯(大愛道) ㉰(부텨)

3.3.3. 시간 표현

1. (풀이)

㉮[(ㄱ), (ㄴ)] ㉯[(ㄹ), (ㅂ), (ㅅ)] ㉰[(ㄷ), (ㅁ)]

【참고】 (ㄱ)의 '몯ᄒᆞᄂᆞ뎌'에서는 '-ᄂᆞ-'가 현재 시제를, (ㄴ)의 '사ᄅᆞ민다'에서는 '-Ø-'가 현재 시제를 나타낸다. (ㄷ)의 '議論ᄒᆞ리여'에서는 '-리-'가 미래 시제를, (ㄹ)의 '뻐러딘다'에서는 '-Ø-'가 과거 시제를 나타낸다. (ㅁ)의 'ᄒᆞᇙ다'에서는 '-ㅭ-'이 미래 시제를, (ㅂ)의 '現ᄒᆞᆫ고'에서는 '-Ø-'가 과거 시제를, (ㅅ)의

'怨讐ㅣ러라'에서는 '-러-'가 과거(회상) 시제를 나타낸다.

2. (풀이)

ⓐ(더)　ⓑ(Ø)　ⓒ(다)　ⓓ(Ø)　ⓔ(Ø)　ⓕ(라)

【참고】 ⓑ의 '-다-'는 주어가 1인칭 화자일 때에 '-더-'가 '-다-'로 변동한 형태이다. 그리고 ⓕ의 '-라-'는 주어가 1인칭 화자이면서 동시에 서술격 조사의 어간인 '-이-' 뒤에서 '-더-'가 '-라-'로 변동한 형태이다.

3. (풀이)

①: (잠기었습니다)

②: ㉮(Ø)　㉯(니)　㉰(이)　㉱(다)

【참고】 서술어가 동사일 때에는 무형의 과거 시제 선어말 어미인 'Ø'가 실현된 것으로 본다.

4. (풀이)

현대 국어에서는 1인칭 주어가 쓰인 평서문과, 2인칭 주어가 쓰인 의문문에서는 회상의 선어말 어미인 '-더-'가 대체로 실현되지 않는다. 이에 반해서 15세기의 국어에서는 (ㄱ)처럼 1인칭 주어가 쓰인 평서문에 회상의 선어말 어미로 '-다-'가 실현되고, (ㄴ)처럼 2인칭 주어가 쓰인 의문문에서는 '-더-'가 실현되었다.

5. (풀이)

(B) ⓐ(-다-)　ⓑ(-더-)

(C) ⓐ('-다-'는 문장의 주어가 화자인 경우에 실현된다.)
ⓑ('-더-'는 문장의 주어가 화자가 아니 경우에 실현된다.)

【참고】 ⓐ와 ⓑ에 실현된 어미를 형태소 단위로 분석하면 다음과 같다.

ⓐ 만타라 : 많다(많다, 多)- + -다(← -더- : 회상)- + -Ø(← -오- : 인칭)- + -라(← -다 : 평종)

ⓑ 됴터라: 많다(많다, 多)- + -더(회상)- + -라(←-다: 평종)

6. (풀이)

ⓐ(-ᄂᆞ-) ⓑ(-Ø-) ⓒ(-Ø-) ⓓ(-ᄂᆞ-) ⓔ(-Ø-)

【참고】 ⓐ~ⓔ에 실현된 어미를 형태소 단위로 분석하면 다음과 같다.

ⓐ ᄉᆞ랑ᄒᆞ시논: ᄉᆞ랑ᄒᆞ(어간)- + -시- + -ᄂᆞ(현시)- + -오(대상)- +-ㄴ(관전)
ⓑ 無情호라: 無情ᄒᆞ(어간)- + -Ø(현시)- + -오(인칭)- + -라(←-다: 평종)
ⓒ 고ᄫᆞ니여: 고ᇦ(←곱다: 어간)- + -Ø(현시)- + -ᄋᆞ니여(의종)
ⓓ 앗기ᄂᆞᆺ다: 앗기(어간)- + -ᄂᆞ(현시)- + -옷(느낌)- + -다(평종)
ⓔ 威力이론: 威力(위력: 명사) + -이(서조)- + -Ø(현시)- + -로(←-오-: 대상)- + -ㄴ(관전)

7. (풀이)

(ㄱ) (ᄋᆞ리) (ㄴ) (ᄋᆞ리/리) (ㄷ) (을/ㄹ)
(ㄹ) (을) (ㅁ) (ᄋᆞᇙ/ᇙ) (ㅂ) (ᄋᆞ리/으리/리)

【참고】 용언의 종결형과 관형사형을 다음과 같이 형태소 단위로 분석한다.

(ㄱ) 보ᅀᆞᄫᆞ료: 보(보다)- + -ᅀᆞᇦ(←-ᅀᆞᆸ-: 객높)- + -ᄋᆞ리(미시)- + -오(의종)
(ㄴ) ᄒᆞ린뎌: ᄒᆞ(하다)- + -리(미시)- + -ㄴ뎌(감종)
(ㄷ) 信ᄒᆞᅀᆞ오리: 信ᄒᆞ(믿다)- + -ᅀᆞ오(←-ᅀᆞᇦ-: 객높)- + -ㄹ(관전, 미시) # 이(의명) + -Ø(주조)
(ㄹ) 머글고: 먹(어간)- + -을(미시)- + -고(의종)
(ㅁ) 害ᄒᆞᇙ다: 害ᄒᆞ(어간)- + -ᇙ(미시)- + -다(의종)
(ㅂ) 오시릴ᄊᆡ: 오(어간)- + -시(주높)- + -리(미시)- + -ㄹᄊᆡ(연어)

8. (풀이)

㉠(리) ㉡(어) ㉮(아) ㉯(리)

【참고】 ⓐ와 ⓑ에 실현된 어미를 형태소 단위로 분석하면 다음과 같다.

ⓐ 오려다: 오(오다, 來: 어간)- + -리(미시)- + -어(←-거-: 주믿)- + -다(평종)
ⓑ 마라리아: 말(말다, 勿: 어간)- + -아(주믿)- + -리(미시)- + -아(←-가: 의종)

9. (풀이)

㉠(ⓐ, ⓓ, ⓕ, ⓖ)　　　　㉡(ⓑ, ⓒ, ⓔ)

【참고】 ⓐ~ⓖ에 실현된 어미를 형태소 단위로 분석하면 다음과 같다.

ⓐ ᄀᆞᄐᆞ다: ᄀᆞᄐᆞ(같다: 형사)- + -Ø(현시)- + -다(평종)
ⓑ ᄆᆡᇰᄀᆞ론: ᄆᆡᇰᄀᆞᆯ(만들다: 동사)- + -Ø(과시)- + -오(대상)- + -ㄴ(관전)
ⓒ 죽다: 죽(죽다: 어간)- + -Ø(과시)- + -다(평종)
ⓓ 사ᄅᆞ민다: 사ᄅᆞᆷ(사람: 명사) + -이(서조)- + -Ø(현시)- + -ㄴ다(의종)
ⓔ 본다: 보(보다: 동사)- + -Ø(과시)- + -ㄴ다(의종)
ⓕ ᄇᆞᆯᄀᆞᆫ: ᄇᆞᆰ(밝다: 형사)- + -Ø(현시)- + -ᄋᆞᆫ(관전)
ⓖ 고ᄫᆞ니여: 곻(←곱다, ㅂ불: 곱다, 형사)- + -Ø(현시)- + -ᄋᆞ니여(의종)

10. (풀이)

(가) ⓐ(Ø)　　ⓑ(Ø)　　ⓒ(Ø)　　ⓓ(Ø)
　　ⓔ(리)　　ⓕ(Ø)　　ⓖ(ᄂᆞ)　　ⓗ(더)
　　ⓘ(ㄹㆆ)　　ⓙ(Ø)　　ⓚ(다/더)

(나) ①(ⓑ, ⓒ, ⓓ, ⓕ)　　②(ⓐ, ⓖ, ⓙ)
　　③(ⓔ, ⓘ)　　④(ⓗ, ⓚ)

【참고】 ⓐ~ⓚ에 실현된 어미를 형태소 단위로 분석하면, 다음과 같다.

ⓐ 지이다: 지(싶다: 형용사)- + -Ø(현시)- + -이(상높)- + -다(평종)
ⓑ 받ᄌᆞᄫᆞ니라: 받(받다: 동사)- + -ᄌᆞᇦ(객믿)- + -Ø(과시)- + -ᄋᆞ니(객믿)- + -라(←-다: 평종)
ⓒ 저ᄉᆞᆸ다: 저ᄉᆞᆸ(절하다: 동사)- + -Ø(과시)- + -다(평종)
ⓓ ᄒᆞᆫ: ᄒᆞ(말하다: 동사)- + -Ø(과시)- + -오(대상)- + -ㄴ(관전)
ⓔ 들리라: 들(들다: 동사)- + -리(미시)- + -라(←-다: 평종)

ⓕ 튼 : ᄐᆞ(타다 : 동사)- + -Ø(과시)- + -ㄴ(관전)

ⓖ 셰ᄂᆞ니 : 셰(헤아리다 : 동사)- + -ᄂᆞ(현시)- + -니(연어)

ⓗ 보ᅀᆞᆸ더니 : 보(보다 : 동사)- + -ᅀᆞᆸ(객높)- + -더(회상)- + -니(객민)- + -라(←-다 : 평종)

ⓘ 혫 : 혜(헤아리다 : 동사)- + -ㅭ(관전, 미시)

ⓙ 怯이라 : 怯(겁 : 명사) + -이(서조)- + -Ø(현시)- + -라(←-다 : 평종)

ⓚ 롱담ᄒᆞᄃᆞ라 : 롱담ᄒᆞ(농담하다 : 동사)- + -다(←-더- : 회상)- + -Ø(←-오- : 인칭)- + -라(←-다 : 평종)

11. (풀이)

ⓐ (-Ø-) – (과거 시제) ⓑ (-리-) – (미래 시제)
ⓒ (-더-) – (과거 시제) ⓓ (-Ø-) – (현재 시제)
ⓔ (-ᄂᆞ-) – (현재 시제) ⓕ (-ᄂᆞ-) – (현재 시제)
ⓖ (-Ø-) – (현재 시제) ⓗ (-ᄂᆞ-) – (현재 시제)
ⓘ (-ᄂᆞ-) – (현재 시제) ⓙ (-Ø-) – (현재 시제)
ⓚ (-더-) – (과거 시제) ⓛ (-Ø-) – (과거 시제)

【참고】 고등학교 문법(2010:178, 301)에서는 회상의 선어말 어미인 '-더-'로 표현되는 '회상(回想)'을 과거 시제에 포함시켰다.

ⓐ 니르와도라 : 니르왇(받아 일으키다)- + -Ø(과시)- + -오(인칭)- + -라(←-다 : 평종)

ⓑ 降ᄒᆞ리잇고 : 降ᄒᆞ(내리다)- + -리(미시)- + -잇(←-이- : 상높, 아주 높임)- + -고(의종)

ⓒ ᄒᆞ더니잇고 : ᄒᆞ(하다)- + -더(회상)- + -잇(←-이- : 상높, 아주 높임)- + -니…고(의종)

ⓓ 아닌 : 아니(아니다)- + -Ø(현시)- + -ㄴ(관전)

ⓔ 供養ᄒᆞᅀᆞᆸᄂᆞᆫ : 供養ᄒᆞ(공양하다)- + -ᅀᆞᆸ(객민)- + -ᄂᆞ(현시)- + -ㄴ(관전)

ⓕ 뵈ᄂᆞ다 : 뵈(보이다, 피동)- + -ᄂᆞ(현시)- + -다(평종)

ⓖ 부톄라 : 부텨(부처)- + -ㅣ(←-이- : 서조)- + -Ø(현시)- + -다(평종)

ⓗ ᄒᆞᄂᆞᆺ가 : ᄒᆞ(하다)- + -ᄂᆞ(현시)- + -ㅅ(상높, 예사 높임)- + -니…가(의종)

ⓘ 修行ᄒᆞ시논 : 修行ᄒᆞ(수행하다)- + -시(주높)- + -ᄂᆞ(현시)- + -오(대상)- + -ㄴ(관전)

ⓙ 즈릆길히라 : 즈릆길ㅎ(지름길)- + -이(서조)- + -라(←-다 : 평종)

ⓚ 行ᄒᆞ던 : 行ᄒᆞ(행하다)- + -더(회상)- + -ㄴ(관전)

ⓘ 니르시니라: 니르(말하다, 이르다)-+-시(주높)-+-Ø(과시)-+-니(객민)-+-라(←-다: 평종)

12. (풀이)

㉠(완료상) ㉡(진행상)

㉮(ⓐ, ⓒ, ⓓ, ⓔ) ② (ⓑ, ⓕ)

【참고】 ⓐ~ⓕ에 실현된 어미를 형태소 단위로 분석하면 다음과 같다.

ⓐ ᄒᆞ야 잇더시니: ᄒᆞ(하다, 爲)-+-야(보조적 연결 어미)#잇(있다: 보용, 완료 지속)-+-더(회상)-+-시(주높)-+-니(연어)

ⓑ 퓌우고 잇거니: 퓌우(피우다)-+-고(보조적 연결 어미)#잇(있다: 보용, 완료 지속)

ⓒ 다마 두고: 담(담다)-+-아(보조적 연결 어미)#두(두다: 보조 용언, 완료 지속)

ⓓ 드리웻노니: 드리우(드리우다)-+-어(보조적 연결 어미)#잇(있다: 보조 용언, 완료 지속)-+-ᄂᆞ(현시)-+-오(인칭)-+-니(연어)

ⓔ ᄃᆞ니다가: ᄃᆞ니(←ᄃᆞᆮ니다: 다니다)-+-다가(연어, 동작의 완료 후 전환)

ⓕ 열이곰: 열이(열리다)-+-곰(연결 어미, 동일한 동작의 반복 지속)

13. (풀이)

(B) ㉠(ⓑ, ⓔ, ⓕ, ⓗ) ㉡(ⓐ, ⓒ, ⓓ, ⓖ, ⓘ, ⓙ)

(C) ㉮(ⓑ, ⓒ, ⓗ, ⓙ) ㉯(ⓐ, ⓓ, ⓔ, ⓕ, ⓖ, ⓘ)

【참고】 용언 ⓐ~ⓙ의 활용 형태는 다음과 같이 형태소 단위로 분석할 수 있다.

ⓐ 둘어 잇ᄂᆞ니: 둘(←두르다: 둘러싸다, 圍)-+-어(연어)# 잇(있다: 보용, 완료 지속)-+-ᄂᆞ(현상)-+-니(연어)

ⓑ 울며: 울(울다)-+-며(연어, 진행, 동시 동작)

ⓒ 구피라: 구피(굽히다)-+-라(연어: -다가, 완료된 동작의 전환)

ⓓ 븟아 ᄇᆞ려: 븟(←ᄇᆞᄉᆞ다: 부수다, 碎)-+-아(연어)#ᄇᆞ리(버리다: 보용, 완

료)- + -어(연어)

ⓔ 펴디여 가미 : 펴디(펴지다)- + -여(←-어 : 연어) # 가(가다 : 보용, 진행) + -ㅁ(←옴 : 명전) + -이(주조)

ⓕ 먹고 이쇼딕 : 먹(먹다)- + -고(연어) # 이시(있다 : 보용, 진행)- + -오딕(연어)

ⓖ 나갯더시니 : 나가(나가다)- + -아(연어) + 잇(있다 : 보용, 완료 지속)- + -더(회상)- + -시(주높)- + -니(연어, 설명의 계속)

ⓗ 우스며셔 : 웃(←웃다, ㅅ불 : 웃다, 笑)- + -으며셔(-으면서 : 연어, 진행)

ⓘ ᄀᆞ독ᄒᆞ얫도다 : ᄀᆞ독ᄒᆞ(가득하다)- + -야(←-아 : 연어) # 잇(있다 : 보용, 진행)- + -Ø(현시)- + -도(느낌)- + -다(평종)

ⓙ 뷔어사 : 뷔(비다, 空)- + -어사(←-거사 : 연어, 필연적 조건)

3.3.4. 태도 표현

1. (풀이)

㉠(-아-/-어-) ㉡(-거-) ㉢(-나-) ㉣(-야-)
㉮(-과-/-와-) ㉯(-가- / -아-)

2. (풀이)

(가) ⓐ(-거-) ⓑ(-아-) ⓒ(-나-) ⓓ (-야-)

(나) ⓐ(자동사, 형용사, 서술격 조사 등 비타동사인 용언에 실현됨.)
ⓑ(타동사인 용언에 실현됨.)
ⓒ('오다'에 실현됨.)
ⓓ('ᄒᆞ다'에 실현됨.)

(다) ㉠(-아-) ㉡(-거-, -나-, -야-)

【참고】 ⓐ~ⓓ에 실현된 어미를 형태소 단위로 분석하면 다음과 같다.

ⓐ 뷔어다 : 뷔(비다)- + -Ø(과시)- + -어(←-거- : 주민)- + -다(평종)

ⓑ 닷가라 : 닭(닭다)- + -아(주믿)- + -라(명종)
ⓒ 나오나뇨 : 나오(나오다)- + -Ø(과시)- + -나(주믿)- + -뇨(의종)
ⓓ ᄒᆞ얀다 : ᄒᆞ(하다)- + -Ø(과시)- + -야(주믿)- + -ㄴ다(의종)

3. (풀이)

㉠(-아-) ㉡(-어-) ㉢(-거-) ㉮('ㄱ' 탈락)

【참고】 ⓐ~ⓓ에 실현된 어미를 형태소 단위로 분석하면 다음과 같다.

ⓐ ᄒᆞ야라 : ᄒᆞ(하다)- + -야(주믿)- + -라(명종)
ⓑ 이긔여다 : 이긔(이기다)- + -Ø(과시)- + -여(← -어- : 주믿)- + -다(평종)
ⓒ 半이어다 : 半(반 : 명사)- + -이(서조)- + -Ø(현시)- + -어(← -거- : 주믿)- + -다(평종)
ⓓ 니를어다 : 니를(이르다, 至)- + -Ø(과시)- + -어(← -거- : 주믿)- + -다(평종)

4. (풀이)

㉠(-아-) ㉡(-오-)

【참고】 선어말 어미인 '-가-/-과-'는 문장의 주어가 화자일 때에 주관적 믿음 표현의 선어말 어미인 '-아-/-어-, -거-, -나-, -야-' 등이 변동한 형태이다. 그리고 ⓐ의 '퓌우숩가니' 실현된 어미를 형태소 단위로 분석하면 다음과 같다.

ⓐ 퓌우숩가니 : 퓌우(피우다)- + -숩(객높)- + -가(← -아- : 주믿)- + -Ø(← -오- : 인칭)- + -니(연어)

5. (풀이)

㉠(-시-) ㉡(-나 … 늘 / -나늘)
㉮(-즇-) ㉯(-안마른)

【참고】 '늘'이나 'ㄴ마른'은 항상 주관적 믿음 표현의 선어말 어미의 형태를 앞세우므로, '-나늘'과 '-안마른'은 하나의 연결 어미로 굳은 것으로 처리한다. 그리고 ⓐ의 '오나시늘'에서 주체 높임의 선어말 어미인 '-시-'는 연결 어미

인 '-나늘'의 형태 사이에 실현된 것이 특징이다. 이처럼 특정한 어미 속에 다른 형태소가 끼어들어서 어미의 형태가 분리되는 형태를 '불연속 형태(=잘린 형태)'라고 한다.(허웅 1992:135, 고영근 2010:145) ⓐ의 '오나시늘'과 '듣즈뱐마른'에 실현된 어미를 형태소 단위로 분석하면 다음과 같다.

ⓐ 오나시늘 : 오(오다)- + -시(주높)- + -나 … 늘(연어)
ⓑ 듣즈뱐마른 : 듣(듣다)- + -즣(←-즙-: 객높)- + -안마른(-건마는 : 연어)

6. (풀이)

(B) ⓐ: ㉠(으시)　㉡(리)　㉢(어)
　　ⓑ: ㉮(어)　㉯(리)　㉰(도)

【참고】 ⓐ~ⓑ에 실현된 어미를 형태소 단위로 분석하면 다음과 같다.

ⓐ 더브르시려뇨: 더블(더불다)- + 으시(주높)- + -리(미시)- + -어(주민)- + -뇨(의종)
ⓑ 닐어리로다: 닐(←니르다: 이르다, 曰)- + -어(주민)- + -리(미시)- + -로(←-도-: 느낌)- + -다(평종)

7. (풀이)

㉠ (ⓐ, ⓑ, ⓔ, ⓖ)

【참고】 ⓐ, ⓑ, ⓔ, ⓖ의 서술어로 기술된 문장의 내용은 말하는 이가 객관적인 믿음을 바탕으로 보편적인 사실을 진술하고 있다. 반면에 ⓒ, ⓓ, ⓕ는 말하는 이가 개인적인 일을 진술하고 있으므로, 보수적인 성격의 평서형 종결 어미 '-니라'가 실현된 것이다.[1)]

ⓐ ᄀᆞᄐᆞ니라: ᄀᆞᆮ(같다)- + -Ø(현시)- + -ᄋᆞ니(객믿)- + -라(←-다: 평종)
ⓑ 늙ᄂᆞ니라: 늙(늙다)- + -ᄂᆞ(현시)- + -니(객믿)- + -라(←-다: 평종)

1) 고영근(2010:307)과 고등학교 문법(2010:294)에서는 위와 같은 구분을 두었지만, 실제로는 '객관적 믿음 표현'에 평서형 종결 어미 '-라(←-다)'가 결합한 형태와 '보수적인 성격의 평서형 종결 어미'인 '-니라'를 구분할 수 있는 형태·통사론적인 기준이 없다. 곧, 말하는 이의 의도나 발화 장면, 그리고 전후의 문맥과 같은 화용론적인 정보에 기대어서, 이 둘을 구분해야 하는 문제가 있다.

ⓒ 아니ᄒᆞ노니라: 아니ᄒᆞ(아니하다)- + -ᄂᆞ(현시)- + -오(인칭)- + -니라(평종, 보수적)

ⓓ 나니라: 나(나다, 生)- + -Ø(과시)- + -니라(평종, 보수적)

ⓔ 드니라: 드(←들다: 들다)- + -Ø(과시)- +-니(객민)- + -라(←-다: 평종)

ⓕ 주그니라: 죽(죽다)- + -Ø(과시)- + -으니라(평종, 보수적)

ⓖ ᄒᆞᄂᆞ니라: ᄒᆞ(하다, 曰)- + -ᄂᆞ(현시)- + -니(객민)- + -라(←-다: 평종)

8. (풀이)

㉠(-옷-) ㉡(-돗-) ㉢(-도-) ㉣(-ㅅ-)
㉮(감탄문)

【참고】 ⓐ~ⓓ에 실현된 어미를 형태소 단위로 분석하면 다음과 같다.

ⓐ 몯ᄒᆞ놋다: 몯ᄒᆞ(못하다)- + -ᄂᆞ(현시)- + -옷(느낌)- + -다(평종)

ⓑ 사기돗다: 사기(새기다)- + -Ø(과시)- + -돗(느낌)- + -다(평종)

ⓒ 이리로다: 일(일) + -이(서조)- + -Ø(현시)- + -로(←-도-: 느낌)- + -다(평종)

ⓓ 마라ᄉᆞ라: 말(말다, 勿)- + -아(주민)- + -ㅅ(느낌)- + -ᄋᆞ라(명종)

9. (풀이)

ⓐ(-옷-) ⓑ(-ㅅ-) ⓒ(-돗-) ⓓ(-도-) ⓔ(-돗-) ⓕ(-돗-)
ⓖ(-ㅅ-) ⓗ(-옷-) ⓘ(-ㅅ-) ⓙ(-옷-) ⓚ(-옷-) ⓛ(-도-)
ⓜ(-옷-)

【참고】 ⓐ~ⓜ에 제시된 서술어의 어미를 형태소 단위로 분석하면 다음과 같다.

ⓐ 겨시닷다 : 겨시(어간)- + -다(←-더-: 회상)- + -ㅅ(←-옷-: 느낌)- + -다(평종)

ⓑ 보ᄂᆞᆫ다: 보(어간)- + -ᄂᆞ(현시)- + -ㅅ(느낌)- + -ᄋᆞᆫ다(의종)

ⓒ 어렵도소이다: 어렵(어간)- + -돗(느낌)- + -오이(←-ᄋᆞ이-: 상높)- + -다(평종)

ⓓ 닐어리로다: 닐(←니르다: 어간)- + -어(주민)- + -리(미시)- + -로(←-도-: 느낌)- + -다(평종)

ⓔ 사기돗다: 사기(어간)- + -Ø(과시)- + -돗(느낌)- + -다(평종)

ⓕ 주그리로소이다: 죽(어간)- + 으리(미시)- + -롯(←-돗-: 느낌)- + -오(인칭)- + -

이(상높)- + -다(평종)

ⓖ 힘써ᄉᆞ라 : 힘ᄡᅳ(어간)- + -어(주믿)- + -ㅅ(느낌)- + -ᄋᆞ라(명종)

ⓗ 듣ᄌᆞ오샤다 : 듣(어간)- + -ᄌᆞ오(← -ᄌᆞᆸ- : 객높)- + -샤(← -시- : 주높)- + -Ø(과시)- + -ㅅ(← -옷- : 느낌)- + -다(평종)

ⓘ 오로소라 : 오로(← 오ᄅᆞ다, 登 : 어간)- + -Ø(과시)- + -ㅅ(느낌)- + -오(인칭)- + -라(← -다 : 평종)

ⓙ 오라시리랏다 : 오라(어간)- + 시(주높)- + -리(미시)- + -라(← -더- : 회상) + -ㅅ(← -옷- : 느낌)- + -다(평종)

ⓚ 외오노소라 : 외오(어간)- + -ᄂᆞ(현시)- + -옷(느낌)- + -오(인칭)- + -라(←다 : 평종)

ⓛ 뷔엿도다 : 뷔(어간)- + -어(연어) + 잇(← 이시다 : 보용)- + -도(느낌)- + -다(평종)

ⓜ ᄒᆞ시놋다 : ᄒᆞ(어간)- + -시(주높)- + -ᄂᆞ(현시)- + -옷(느낌)- + -다(평종)

10. (풀이)

(가) ㉠(시) ㉡(옷)

(나) ㉮(주체 높임) ㉯(느낌)

(다) 주체 높임의 선어말 어미인 '-시-'와 느낌 표현의 선어말 어미인 '-옷-'이 결합하는 과정에서, '-시-'가 '-샤-'로 변동하고 '-옷-'의 모음 /ㅗ/가 탈락하였다.

11. (풀이)

(가) ㉠(ㅅ) ㉡(오)

(나) ㉮(느낌 표현) ㉯(인칭 표현 / 화자 표시)

12. (풀이)

㉠(옷) ㉡(오) ㉮(ᄂᆞ) ㉯(옷)

【참고】 ⓐ와 ⓑ에 제시된 용언의 어미를 형태소 단위로 분석하면 다음과 같다.

ⓐ ᄒᆞ(어간)- + -다(← -더- : 회상)- + -ㅅ(← -옷- : 느낌)- + -오(인칭)- + -니(연어)

ⓑ ᄒᆞ(어간)- + -시(주높)- + -ᄂᆞ(현시)- + -옷(느낌)- + -다(평종)

13. (풀이)

(B) ㉠(아) ㉡(오) ㉮(거) ㉯(오)
(C) ㉠(주관적 믿음 표현) ㉡(인칭 표현/ 화자 표시)
㉮(주관적 믿음 표현) ㉯(인칭 표현/ 화자 표시)

【참고】 주관적인 믿음 표현인 '-아-/-거-' 등은 주어가 말하는 이인 경우에는 '-과-/-가-'로 변동한다. 따라서 선어말 어미인 '-과-/-가-'는 주관적 믿음 표현과 인칭 표현의 기능을 겸하고 있다.

ⓐ 맛보과라: 맛보(만나보다) +-Ø(과시)- + -과(← -아: 주믿)- + -Ø(← -오-: 인칭)- + -라(← -다: 평종)
ⓑ 사라미아니오: 사름(명사) + -이(서조)- + -Ø(현시)- + -아(← -가- ← -거-: 주믿)- + -Ø(← -오-: 인칭)- + -니오(의종)

14. (풀이)

(가) ⓐ (-ᄂᆞ-) — (현재) ⓑ (-Ø-) — (현재) ⓒ (-Ø-) — (현재)
ⓓ (-Ø-) — (과거) ⓔ (-ᄂᆞ-) — (현재) ⓕ (-더-) — (회상)
ⓖ (-ᄂᆞ-) — (현재) ⓗ (-Ø-) — (현재) ⓘ (-리-) — (미래)
ⓙ (-더-) — (회상) ⓚ (-ᄂᆞ-) — (현재)

(나) ⓐ (-옷-) — (느낌) ⓑ (-거-) — (주믿)
ⓒ (-거-, -니-) — (주믿, 객믿) ⓓ (-아-) — (주믿)
ⓔ (-니-) — (객믿) ⓕ (-니-) — (객믿)
ⓖ (-ㅅ-) — (느낌) ⓗ (-옷-) — (느낌)
ⓘ (-어-) — (주믿) ⓙ (-옷-) — (느낌)
ⓚ (-옷, -도-) — (느낌)

【참고】 ⓐ~ⓚ에 제시된 용언의 어미를 형태소 단위로 분석하면 다음과 같다.

ⓐ 아니ᄒᆞᄂᆞ놋다: 아니ᄒᆞ(아니하다: 보용)- + -ᄂᆞ(현시)- + -옷(느낌)- + -다(평종)
ⓑ 깁거다: 깁(깊다)- + -Ø(현시)- + -거(주믿)- + -다(평종)
ⓒ ᄃᆞ리어니라: ᄃᆞᆯ(달, 月) + -이(서조) + -Ø(현시)- + -어(← -거-: 주믿)- + -니(객믿)- + -라(← 다: 평종)

ⓓ 得ᄒᆞ과이다: 得ᄒᆞ(얻다)- + -Ø(과시)- + 과(← -아: 주민)- + -오(인칭)- + -이(상높)- + -다(평종)

ⓔ 나ᄂᆞ니이다: 나(나다, 出)- + -ᄂᆞ(현시)- + -니(객민)- + -이(상높)- + -다(평종)

ⓕ 濟渡ᄒᆞ다니라: 濟渡ᄒᆞ(제도하다)- + -다(← -더: 회상)- + -Ø(← -오-: 인칭)- + -니(객민)- + -라(← 다: 평종)

ⓖ 보ᄂᆞᆫ다: 보(보다, 見)- + -ᄂᆞ(현시)- + -ᄉᆞ(느낌)- + -ᄂᆞ다(의종, 2인칭))

ⓗ 긔거리샷다: 긔걸(명령) + -이(서조)- + 샤(← -시-: 주높)- + -ㅅ(← -옷-: 느낌)- + -Ø(현시)- + -다(평종)

ⓘ 일흐려다: 잃(잃다, 失)- + -으리(미시)- + -어(주민)- + -다(평종)

ⓙ 醉ᄒᆞ다소라: 醉ᄒᆞ(취하다)- + -다(← -더-: 회상)- + -ㅅ(← -옷-: 느낌)- + -오(인칭)- + -라(← 다: 평종)

ⓚ 오ᄅᆞ놋도다: 오ᄅᆞ(오르다, 登)- +-ᄂᆞ(현시)- + -옷(느낌)- + -도(느낌)- + -다(평종)

15. (풀이)

(가) ㉠(더) ㉡(옷)

(나) ㉮(회상) ㉯(느낌)

【참고】 '니ᄅᆞ시리라ᄉᆞ이다'를 형태소 단위로 분석하면 다음과 같다.

- 니ᄅᆞ시리라ᄉᆞ이다: 니ᄅᆞ(이르다, 曰)- + -시(주높)- + -리(미시)- + -라(← -다- ← -더-: 회상)- + -ㅅ(← -옷-: 느낌)- + -이(상높)- + -다(평종)

3.3.5. 인칭 표현과 대상 표현

1. (풀이)

(가) ㉠(이) ㉡(오) ㉮(마다) ㉯(이)

(나) (ㄱ)의 문장에 주어로 쓰인 명사는 화자를 표현하였으며, (ㄴ)의 문장에 주어로 쓰인 명사는 화자를 표현하지 않았다. 따라서 ㉡의 빈칸에 들어갈 선어말 어미

'-오-'는 문장의 주어가 화자임을 나타내는 '인칭 표현'의 선어말 어미이다.

2. (풀이)

(C) (인칭 표현의 선어어말 어미/ 화자 표시의 선어말 어미)

【참고】 '오다, 가다' 등에 인칭 표현의 선어말 어미인 '-오-'가 실현되면, 모음 충돌을 회피하기 위하여 '-오-'의 형태는 탈락한다. 대신에 '오다, 가다'의 어간의 성조가 거성에서 상성으로 바뀐다. 따라서 인칭 표현의 선어말 어미인 '-오-'가 무형의 변이 형태로 실현되었음을 알 수가 있다.

3. (풀이)

(가) ㉠(Ø) ㉡(오) ㉮ (ᄂᆞ) ㉯ (오)

(나) (ㄱ)과 (ㄴ)의 문장에서 각각 주어로 쓰인 '妾'과 '一切] 衆生'은 문장을 발화한 화자이므로, 서술어로 쓰인 '許ᄒᆞ다'와 '願ᄒᆞ다'에 1인칭을 표현하는(화자를 표시하는)의 선어말 어미인 '-오-'가 실현되었다.

【참고】 예문 (ㄱ)에서 '妾'은 '예전에 결혼한 여자가 윗사람을 상대하여 자기를 낮추어 이르던 1인칭 대명사'이므로, 실제로는 말하는 이인 '나'와 동일하게 기능한다. 그러므로 문장의 서술어로 쓰인 용언 '許ᄒᆞ다'에 인칭 표현의 선어말 어미인 '-오-'가 실현되었다. 그리고 예문 (ㄴ)에서 '一切 衆生'이 말하는 이(= 나)가 되므로, 서술어로 쓰인 용언 '願ᄒᆞ다'에 인칭 표현의 선어말 어미인 '오'가 실현되었다.

4. (풀이)

ⓐ: ㉠(ᄂᆞ) ㉡(오) ⓑ: ㉠(더) ㉡(오)
ⓒ: ㉠(ㅅ) ㉡(오) ⓓ: ㉠(오) ㉡(다)
ⓔ: ㉠(옷) ㉡(오) ⓕ: ㉠(ᄂᆞ) ㉡(오)
ⓖ: ㉠(아/어) ㉡(오) ⓗ: ㉠(어) ㉡(오)
ⓘ: ㉠(더) ㉡(오)

【참고】 ⓐ~ⓘ에 실현된 어미를 형태소 단위로 분석하면 다음과 같다.

ⓐ 아니ᄒᆞ노이다: 아니ᄒᆞ(어간)- + -ᄂᆞ(현시)- + -오(인칭)- + -이(상높)- + -다(평종)
ⓑ 자다라: 자(어간)- + -다(←-더-: 회상)- + -Ø(←-오-: 인칭)- + -라(←-다: 평종)
ⓒ 艱難ᄒᆞ소라: 艱難ᄒᆞ(어간)- + -ㅅ(느낌)- + -오(인칭)- + -라(←-다: 평종)
ⓓ 弟一이로라: 弟一(명사) + -이(서조)- + -Ø(현시)- + -로(←-오-: 인칭)- + -라(←-다: 평종)
ⓔ ᄒᆞ다소니: ᄒᆞ(어간)- + -다(←-더-: 회상)- + -옷(느낌)- + -오(인칭)- + -니(연어)
ⓕ 묻좁노니: 묻(어간)- + -좁(객높)- + -ᄂᆞ(현시)- + -오(인칭)- + -니(연어)
ⓖ 짓가니오: 짓(어간)- + -Ø(과시)- + -가(←-아-: 주민)- + -Ø(←-오-: 인칭)- + -니오(의종)
ⓗ 得과라: 得ᄒᆞ(어간)- + -Ø(과시)- + -과(←-아-: 주민)- + -Ø(←-오-: 인칭)- + -라(←-다: 평종)
ⓘ 버디라니: 벋(명사) + -이(서조)- + -라(←-더-: 회상)- + -Ø(←-오-: 인칭)-+ -니(연어)

5. (풀이)

(B) ㉠(-라-) ㉡(-가-)
(C) ㉮(회상) ㉯(1인칭 주어 / 주어가 화자임)
㉰(주관적 믿음) ㉱(1인칭 주어 / 주어가 화자임)

【참고】 ⓐ와 ⓑ에 실현된 어미를 형태소 단위로 분석하면 다음과 같다.

ⓐ 夫人돌히라니: 夫人돌ㅎ(부인들) + -이(서조)- + -라(←-더-: 회상, 인칭)- + -니(연어)
ⓑ 뒷가니: 두(두다) + -어(연어) # 잇(보용, 완료 지속)- + -가(←-어-: 주민, 인칭)- + -니(연어)

6. (풀이)

(가) ㉠(ᄂᆞ) ㉡(옷) ㉢(오)
(나) ㉠(현재 시제) ㉡(느낌) ㉢(인칭/ 화자)

【참고】 ⓐ와 ⓑ에 실현된 어미를 형태소 단위로 분석하면 다음과 같다.

ⓐ 앗기놋다: 앗기(아끼다: 어간)- + ᄂᆞ(현시)- + -옷(느낌)- + -다(평종)

ⓑ 외오노소라: 외오(외우다: 어간)- + -ᄂᆞ(현시)- + -옷(느낌)- + -오(인칭)- + -라(←-다: 평종)

7. (풀이)

(가) '수달'이 발화한 의문문의 주어는 '주인(主人)'인데, 이는 1인칭(화자)의 명사가 아니다. 그럼에도 불구하고 ⓐ에서 인칭 표현(화자 표시)의 선어말 어미 '-오-'를 분석하는 것은 문제가 있다.

(나) ㉠(ᄂᆞ) ㉡(오)

【참고】 'ᄒᆞᇢ다'는 [ᄒᆞ(어간)- + -ᄂᆞ(현시)- + -오(인칭)- + -ㆁ(상높, 예사 높임)- + -다(평종)]으로 분석된다. 'ᄒᆞᇢ다'는 'ᄒᆞ노이다 → ᄒᆞ뇌이다 → ᄒᆞᇢ다'의 순서로 변동한 것으로 본다. 여기서 상대 높임의 선어말 어미인 '-이-'가 '-ㆁ-'으로 바뀌는 과정에서 높임의 등급이 '아주 높임(ᄒᆞ쇼셔체)'에서 '예사 높임(ᄒᆞ야쎠체)'로 바뀌었다.

8. (풀이)

(B) ㉠(목적어) ㉡(부사어) ㉢(주어)

(C) ㉮(부사어) ㉯(주어) ㉰(목적어)

9. (풀이)

(가) ㉠(ᄂᆞ) ㉡(오)

(나) ㉮(말) ㉯(부사어)

10. (풀이)

(가) ㉠(시므) ㉡(오)

(나) ㉮(동격)

11. (풀이)

(가) ㉠(ⓐ, ⓒ, ⓓ, ⓖ, ⓗ, ⓘ, ⓙ) ㉡(ⓑ, ⓔ, ⓕ, ⓚ)

(나) ㉮(ⓐ, ⓒ, ⓖ, ⓗ, ⓙ) ㉯(ⓓ, ⓘ)

【참고】 ⓐ~ⓚ에서 대상 표현의 선어말 어미가 실현된 통사론적인 근거는 다음과 같다.

ⓐ 기론 : 길(←긷다, ㄷ불 : 긷다, 汲)- + -Ø(과시)- + -오(대상)- + -ㄴ(관전)

[찻므를 긷다 : 관계 관형절, 목적어–서술어]

ⓑ 求ᄒᆞ논 : 求ᄒᆞ(구하다)- + -ᄂᆞ(현시)- + -오(대상)- + -ㄴ(관전)

[우리 X를 求ᄒᆞ다 = ᄆᆞᅀᆞᆷ : 동격 관형절]

ⓒ ᄆᆡᇰᄀᆞ론 : ᄆᆡᇰᄀᆞᆯ(만들다)- + Ø(과시)- + -오(대상)- + -ㄴ(관전)

[座를 ᄆᆡᇰᄀᆞᆯ다 : 관계 관형절, 목적어–서술어]

ⓓ 누ᄫᅮᆫ : 눕(←눕다, ㅂ불 : 눕다)- + -Ø(대상)- + -ㄴ(관전)

[자리예 눕다 : 관계 관형절, 부사어–서술어]

ⓔ ᄉᆞ랑ᄒᆞᅀᆞᆸ논 : ᄉᆞ랑ᄒᆞ(생각하다)- + -ᅀᆞᆸ(객높)- + -ᄂᆞ(현시)- + -오(대상)- + -ㄴ(관전)

[ᄆᆞᅀᆞ매 부텨를 ᄉᆞ랑ᄒᆞ다 = 젼ᄎᆞ : 동격 관형절]

ⓕ 說法ᄒᆞ시논 : 說法ᄒᆞ(설법하다)- + -시(주높)- + -ᄂᆞ(현시)- + -오(대상)- + -ㄴ(관전)

[부텻 出現ᄒᆞ샤 說法ᄒᆞ시다 = ᄠᅳᆮ : 동격 관형절]

ⓖ 得ᄒᆞ샨 : 得ᄒᆞ(득하다, 얻다)- + -샤(←-시- : 주높)- + -Ø(과시)- + -Ø(←-오- : 대상)- + -ㄴ(관전)

[妙法을 得ᄒᆞ다 : 관계 관형절, 목적어–서술어]

ⓗ 홇 : ᄒᆞ(하다, 爲 : 보용)- + -오(대상)- + -ㄹ(관전, 미시)

[바ᄅᆞᆯ 니르고져 ᄒᆞ다 : 관계 관형절, 목적어–서술어]

ⓘ ᄲᅵ론 : ᄲᅵᆯ(빨다, 洗)- + -Ø(과시)- + -오(대상)- + -ㄴ(관전)

[믈로 옷 ᄲᅵᆯ다 : 관계 관형절, 부사어–서술어]

ⓙ 나호니니 : 낳(낳다, 生)- + -Ø(과시)- + -오(대상)- + -ㄴ(관전) # 이(이 : 의명) + -Ø(←-이- : 서조)- + -니(연어)

[이ᄅᆞᆯ 낳다 : 관계 관형절, 목적어–서술어]

ⓚ ᄒᆞᆫ가지론 : ᄒᆞᆫ가지[한가지, 명사 : ᄒᆞᆫ(관사) + 가지(의명)] + -Ø(←-이- : 서조)- + -Ø(현시)- + -로(←-오- : 대상)- + -ㄴ(관전)

[十方앳 道理 ᄒᆞᆫ가지이다 = 곧: 동격 관형절]

12. (풀이)

(가) ㉠(오)

(나) ㉮(時節이 다ᄃᆞᆮ디 몯ᄒᆞᆫ)　　㉯(ᄃᆞ)　　㉰(동격)

13. (풀이)

㉠(더)　　㉡(오)

【참고】 관형절인 '精誠이 至極ᄒᆞ단'에서 서술어로 쓰인 'ᄒᆞ다'에는 선어말 어미 '-다-'가 실현되어 있다. 이는 대상 표현의 선어말 어미인 '-오-' 앞에서 회상법의 선어말 어미인 '-더-'가 '-다-'로 실현된 것인데, 이때의 '-다-'는 회상법과 대상법의 문법적인 기능을 겸하고 있다. 따라서 '-다-'의 그 기능을 감안하면, '-더-'와 '-오-'로 분리하여 형태소 단위로 분석할 수 있다.

14. (풀이)

(가) ⓐ: ㉠(오)　　㉡(ㄴ)
ⓑ: ㉠(시)　　㉡(오)　　㉢(ㄴ)
ⓒ: ㉠(ᄂᆞ)　　㉡(오)　　㉢(ㄴ)
ⓓ: ㉠(시)　　㉡(오)　　㉢(ㄴ)

【참고】 ⓐ~ⓓ에는 모두 '대상 표현의 선어말 어미'인 '-오-'가 실현되었다. 여기서 ⓐ, ⓑ, ⓒ의 '-오-'는 피한정어(의존 명사인 '이')가 관형절의 서술어에 대하여 목적어 관계로 실현되었으며, ⓓ의 '-오-'는 부사어 관계로 실현되었다.

ⓐ 지소니라: 짓(←짓다, ㅅ불: 짓다)- + -오(대상)- + -ㄴ(관전) # 이(것: 의명) + -Ø(←-이-: 서조) + -라(←-다: 평종)

ⓑ 보내샤니: 보내(보내다)- + -샤(←-시-: 주높)- + -Ø(←-오-: 대상)- + -ㄴ(관전) # 이(이, 사람: 의명) + -Ø(←-이: 주조)

ⓒ 아노니로ᄃᆡ: 아(←알다: 알다)- + ㄴ(←-ᄂᆞ-: 현시)- + -오(대상)- + -ㄴ(관전) #

이(이, 사람 : 의명) + -Ø(← -이- : 서조)- + -로ᄃᆡ(← -오ᄃᆡ : 연어)

ⓓ 授記ᄒᆞ샤니라 : 授記ᄒᆞ(수기하다)- + -샤(← -시- : 주높)- + -Ø(← -오- : 대상)- + -ㄴ(관전) # 이(이, 사람 : 의명) + -Ø(← -이- : 서조) + -라(← -다 : 평종)

(나) ⓐ (지은 것이다)　ⓑ (보내신 이가)　ⓒ (아는 이로되)
ⓓ (수기하신 사람이니라)

3.3.6. 피동 표현

1. (풀이)

㉠ (나랏 法에 자피여)　[석상 9:8]
㉡ (ᄇᆞᄅᆞ매 것거 디고)　[두언 15:8]

2. (풀이)

(가) ① (두피다)　② (믈이다)　③ (ᄉᆞᆱ기다)　④ (자피다)
⑤ (다티다)　⑥ (ᄌᆞᆷ기다)　⑦ (ᄃᆞᆷ기다)　⑧ (ᄉᆞᆯ이다)
⑨ (바키다)　⑩ (담기다)

(나) ① (-이-)　② (-이-)　③ (-기-)　④ (-히-)
⑤ (-히-)　⑥ (-이-)　⑦ (-기-)　⑧ (-이-)
⑨ (-히-)　⑩ (-기-)

【참고】 각 문장에 실현된 피동사는 다음처럼 어근과 파생 접사로 구분된다.

① 두피고 : 두피[덮히다 : 둪(덮다 : 어근)- + -이(피접)-]- + -고(연어)
② 믈여 : 믈이[물리다 : 믈(물다 : 어근)- + -이(피접)-]- + -여(← -어 : 연어)
③ ᄉᆞᆱ기더니 : ᄉᆞᆱ기[삶기다 : ᄉᆞᆱ(삶다 : 어근)- + -기(피접)-]- + -더(회상)- + -니(연어)
④ 자피여 : 자피[잡히다 : 잡(잡다 : 어근)- + -히(피접)-]- + -여(← -어 : 연어)
⑤ 다티고 : 다티[닫히다 : 닫(닫다 : 어근)- + -히(피접)-]- + -고(연어)
⑥ ᄌᆞᆷ겨 : ᄌᆞᆷ기[잠기다 : ᄌᆞᆷㄱ(← ᄌᆞᄆᆞ다 : 어근)- + -이(피접)-]- + -어

⑦ 담기놋다 : ᄃᆞᆷ기[담기다 : ᄃᆞᆷ(담다 : 어근)- + -기(피접)-]- + -ᄂᆞ(현시)- + -옷(느낌)- + -다(평종)

⑧ ᄭᆞᆯ이ᄂᆞ니 : ᄭᆞᆯ이[깔리다 : ᄭᆞᆯ(깔다 : 어근)- + -이(피접)-]- + -ᄂᆞ(현시)- + -니(연어)

⑨ 바키시며 : 바키[박히다 : 박(박다 : 어근)- + -히(피접)-]- + -시(주높)- + -며(연어)

⑩ 담골 : 담기[(담기다 : 담다(담다 : 어근)- + -기(피접)-]- + -오(인칭)- + -ㄹ(관전, 미시)

(다) ①(두펴 디고) ②(므러 디어/뎌) ③(솔마 디더니)
④(자바 디어/뎌) ⑤(다다 디고) ⑥(ᄌᆞᆷ가 디어/뎌)
⑦(ᄃᆞ마 디놋다) ⑧(ᄭᆞ라 디ᄂᆞ니) ⑨(바가 디시며)
⑩(다마 디욣/됴ᇙ)

3. **(풀이)**

ⓐ 누르다(壓) —(눌이다) ⓑ 담다(貯) —(담기다)
ⓒ 듣다(聞) —(들이다) ⓓ 들다(擧) —(들이다)
ⓔ 막다(防) —(마키다) ⓕ 묶다(束) —(뭇기다)
ⓖ 브르다(召) —(블이다) ⓗ 솖다(烹) —(솖기다)
ⓘ 엱다(置) —(연치다) ⓙ 열다(開) —(열이다)
ⓚ 잡다(執) —(자피다) ⓛ 좇다(從) —(조치다)
ⓙ 웃다(執) —(웃이다) ⓚ 더럽다(汚) —(더러ᄫᅵ다/더러이다)

【참고】 첫째, '막다(防)'처럼 /ㄱ, ㄷ, ㅂ, ㅈ/과 같은 거센소리의 짝이 있는 예사소리로 끝나는 능동사의 어근에는, '-히-'가 붙어서 된 피동사가 서술어로 쓰일 수 있다. 둘째, '담다(貯)'처럼 /ㅁ/으로 끝난 능동사의 어근에는, '-기-'가 붙어서 된 피동사가 서술어로 쓰일 수 있다. 셋째, '-이-'는 '-히-'나 '-기-'가 쓰이는 음성적 환경을 제외한 나머지 환경에서 쓰인다. (단, '묶다'처럼 어근이 /ㅅ/ 받침으로 끝난 어근에는 파생 접미사로 '-이-'가 붙는다.)

4. (**풀이**)

(가)

(ㄱ) 네 아ᄃᆞ리 내 아ᄃᆞᄅᆞᆯ 아ᅀᆞ리니

(ㄴ) 七寶ㅣ ᄧᅡ 우흘 둡고

(ㄷ) ᄆᆞᆯ바리 崐崘과 虞泉과ᄅᆞᆯ ᄇᆞᆯᄫᆞ니라

(ㄹ) 가ᄉᆡ 畢凌을 ᄣᅵᆯ어

(ㅁ) 無明ㅅ 대가리 衆生ᄋᆡ 覺體ᄅᆞᆯ ᄡᆞᆯᄊᆡ

(ㅂ) 사ᄅᆞ미 比丘ᄅᆞᆯ 조차

(ㅅ) ᄂᆞᄆᆡ 소니 王ᄋᆞᆯ 쥐여(← 쥐- + -어)

(ㅇ) 나랏 法이 有情을 자바

(나) ⓐ(아ᅀᅡ 디리니) ⓑ(두퍼 디고)
ⓒ(ᄇᆞᆯ바 디니라) ⓓ(ᄣᅵᆯ어 디어/뎌)
ⓔ(ᄡᅡ 딜ᄊᆡ) ⓕ(조차 디어/뎌)
ⓖ(쥐여 디어/뎌) ⓗ(자바 디어/뎌)

【참고】 예문 ⓐ~ⓗ의 피동사는 다음과 같이 형태소 단위로 분석된다.

ⓐ 앗이리니 : 앗이[빼앗기다 : 앗(← 앗다, ㅅ블 : 빼앗다)- + -이(피접)-]- + -리(미시)- + -니(연어)

ⓑ 두피고 : 두피[덮히다 : 둪(덮다)- + -이(피접)-]- + -고(연어)

ⓒ ᄇᆞᆯ이니라 : ᄇᆞᆯ이[밟히다 : ᄇᆞᆯ(← ᄇᆞᆲ다, ㅂ불 : 밟다)- + -이(피접)-]- + -니(객민)- + -라(← -다 : 평종) ※ 'ㅂ불규칙 용언'의 어근에 피동 접미사 '-이-'가 붙으면, /ㅂ/이 /ㅸ/로 변동하거나 /ㅂ/이 탈락한다.

ⓓ ᄣᅵᆯ여 : ᄣᅵᆯ이[찔리다 : ᄣᅵᆯ(← ᄣᅵᄅᆞ다 : 찌르다)- + -이(피접)-]- + -여(← -어 : 연어)

ⓔ ᄡᆞ일ᄊᆡ : ᄡᆞ이[싸이다 : ᄡᆞ(싸다)- + -이(피접)-]- + -ㄹᄊᆡ(연어)

ⓕ 조치여 : 조치[쫓기다 : 좇(쫓다)- + -이(피접)-]- + -여(← -어 : 연어)

ⓖ 쥐ᅇᅧ : 쥐ᅇᅵ[쥐이다 : 쥐(쥐다)- + -이(피접)-]- + -ᅇᅧ(← -여 ← -어 : 연어)

ⓗ 자피여 : 자피[잡히다 : 잡(잡다)- + -이(피접)-]- + -여(← -어 : 연어)

3.3.7. 사동 표현

1. (풀이)

㉠(글키고) ㉡(여희에 ᄒᆞ시ᄂᆞ니)

2. (풀이)

(가) ①(셰다) ②(옮기다) ③(안치다)
④(ᄂᆞ리오다), (저지다) ⑤(얼우다), (노기다) ⑥(갓기다)
⑦ (다ᄉᆞ리다) ⑧(밧기다), (사ᄅᆞ다) ⑨(다히다)
⑩(올이다), (뛰우다) ⑪(마초다) ⑫(솟고다)
⑬(오올오다) ⑭(머추다) ⑮(블기다)

(나) ①(-이-) ②(-기-) ③(-히-)
④(-오-), (-이-) ⑤(-우-), (-이-) ⑥(-이-)
⑦(-이-) ⑧(-기-), (-ᄋᆞ-) ⑨(-이-)
⑩(-이-), (-우-) ⑪(-호-) ⑫(-고-)
⑬(-오-) ⑭(-후-) ⑮(-이-)

【참고】 예문 ①~⑮에 제시된 피동사는 다음과 같이 형태소 단위로 분석된다.

① 셰시니 : 셰[세우다 : 셔(서다, 立)- + -ㅣ(←-이- : 사접)-]- + -시(주높)- + -니(연어)
② 옮겨 : 옮기[옮기다 : 옮(옮다)- + -기(사접)-]- + -어(연어)
③ 안치시고 : 안치[앉히다 : 앉(앉다)- + -히(사접)-]- + 시(주높)- + -고(연어)
④ ᄂᆞ리와 : ᄂᆞ리오[내리게 하다 : ᄂᆞ리(내리다)- + -오(사접)-]- + -아(연어)
저지라 : 저지[적시다 : 젖(젖다)- + -이(사접)-]- + -라(명종)
⑤ 얼우시고 : 얼우[얼리다 : 얼(얼다)- + -우(사접)-]- + -시(주높)- + -고(연어)
노기시니 : 노기[녹이다 : 녹(녹다)- + -이(사접)-]- + -시(주높)- + -니(연어)
⑥ 갓기시니 : 갓기[깎이다 : 갉(깎다)- + -이(사접)-]- + -시(주높)- + -니(연어)
⑦ 다ᄉᆞ리시다가 : 다ᄉᆞ리[다스리다 : 다ᄉᆞᆯ(다스려지다)- + -이(사접)-]- + -시(주높)- + -다가(연어)

⑧ 밧기시면 : 밧기[벗기다 : 밧(벗다)- + -기(사접)-] + -시(주높)- +-면(연어)
사ᄅᆞ시리잇가 : 사ᄅᆞ[살리다 : 살(살다)- + -ᄋᆞ(사접)-]- + -시(주높)- + -리(미시)- + -잇(상높)- + -가(의종)

⑨ 다히샤 : 다히[대다 : 닿(닿다)- + -이(사접)-]- + -샤(←-시- : 주높)- + -Ø(←-아 : 연어)

⑩ 올이샤 : 올이[올리다 : 올(←오ᄅᆞ다 : 오르다)- + -이(사접)-]- + -샤(←-시- : 주높)- + -Ø(←-아 : 연어)
ᄠᅱ운둘 : ᄠᅱ우[튀게 하다 : ᄠᅱ(튀다)- + -우(사접)-]- + -ㄴ둘(연어)

⑪ 마초아 : 마초[마추다 : 맞(맞다)- + -호(사접)-]- + -아(연어)

⑫ 솟고ᄂᆞ니라 : 솟고[솟게 하다 : 솟(솟다)- + -고(사접)-]- + -ᄂᆞ(현시)- + -니(객믿)- + -라(←-다 : 평종)

⑬ 오올와 : 오올오[온전하게 하다 : 오올(온전하다)- + -오(사접)-]- + -아(연어)

⑭ 머추어시니 : 머추[멈추다 : 멎(멎다)- + -후(사접)-]- + -어(주믿)- + -시(주높)- + -니(연어)

⑮ 불교리이다 : 불기[밝히다 : 붉(밝다)- + -이(사접)-]- + -오(인칭)- + -리(미시)- + -이(상높)- + -다(평종)

3. (**풀이**)

(가) ⓐ (이르다) ⓑ (살이다) ⓒ (일우다) ⓓ (사ᄅᆞ다)

(나) ⓐ [(일)- + -(ᄋᆞ)-] ⓑ [(살)- + -(이)-]
ⓒ [(일)- + -(우)-] ⓓ [(살)- + -(ᄋᆞ)-]

(다) ⓐ (세우다, 建立) ⓒ (이루다, 成)
ⓑ (살게 하다, 使住) ⓓ (살리다, 使活)

【참고】 예문 ⓐ~ⓓ의 피동사는 다음과 같이 형태소 단위로 분석된다.

ⓐ 일어 : 일[←이ᄅᆞ다(세우다) : 일(이루어지다)- + -ᄋᆞ(사접)-]- + -어(연어)
ⓑ 살이시고 : 살이[살게 하다 : 살(살다)- + -이(사접)-]- + -시(주높)- + -고(연어)
ⓒ 일워 : 일우[이루다 : 일(이루어지다)- + -우(사접)-]- + -어(연어)
ⓓ 사ᄅᆞ고져 : ᄉᆞᄅᆞ[살리다 : 살(살다)- + -ᄋᆞ(사접)-]- + -고져(연어, 의도)

4. (풀이)

(ㄱ) 한비 아니 긏다

(ㄴ) 塔이 일다

(ㄷ) 수리 ᄭᆡ다

(ㄹ) ᄇᆡ 돌다

(ㅁ) 나랏 小民이 살다

(ㅂ) ᄉᆞᆼ이 살다

(ㅅ) 바ᄅᆞ리 녙다

(ㅇ) 沙彌 法을 듣다

(ㅈ) 神足이 낟다

(ㅊ) 어ᅀᅵ 그 穀食을 먹다

(ㅋ) 이 네 天下ㅣ 다ᄉᆞᆯ다

(ㅌ) 술위 그울다

(ㅍ) ᄆᆞᅀᆞ미 오ᄋᆞᆯ다

(ㅎ) 道理 일다

【참고】 (ㄱ)~(ㅎ)에 실현된 사동사를 형태소 단위로 분석하면 다음과 같다.

㉠ 그치샤: 그치다[그치게 하다: 긏(그치다, 止)-+-이(사접)-]-+-샤(←-시-: 주높)-+Ø(←-아: 연어)

㉡ 이르ᅀᆞᆸ거나: 이르[세우다: 일(이루어지다, 成)-+-으(사접)-]-+-ᅀᆞᆸ(객높)-+-거나(연어)

㉢ ᄭᆡ오ᄂᆞ니: ᄭᆡ오[깨우다: ᄭᆡ(깨다, 覺)-+-오(사접)-]-+-ᄂᆞ(현시)-+-니(연어)

㉣ 도ᄅᆞ놋다: 도ᄅᆞ[돌리다: 돌(돌다, 回)-+-ᄋᆞ(사접)-]-+-ᄂᆞ(현시)-+-옷(느낌)-+-다(평종)

㉤ 사ᄅᆞ시리잇가: 사ᄅᆞ[살리다: 살(살다, 活)-+-ᄋᆞ(사접)-]-+-시(주높)-+-리(미시)-+-잇(상높)-+-가(의종)

㉥ 살이시니라: 살이[살게 하다, 使住: 살(살다, 住)-+-이(사접)-]-+-시(주높)-+-Ø(과시)-+-니(객민)-+-라(←-다: 평종)

ⓢ 녀토시고: 녀토[얕게 하다: 녙(얕다, 淺)- + -오(사접)-]- + -시(주높)- + -고(연어)
ⓞ 들이니: 들이[듣게 하다: 들(←듣다, ㄷ불: 듣다)- + -이(사접)-]- + -니(연어)
ⓙ 나토샤: 나토(나타내다: 낟(나타나다, 現)- + -호(사접)-]- + -샤(←-시-: 주높)- + Ø(←-아: 연어)
ⓒ 먹이거늘: 먹이[먹이다: 먹(먹다, 食)- + -이(사접)-]- + -거늘(연어)
ⓚ 다ᄉᆞ리시고: 다ᄉᆞ리[다스리다, 治: 다ᄉᆞᆯ다(다스려지다)- + -이(사접)-]- + -시(주높)- + -고(연어)
ⓣ 그우릴: 그우리[굴리다: 그울(구르다, 轉)- + -이(사접)-]- + -ㄹ(관전)
ⓟ 오ᄋᆞᆯ와: 오ᄋᆞᆯ오[온전하게 하다: 오ᄋᆞᆯ(온전하다, 全)- + -오(사접)-]- + -아(연어)
ⓗ 일우샤: 일우[이루다: 일(이루어지다, 成)- + -우(사접)-]- + -샤(←-시-: 주높)- + -Ø(←-아: 연어)

5. (풀이)

(ㄱ) (太祖ㅣ) 石壁에 ᄆᆞᄅᆞᆯ 오ᄅᆞ게(긔) ᄒᆞ샤

(ㄴ) 去羅ᄂᆞᆫ ᄂᆞᆯ오매 너븐 엇게니 바ᄅᆞᆳ므를 ᄉᆞᆺ게(긔) ᄒᆞᄂᆞ니라

(ㄷ) 多寶ᄅᆞᆯ 인ᄒᆞ샤 한 사ᄅᆞᄆᆞᆯ 힘ᄡᅳ게(긔) ᄒᆞ시니라

(ㄹ) 딥동 세 무슬 어더 ᄡᅵ로 어울워 ᄆᆡ야 므레 ᄠᅳ게(긔) ᄒᆞ고

(ㅁ) 바ᄅᆞ래 ᄇᆡ 업거늘 (바ᄅᆞᄅᆞᆯ) 녇게(긔) ᄒᆞ시고 ᄯᅩ 깁게(긔) ᄒᆞ시니

(ㅂ) 甓이며 디새며 ᄒᆞᆯᄀᆞ로 塔ᄋᆞᆯ 일에(의) ᄒᆞᅀᆞᆸ거나

(ㅅ) ᄂᆞ믄 (李穡ᄋᆞᆯ) 죽게(긔) 호려 커늘

(ㅇ) 阿彌陀佛의 變化로 法音을 넓게(긔) ᄒᆞ실ᄊᆡ

(ㅈ) 하ᄂᆞᆯ히 ᄆᆞᅀᆞᄆᆞᆯ 뮈게(긔) ᄒᆞ시니

(ㅊ) 우디 마ᄅᆞ쇼셔 ᄆᆞᅀᆞᄆᆞᆯ 눅게(긔) ᄒᆞ쇼셔

【참고】 중세 국어에서 '통사적 사동문'은 주동사의 어간에 보조 용언인 '-게/-긔 ᄒᆞ다'가 붙어서 실현된 사동문이다. 보조적 연결 어미인 '-게/-긔'는 /ㄹ/, 하향적 이중 모음의 /j/, 서술격 조사의 어간 뒤와 같은 환경에서는 /ㄱ/이 줄어져

서 '-에/-의'로도 실현된다.

(ㄱ) 올이샤: 올이[올리다: 올(← 오ᄅᆞ다: 오르다)- + -이(사접)-]- + -샤(← -시-: 주높)- + -Ø(← -아: 연어)

(ㄴ) 솟고ᄂᆞ니라: 솟고[솟아오르게 하다: 솟(솟다)- + -고(사접)-]- + -ᄂᆞ(현시)- + -니(객민)- + -라(← -다: 평종)

(ㄷ) 힘ᄡᅴ우시니라: 힘ᄡᅴ우[힘쓰게 하다: 힘(힘) + ᄡᅳ(쓰다)- + -ㅣ(← -이-: 사접)- + -우(사접)-]- + -시(주높)- + -Ø(과시)- + -니(객민)- + -라(← -다: 평종)

(ㄹ) ᄠᅴ오고: ᄠᅴ오[띄우다: ᄠᅳ(뜨다)- + -ㅣ(← -이-: 사접)- + -오(사접)-]- + -고(연어)

(ㅁ) 녀토시고: 녀토[얕게 하다: 녙(얕다)- + -오(사접)-]- + -시(주높)- + -고(연어)

기피시니: 기피[깊게 하다: 깊(얕다)- + -이(사접)-]- + -시(주높)- + -니(연어)

(ㅂ) 이르ᅀᆞᆸ거나: 이르[세우다, 建: 일(이루어지다)- + -으(사접)-]- + -ᅀᆞᆸ(객높)- + -거나(연어)

(ㅅ) 주규려: 주기[죽이다: 죽(죽다)- + -이(사접)-]- + -우려(연어)

(ㅇ) 너피실씨: 너피[넓히다: 넙(넓다)- + -이(사접)-]- + -시(주높)- + -ㄹ씨(연어)

(ㅈ) 뮈우시니: 뮈우[움직이게 하다: 뮈(움직이다)- + -우(사접)-]- + -시(주높)- + -니(연어)

(ㅊ) 누기쇼셔: 누기[눅이다: 눅(눅다)- + -이(사접)-]- + -쇼셔(명종)

6. **(풀이)**

㉠(ⓐ, ⓔ, ⓕ, ⓖ) ㉡(ⓑ, ⓒ, ⓓ)

【참고】 ⓐ~ⓖ의 사동사를 형태소 단위로 분석하면 다음과 같다.

ⓐ 살이시고: 살이[살게 하다: 살(살다)- + -이(사접)-]- + -시(주높)- + -고(연어)

ⓑ 녀토시고: 녀토[얕게 하다: 녙(얕다)- + -오(사접)-]- + -시(주높)- + -고(연어)

ⓓ 뮈우시니: 뮈우[움직이게 하다: 뮈(움직이다)- + -우(사접)-]- + -시(주높)- + -니(연어)

ⓔ 글키고: 글키[긁게 하다: 긁(긁다)- + -히(사접)-]- + -고(연어)

ⓕ 머기거늘: 머기[먹이다: 먹(먹다)- + -이(사접)-]- + -거늘(연어)

ⓖ 재더니: 재[재우다: 자(자다)- + -ㅣ(← -이-: 사접)-]- + -더(회상)- + -니(연어)

3.3.8. 부정 표현

1. (풀이)

㉠(②, ⑤, ⑥, ⑨) ㉡(①, ④, ⑦) ㉢(③, ⑧)
㉮(③, ④ ⑤, ⑦, ⑧, ⑨) ㉯(①, ②, ⑥)

2. (풀이)

㉠(머믈우) ㉡(들) ㉮(얻) ㉯(으란)

3. (풀이)

(가) ㉠(디) ㉡(도)

(나) ㉠(보조적 연결 어미) ㉡(보조사)

(다) '여위도'는 본디 형태가 '여위디도'였는데 보조적 연결 어미인 '-디'가 생략되어 '여위도'의 형태로 실현되었다.(cf. 현대 국어의 '오도 가도 못한다.')

4. (풀이)

㉠(-어/-게) ㉡(-게/-어)

【참고】 다음과 같은 예에서 보조 용언인 '말다'의 앞에 '-디', '-어', '-게' 등의 보조적 연결 어미가 실현된 것을 확인할 수 있다.

① 너희 브즈러니 지ᅀᅥ 게으르디 말라 [법언 2:209]
② 너희 天人ᄃᆞᆯ히 하 슬허 말라 [석상 23:8]
③ 너희 … 이 여러가짓 業으로 衆生ᄋᆞᆯ 迷惑게 말라 [월석 21:68]

5. (풀이)

㉠(당위/필연적 조건) ㉡(의도/희망/바람)

【참고】 ⓐ 마라ᅀᅡ: 말(말다, 勿: 보용, 부정) + -아ᅀᅡ(연어, 필연적 조건, 당위)
ⓑ 마오져: 마(←말다: 말다, 보용, 부정)- + -오져(←-고져: 연어, 희망)

제4장 종합 문제

4.1. 용비어천가

1. (풀이)

(가) ㉠(남ᄀᆞᆫ) ㉡(ᄇᆞᄅᆞ매) ㉢(므른) ㉣(ᄀᆞᄆᆞ래)
㉤(바ᄅᆞ래) ㉥(그츨ᄊᆡ)

(나) ㉠(나모) ㉡(-ᄋᆞᆫ)

(다) ㉠(뮈디 아니ᄒᆞᆯᄊᆡ)

(라) ㉠(-우-) ㉡(일우다) ㉮(-ᄋᆞ-/-으-) ㉯(이ᄅᆞ다/이르다)

2. (풀이)

(가) ㉠(-시-) ㉡(-아) ㉢(-샤-) ㉮(탈락)

(나) ㉠(입) ㉡(더) ㉢(시) ㉣(니)
㉮(아득하시더니/혼미하시더니)

【참고】 '입더시니'를 형태소 단위로 분석하면 다음과 같다. '입(아득하다, 혼미하다, 迷)- + -더(회상)- + -시(주높)- + -니(연어)'

(다) ㉠(하-) ㉡(아비) ㉢(-ㄴ)
㉮(통사적)

【참고】 '하나비'는 [하(크다, 大)- + -ㄴ(관전) + 아비(아버지, 父)]의 짜임새로 현성된 '통사적 합성어'이다.

(라) ㉮ 형태 : (오)
㉯ 명칭 : (인칭 표현의 선어말 어미/화자 표시의 선어말 어미)

【참고】 '보리라'는 '보(어간)- + -오(인칭)- + -리(미시)- + -라(←-다 : 평종)'로

분석된다. 여기서 인칭 표현의 선어말 어미인 '-오-'가 어간의 중성 /오/와 축약되면서, 그 흔적으로 '보-'의 성조가 상성으로 바뀌었다. 그리고 이 문장에서 생략된 주어는 '익조(翼祖)'이므로, '보리라'는 '(내) (도ᄌᆞᆯ) 보리라'의 문장의 형태에서 주어(=화자)와 목적어가 생략된 형태이다.

3. (풀이)

(가) ⓐ [뒤ㅎ/뒿(명사) + -에(부사격 조사) + -는(보조사)]
ⓑ [앒(명사) + -ᄋᆡ(부사격 조사) + -ᄂᆞᆫ(보조사)]

(나) ⓒ (밝히셨으니) ⓓ (굳히셨으니)

(다) (평서형으로 문장을 종결하되, 반말의 상대 높임으로 표현함.)

【참고】 'ᄇᆞᆯ기시니'와 '구티시니'는 다음과 같이 분석된다.

ⓒ ᄇᆞᆯ기시니 : ᄇᆞᆯ기[밝히다 : 밝(밝다)- + -이(사접)-]- + -시(주높)- + -Ø(과시)- + -니(평종, 반말)
ⓓ 구티시니 : 구티[굳히다 : 굳(굳다)- + -히(사접)-]- + -시(주높)- + -Ø(과시)- + -니(평종, 반말)

4. (풀이)

(가) 城이 높고 다리가 없건마는 하늘이 도우시므로 말을 탄 채로 내렸셨습니다.

(나) (없- + -건마른)

(다) ㉠ (-오-) ㉡ (동격)

5. (풀이)

(가) ㉠ (노ᄑᆡ) ㉡ (-인ᄃᆞᆯ) ㉮ (명사) ㉯ (조사 / 보조사)

【참고】 '-인ᄃᆞᆯ'은 서술격 조사의 어간인 '-이-'에 연결 어미인 '-ㄴᄃᆞᆯ'인 붙어서 파생된 보조사인데, '양보'의 뜻을 나타낸다.

(나) ㉠ (녀느) ㉡ (-이) ㉮ (/ㅡ/) ㉯ (/ㄱ/)

①(나모) ②(구무) ③(불무)

【참고】 '년기'는 '녀(← 녀느 : 다른 사람) + -이(주조)'로 분석된다. 체언에 모음으로 시작하는 조사가 결합하는 과정에서, 체언의 모음 /ㅡ/가 탈락하고 자음 /ㄱ/이 첨가되었다.

(다) ㉠(오ᄅᆞ) ㉡(이) ㉢(시) ㉣(아)

【참고】 '올이샤'는 '올이[오ᄅᆞ(오르다 : 어근) + -이(사접)-]- + 샤(← -시- : 주높)- + -Ø(← -아 : 연어)'로 분석된다.

6. (풀이)

(가) ① : ⓐ(살다) ⓑ(사ᄅᆞ다)
② : ⓐ(사시겠습니까) ⓑ(살리시겠습니까)

【참고】 ⓐ와 ⓑ의 '사ᄅᆞ시니잇가'는 다음과 같이 형태소 단위로 분석된다.
ⓐ 살(살다)- + -ᄋᆞ시(주높)- + -리(미시)- + -잇(← -이- : 상높, 아주 높임)- + -가(의종)
ⓑ 사ᄅᆞ[살리다 : 살(살다)- + -ᄋᆞ(사접)-]- + -시(주높)- + -리(미시)- + -잇(← -이- : 상높, 아주 높임)- + -가(의종)

(나) ㉮(부자(父子) / 아버지와 아들) ㉯(왜(倭)와)

7. (풀이)

(가) ⓐ(-ㄷ)

【참고】 <용비어천가>에서는 '間(간)'의 종성 /ㄴ/ 뒤에는 관형격 조사로 '-ㄷ'이 원칙적으로 쓰였다.

(나) ⓑ(닛디 마ᄅᆞ쇼셔)

(다) ㉮(옮으셨느냐)

【참고】 올마시뇨 : 옮(옮다, 이동하다)- + -아(주민)- + -시(주높)- + -Ø(과시)- + -뇨(의종)

4.2. 훈민정음 언해본

1. (풀이)

(가) ①(6) 개 ②(5) 개

【참고】 ① 주어 : (말쌋미, 百姓이, 배, 노미, 내, 사름마다)
② 주격 조사 : (-이, -이, -ㅣ, 이, -ㅣ)

(나) (바, 놈, 字, 뜻롬)

【참고】 '젼ᄎ'는 자립 명사이다.(예 : 舍利弗이 젼ᄎ 업시 우ᅀ늘 [석상 6:35]) 그리고 '字'는 글자를 세는 단위로 쓰인 '단위성 의존 명사'이다.

(다) ㉠(서르) ㉡(새로) ㉢(날로) ㉣(시러)
㉤(어엿비) ㉥(수빙) ㉦(ᄆᆞ촘내)

【참고】 ㉡ 새로[새로(부사) : 새(새 것 : 명사) + -로(부조 ▷ 부접)]
㉢ 날로[날로(부사) : 날(날, 日 : 명사) + -로(부조 ▷ 부접)]
㉣ 시러[능히(부사) : 실(←싣다 : 얻다, 동사)- + -어(연어 ▷ 부접)]
㉤ 어엿비[불쌍히(부사) : 어엿브(불쌍하다 : 형사)- + -이(부접)]
㉥ 수빙[쉽게(부사) : 숳(←숩다 : 쉽다, 형사)- + -이(부접)]
㉦ ᄆᆞ촘내[마침내(부사) : ᄆᆞᆾ(마치다 : 동사)- + -ᄋᆞᆷ(명접) + -내(부접)]

(라) ㉠(ᄒᆞ) ㉡(오) ㉢(읋/ㅭ)
㉮(밍ᄀᆞᆯ) ㉯(ᄂᆞ) ㉰(오) ㉱(니)

(마) ㉠(저) ㉡(-ㅣ/-이) ㉮(자갸)

(바) ①: ㉠(ᄒᆞ) ㉡(이) ㉢(어)
②: ㉡(사동사 파생 접미사/사동 접미사)
㉢(연결 어미/종속적 연결 어미)

【참고】 '희ᅇᅧ'는 다음과 같이 형태소 단위로 분석된다.
ⓒ '희ᅇᅧ' : 희[← 희다(하게 하다, 시키다, 使) : ᄒᆞ(하다, 爲)- + -ㅣ(← -이- :

사접)-]- + -여(← -여 ← -어 : 연어)

2. (풀이)

(가) ㉠(관형격)
㉮(치두와 정치의 구분함이)
㉯(치두와 정치를 구분함이/ 치두와 정치를 구분하는 것이)

(나) ㉠(닿-) ㉡(-ᄂᆞ-) ㉢(닫-) ㉣(단-)
㉮(음절 끝소리 규칙) ㉯(자음 동화)

4.3. 석보상절

1. (풀이)

(가) ①㉠(엇던) ㉡(이) ㉢(의)
②(어떤 이의/ 어떤 사람의)

(나) ㉠(부사어) ㉡(로) ㉢(보조사)

2. (풀이)

(가) ㉮(소식) ㉯(걱정하시고/ 염려하시고)

(나) ①: ㉠(들) ㉡(이) ㉢(우) ㉣(ㅭ)
②: ㉠(ᄒᆞᆫ) ㉡(넉) ㉢(ᄋᆞ로) ㉣(ᄂᆞᆫ)

【참고】 '드룷'과 'ᄒᆞ녀ᄀᆞ론'은 다음과 같이 형태소 단위로 분석된다.
① 드룷: 드리[드리다, 아뢰다, 獻, 奏: 들(들다: 入)- + -이(사접)-]- + -우(대상)- + -ㅭ(관전, 미시)
② ᄒᆞ녀ᄀᆞ론: ᄒᆞ녁[한 녘, 一片: ᄒᆞ(← ᄒᆞᆫ : 한, 一, 관사) + 녁(녘, 쪽: 의명)] + -ᄋᆞ로(-으로: 부조, 방향) + -ㄴ(← -ᄂᆞᆫ : 보조사, 대조)

(다) ③(-줍-)

【참고】 말하는 이(화자)가 목적어로 쓰인 '世尊ㅅ 安否'를 높여야 하므로, 객체 높임의 선어말 어미인 '-줍-'을 실현하여야 한다. 그리고 어간이 종성 /ㄷ/으로 끝났고 어미의 초성이 자음이므로, 객체 높임의 선어말 어미의 형태가 '-줍-'으로 실현된다.

3. (풀이)

(가) ㉠(손소)　　　㉡(갓가스로)　　　㉢(어듸썬)

【참고】 ㉠~㉢은 다음과 같이 형태소 단위로 분석된다.

㉠ 손소 : [손수, 스스로, 自(부사) : 손(손, 手 : 명사) + -소(부접)]

㉡ 갓가스로 : [가까스로, 겨우, 僅(부사) : 갓갓(여러가지, 種種 : 명사) + -으로(부조▷부접)]

㉢ 어듸썬 : [← 어듸썬(어찌 : 부사) : 어듸(어디 : 지대) + -썬(부접, 강조)]

(나) ㉠(ᄀᆞᄐᆞ니 / 이)　　　㉡(이)

【참고】 'ᄀᆞᄐᆞ니'와 '이'는 다음과 같이 형태소 단위로 분석된다.

㉠ ᄀᆞᄐᆞ니 : ᄀᆞᇀ(같다, 如)- + -ᄋᆞᆫ(관전) # 이(의명) + -Ø(← -이 : 주조)

㉡ 이 : 이(이, 此 : 지대) + -Ø(← -이 : 부조, 비교)

(다) ⓐ 그에 : (명사 / 의존 명사)　　　ⓑ 주굼 : (동사)

【참고】 '그에'는 부사어성 의존 명사이다. 그리고 '주구믈'은 동사인 '죽다'의 명사형인 '주굼(죽- + -움)'에 목적격 조사인 '-을'이 실현된 형태이다.

4. (풀이)

(가) ㉠(대명사), (관형사), (부사)　㉡(관형사), (부사)

【참고】 '主人이 므슴 차바늘 손소 ᄃᆞᆫ녀 ᄆᆡᇰᄀᆞᄂᆞᆫ닛가'에서 '므슴'은 관형사(=무슨)나 부사(=어찌)로 볼 수 있다.

(나) ㉠(ᄆᆡᇰᄀᆞᄂᆞᆫ닛가)

【참고】 문장의 주어로 표현된 '主人'은 표현상으로는 제3자이고 실제적으

로는 듣는 이(청자)이므로, 인칭 표현의 선어말 어미인 '-오-'가 실현되지 않는 것이 원칙이다.

(다) (이받ᄌᆞᄫᅡ려)

【참고】 첫째, 그 뒤에 실현된 '아바도려'를 감안하면 연결 어미인 '-오려'가 실현되어야 한다. 둘째, '太子'가 '主人(= 호미)'보다 상위자이기 때문에, 객체 높임의 선어말 어미인 '-ᅀᆞᇦ-'을 실현해야 한다.

(라) ㉯(ᄒᆞᄂᆞᆼ다)

【참고】 '아닝다'는 예사 높임의 상대 높임의 등분인 'ᄒᆞ야쎠체'이다. 이에 맞추어서 보조 동사인 'ᄒᆞ다'를 현재 시제의 평서형 'ᄒᆞ야쎠체'로 실현하면, 'ᄒᆞᄂᆞᆼ다'가 된다. 'ᄒᆞᄂᆞᆼ다'는 'ᄒᆞ(하다, 日) + -ᄂᆞ(현시)- + -오(인칭)- + -ㆁ(상높, 예사 높임)- + -다(평종)'로 분석된다. 여기서 'ᄒᆞ다'의 행위의 주체가 말하는 이(= 호미) 자신이기 때문에 인칭 표현의 선어말 어미인 '-오-'가 실현되었다.

5. (풀이)

(가) ①: ㉠(닐)　　㉡(ᄋᆞ)　　㉢(왇)　　㉣(아)
②: (니ᄅᆞ왇다)

【참고】 니ᄅᆞ[일으키다: 닐(일어나다)- + -ᄋᆞ(사접)- + -왇(강접)]- + -아(연어)

(나) ①(-오-)
②(문장에 실현된 주어가 화자임을 나타낸다.)

【참고】 ⓑ와 ⓒ는 다음과 같이 형태소 단위로 분석된다.

ⓑ: 보(보다)- + -ᅀᆞᄫᅳ(←-ᅀᆞᇦ-: 객높)- + -오(인칭)- + -리(미시)- + -어(주민)- + -뇨(의종)

ⓒ: 므싀엽[무섭다: 므싀(무서워하다: 동사)- + -엽(←-업-: 형접)-]- + -듯(느낌)- + -오(인칭)- + -니(연어, 설명의 계속)

(다) ①: ('ㄱ' 탈락)
②: (반모음 /j/로 끝나는 어간 뒤에서 어미의 첫소리 /ㄱ/이 탈락한다.)

(라) 주관적 믿음 표현의 선어말 어미인 '-아-'가 '나오다'의 어간인 '나오-' 뒤에 실현되면, '-아-'가 '-나-'로 불규칙하게 변동한다.

(마) ㉮(지극하니 / 골똘하니) ㉯(훤하거늘)
㉰(짐승) ㉱(무슨 까닭으로 / 무엇 때문에 / 왜)

6. (풀이)

(가) ㉠(산힝) ㉡(사냥)

(나) ㉮(느런히 / 쭉 벌려서) ㉯(칭찬하시어) ㉰(움직일)

【참고】 느러니 : [느런히, 죽 벌여서(부사) : 느런(羅 : 불어) + Ø(←-ᄒᆞ- : 형접)- + -이(부접)]

(나) ㉠(나) ㉡(아) ㉢(이시 / 잇) ㉣(거늘)

【참고】 냇거늘 : 나(나다)- + -아(연어) # 잇(←이시다 : 보용)- + -거늘(연어)

(다) ㉠(-시-) ㉡(-옷-)

【참고】 주체 높임의 선어말 어미인 '-시-'의 뒤에 모음으로 시작하는 어미인 '-옷-'이 오면 '-시-'가 '-샤-'로 변동하고 '-옷-'의 모음 /오/는 탈락한다.

(라) ㉠(관형절) ㉡(주어) ㉮ (-ㅣ/ -이) ㉯(-ᄋᆡ)

(마) ㉠(길-) ㉡(-ᄋᆞ- / -으-) ㉢(기ᄅᆞ- / 기르-) ㉣(-어)

【참고】 길어 : 길[←기르다(기르다) : 길(길다)- + -으(사접)-]- + -어(연어)

7. (풀이)

(가) ⓑ(두쇼ᄃᆡ)

【참고】 '두어'와 '이쇼ᄃᆡ'가 축약되는 과정에서, 보조적 연결 어미인 '-어'와 어간의 첫음절인 /이/가 탈락하여 '두쇼ᄃᆡ'로 실현되었다.

(나) ㉠(ᄢᅴ) ㉡(-의) ㉢(-브터) ㉣(/ㅢ/)

(다) ㉮(서투르고 / 서툴고) ㉯(따지십니까) ㉰(괜찮으니)

【참고】 져주시ᄂᆞ니잇고 : 져주(따지다)- + -시(주높)- + -ᄂᆞ(현시)- + -잇(상높, 아주 높임)- + -니…고(의종, 비인칭)

4.4. 월인천강지곡

1. (풀이)

(가) (일이시나, 눈에, 말이시나)

(나) ⓐ: ㉠(ᄉᆞᆸ) ㉡(오) ㉢(리) ㉣(니)
ⓑ: ㉮(보) ㉯(ᄂᆞ) ㉰(오) ㉱(ㄴ가)

(다) ㉠(화자 / 말하는 이 / 서술자) ㉡(청자 / 듣는 이 / 독자)

2. (풀이)

(가) ㉮(쫓아) ㉯(마치셨으니) ㉰(몸에의 / 몸에 있는)

(나) (B) ㉠(타동사) ㉡(자동사) ㉢(능격 동사 / 양용 동사)
(C) ㉣(자동사) ㉤(꿰이어 / 꿰여)

【참고】 ᄢᅦ여 : ᄢᅦ(꿰이다, 꿰어지다, 貫 : 자동사)- + -여(←-어 : 연어)

(다) ㉠(나) ㉡(ㅣ) ㉢(ᅀᆞᆸ) ㉣(Ø) ㉤(ᄋᆞ니)

3. (풀이)

(가) ⓐ(셰다) — (세우다)
ⓑ(할다) — (헐뜯다 / 참소하다 / 모함하다)

【참고】 ⓐ 셰ᅀᆞᄫᆞ니 : 셰[셔(서다)- + -ㅣ(←-이- : 사접)-]- + -ᅀᆞᆸ(←-ᅀᆞᆸ- : 객높)- + -ᄋᆞ(주믿)- + -니(연어)
ⓑ 하나늘 : 할(헐뜯다)- + -아늘(-거늘 : 연어, 상황 제시)

(나) ①: ㉠(이) ㉡ (로)
②('ㄹ' 첨가)

【참고】 지시 대명사인 '이, 그, 뎌'에 부사격 조사인 '-로'가 실현되면, /ㄹ/이 첨가되어서 '일로, 글로, 뎔로'의 형태로 실현된다.

4. (풀이)

(가) (婇女가 (태자를) 비단에 안아서 어머님께 오더니, 大神들이 (태자를) 뫼시었으니.)

(나) ⓐ(어마님) ⓑ(아바님)

(다) ㉠(뫼시-) ㉡(객체) ㉢(태자)

(라) ㉠(아자바님) ㉡(아자마님)

【참고】 ㉠ 아자바님[아주버님 : 아자바(←아자비 : 아주버니) + -님(접미)]
㉡ 아자마님[아주머님 : 아자마(←아자미 : 아주머니) + -님(접미)]

5. (풀이)

(가) (머리를 깎으시고 누비옷을 입으시어 부끄러워함이 어찌 없으신가?)

(나) ㉠(비스-) ㉡(-이-) ㉢(/ㅡ/) ㉮(꾸미게 하시되)

【참고】 빗이샤딕 : 빗이[아름답게 꾸미게 하다 : 빗(←비스다 : 꾸미다)- + -이(사접)-]- + -샤(←-시- : 주높)- + -딕(←-오딕 : 연어)

(다) ①(업스신고)
②(말하는 이의 의도로 보아서 (ㄴ)의 문장이 '수사 의문문'의 기능을 나타낸다.)

【참고】 의문문에 의문사(물음말)이 실현되어 있더라도, 수사 의문문의 기능을 나타낼 때에는 의문형 어미가 '-ㄴ고' 대신에 '-ㄴ가'로 실현될 수도 있다.

(라) ①(과거 회상을 표현하는 기능) ②(주어가 화자임을 나타내는 기능)

(마) ㉮: ㉠(이: 대명사) ㉡(를: 격조사) ㉢(ᅀᅡ: 보조사)
㉯: ㉠(옷: 명 사) ㉡(이: 격조사) ㉢(ᅀᅡ: 보조사)

【참고】 격조사인 '-이, -를, -에' 등에 보조사인 '-ᅀᅡ'가 붙어서 '-를ᅀᅡ, -이ᅀᅡ, -에ᅀᅡ/-애ᅀᅡ' 등으로 실현된다.

6. **(풀이)**

(가) ㉠(좇-) ㉡(-ᄌᆞᆸ-) ㉢(-더-) ㉮(좇ᄌᆞᆸ더니)

(나) ㉠(저프-) ㉡(젛-) ㉢(-브-)
㉮(동사) ㉯(형용사) ㉰(통사 / 지배)

【참고】 저프거시뇨: 저프[젛(두려워하다: 동사)- + -브(형접)-]- + -Ø(현시)- + -거(주민)- + -시(주높)- + -뇨(의종, 비인칭, 설명)

(다) (더러)

【참고】 더라: 덜(덜다, 없애다, 除)- + -아(←-어: 연어)

(라) (동사)

【참고】 주굼: 죽(죽다: 어간)- + -움(명전). '주굼'은 동사의 명사형이다.

(마) (죽는 것(죽기)과 사는 것(살기)을 덜어 시름이 없으니 두려운 뜻이 어찌 있겠습니까?)

7. **(풀이)**

(가) (큰 소를 내니 몸이 크고 다리가 크고 두 뿔이 칼 같이 날카롭고)

(나) ①(부사), (같이)
②: ㉠(ᄀᆞᇀ-) ㉡(형용사)
③(형용사의 어간인 'ᄀᆞᇀ-'에 무형의 부사 파생 접미사인 '-Ø'가 붙어서, 부사인 'ᄀᆞᆮ'으로 파생되었다.)

(다) ①: ㉠(ᄂᆞᆯ히/ ᄂᆞᆶ) ㉡(갑)
②(명사)

③(자음 축약)

【참고】 늘캅고: 늘캅[늘ㅎ(날, 刃: 명사) + -갑(형접)-]- + -고(연어, 나열)

(라) ㉠(소리ᄒᆞ-) ㉡(-고) ㉢(/ㆍ/)

4.5. 월인석보

1. (풀이)

(가) (앐이 나라ᄒᆞᆯ 맛고)

【참고】 '아ᅀᆞ'에 주격 조사가 실현되면 '앐이'의 형태가 된다. 그리고 사동사인 '맛디다'에 대응되는 주동사의 형태는 '맜다'이다. 이처럼 겹자음인 /ㅅㄷ/으로 끝나는 어간이 자음으로 시작하는 어미와 결합하면, 겹자음 중에서 뒤의 소리인 /ㄷ/이 탈락한다. ('맜고' → '맛고')

(나) ①((ᄒᆞᆫ) 菩薩) ②(제)

【참고】 'ᄌᆞ갸'는 재귀 대명사인 '저'에 대한 높임 표현이고, '-ㅅ'은 관형격의 조사이다. 따라서 관형격인 'ᄌᆞ갓'에 대응되는 낮춤 표현은 '제'이다.

2. (풀이)

(가) ㉠(이틋날)

(나) (나라에서)

【참고】 '-애 이셔'의 형태는 현대 국어에서 단체 무정 명사에 붙은 '-에서'가 동작성 서술어 앞에서 주격 조사로 기능하는 것과 동일한 현상이다. (보기) 정부<u>에서</u> 직장인의 소득세를 대폭 인상하였다.

(다) ㉠(두어 잇더니) ㉡(둣더니)

(라) ㉠(몸) ㉡(보살) ㉢(보살)

(마) ㉠(이) ㉡(거)

3. (풀이)

(가) ①(자볼) ②(자ᄇᆞ리 업시)

(나) ㉠(옳) ㉡(ᄋᆞᆫ) ㉢(손) ㉣(ᄋᆞ로)

(다) ㉮(잡을 이가) ㉯(걸음씩) ㉰(받치더라) ㉱(몹시 / 대단히)

【참고】 ⓐ~ⓒ를 다음과 같이 형태소 단위로 분석할 수 있다.

㉮ 자ᄇᆞ리: 잡(잡다, 執)- + -올(관전, 미시) # 이(이: 의명) + -Ø(주조)

㉯ 거름곰: 거름[걸(← 걷다: 걷다, 步)- + -음(명접)] + -곰(-씩: 보조사)

㉰ 받즙더라: 받(받치다, 支)- + -즙(객높)- + -더(회상)- + -라(← -다: 평종)

㉱ ᄀᆞ장: 몹시, 매우, 대단히, 많이, 크게(부사)

4. (풀이)

(가) (부인이 또 이르시되, 밴 아기의 값이 또 이천근의 금입니다.)

(나) ㉠(-오-) ㉡(목적어)

(다) ㉠(아기) ㉡(-ᄋᆡ) ㉮(/ㅣ/) ㉯(유정 / 유정성)

5. (풀이)

(가) ㉮(갓디) 【참고】 '갔- + -디'는 '갓디'로 변동한다.

(나) ㉯(걷디 아니ᄒᆞ다니)

(다) ⓐ: ㉠(앓) ㉡(ᄇᆞ) ㉢(ㄹ씨 / 올씨)
ⓑ: ㉠(녀) ㉡(리) ㉢(돗) ㉣(오) ㉤(이)
ⓒ: ㉠(어드메) ㉡(이) ㉢(Ø) ㉣(이) ㉤(고)

【참고】 ⓐ~ⓒ를 다음과 같이 형태소 단위로 분석할 수 있다.

ⓐ 알폴씨: 알프[앓(앓다)- + -ᄇᆞ(형접)-]- + -ㄹ씨(연어, 이유)

ⓑ 녀리로소이다: 녀(가다)- + -리(미시)- + -롯(← -돗-: 느낌)- + -오(인칭)- + -이(상높, 아주 높임)- + -다(평종)

ⓒ 어드메잇고: 어드메(어디) + -Ø(← -이-: 서조)- + -Ø(현시)- + -잇(←-이-:

상높, 아주 높임)- + -고(의종)

6. (풀이)

(가) (아돌와 ~ 히어다), (늙고 ~ 업스리로다), (ᄒᆞ다가 ~ 업스리로다)

(나) (A) ㉠(ᄉᆞ랑ᄒᆞ다) ㉡(생각하다) ㉢(사랑하다)
(B) ㉮(分別) ㉯(구분 / 가름) ㉰(걱정 / 근심)

(다) ①: ㉠(쉰) ㉡(남) ㉢(ᄋᆞᆫ)
②: ㉠(뉘읓) ㉡(브)

【참고】 '쉬나ᄆᆞᆫ'과 '뉘읏브며'는 다음과 같이 형태소 단위로 분석할 수 있다.

① 쉬나ᄆᆞᆫ : [50 남짓한(관사) : 쉰(쉰, 오십 : 수사) + 남(남다)- + -ᄋᆞᆫ(관전▷관접)]

② 뉘읏브며 : 뉘읏브[후회스럽다 : 뉘읓(뉘우치다 : 동사)- + -브(형접)-]- + -며(연어)

(라) (A) : ㉠(넚디-) ㉡(넘-) ㉢(-ᄡᅵ-)
㉮(맛디-) ㉯(맜-) ㉰(-이-)
(B) : ①(어휘적 / 한정적) ②(통사적 / 지배적)

【참고】 '넚듀듸'와 '맛듏'은 다음과 같이 형태소 단위로 분석할 수 있다.

ⓒ 넚듀듸: 넚디[넘(넘다)- + -ᄡᅵ(강접)-]- + -우듸(-되 : 연어)
ⓓ 맛듏 : 맛디[(맜(맡다)- + -이(사접)-]- + -우(대상)- + -ᄙᅙ(관전, 미시)

(마) ㉠(서술격 조사 / '-이다') ㉡(-거-) ㉢(/ㄱ/)

【참고】 히어다 : 히(해, 年)- + -Ø(←-이- : 서조)- + -Ø(현시)- + -어(←-거 : 주민)- + -다(평종)

7. (풀이)

(가) ㉮(본국(本國)에 돌아와)
㉯(성(城) 서쪽 버드나무 밑에 쉬더니)

㉰(만일 모진 업(業) 지으시던 것이면)

(나) ⓐ: ㉠(어미) ㉡(의)
ⓑ: ㉠(ᄃᆞ) ㉡(이)

【참고】 ⓐ 어믜 손ᄃᆡ: 엄(←어미: 어머니) + -의(관조) # 손ᄃᆡ(의명)
ⓑ ᄒᆞ시단 디면: ᄒᆞ(하다, 爲)- + -시(주높)- + -다(←-더-: 회상)- + -Ø(←-오-: 대상)- + -ㄴ(관전) # ᄃᆞ(것: 의명) + -Ø(←-이-: 서조)- + -면(연어, 조건)

(다) ①(ᄃᆞ, 녁) ②(손ᄃᆡ) ③(貫, 年)

8. **(풀이)**

(가) ㉮(몸을 땅에 부딪쳐 쓰러지니)
㉯(사람을 헐어 버릴(망그러뜨릴) 이는 많구나)
㉰(아니 하던 것이면)

【참고】
㉮ ᄇᆞᄃᆞ텨: ᄇᆞᄃᆞ티[부딪치다: ᄇᆞᄃᆞ(부딪다?)- + -티(강접)-]- + -어(연어)
㉯ ᄒᆞ야ᄇᆞ리린: ᄒᆞ야ᄇᆞ리(헐어 버리다, 망그러뜨리다)- + -ㄹ(관전, 미시) # 이(이: 의명) + -ㄴ(←-ᄂᆞᆫ: 보조사, 주제, 대조)
㉰ ᄒᆞ단 디면: ᄒᆞ단 디면: ᄒᆞ(하다, 爲)- + -다(←-더-: 회상)- + -Ø(←-오-: 대상)- + -ㄴ(관전) # ᄃᆞ(것: 의명) + -Ø(←-이-: 서조)- + -면(연어, 조건)

(나) ㉠(부사어) ㉡(굼긔셔)

【참고】 '구무(구멍, 孔)'는 그 뒤에 모음으로 시작하는 조사와 결합하면, 그 모음 /ㅜ/가 탈락하고 동시에 /ㄱ/이 첨가된다. 이러한 방식으로 형태가 변동하는 명사로는 '녀느(他人), 나모(木), 구무(孔), 불무(冶)' 등이 있다. '굼긔셔'는 '굶(←구무: 구멍) + -의(-에: 부조, 위치) + -셔(-서: 보조사, 강조'로 분석된다.

(다) ㉠(죽-) ㉡(것ᄆᆞᄅᆞ-) ㉮(기절하다/까무러치다)

【참고】 것므르주거: 것므라죽[기절하다, 까무러치다: 것므라(가짜의: 접두)- + 죽(죽다)-]- + -어(연어)

(라) (디나디 몯ᄒᆞ야셔)

4.6. 두시언해

1. (풀이)

(가) (고ᄫᆞᆫ)

(나) (ᄒᆞ물며)

【참고】 '-이ᄯᆞ녀'는 강조를 나타내는 '-이ᄯᆞᆫ(보조사)'과 호격 조사 '-여(←-이여)'가 결합하여 반어(反語)와 감탄의 뜻을 나타내는 의문형 어미처럼 쓰였다. 그리고 문장의 서술어에 '-이ᄯᆞ녀'가 실현되면, 부사인 'ᄒᆞ물며'가 필수적으로 실현된다.

'거시ᄯᆞ녀': 것(것: 의명) + -이(서조)- + -Ø(현시)- + -ᄯᆞᆫ(←-이ᄯᆞᆫ: -이야, 보조사, 강조) + -여(←-이여: 호조, 감탄)

(다) ㉠(ᄂᆞ)　　㉡(ㄴ)　　㉢(이)　　㉣(ㄴ)

(라) ㉠(지즐-)　　㉡(부사)　　㉮(영 파생)

【참고】 '지즐': 지즐[지질러(부사): 지즐(지지르다)- + -Ø(부접)]

(마) ㉠(브르-)　　㉡(-오-)　　㉢(-니)

【참고】 블로니: 블ㄹ(←브르다: 부르다, 歌)- + -오(인칭)- + -니(연어, 이유)

(바) (-고)

【참고】 이 문장은 의문사인 '누(누구, 誰)'가 실현되어 있으므로 설명 의문문이다. 그리고 이 설명 의문문은 체언인 '사ᄅᆞᆷ'의 뒤에 의문 보조사인 '-고'가 실현되어서 실현되었다.

2. (풀이)

(가) ㉠(여름) ㉡(농사) ㉢(다의)

(나) ㉠(저) ㉡(-로) ㉢(/ㄹ/)
㉮(부사격 조사/ 격조사/ 조사) ㉯(부사)

(다) ①: ㉠(갓갑) ㉡(ᄂᆞ) ㉢(ㄴ) ㉣(이) ㉤(ㄴ)
②: - 의미 : (가까워지다)
- 품사 : (동사)
- 근거 : (현재 시제 표현의 선어말 어미인 '-ᄂᆞ-'가 실현되었음.)

(라) ①('ㄱ' 탈락)
②(연결 어미인 '-고'의 초성 /ㄱ/이 서술격 조사 '-이다'의 어간 뒤에서 탈락함.)

【참고】 져비오 : 져비(제비, 燕)- + -Ø(←-이- : 서조)- + -오(←-고 : 연어)

(마) ㉠(낛-) ㉡(-ᄋᆞᆯ) ㉢(낛) ㉣(-ᄋᆞᆯ)
㉮(낡)

【참고】 명사 어근인 '낛'에서 동사 '낛다'로 파생되는 과정에서 겹받침의 순서가 바뀐 것이 특이하다. 이러한 현상은 '낛'과 '낛다'의 원래 어근의 기본 형태가 '낡'이었을 가능성을 보여 준다. (허웅 1975:207)

3. (풀이)

(가) ㉠(나좋/ 나조ㅎ) ㉡(ᄋᆡ)

(나) (ᄆᆞᅀᆳ, 이웃짒)

【참고】 ㉠ ᄆᆞᅀᆳ : ᄆᆞᅀᆞᆯ(← ᄆᆞᅀᆞᆯㅎ: 마을) + -ㅅ(관조)
㉡ 이웃짒 : 이웃지(←이웃집 : 이웃집) + -ㅅ(관조)

(다) ㉠(블가 잇도다) ㉡(블갓도다)

【참고】 1449년에 간행된 <석보상절>에는 '블가 잇더니'의 형태가 쓰였으며, 1632년에 간행된 <두시언해> 중간본에는 '블갓도다'의 형태가 쓰였다.

(보기) 그제 ᄎᆞᆺ브리 ᄢᅵᄃᆞᆺ <u>ᄇᆞᆯ가 잇더니</u> [석보상절 3:26]
바ᄆᆡ 믈비치 樓에 <u>ᄇᆞᆯ갓도다</u> [두시언해 중간본 12:3]

4. (풀이)

(가) ㉠(ᄑᆞᆯ왜) ㉡(ᄂᆞᆯ오) ㉢(몰애) ㉣(ᄒᆡ오)
㉮(후두 유성 마찰음/유성 후두 마찰음) ㉯(ɦ)

(나) ⓐ(-도-) ⓑ(-ᄋᆞᆺ-)

(다) (이)

【참고】 '어느 날이 <u>이</u> 도라갈'에서 '이'는 한문 원문의 '是'를 직역한 것으로 강조 용법으로 쓰였다.

(라) (오)

【참고】 ① ᄒᆡ(해, 年) + -오(←-고 : -냐, 보조사, 의문, 설명)
② ᄒᆡ(해, 年) + -Ø(←-이 : 서조)- + -Ø(현시)- + -오(←-고 : 의종, 설명)

5. (풀이)

(가) ㉮(디낫도다)

(나) ①: ㉠(ᄃᆞ) ㉡(니) ㉢(오)
②(문장의 주어가 화자임을 나타냄.)
③: ㉠(음절 끝소리 규칙) ㉡(자음 동화)

(다) (A) ㉠(뫼ㅎ/묗) ㉡(ᄀᆞᆯ) ㉢(ㅎ)
(B) ㉮(사잇소리 표기 글자/ 사이시옷) ㉯(관형격 조사)

(라) ①(손발이 얼어 트고 가죽과 살이 죽었구나.)
②: ㉠(느낌/감동) ㉡(-게-)

(마) ㉠(-도-) ㉡(-ᄃᆞᆺ-) ㉢(-ᄋᆞᆺ-) ㉣(-ㅅ-)

6. (풀이)

(가) ①(높임의 대상인 유정 명사의 뒤)

②(높임의 대상이 아닌 유정 명사의 뒤)

(나) ㉠(듣가뇨/듣과뇨) ㉡(들었느냐)

【참고】 '보다니'에 실현된 선어말 어미인 '-다-'는 주어가 화자일 때에 실현된다. 이러한 점을 감안하면 '드러뇨'에도 일인칭 주어를 나타내는 주관적 믿음 표현의 선어말 어미가 쓰여야 한다. 이렇게 주어가 화자일 때에는 주관적인 믿음 표현의 선어말 어미는 '-가-'나 '-과-'의 형태로 실현된다. 따라서 '드러뇨'는 '듣가뇨'나 '듣과뇨'의 형태가 되어야 한다.

- 듣가뇨 : 듣(듣다)- + -Ø(과시)- + -가/과(↚-아- : 주민)- + -Ø(←-오- : 인칭)- + -뇨(의종, 비인칭, 설명)

(다) ㉠(주관적인 믿음) ㉡(주어가 화자임/1인칭 주어)

7. (풀이)

(가) ⓐ(갓가비)

【참고】 갓가비 : [가까이(부사) : 갓갛(←갓갑다, ㅂ불 : 가깝다)- + -이(부접)]

(나) ⓑ(ᄀᆞᅀᆡ) ⓒ(ᄆᆞᅀᆞᆯ힌) ⓓ(쁘디)

【참고】 ⓑ ᄀᆞᅀᆡ : ᄀᆞᆺ(<ᄀᆞᇫ : 가, 邊) + -ᄋᆡ(-에 : 부조, 위치)
ⓒ ᄆᆞᅀᆞᆯ힌 : ᄆᆞᅀᆞᆶ(<ᄆᆞᅀᆞᆯ : 마을, 村) + -ᄋᆡ(-에 : 부조, 위치) + -ㄴ(← -ᄂᆞᆫ : 보조사, 주제, 대조)
ⓓ 쓰디 : 쓰(<ᄡᅳ다 : 쓰다, 用)- + -디(연어, 부정)

(다) ㉮(재촉하고)

【참고】 뵈아(←뵈아다 : 재촉하다)- + -고(연어)

(라) ㉠(부사) ㉡(다시)

【참고】 '가ᄉᆞ야' : 가ᄉᆞ[←가싀야(다시 : 부사) : 가ᄉᆞ(↚가싀다 : 변하다, 동사)- + -야(←-아 : 연어 ▷부접)]

(마) ⓐ(ᄠᅳ-)—(뜨다) ⓑ(심기-)—(전하다) ⓒ(깄-)—(기뻐하다)

【참고】 ⓐ 뼛눈 : 쁘(뜨다, 泛)- + -엇(완료 지속)- + -ᄂᆞ(현시)- + -ㄴ(관전)
ⓑ 심교라 : 심기(전하다, 移)- + -Ø(과시)- + -오(인칭)- + -라(←-다 : 평종)
ⓒ 깃노니 : 깃(←긹다 : 기뻐하다, 喜)- + -ᄂᆞ(현시)- + -오(인칭)- + -니(연어)

8. (풀이)

(가) (놀래ᄂᆞ다)

【참고】 주어가 '새'이므로, 인칭 표현의 선어말 어미 '-오-'는 실현되지 않아야 한다. '놀래[놀라(놀라다)- + -ㅣ(사접)-]- + -ᄂᆞ(←-ᄂᆞ- : 현시)- + -다(평종)'

(나) ㉠(여희여 이슈믈)

【참고】 '여희여 이슈믈'과 '여희여슈믈'은 각각 다음과 같이 분석된다.

- 여희여 이슈믈 : 여희(이별하다)- + -어(연어) # 이시(있다 : 보용)- + -움(명전) + -을(목조)
- 여희여슈믈 : 여희(이별하다)- + -여시(←-어시 : 완료 지속)- + -움(명전) + -을(목조)

(다) ⓑ(ᄆᆞᅀᆞ믈) ⓒ(니ᅀᅦ시니)

【참고】 '니어시니'는 '니(←닛다, ㅅ불 : 잇다)- + -어시(완료 지속)- + -니(연어)'로 분석된다. 이 동사의 활용 형태는 초간본에서는 '니ᅀᅦ시니'로 표기 되어 있다. '니ᅀᅦ시니'는 '닔(← 닛다)- + -어 + 이시(보용)- + -니'로 분석된다. 15세기에는 본용언과 보조 용언의 축약 형태로 처리하며, 근대 국어 시기에는 '-어시-'를 '완료 지속'의 뜻을 나타내는 선어말 어미로 처리한다.

(라) ㉮ ᄉᆞ도다 : ((그 만큼의) 값이 있구나)
㉯ 뎌르니 : (짧으니)

참고 문헌

강성일(1972), '중세국어 조어론 연구', 동아논총 9, 동아대학교.
강신항(1990), "훈민정음연구(증보판)", 성균관대학교 출판부.
강인선(1977), '15세기 국어의 인용구조 연구', 석사학위 논문, 서울대학교.
고성환(1993), '중세국어 의문사의 의미와 용법', 국어학논집 1, 태학사.
고영근(1981), "중세국어의 시상과 서법", 탑출판사.
고영근(1995), '중세어의 동사형태부에 나타나는 모음동화', "국어사와 차자표기 - 소곡 남풍현 선생 화갑 기념 논총", 태학사.
고영근(2010), "제3판 표준 중세 국어 문법론", 집문당.
곽용주(1986), "'동사 어간-다' 부정법의 역사적 고찰', 국어연구 138, 국어연구회.
교육인적자원부(2010), "고등학교 교사용 지도서 문법", (주)교학사.
교육인적자원부(2010), "고등학교 문법", (주)교학사.
구본관(1996), '15세기 국어 파생법에 대한 연구', 박사학위 논문, 서울대학교.
국립국어원, "표준 국어 대사전", 인터넷판.
권영환(1992), '우리말 도움풀이씨 연구', 석사학위 논문, 부산대학교.
권용경(1990), '15세기 국어 서법의 선어말어미에 대한 연구', 국어연구 101, 국어연구회.
김문기(1999), "중세국어 매인풀이씨 연구", 석사학위 논문, 부산대학교.
김소희(1996), '16세기 국어의 '거/어'의 교체에 대한 연구', 국어연구 142. 국어연구회.
김송원(1988), '15세기 중기 국어의 접속월 연구', 박사학위 논문, 건국대학교.
김언주(2002), "역주 금강경언해(상, 하)", 세종출판사.
김언주(2004), "역주 능엄경언해 1", 세종출판사.
김언주(2005), "역주 능엄경언해 2", 세종출판사.
김영송(1981), "우리말 소리의 연구", 과학사.
김영욱(1989), '중세국어의 존비법에 대한 연구', 국어연구 89. 국어연구회.
김영욱(1990), '중세국어 관형격조사 '의/의, ㅅ'의 기술과 관련된 문제 해결을 위하여', 주시경학보 8. 탑출판사.
김유범(2007), "중세국어 문법형태소의 형태론과 음운론", 도서출판 월인.

김유범(2007), "국어 문법형태소의 역사적 이해", 도서출판 월인.
김정남(1993), '주체높임법과 관련된 이중주어 구문의 문제', 국어학논집 1.
김정아(1985), '15세기 국어의 '-ㄴ가' 의문문에 대하여', 국어국문학 94.
김정아(1993), '15세기 국어의 비교구문 연구', 박사학위 논문, 서울대학교.
김진형(1995), '중세국어 보조사에 대한 연구', 국어연구 136. 국어연구회.
김차균(1986), '월인천강지곡에 나타나는 표기체계와 음운', 한글 182호, 한글학회.
김충회(1972), '15세기 국어의 서법체계 시론', 국어학논총 5·6, 단국대학교.
나진석(1971), "우리말 때매김 연구", 과학사.
나찬연(2004), "우리말 잉여표현 연구", 도서출판 월인.
나찬연(2011), "수정판 옛글 읽기", 도서출판 월인.
나찬연(2012), 제3판 "중세 국어 문법의 이해－문제편", 도서출판 경진.
나찬연(2013ㄱ), 제3판 "현대 국어 문법의 이해", 도서출판 월인.
나찬연(2013ㄴ), 제2판 "언어·국어·문화", 도서출판 월인.
나찬연(2013ㄷ), 제2판 "훈민정음의 이해", 도서출판 월인.
나찬연(2013ㄹ), "국어 어문 규범의 이해", 도서출판 월인.
나찬연(2014ㄱ), 제5판 "중세 국어 문법의 이해－주해편", 교학연구사.
나찬연(2014ㄴ), 제5판 "중세 국어 문법의 이해－강독편", 교학연구사.
나찬연(2014ㄷ), 제5판 "중세 국어 문법의 이해－서답형 문제편", 교학연구사.
남광우(2009), "교학 고어사전", (주)교학사.
남기심·고영근(1993), "표준국어문법론", 탑출판사.
남윤진(1989), '15세기 국어의 접속어미에 대한 연구', 국어연구 93. 국어연구회.
남풍현(1976), '국어 부정법의 발달', 문법연구 3, 탑출판사.
노동헌(1993), '선어말어미 '-오-'의 분포와 기능 연구', 국어연구 114, 국어연구회.
류광식(1990), '15세기 국어 부정법의 연구', 박사학위 논문, 건국대학교.
리의도(1989), '15세기 우리말의 이음씨끝', 한글 206호, 한글학회
민현식(1988), '중세국어 어간형 부사에 대하여', 선청어문 16·17집, 서울대학교 국어교육과.
민현식(1999), "국어 정서법 연구", 태학사.
박태영(1993), '15세기 국어의 사동법 연구', 석사학위 논문, 단국대학교.
박희식(1984), '중세국어의 부사에 대한 연구', 국어연구 63, 국어연구회

배석범(1994), '용비어천가의 문제에 대한 일고찰', 국어학 24, 국어학회.
서정수(1996), "국어 문법-수정 증보판", 한양대학교 출판원.
성기철(1979), '15세기 국어의 화계 문제', 논문집 13, 서울산업대학교.
손세모돌(1992), '중세국어의 'ᄇᆞ리다'와 '디다'에 대한 연구', 주시경학보 9, 탑출판사.
안명철(1985), '보조조사 '-서'의 의미', 국어학 14집, 국어학회.
안병희(1992), "국어사 자료 연구", 문학과 지성사.
안병희 · 이광호(1993), "중세국어문법론", 학연사.
양정호(1991), '중세국어의 파생접미사 연구', 국어연구 105, 국어연구회.
유동석(1987), '15세기 국어 계사의 형태 교체에 대하여', "우해 이병선 박사 회갑 기념 논총".
이관규(2002), "개정판 학교문법론", 도서출판월인.
이광정(1983), '15세기 국어의 부사형어미', 국어교육 44 · 45.
이광호(1972), '중세국어 '사이시옷' 문제와 그 해석 방안', "국어사 연구와 국어학 연구-안병희 선생 회갑 기념 논총", 문학과 지성사.
이광호(1972), '중세국어의 대격 연구', 국어연구 29. 국어연구회.
이광호(1995), '후음 'ㅇ'과 중세국어 분철표기의 신해석', "국어사와 차자표기-남풍현 선생 회갑기념", 태학사.
이기문(1963), "국어표기법의 역사적 연구-신정판", 한국연구원.
이기문(1988), "국어사개설-신정판", 태학사.
이남순(1988), "국어의 부정격과 격표지", 탑출판사.
이병운(2000), "중세국어의 음절과 표기법 연구", 세종출판사.
이숭녕(1981), "중세국어문법-개정 증보판", 을유문화사.
이승희(1996), '중세국어 감동법 연구', 국어연구 139. 국어연구회.
이승희(2007), "국어 청자높임법의 역사적 변화". 국어학총서 59, 국어학회, 태학사.
이익섭(1986), "국어학개설", 학연사.
이정택(1994), '15세기 국어의 입음법과 하임법', 한글 223. 한글학회.
이주행(1993), '후기 중세국어의 사동법', 국어학 23. 국어학회.
이주행(2000), "한국어 문법의 이해", 도서출판 월인.
이태욱(1995), '중세국어의 부정법 연구', 박사학위 논문, 성균관대학교.
이현규(1984), '명사형어미 '-기'의 변화', "목천 유창돈 박사 회갑 기념 논문집", 계명

대학교 출판부.
이현희(1994), "중세국어 구문 연구", 신구문화사.
이홍식(1993), "'-오-'의 기능 구명을 위한 서설', 국어학논집 1. 태학사.
임동훈(1994), '중세국어 선어말어미 {-시-}의 형태론', 국어학 24. 국어학회.
임동훈(1996), '어미 '시'의 문법', 박사학위 논문, 서울대학교.
장윤희(2003), "중세국어 종결어미 연구", 국어학총서 41, 국어학회, 태학사.
전정례(1995), '새로운 '-오-' 연구', 한국문화사.
정 철(1954), '원본 훈민정음의 보존 경위에 대하여', 국어국문학 제9호, 국어국문학회.
정재영(1996), "중세국어 의존명사 'ᄃᆞ'에 대한 연구", 국어학총서 23, 태학사.
최동주(1995), '국어 시상체계의 통시적 변화에 관한 연구', 박사학위 논문, 서울대학교.
최현배(1961), "고친 한글갈", 정음사.
최현배(1980=1937), "우리말본", 정음사.
하치근(2002), "현대우리말본", 도서출판 박이정.
한글학회(1985), "訓民正音", 영인본.
한재영(1984), '중세국어 피동구문의 특성에 대한 연구', 국어연구 61. 국어연구회.
한재영(1986), '중세국어 시제체계에 관한 관견', 언어 11-2, 한국언어학회.
한재영(1990), '선어말어미 '-오/우-'', "국어 연구 어디까지 왔나", 동아출판사.
한재영(1992), '중세국어의 대우체계 연구', 울산어문논집 8. 울산대학교 국어국문학과.
허웅(1975=1981), "우리 옛말본", 샘문화사.
허웅(1981), "언어학", 샘문화사.
허웅(1986), "국어 음운학", 샘문화사.
허웅(1989), "16세기 우리 옛말본", 샘문화사.
허웅(1992), "15·16세기 우리 옛말본의 역사", 탑출판사.
허웅·이강로(1999), "주해 월인천강지곡", 신구문화사.
홍윤표(1969), '15세기 국어의 격연구', 국어연구 21, 국어연구회.
홍종선(1983), '명사화어미의 변천', 국어국문학 89. 국어국문학회.
황선엽(1995), '15세기 국어의 '-(으)니'의 용법과 기원', 국어연구 135, 국어연구회.

지은이 **나찬연**은 1960년에 부산에서 태어났다. 부산대학교 국어국문학과를 나오고(1986), 같은 학교의 대학원에서 문학석사(1993)와 문학박사(1997)의 학위를 받았다. 지금은 경성대학교 국어국문학과에서 교수로 재직하고 있으면서 국어학 분야의 강의를 맡고 있다.

홈페이지 : '학교 문법 교실(http://scammar.com)'에서는 이 책의 내용과 관련된 각종 학습 자료를 온라인으로 제공합니다. '학교 문법 교실'에 개설된 '자료실'과 '문답방'을 통해서 이 책의 '단원 정리 문제'와 '풀이'를 비롯한 다양한 학습 정보를 이용할 수 있습니다.

전자메일 : ncy@ks.ac.kr

주요 논저

우리말 이음에서의 삭제와 생략현상 연구(1993), 부산대학교 대학원.
우리말 의미중복 표현의 통어·의미 연구(1997), 부산대학교 대학원.
우리말 잉여표현 연구(2004), 도서출판 월인.
수정판 옛글 읽기(2010), 도서출판 월인.
벼리 한국어 회화 초급 1, 2.(2011), 도서출판 경진.
벼리 한국어 읽기 초급 1, 2.(2011), 도서출판 경진.
제3판 중세 국어 문법의 이해–문제편(2012), 도서출판 경진(공저).
제2판 훈민정음의 이해(2013), 도서출판 월인.
근대 국어 문법의 이해–강독편(2013),
제2판 언어·국어·문화(2013), 도서출판 월인.
제3판 현대 국어 문법의 이해(2013), 도서출판 월인.
벼리 현대 국어 문법(2013), 도서출판 월인.
국어 어문 규범의 이해(2013), 도서출판 월인.
표준 발음법의 이해(2013), 도서출판 월인.
벼리 국어 어문 규범(2014), 도서출판 월인.
제5판 중세 국어 문법의 이해–이론편(2014), 교학연구사.
제5판 중세 국어 문법의 이해–주해편(2014), 교학연구사.(공저)
제5판 중세 국어 문법의 이해–강독편(2014), 교학연구사.
제1판 중세 국어 문법의 이해–서답형 문제편(2014), 교학연구사.

이 책은 2014학년도 '경성대학교 학술 연구비'의 지원으로 발간하였습니다.

중세 국어 문법의 이해

-서답형 문제편-

초 판 1쇄 발행 • 2014년 12월 15일

지은이 • 나찬연
펴낸이 • 양진숙
펴낸곳 • 교학연구사

관 리 • 황현준 · 이윤화
편 집 • 김윤경

주 소 • 서울특별시 마포대로 14길 4
(마포구 공덕동 105-67번지)
전 화 • (02)717-3554(영업부)
(02)703-1140(편집부)
팩 스 • (02)717-3567
등 록 • 제10-17호(1980.4.14)

정 가 • 23,000원

ISBN 978-89-354-0528-2 94710
ISBN 978-89-354-0524-4 94710(세트)